Jochen Dinger, Hannes Hartenstein

Netzwerk- und IT-Sicherheitsmanagement

Eine Einführung

Netzwerk- und IT-Sicherheitsmanagement

Eine Einführung

von
Jochen Dinger
Hannes Hartenstein

universitätsverlag karlsruhe

Impressum

Universitätsverlag Karlsruhe
c/o Universitätsbibliothek
Straße am Forum 2
D-76131 Karlsruhe
www.uvka.de

Universitätsverlag Karlsruhe 2008
Print on Demand

ISBN: 978-3-86644-209-2

Vorwort der Autoren

„The network is the computer": das Motto der Firma SUN drückt kurz und prägnant eine seit mehreren Jahrzehnten anhaltende Entwicklung aus, die durch das Internet für jedermann erfahrbar wurde und heute durch Entwicklungen wie etwa die zum ubiquitären Kommunizieren, zum „Internet der Dinge" oder zu Grid-Strukturen weiterhin fortschreitet. Dem *Netz* kommt demnach eine fundamentale Rolle zu, da es einzelne Systeme verbindet und somit erst die Erbringung von komplexen kollaborativen und typischerweise geschäftskritischen IT-Diensten erlaubt. Daher muss durch geeignete Techniken sichergestellt werden, dass die Netze verfügbar und für die dadurch ermöglichten Geschäftsprozesse leistungsfähig genug sind.

Während Netzwerkmanagement als eine fundamentale *Schicht* des IT-Managements gesehen werden kann (darüber liegen etwa die Schichten des System-, Daten-, und Dienstemanagements), ist IT-Sicherheitsmanagement eine *Managementfunktion*, die sich über alle Schichten erstreckt. Beide Disziplinen stehen in einem logischen Zusammenhang zueinander: zunächst ermöglichen Netzstrukturen die „offene" Kommunikation, durch IT-Sicherheitsmaßnahmen wird die Einschränkung der Nutzung auf Berechtigte bzw. berechtigte Aktionen vorgenommen und aufrechterhalten.

Dieses Buch führt den Leser in die beiden Themengebiete Netzwerk- und IT-Sicherheitsmanagement ein und gibt einen Überblick über die relevanten Themenbereiche. Die Herausforderung des *hermeneutischen Zirkels*, d.h. die Tatsache, dass das Verständnis des Ganzen vom Verständnis der Teile abhängt, aber auch andersherum das Verständnis der Teile vom Verständnis des Ganzen, ist beim Thema Management unserer Meinung nach besonders ausgeprägt. So erschließen sich Sinn und

Wert von Managementansätzen häufig eher demjenigen, der Führungs-
und Managementverantwortung schon ausgeübt hat. Der genannten
Herausforderung begegnen wir durch:

- Verknüpfung von Praxis und Theorie: zur Verdeutlichung der Inhalte werden Fallbeispiele angeführt, hierzu nehmen wir insbesondere
  auf Erfahrungen und Maßnahmen des Rechenzentrums der Universität Karlsruhe (TH) Bezug.
- Verknüpfung von Grundlagen, auch in historischer Hinsicht, und
  Ausblicken auf aktuelle Arbeiten. Ziel der Autoren ist es, auf der
  einen Seite einen Überblick zu geben und auf der anderen Seite dem
  Leser durch die Referenzierung ergänzender Literatur die Möglichkeit zur Vertiefung zu eröffnen.

Nach einem einleitenden Kapitel widmet sich der erste Teil des Buches dem Netzwerkmanagement. Hier werden zunächst allgemein sowie
anhand von Fallbeispielen die Aufgaben des Netzmanagements verdeutlicht. Nach dieser konkreten Motivation für ein effizientes und effektives
Netzmanagement wird abstrakt eine Managementarchitektur betrachtet, bevor konkrete Standards und Verfahren wie SNMP, RMON und
NetFlow vorgestellt werden. Nach einem Überblick über die Verwaltung und Vergabe von IP-Nummernräumen und Domain-Namen werden Managementwerkzeuge und -plattformen anhand von Beispielen
des Rechenzentrums der Universität Karlsruhe (TH) vorgestellt. Zum
Abschluss des Teils Netzmanagement folgt eine Darstellung aktueller
Entwicklungen und Trends.

Das IT-Sicherheitsmanagement bildet den zweiten Teil des Buches.
Hierzu wird der IT-Sicherheitsprozess anhand des Grundschutzhandbuches des Bundesamtes für Sicherheit in der Informationstechnik vorgestellt. Zur effektiven Umsetzung des IT-Sicherheitsmanagements ist ein
Identitäts- und Zugangsmanagement nötig, welches in zwei Kapiteln
betrachtet wird. Danach werden Sicherheitspatch-Management, Firewalls und Vorfallsbehandlung dargestellt. Die gestiegene Relevanz der
IT spiegelt sich auch immer mehr in gesetzlichen Regelungen wieder, insofern muss die Einhaltung dieser, im Sinne der IT-Compliance, sichergestellt werden. Daher erfolgt abschließend eine Darlegung rechtlicher
Aspekte.

Das Buch entstand im Rahmen der Vorlesung Netzwerk- und IT-
Sicherheitsmanagement, die an der Universität Karlsruhe (TH) als Ver-
tiefungsfachvorlesung von Studierenden der Studiengänge Informatik
sowie Informationswirtschaft gehört wird.

Trotz größter Sorgfalt könnten sich auch in diesem Buch Fehler eingeschlichen haben. Sollten Sie einen Fehler bemerken, freuen wir uns über eine Benachrichtigung. Wir haben hierzu eine Webseite http://dsn.tm.uni-karlsruhe.de/netman.php sowie eine E-Mail-Adresse netman@rz.uni-karlsruhe.de eingerichtet.

Danksagung

An der Erstellung dieses Lehrbuches waren eine Reihe weiterer Mitautoren und Diskussionspartner beteiligt, die an dieser Stelle Erwähnung finden sollen. Die Autoren bedanken sich insbesondere bei den Mitautoren

- Adrian Wiedemann (Kapitel 9, 10, 14 und 15),
- Thorsten Höllrigl und Frank Schell (Kapitel 12 und 11),
- Mario Pink (Abschnitt 8.6) und
- Dr. iur. Oliver Raabe für die aufschlussreichen juristischen Ausführungen in Kapitel 16.

Darüber hinaus gilt der Dank Matthias Müller, Adrian Wiedemann und Reinhard Strebler für praxisorientierte Einblicke in das Netz- und IT-Sicherheitsmanagements des Rechenzentrums der Universität Karlsruhe (TH). Ein besonderer Dank gebührt Sebastian Labitzke für die graphische Gestaltung der Abbildungen sowie der Titelgrafik. Darüber hinaus soll Veronika Keplinger und Mayra Scheffel für das Lektorat gedankt werden.

Nicht unerwähnt sollte auch die Tatsache bleiben, dass Vorlesungen zu Netzwerkmanagement an der Universität Karlsruhe (TH) eine lange Tradition haben; so haben unter anderem Jochen Seitz, jetzt Technische Universität Ilmenau, und Martin Gaedke, jetzt Technische Universität Chemnitz, Grundlagen gelegt, für die wir uns herzlich bedanken möchten.

Unser besonderer Dank gilt auch Alexandra Dinger für die umfangreiche redaktionelle Unterstützung. Weiterhin geht unser Dank an die Mitarbeiter der Forschungsgruppe DSN, die dieses Projekt tatkräftig unterstützt haben. Besonders sei auch Veronika Stech, unseren Familien sowie Freunden für ihre große Geduld gedankt.

Jochen Dinger, Hannes Hartenstein

Karlsruhe, im Januar 2008

Gliederung

Inhaltsverzeichnis

1

Einleitung

Ziel dieses Kapitels ist es, die beiden Disziplinen Netzwerkmanagement und IT-Sicherheitsmanagement zu definieren und in den Gesamtkontext des IT-Managements einzubetten. Dafür wird zunächst den Fragen nachgegangen, was *Management* eigentlich bedeutet und wie eine Abhandlung über Management strukturiert werden kann. Zudem wird die Vielfältigkeit der Aufgaben des Netz- und IT-Sicherheitsmanagements betrachtet.

1.1 Was ist Management?

Der Begriff *Management* wird überaus häufig und vielfältig verwendet: so ergibt eine Suche nach diesem Begriff bei Google[1] über 1 Milliarde Treffer, die von „School of Management" zu „Project Management" und von „Personnel Management" bis zum „IT-Management" reichen. Was versteht man nun unter *Management* im Allgemeinen?

Etymologisch geht das Wort zunächst auf das englische Verb *to manage* – handhaben, leiten – zurück. Den Ursprung hat der Begriff im italienischen *maneggiare*, handhaben, und im lateinischen *manus*, die Hand.

Ein namhaftes deutsches Nachschlagewerk [Brockh 1991] unterscheidet bei dem Versuch der Definition drei Aspekte des Managements:

- Handlungsorientiertes Managementkonzept: Welche Handlungen werden beim Management ausgeführt?   Ⓚ Management Konzepte
- Personenorientiertes Managementkonzept: Welcher Personenkreis führt das Management durch?

---
[1] Zeitpunkt der Suche Nov. 2006

- Handhabungsorientiertes Managementkonzept: Welche Vorgehensweisen gibt es für verschiedene Aspekte des Managements?

Beim **handlungsorientierten Management** wird Management als die Gesamtheit aller Handlungen aufgefasst, die auf eine bestmögliche Erreichung der Ziele einer Institution und der an ihr beteiligten Interessengruppen gerichtet ist. Die Management-Handlungen können in vier Funktionsbereiche unterteilt werden:

- Grundsatz- und Zielbildung: Hierbei werden die fundamentalen Werte und Zwecke der Institution und der beteiligten Interessengruppen bestimmt und entsprechende Leitlinien formuliert.
- Planung: Hierbei werden die Zielsetzungen in Handlungsprogramme umgesetzt.
- Organisation: Hierbei werden Verhaltenserwartungen (Rollenstruktur), Aufgabenerfüllung (Aufgabenstruktur), Macht- und Einflussstruktur (hierarchische Struktur) sowie Informationsbeziehungen strukturiert.
- Kontrolle: Hierbei wird der Erfüllungsgrad der Ziele und Pläne und gegebenenfalls deren Anpassung kontrolliert und gesteuert.

Diese Handlungen stellen Prozesse bzw. Teilprozesse der Entscheidungsfindung und Entscheidungsdurchsetzung dar.

Beim **personenorientierten Managementkonzept** wird Management als die Gruppe der Personen verstanden, die Träger der Managementhandlungen sind und die durch Gesetz, Satzung oder Auftrag mit Rechten, Pflichten und der Verantwortung zur Erfüllung der Handlungen ausgestattet sind. Hierbei wird der Fokus auf die Aufgaben sowie auf die Befugnisse und auf die Aufsicht/Kontrolle der handelnden Personen gelegt.

Beim **handhabungsorientierten Managementkonzept** liegt der Fokus auf Management-Techniken, Methoden und Vorgehensweisen qualitativer und quantitativer Art wie etwa Prognose-, Planungs- und Entscheidungstechniken, auch unter Einbeziehung bzw. auf Basis von Managementinformationssystemen. Typische Anwendungen davon findet man in den Bereichen des Qualitätsmanagements oder des Zeitmanagements. Methoden qualitativer Art werden häufig auch als *„Management-by-X"*-Konzepte bekannt, wie zum Beispiel das *„Management by Wandering Around"*[2], bei dem der Kontakt der Führungskraft

---

[2] Postuliert von Tom Peters in seinem Bestseller *In Search of Excellence* [Waterman et al. 1982]

zu den mit dem operativen Geschäft betrauten Mitarbeitern betont wird.

Wie aus den drei Ansätzen zur begrifflichen Bestimmung von *Management* deutlich wird, lässt sich dieses wissenschaftliche Gebiet nicht so behandeln wie etwa Mathematik (Lemma, Theorem, Beweis, Korollar) oder Algorithmik (z.B. asymptotische Abschätzungen). Die oben genannten Definitionen zeigen aber deutlich auf, dass auf der einen Seite Konzepte, auf der anderen Seite empfohlene Vorgehensweisen das Thema Management strukturieren können. Als ausgeprägte Form einer empfohlenen Vorgehensweise kommt Management-Standardisierungen eine besondere Rolle zu. Typisch für die Behandlung des Themas Management ist auch das Heranziehen von Fallbeispielen und -studien. Im folgenden Abschnitt werden diese Strukturierungsmerkmale – Konzept, Standard, Vorgehensweise, Fallbeispiel – und ihre Verwendung in diesem Buch weiter erläutert.

1.2 Orientierungshilfe

Um dem Leser die Strukturierung des Lehrinhaltes dieses Buches (und den entsprechenden Folien) zu verdeutlichen, werden sogenannte Klassifikatoren eingesetzt. Mit Hilfe dieser Klassifikatoren wird der Inhalt verschiedenen Bereichen bzw. Klassen zugeordnet. In Tabelle 1.1 sind die entsprechenden Symbole dargestellt, welche sich im weiteren Verlauf des Buches neben einzelnen Textpassagen befinden.

Ⓚ Klassifikatoren

1.3 Die Vielfältigkeit der Netze und des Netzmanagements

Bevor man sich dem Thema des Netzmanagements widmet, ist es sinnvoll, sich die Vielfältigkeit möglicher Netzstrukturen sowie zugehöriger Managementaufgaben zu vergegenwärtigen. Dabei muss man den „Blick des Einzelnen" ablegen und für ein verteiltes Gesamtsystem denken lernen. Typisch für den „Blick des Einzelnen" sind die bei einem *Helpdesk* eingehenden Beschwerden mit dem Wortlaut „Das Internet geht nicht". Ebenfalls dem „Blick des Einzelnen" zuzuordnen ist ein fehlendes Verständnis für das Prinzip der Skalierbarkeit: Wenn ein Nutzer alle drei Monate seine einzige Netzkomponente neu starten muss, ist dies keine wesentliche Beeinträchtigung des Nutzers. Müssen hingegen Tausende von Netzkomponenten alle drei Monate neu gestartet werden, dann

Symbol	Beschreibung
K	„K" steht für *Konzept* und klassifiziert Passagen, die • Definitionen, • Architekturen oder • Modelle beinhalten.
S	„S" steht für *Standard* und klassifiziert Passagen, die • Standards, • Spezifikationen oder • Standardisierungsorganisationen beinhalten.
V	„V" steht für *(empfohlene) Vorgehensweise* (engl. Best Practice) und klassifiziert Passagen, die empfohlene Vorgehensweisen inklusive deren Prozesse, Rollen und Aktionen beinhalten.
F	„F" steht für *Fallbeispiel* und klassifiziert Passagen, die • Beispiele zur Verdeutlichung eines Konzeptes, • Fallbeispiele aus realen Umgebungen oder • Fallstudien beinhalten.

Tabelle 1.1. Übersicht der eingesetzten Klassifikatoren

würde diese Aufgabe vermutlich einen oder mehrere Mitarbeiter in Vollzeit beschäftigen; dadurch entstünden nicht vernachlässigbare Kosten. In diesem Beispiel muss nun durch ein geeignetes Netzmanagement die Effizienz der Wartung gewährleistet werden können.

F Campusnetz   Als Beispiel für ein **Campusnetzwerk** soll nun zunächst das Glasfasernetz der Universität Karlsruhe (TH) betrachtet werden. An der Universität Karlsruhe (TH) müssen ca. 10.000 passive Datendosen in 170 Gebäuden miteinander und mit dem Internet Service Provider (ISP), BelWü, verbunden werden (Stand: Oktober 2006).

An diesem Fallbeispiel wird ersichtlich, dass aufgrund der Größe eines solchen Netzes schon die effiziente Behebung von „einfachen" Problemen ein gut funktionierendes Netzmanagement verlangt. So kann eine Störung, etwa durch ein versehentlich herausgezogenes oder falsch angeschlossenes Kabel oder durch einen defekten Ethernetport hervorgerufen werden, Sender und/oder Empfänger bei einem Lichtwellenleiter können defekt sein oder Störungen, wie etwa durch ein von einem

Bagger durchtrenntes Kabel, müssen schnell und effizient behoben werden.

Eine typische Aufgabe des Netz- und IT-Sicherheitsmanagements ist es auch, bei Auftreten gewisser Sicherheitsprobleme durch aktuelle Schadsoftware die Zugangskontrolllisten (engl. Access Control Lists, ACLs) diverser Router hinsichtlich der erlaubten und gesperrten Protokolle und Adressen umzukonfigurieren.

Ebenso muss die Leistungsfähigkeit des Netzes immerfort überprüft werden: So muss eine hohe Anzahl von Paketverlusten an einer Netzwerkschnittstelle ja nicht notwendigerweise für einen Defekt einer Hard- oder Softwarekomponente sprechen, möglicherweise ist einfach das Datenaufkommen für die vorhandene Infrastruktur zu hoch. In diesem Fall müssen eventuell neue Netzkomponenten integriert oder vorhandene erweitert werden.

Im Folgenden sollen nun weitere Fallbeispiele mit unterschiedlichen Netzstrukturen betrachtet werden. Hierbei bildet die Struktur des Campusnetzes der Universität Karlsruhe (TH) sowie dessen Anbindung an die „Welt" die Basis.

- Der **Campus-Backbone KLICK** [WWW Klick]. Das Rückgrat des Campusnetzwerks der Universität Karlsruhe (TH) bildet das *Karlsruher Lichtwellenleiter Kommunikationsnetz (KLICK)*. Im Laufe der 80er Jahre wurde der Campus nach und nach flächendeckend mit Lichtwellenleitern vernetzt. Abb. 1.1 zeigt den aktuellen Ausbau des Glasfasernetzes auf dem Campus. Auf Basis dieser Infrastruktur sind die einzelnen Einrichtungen der Universität miteinander verbunden. Aufgrund gestiegener Anforderungen wurde das Netz mehrfach ausgebaut und die eingesetzte Übertragungstechnologie gewechselt. Setzte man zu Beginn noch FDDI-Komponenten ein, so wurden diese Mitte der 90er Jahre durch ATM-Komponenten ersetzt und seit dem Jahre 2003 findet ein Wechsel hin zur Gigabit bzw. 10 GE Ethernet-Technologie statt. Dabei ist zu bemerken, dass es sich um die Übertragungstechnologie des Backbone handelt, auf Ebene der lokalen Netze wurde teilweise schon in den 80er Jahren das Ethernet-Protokoll genutzt. Hierbei werden mehrere Aufgaben und Herausforderungen des Netzmanagements deutlich, bestehende Systeme und Infrastrukturelemente müssen integriert werden und eine ständige Anpassung ist notwendig, um gestiegenen Anforderungen gerecht zu werden.

- Das **Campus-Funknetz DUKATH** [WWW Dukath]. Neben einer drahtgebundenen Netzstruktur betreibt die Universität Karlsru-

F Netze aus Sicht der Universität Karlsruhe (TH)

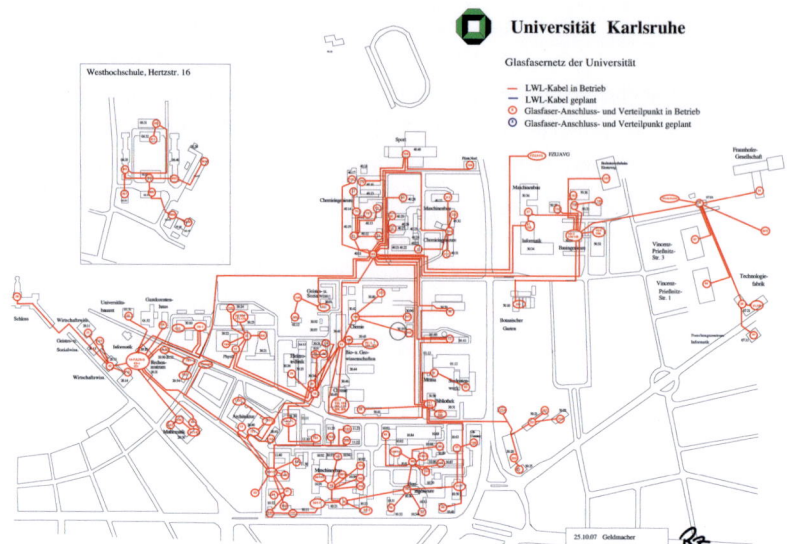

Abb. 1.1. Glasfasernetz KLICK der Universität Karlsruhe (TH) (Quelle: RZ)

he (TH) auch ein lokales Funknetz basierend auf IEEE 802.11a/b/g mit derzeit ca. 365 Access Points (Stand: 2007). Offensichtlich gibt es hier Ähnlichkeiten zum Management von drahtgebundenen Netzen wie auch deutliche Unterschiede: Das andere Medium sowie die verschiedenen Protokolle zeigen beispielhaft die Diversität des Netzmanagements. Diese Unterschiede schlagen sich insbesondere auch in einer gesonderten Netzplanung nieder.

• Das **Forschungsnetz in Baden-Württemberg BelWü** [WWW Belwue]. Wie ist nun ein Campusnetz mit den anderen Netzen des Internets verbunden? Wie auch bei einer Privatperson wird hier ein Internet Service Provider gebraucht. Die Aufgabe des ISPs für die Hochschulen im Land Baden-Württemberg wird durch das *Baden-Württembergs Extended Lan (BelWü)* übernommen (vgl. Abb. 1.2). In klassischer Sichtweise handelt es sich hier schon um ein Weitverkehrsnetz (WAN); die „visionär" anklingende Bezeichnung „extended LAN" wird durch das Vordringen der Ethernet-Technologie in den Bereich der Weitverkehrsnetze zunehmend Realität. BelWü nutzt derzeit vorwiegend Leitungsinfrastruktur der Firma Versatel mit einer Bandbreite von bis zu 10 Gbit/s. Hinsichtlich des Managements unterscheiden sich solche Netze von einer Campusvernetzung offenkundig in der besonderen Bedeutung der Fernwartung und in

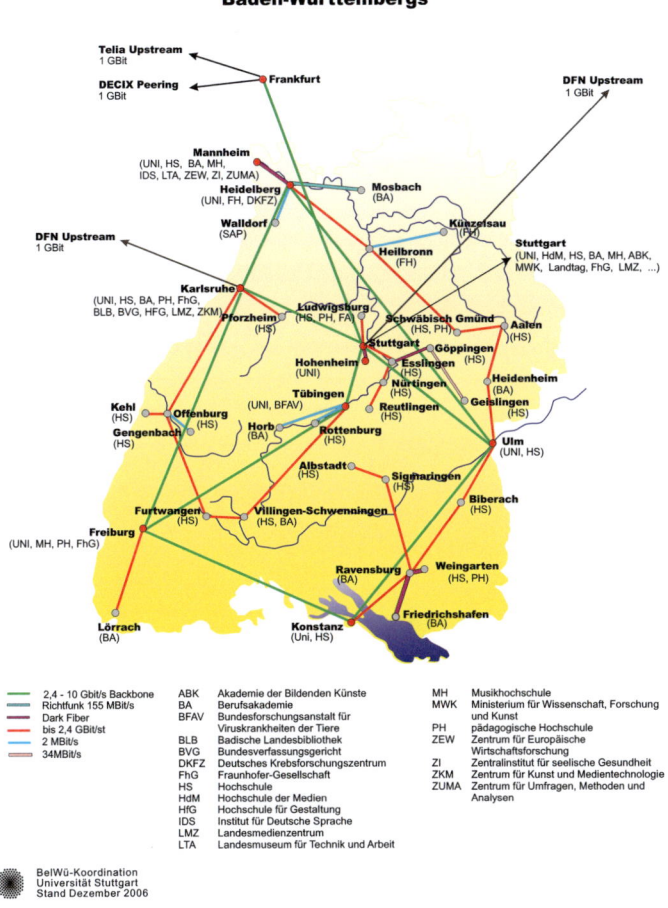

Abb. 1.2. Topologie des Landeshochschulnetzes BelWü (Quelle: BelWü)

dem aggregierten Verkehrsaufkommen. Sehr wichtig, wie auch bei anderen Netzstrukturen, ist die Redundanz der Anbindungen: Eine rein sternförmige Topologie auf physischer Ebene wäre kaum als robust einzustufen.

- Das **Forschungsnetz in Deutschland DFN** [WWW Dfn]. Neben dem Landesforschungsnetz BelWü bildet das deutschlandweite Forschungsnetz DFN, auf Basis eines Multi-Gigabit-Kernnetzes, das Rückgrat für die wissenschaftlichen Einrichtungen Deutschlands. Das als X-Win bezeichnete Netz bietet den Teilnehmern Anschlüsse im Bereich von 128 kbit/s bis hinzu 10 Gbit/s. Eine Anbindung der Hochschuleinrichtungen Baden-Württembergs an das DFN findet über Austauschknoten des BelWü statt. Das Management dieses deutschlandweiten Netzes ist aber nur eine Aufgabe des DFN Vereins, daneben nimmt er noch weitere Aufgaben wahr. Hierzu zählt bspw. die Verwaltung und der Betrieb einer *Public Key Infrastructure*, die eine Grundlage für die sichere elektronische Kommunikation innerhalb und zwischen den Universitäten Deutschlands bildet (vgl. Abschnitt 11.2.3).

- Ein **Peering Point** am Beispiel von **DE-CIX**. Auch wenn verschiedene Netze das gleiche Schicht-3-Protokoll wie etwa IP sprechen, müssen sie irgendwo auch verbunden werden bzw. sich treffen. Dazu dienen sogenannte „Peering Points" wie etwa der vom Verband der deutschen Internetwirtschaft e.V. (eco) betriebene Peering Point DE-CIX in Frankfurt oder der vorgenannte Austauschpunkt zwischen DFN und BelWü. Bei DE-CIX ist die Topologie vergleichsweise einfach, die Herausforderungen hier sind das hohe Verkehrsaufkommen mit teilweise > 100 Gbit/s (Stand: März 2007) und die hohe Ausfallsicherheit.

- Das europäische **Forschungsnetz GEANT2**. GEANT2 verbindet 34 Länder durch die Forschungsnetze von 30 europäischen Nationen. Hierbei handelt es sich also offensichtlich um ein Weitverkehrsnetz, allerdings mit der Besonderheit, dass es auf den vorhandenen nationalen Forschungsnetzen aufsetzen kann. Im Kernbereich ist GEANT2 auf einige 10 Gbit/s Brandbreite ausgelegt. Herausforderungen bei dem Betrieb von GEANT2 sind insbesondere das hohe Datenaufkommen und das Dienstgütemanagement, um dedizierten Anwendungen die notwendige Kommunikation zu ermöglichen. So sind zum Beispiel der Large Hadron Collider beim CERN und die europäischen Radioteleskope über das GEANT2 mit Wissenschaftszentren verbunden.

Die aufgeführten Beispiele zeigen die unterschiedlichen Facetten sowohl hinsichtlich der Ausdehnung der Netze von lokalen Netzen zu Weitverkehrsnetzen als auch hinsichtlich der unterschiedlichen Medien. Die Beispiele zeigen notwendige Funktionen auf, wie etwa die Fähigkeit der Leistungskontrolle, der Behebung von Fehlern und des Konfigurierens von Netzelementen. Diese verschiedenen Facetten werden im folgenden

Abschnitt 1.5 als Dimensionen des IT-Management weiter ausgeführt und vervollständigt.

1.4 Die Vielfältigkeit des IT-Sicherheitsmanagements

Die zunehmende Vernetzung von Systemen und insbesondere deren Verbindung zum Internet erfordert heutzutage mehr denn je ein effizientes Netzwerkmanagement, aber auch ein wirkungsvolles IT-Sicherheitsmanagement. Mit den vielfältigen Möglichkeiten stieg auch die Abhängigkeit von IT-Systemen, sodass viele Firmen ohne funktionierende IT-Systeme in kürzester Zeit vom Ruin bedroht sind. Der Schutz dieser kritischen Infrastruktur ist daher unabdingbar, jedoch nicht auf die Netzebene beschränkt. IT-Sicherheitsmanagement ist daher als eigenständige – das Netzmanagement stark beeinflussende – Disziplin zu betrachten.

Ein umfassendes IT-Sicherheitsmanagement beinhaltet nicht nur technische Systeme wie Firewalls, sondern muss vielmehr Prozesse etablieren, die sowohl technische als auch organisatorische Maßnahmen beinhalten. Die folgende Auflistung von Teilaufgaben des IT-Sicherheitsmanagements soll an dieser Stelle lediglich einen ersten Einblick in die Vielfältigkeit vermitteln. Eine detaillierte Betrachtung eines IT-Sicherheitsprozesses sowie von technischen Schutzmaßnahmen erfolgt ab Kapitel 9.

- Durchführung von Bedrohungsanalysen – Welche Systeme sind gefährdet? Wer oder was bedroht die Systeme?
- Festlegung und Durchsetzung von Sicherheitsrichtlinien – Gibt es in der Firma bzw. Organisation eine verbindliche Sicherheitsrichtlinie?
- Überprüfen der Autorisierung – Wird sichergestellt, dass nur berechtigte Personen Zugriff auf die entsprechenden Systemressourcen erhalten?
- Feststellen der Identität – Wurden Maßnahmen ergriffen, die Identität festzustellen, sodass eine Autorisierung stattfinden kann?
- Sicherstellung der Vertraulichkeit – Sind die Daten ausreichend gegen unbefugtes Lesen geschützt?
- Sicherstellung der Datenintegrität – Sind die Daten ausreichend gegen unbefugte Manipulation geschützt?
- Überwachung des Systems auf Angriffe – Wurden Angriffe detektiert? Welche Gegenmaßnahmen werden bei Angriffen ergriffen?

F Aufgaben des IT-Sicherheitsmanagement

- Sicherheits-Audit – Wurde das Sicherheitskonzept einer Überprüfung unterzogen?

Die Teilgebiete und exemplarischen Fragen zeigen den immensen Umfang des IT-Sicherheitsmanagements auf und verdeutlichen, dass IT-Sicherheitsmanagement weder auf technische Systeme noch auf das Netzwerk allein beschränkt sein kann.

1.5 Netzwerk- und IT-Sicherheitsmanagement als Teildisziplinen des IT-Managements

Die grundsätzlichen Überlegungen zu Management im Allgemeinen in Abschnitt 1.1 und die motivierenden Fallbeispiele in den Abschnitten 1.3 und 1.4 führen nun zur Definition der Begriffe Netzwerk- und IT-Sicherheitsmanagement sowie zu einer Einbettung dieser Disziplinen in den Bereich des IT-Managements. Für die Definition des Bereichs Netzwerkmanagement beziehen wir uns auf zwei Definitionen:

K Netzwerk-
management

Das Management vernetzter Systeme umfasst in seiner allgemeinsten Definition alle Maßnahmen, die einen effektiven und effizienten, an den Zielen des Unternehmens ausgerichteten Betrieb der Systeme und ihrer Ressourcen sicherstellen.
gemäß [Hegering et al. 1999].

Das Netzwerkmanagement beinhaltet Einsatz, Integration und Koordination von Hardware, Software und Menschen für das Überwachen, Testen, Überprüfen, Konfigurieren, Analysieren, Bewerten und Steuern des Netzwerkes und der zugehörigen Komponenten, um die Leistungs- und Dienstgüteanforderungen zu akzeptablen Kosten zu erfüllen.
gemäß [Saydam & Magedanz 1996].

Für die Definition des Bereichs IT-Sicherheitsmanagement beziehen wir uns auf das vom *Bundesamt für Sicherheit in der Informationstechnik (BSI)* herausgegebene Grundschutzhandbuch, das in Kapitel 10 vertieft betrachtet wird:

K IT-Sicherheits-
management

Im Gleichklang mit den wachsenden Anforderungen an die Informationstechnik ist auch deren Komplexität ständig gewachsen. Ein angemessenes IT-Sicherheitsniveau kann daher in zunehmendem Maße nur durch geplantes und organisiertes Vorgehen aller Beteiligten durchgesetzt und aufrechterhalten werden.

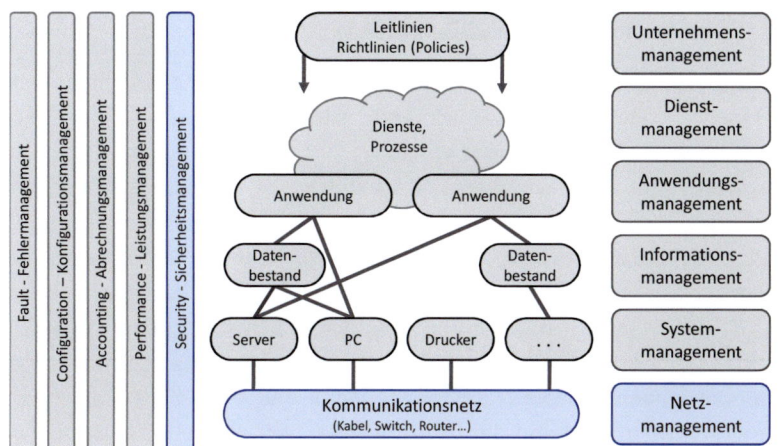

Abb. 1.3. Vertikale und horizontale Ebenen des IT-Managements

*Voraussetzung für die sinnvolle Umsetzung und Erfolgskontrolle
von IT-Sicherheitsmaßnahmen ist somit ein durchdachter und
gesteuerter IT-Sicherheitsprozess. Diese Planungs- und Lenkungsaufgabe wird als IT-Sicherheitsmanagement bezeichnet.*
abgeleitet von [BSI B 1.0].

Wie ordnen sich nun diese beiden Disziplinen in ein allgemeineres IT-
Management ein? Hierzu benötigen wir für die Einordnung des Netz-
werkmanagements ein Schichtenmodell, für die Einordnung des IT-
Sicherheitsmanagements ein Funktionsmodell.

Das Schichtenmodell (vgl. Abb. 1.3) zeigt die fundamentale Rolle   ☒ Horizontales
des Netzwerkmanagements für das gesamte IT-Management, da erst   Schichtenmodell
durch die Vernetzung verteilte Systeme möglich werden. Netzwerkmanagement als solches ist auch als verteiltes System zu betrachten; diese
doppelte Rolle — Management für verteilte Systeme basierend auf den
verteilten Systemen — zeigt auch gleich die Herausforderung hinsichtlich Sicherheit und Robustheit von Netzmanagement.

Die klassische funktionale Aufteilung (vgl. Abb. 1.3) beim IT-   ☒ Vertikales
Management wird durch die sogenannten **FCAPS** dargestellt: Funktionsmodell

- *Fault Management*: Entdecken und Beheben von Fehlern.
- *Configuration Management*: Abrufen, Setzen, Ändern von Parame-
  tern.
- *Accounting Management*: Erfassen der Ressourcennutzung.
- *Performance Management*: Aufrechterhalten sowie Steigern der
  Dienstgüte.

- *Security Management*: siehe obige Definition.

Selbstverständlich sind diese funktionalen Felder nicht als disjunkt zu betrachten: Beim Fehlermanagement etwa muss eventuell eine Netzkomponente neu konfiguriert werden.

K Dimensionen des Netzmanagements

Wenn nun die Gedanken der Vielfältigkeit des Managements aus den vorangegangen Abschnitten mit den Definitionen und Einteilungen dieses Abschnitts in Beziehung gesetzt werden, erhält man eine Übersicht über die Dimensionen bzw. die Klassifikationsmöglichkeiten des IT-Managements. Die unterschiedlichen Netzkategorien wie WAN, MAN, LAN oder WLAN und deren spezifischen Anforderungen stellen eine Dimension des Netzmanagements dar. Ferner kann auch eine Untergliederung anhand der Informations- bzw. Anwendungstypen wie Datentransfer oder Sprachtelefonie vorgenommen werden. Orthogonal hierzu können beim Betrieb von Netzen die Phasen: Planung, Installation, Betrieb und Änderung zueinander abgegrenzt werden. Darüber hinaus lässt sich eine Schichtung der verschiedenen Managementdisziplinen wie Netzmanagement, Systemmanagement bis hin zum Unternehmensmanagement vornehmen (vgl. Abb. 1.3). Eine weitere Dimension des IT-Managements stellt die bereits eingeführte funktionale Aufteilung gemäß FCAPS dar.

1.6 Strukturierung dieses Buches

Das vorliegende Buch gliedert sich in zwei Teile. Der erste Teil widmet sich dem Themengebiet Netzwerkmanagement und der zweite dem IT-Sicherheitsmanagement.

In Kapitel 2 werden typische Aufgaben des Netzwerkmanagements exemplarisch anhand von Fallbeispielen dargelegt. Für das Netzmanagement sind verschiedene Bestandteile wie bspw. Kommunikationsprotokolle notwendig, die in einer sogenannten Managementarchitektur zusammengefasst werden. In Kapitel 3 werden die Bestandteile dieser Managementarchitektur erläutert und auch die bereits eingeführte funktionale Unterteilung in FCAPS weiter vertieft. Anschließend wird in Kapitel 4 eine konkrete Ausprägung einer Managementarchitektur für TCP/IP-basierte Netze anhand des sogenannten SNMP-basierten Managements erläutert. Die Fernüberwachung (engl. Remote Monitoring) von TCP/IP-basierten Netzen und die Messung von Netzflüssen bildet den Fokus des Kapitels 5. Da Netze heutzutage in der Regel mit dem Internet verbunden sind, wird in Kapitel 6 die Vergabe und

Verwaltung öffentlicher IP-Adressen und Domain-Namen beschrieben. In Kapitel 7 wird zum einen die Architektur von Managementplattformen erläutert. Zum anderen werden auch ausgewählte Werkzeuge für das Management von TCP/IP-basierten Netzen vorgestellt. Zum Abschluss des Netzmanagementteils werden in Kapitel 8 ausgewählte neuartige Modelle und Protokolle präsentiert, welche aktuelle Trends im Netzmanagementbereich widerspiegeln.

Der zweite Teil dieses Buches gliedert sich in die Kapitel 9 bis 16. Dabei werden zunächst die Herausforderungen des IT-Sicherheitsmanagements in Kapitel 9 dargelegt. Ein IT-Sicherheitsprozess bildet die Grundlage für ein effektives IT-Sicherheitsmanagement. Anhand des BSI Grundschutzes werden in Kapitel 10 die Bestandteile eines IT-Sicherheitsprozesses erläutert. Der Authentifizierung kommt im IT-Sicherheitsmanagement eine zentrale Rolle zu, da nur so Dienste gegen unberechtigte Nutzung gesichert werden können. In Kapitel 11 und 12 werden daher Ziele, Vorgehensweisen sowie Techniken für ein effizientes Identitäts- und Zugangsmanagement dargelegt. Um die Sicherheit von Systemen gewährleisten zu können, ist auch ein koordinierter Ansatz notwendig Sicherheitspatches einzuspielen. Notwendige Maßnahmen und Vorgehensweisen werden anhand des Patch-Managementprozesses der Firma Microsoft in Kapitel 13 präsentiert. In Kapitel 14 werden technische Systeme zur Sicherung von Netzen wie Firewalls und mögliche Einsatzszenarien skizziert. Trotz aller Schutzmaßnahmen ist ein Sicherheitsvorfall nicht vollständig auszuschließen. Insofern werden in Kapitel 15 notwendige Schritte zur Behandlung eines Sicherheitsvorfalls kurz präsentiert. Abschließend werden in Kapitel 16 rechtliche Aspekte dargelegt, die im Zusammenhang mit Netzwerk- und IT-Sicherheitsmanagement Beachtung finden müssen. Dabei werden insbesondere datenschutzrechtliche Belange fokussiert.

Zur besseren Verdeutlichung einzelner Sachverhalte wird das Rechenzentrum der Universität Karlsruhe (TH) in allen Kapiteln als durchgängiges Beispiel herangezogen.

Teil I

Netzwerkmanagement

2

Aufgaben des Netzwerkmanagements

2.1 Einleitung

Ziel dieses Kapitels ist es, die Aufgaben des Netzwerkmanagements zu verdeutlichen. Zunächst werden am Fallbeispiel des Rechenzentrums der Universität Karlsruhe (TH) und dessen Diensten wie zum Beispiel dem Backup- und Archivsystem unterschiedliche Aufgaben und Herausforderungen an das Netzwerkmanagement aufgezeigt. In den folgenden Abschnitten werden die Aufgaben des Netzmanagements anhand von physischen und logischen Netzstrukturen sowie Netzdiensten näher erläutert.

2.2 Fallbeispiel: Rechenzentrum der Universität Karlsruhe (TH)

Das Rechenzentrum (RZ) der Universität Karlsruhe (TH) ist der zentrale IT-Dienstleister der Universität[1] und bietet den Studierenden und Mitarbeitern vielfältige IT-Dienste an. Das Angebot beschränkt sich keineswegs auf den Netzwerkbereich oder den Betrieb einzelner Rechner, vielmehr bietet das RZ ein Portfolio unterschiedlichster Dienste. Die folgende Übersicht vermittelt einen Eindruck von der Diversität des Angebots:

- Hochgeschwindigkeitsvernetzung und Hochleistungskommunikation

---

[1] Im Rahmen der Gründung des *Karlsruher Institut für Technologie (KIT)* wurden die Aktivitäten des Rechenzentrums der Universität und des Instituts für wissenschaftliches Rechnen des Forschungszentrums im *Steinbuch Centre for Computing (SCC)* gebündelt.

Abb. 2.1. Rechenzentrum der Universität Karlsruhe (TH) (Foto: RZ)

- Hoch skalierbare Datendienste
- Hoch- und Höchstleistungsrechnen
- Campusweite IT-Dienste
- Visualisierungs- und Multimediadienste
- Wissenschaftliche Applikationen

Genutzt werden diese Dienste momentan von ca. 31.000 registrierten Nutzern, wovon etwa 21.000 Studierende sind. Eine detaillierte Beschreibung all dieser Dienstangebote würde den Rahmen dieses Buches sprengen. Daher werden anhand einiger Beispiele die resultierenden Aufgaben und Herausforderungen hinsichtlich des Netzmanagements exemplarisch erläutert.

F Campusweite IT-Dienste

Die Mehrzahl der Dienste wäre ohne ein unterliegendes Netzwerk und ein entsprechendes Netzmanagement nicht realisierbar. Auf dem Campus der Universität sind momentan mehr als 38.000 Systeme miteinander vernetzt und an das Internet angebunden. Darunter sind diverse Server, mehrere tausend Arbeitsplatz-Rechner der Mitarbeiter und mehrere hundert Pool-Raum-Rechner. Ebenso unterschiedlich wie die Rechnertypen sind auch die Anforderungen an das Netzwerk. Liegt bspw. das Hauptaugenmerk eines Web-Servers auf der schnellen Anbindung, so kann die Mobilitätsunterstützung durch drahtlose Netze für Notebook-Nutzer die höchste Priorität besitzen oder aber die sichere Abschottung eines Teilnetzes gegen unberechtigte Zugriffe, wie bspw. beim Netz der zentralen Verwaltung.

Rückgrat der Campus-Vernetzung bildet das lichtwellenleiterbasierte KLICK-Netz (vgl. Abschnitt 1.3). Der Netzzugang erfolgt über lokale Netze der einzelnen Einrichtungen, im drahtlosen Bereich über das DUKATH-Netz oder über Einwahlknoten. Die „Einwahl" erfolgt heutzutage vor allem per VPN, während früher hierfür Modems und ISDN genutzt wurden. Aufgabe des Netzmanagements ist somit die Erbringung und Aufrechterhaltung der unterschiedlichen Dienstgüten und die Verwaltung der notwendigen Netzwerkkennungen wie IP-Adressen und Domain-Namen in IP-basierten Netzen (vgl. hierzu Abschnitt 6.5.1).

Hinsichtlich des Netzmanagements stellt unter anderem das zentrale Backup- und Archivsystem des Rechenzentrums besondere Herausforderungen. Dieses steht den Mitgliedern der Universität per Netzwerk campusweit zur Verfügung und bietet zurzeit eine Kapazität von ca. 1,3 PByte. Das Archiv umfasst momentan etwa 277 Millionen Dateien von etwa 1.600 Systemen (Stand: Oktober 2006). Abb. 2.2 zeigt die Netzlast eines typischen Tages *in* und *aus* Richtung des Backupsystems. Die Lastspitzen liegen bei etwa 840 Mbit/s einkommendem und bis zu 160 Mbit/s ausgehendem Verkehr. Die entsprechenden Durchschnittswerte liegen bei ca. 320 Mbit/s bzw. 25 Mbit/s.

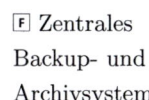 Zentrales Backup- und Archivsystem

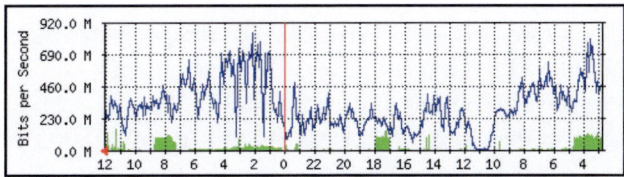

Abb. 2.2. Typischer Tagesverlauf der Netzlast *zum* (blaue Linie) und *vom* (grün) Backup- und Archivsystem (Stand: Oktober 2006)

Aus Sicht des Netzmanagements sind hierbei insbesondere zwei Gesichtspunkte relevant. Zum einen sollte die Datensicherung möglichst in den Nachtstunden stattfinden, in denen die Belastung des Campusnetzes geringer ist. Zum anderen sollte eine regelmäßige Überprüfung der Netzlast stattfinden, um etwaige Engpässe frühzeitig zu erkennen und die Kapazitäten zu erhöhen.

Neben der Netzlast durch die „lokalen" Datensicherungen (innerhalb der Universität) entsteht noch zusätzlicher Netzverkehr durch einen täglichen Abgleich der Backup-Datenbestände zwischen den Universitäten Karlsruhe, Heidelberg, Hohenheim und Ulm. Dieser Abgleich dient dazu, im Falle einer Katastrophe, wie zum Beispiel einem Brand innerhalb des Rechenzentrums, bzgl. Datenverlust vorbereitet zu sein und den Betrieb wiederherstellen zu können (engl. *Disaster Recovery*).

F Höchst-
leistungsrechner

Im Rechenzentrum der Universität Karlsruhe (TH) werden auch Hoch- und Höchstleistungsrechner betrieben, die die Lösung rechenintensiver Aufgaben, wie sie etwa in der Material- oder Klimaforschung auftreten, erst ermöglichen. Aktuelle Höchstleistungsrechner bestehen in der Regel aus einer Menge von Rechenknoten, die durch ein Netzwerk miteinander verbunden sind und gemeinsam ein Problem bearbeiten. Das HP XC4000 Parallelrechnersystem der Universität Karlsruhe (TH) verfügt bspw. über 750 Knoten mit insgesamt 3.000 Prozessorkernen (Stand: Februar 2007). Die Anforderungen an ein solches Netzwerk differieren teilweise erheblich von den sonst üblichen IP-basierten Netzen. Neben der hohen Übertragungsbandbreite ist eine geringe Latenz zwischen den Knoten entscheidend. Daher kommen meist spezielle Netze wie InfiniBand zum Einsatz.

Hoch- und Höchstleistungsrechner sind sowohl in der Anschaffung als auch im Betrieb sehr kostenintensiv. Ein Teil der Rechner des Rechenzentrums ist daher im Rahmen des *Höchstleistungsrechner-Kompetenzzentrums Baden-Württemberg (hkz-bw)* Partnern aus dem wissenschaftlichen und industriellen Umfeld zugänglich. Hinsichtlich des Netzmanagements erfordert dies zum Beispiel Hochgeschwindigkeitsverbindungen wie die dedizierte Übertragungsstrecke zwischen Karlsruhe und Stuttgart mit einer Übertragungsrate von 40 Gbit/s. Ferner werden speziell aus dem industriellen Umfeld sehr hohe Anforderungen an die (Netz-)Sicherheit gestellt, um die Daten vor unberechtigten Zugriffen zu schützen.

2.3 Physische Netzstrukturen

K Passive
und aktive
Komponenten

Kommunikationsnetze setzen sich einerseits aus *passiven Komponenten* wie Steckverbindungen und Übertragungsmedien zusammen. Andererseits sind auch *aktive Komponenten* wie Repeater und Router involviert. Beides zusammen bildet die physische Struktur des Netzwerks. Salopp gesagt handelt es sich dabei um die Komponenten des Netzes, die man sehen kann bzw. die physikalisch messbar sind im Gegensatz zu logischen Strukturen (vgl. Abschnitt 2.3.2). Hinsichtlich des Netzmanagements ist bei physischen Strukturen eine langfristige strategische Planung notwendig, da eine Änderung dieser Strukturen meist hohe Kosten nach sich zieht.

2.3.1 Passive Netzkomponenten

Die Überwindung von Distanz ist Ziel eines jeden Kommunikationsnetzes. Insofern kommt dem **Übertragungsmedium** eine entscheidende Rolle zu. Aus Sicht des Netzmanagement stellen sich daher folgende Fragen:

- Welche Übertragungsmedien sollen eingesetzt werden?
- Wo sollen diese Medien verlegt werden?

Grundsätzlich sind leitergebundene und drahtlose Übertragungen zu unterscheiden. Abb. 2.3 zeigt eine Übersicht der unterschiedlichen Medien.

🄺 Übertragungs-medien

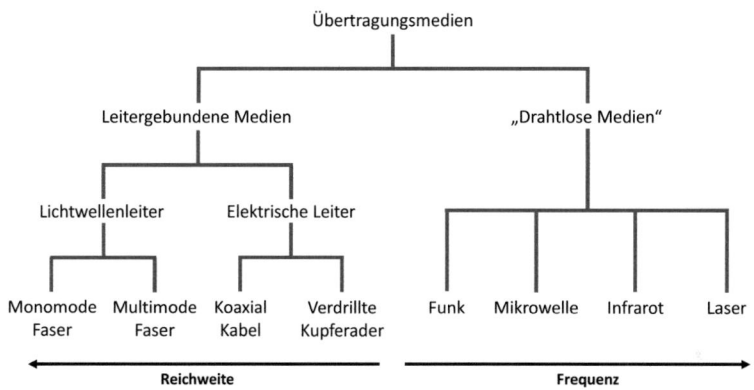

Abb. 2.3. Übertragungsmedien im Überblick

Die leitergebundenen Medien unterteilen sich in elektrische Leiter und Lichtwellenleiter. Bei elektronischen Kommunikationssystemen werden **verdrillte Kupferdoppeladern (engl. Twisted Pair, TP)** und Koaxialkabel als elektrische Leiter eingesetzt. Verdrillte Kupferdoppeladern kommen bspw. beim klassischen Telefonnetz und lokalen Netzen zum Einsatz. Die erreichbare Bandbreite[2] hängt dabei von verschiedenen Faktoren wie Länge der Kabel, Qualität der Kabel, Störeinflüssen und eingesetzter Technologie (z.B. ISDN, DSL oder Ethernet) ab.

---

[2] *„Bandwidth and throughput are two of the most confusing words in networking."* [Peterson & Davie 2003, S. 40]. Im Rahmen dieses Buches wird der Begriff *Bandbreite* nicht im Sinne eines Frequenzbandes sondern als maximale Übertragungskapazität (gemessen in bit/s) verstanden.

Neben der Entscheidung für eine bestimmte Technologie muss auch die Qualität der Kabel berücksichtigt werden. TP-Kabel werden in der Regel nach Kategorien unterschieden (vgl. u.a. [Oppenheimer 2004, S. 324]):

S F TP-Kabel-
kategorien

- *Category 1* und *2* finden heutzutage keine Anwendung mehr, da sie keine hohen Bandbreiten erlauben.
- *Category 3* wurde insbesondere für IEEE 10Base-T Ethernet sowie 4 Mbit/s Token Ring verwendet und ist bis 16 MHz getestet.
- *Category 4* ist bis 20 MHz freigegeben, aber in der Praxis selten anzutreffen.
- *Category 5* ermöglicht 100 MHz und wird häufig für 100 Mbit/s Ethernet eingesetzt. Kabel dieser Kategorie sind in der Praxis sehr häufig anzutreffen. Für 1 Gbit/s Ethernet müssen alle vier Adernpaare genutzt werden.
- *Category 5e* erlaubt bis zu 100 MHz, obwohl diese Kabel von manchen Herstellern für bis zu 350 MHz angepriesen werden. Diese Kabel sind weniger störempfindlich als Category 5 und daher besser für 1 Gbit/s Ethernet geeignet.
- *Category 6* ist bis 250 MHz getestet und für 1 Gbit/s Ethernet optimal geeignet.
- *Category 7* ermöglicht bis zu 600 MHz und ist somit für den Bereich 10 Gbit/s Ethernet relevant (vgl. u.a. IEEE 10GBase-T).

Neben der zulässigen maximalen Frequenz unterscheiden sich die Kabelkategorien außerdem hinsichtlich Dämpfung und Signal-Rausch-Abstand (SNR). Den unterschiedlichen Qualitäten und daraus resultierenden Bandbreiten stehen auf der anderen Seite auch unterschiedliche Kosten gegenüber. Die Kabeltypen sind „abwärtskompatibel", d.h. 100 Mbit/s Ethernet kann problemlos über ein Category 7 Kabel betrieben werden. *Koaxialkabel* wurden beim ursprünglichen 10 Mbit/s Ethernet (IEEE 10Base5, 10Base2) eingesetzt, haben jedoch für die aktuellen Ethernet-Standards keine Bedeutung mehr. Koaxialkabel finden aber bspw. im Fernsehkabelnetz Verwendung, in welchen mittlerweile auch IP-Kommunikation ermöglicht wird. Im Allgemeinen ermöglichen Koaxialkabel aufgrund der besseren Abschirmung eine höhere Reichweite als TP-Kabel.

F Lichtwellen-
leiter

Lichtwellenleiter (LWL) werden nach ihren „Moden" unterschieden. *Monomode-* oder auch als *Singlemode-Fasern* bezeichnete LWL sind im Kern etwa 10 μm dick. *Multimode-Fasern* haben hingegen einen dickeren Kern (ca. 200 μm), wodurch das Licht sich über mehrere Pfade ausbreiten kann. Die unterschiedlichen Längen der Pfade haben wiederum unterschiedliche Ausbreitungsgeschwindigkeiten (auch als Moden Dispersion bezeichnet) zur Folge. Die maximale Länge der Faser sowie die mögliche Bandbreite sind bei Multimode-Fasern daher geringer als bei Monomode-Fasern. Der Verwendung von Monomode-Fasern entgegen stehen die höheren Kosten, die insbesondere durch die zugehörigen Steckverbindungen entstehen.

Zur drahtlosen Übertragung können unterschiedliche Systeme genutzt werden. So stehen funkbasierte Systeme wie bspw. WLAN nach IEEE 802.11 in unterschiedlichen Frequenzbereichen zur Verfügung, aber auch lichtbasierte Systeme auf Basis von Infrarot bzw. Laser. Außerdem sind die Systeme danach zu unterscheiden, ob eine Punkt-zu-Punkt-Verbindung etabliert werden soll oder eine Punkt-zu-Mehrpunkt (bei welcher die Teilnehmer meist auch noch mobil sind). So sind lasergestützte Verbindungen sehr gut für Punkt-zu-Punkt-Verbindungen geeignet, keinesfalls aber für Punkt-zu-Mehrpunkt-Verbindungen.

Wie aus dieser Übersicht deutlich wird, ist man beim Netzmanagement mit unterschiedlichsten Übertragungsmedien konfrontiert. Die Entscheidung, welche Übertragungsmedien zum Einsatz kommen, hängt von verschiedenen Faktoren ab. Die unterschiedlichen physikalischen Eigenschaften der Medien müssen hierbei genauso Berücksichtigung finden wie die entstehenden direkten und indirekten Kosten. So entstehen bspw. bei der Funkübertragung keine direkten Kosten für das Medium, aber die entsprechenden Sende- und Empfangseinheiten sind in der Regel teurer als bei drahtgebundenen Systemen. Das wichtigste Kriterium ist jedoch zunächst die prinzipielle Eignung des Übertragungsmediums für den Einsatzzweck. So lassen sich bspw. Funksysteme nicht in jeglicher industrieller Umgebung einsetzen. Insofern sind folgende Gesichtspunkte zu berücksichtigen:

☑ Auswahl des Übertragungsmediums

- Reichweite und Bandbreite – Die Kombination von Übertragungsmedium und Übertragungstechnik führt zu einer bestimmten maximalen Länge des Übertragungsmediums bzw. Reichweite des Netzes. Zudem hängt auch die mögliche Übertragungsbandbreite direkt davon ab. In Tabelle 2.1 sind Werte für aktuell typische Ethernet Standards aufgeführt.
- Störanfälligkeit – Das Übertragungsmedium muss auch unter Berücksichtigung der Umgebung und daraus resultierender Störungen ausgewählt werden. So sind bspw. Funkverbindungen im Allgemeinen störanfälliger als leitungsgebundene Medien (insbesondere Lichtwellenleiter).

- Abhörsicherheit – In sensiblen Bereichen wie zum Beispiel beim Militär oder im Gesundheitswesen sollte auch die Abhörsicherheit berücksichtigt werden.
- Kosten und Zukunftssicherheit – Ausschlaggebend bei der Auswahl des Übertragungsmediums sind, neben der prinzipiellen Eignung des Systems, die daraus resultierenden direkten und indirekten Kosten, d.h. die Kosten, die durch die notwendigen Medien sowie Sende- und Empfangseinheiten entstehen. Weiterhin sollten zukünftige Netzwerktechnologien berücksichtigt werden, da ein Übertragungsmedium je nach Montageort nicht ohne weiteres bzw. nur mit hohen Kosten austauschbar ist.

Bandbreite	Medium	Standard	Reichweite
100 Mbit/s	TP-Kabel Cat. 5	100Base-TX	100 m
100 Mbit/s	Multimode-Faser	100Base-SX	412 m
100 Mbit/s	Multimode-Faser	100Base-FX	2.000 m
1 Gbit/s	TP-Kabel Cat. 5e	1000Base-T	100 m
1 Gbit/s	Twinax Kabel	1000Base-CX	25 m
1 Gbit/s	Multimode-Faser	1000Base-SX	550 m
1 Gbit/s	Singlemode-Faser	1000Base-LX	5.000 m
10 Gbit/s	Multimode-Faser	10GBase-S	300 m
10 Gbit/s	Singlemode-Faser	10GBase-L	10.000 m
10 Gbit/s	Singlemode-Faser	10GBase-E	40.000 m

Tabelle 2.1. Aktuell typischerweise eingesetzte Netzwerktechnologien und ihre jeweiligen maximalen Reichweiten in Abhängigkeit vom Übertragungsmedium (vgl. u.a. [Oppenheimer 2004]). Angegeben sind jeweils die maximalen Reichweiten, insbesondere bei Multimode-Fasern ist die Reichweite je nach Qualität der Faser geringer.

K Strukturierte Verkabelung

Neben der Frage, *welche* Medien zu verlegen sind, muss auch entschieden werden, *wo* die Übertragungsmedien zu verlegen sind und *wo* Netzwerkkomponenten platziert werden. Dies orientiert sich zum einen offensichtlich an der Frage, wo die Anschlüsse benötigt werden und zum anderen aber auch an bestehenden Infrastrukturen wie Straßen, Versorgungsschächten etc. So ist bspw. die *Geländeverkabelung* des Campus der Universität Karlsruhe (TH) durch LWL an den vorhandenen Wegen und Straßen orientiert wie in Abb. 1.1 deutlich wird.

Die Platzierung der Netzwerkkomponenten bzw. die Aufteilung des Netzes in verschiedene Teile erfolgt heutzutage durch eine **strukturierte Verkabelung**, da dies Grundlage für eine wirtschaftlich sinnvolle,

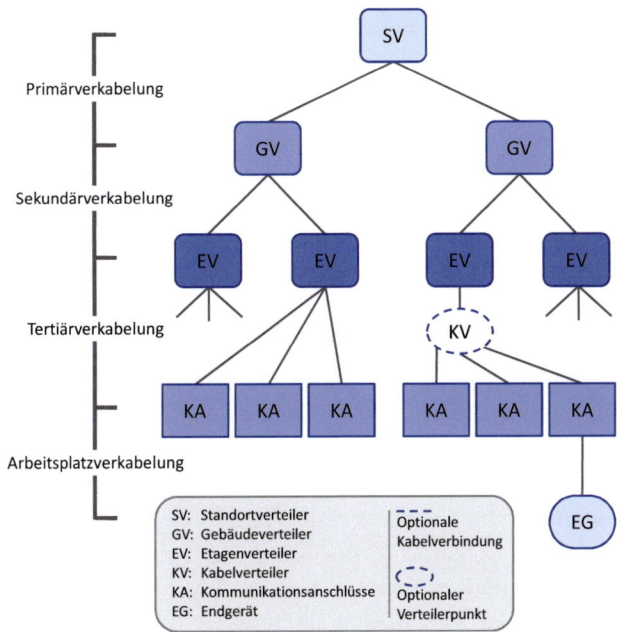

Abb. 2.4. Hierarchische Verkabelungsstruktur gemäß der europäischen Norm EN 50173 bzw. des internationalen Standards ISO/IEC 11801

zukunftsorientierte und anwendungsunabhängige Infrastruktur ist. Als erste Norm im Bereich der strukturierten Verkabelung gilt die amerikanische Norm ANSI/EIA/TIA 568. Diese hat formal gesehen für den europäischen Raum zwar keine Bedeutung, wurde jedoch aus Ermangelung europäischer Richtlinien auch in Deutschland angewandt. Mittlerweile ist die ISO/IEC 11801 bzw. die weitgehend gleiche europäische Norm EN 50173 für Deutschland bzw. Europa maßgebend (vgl. [Dittrich & von Thienen 1998, S. 418 ff]).

Gemäß dem *Standard EN 50173* für „*Anwendungsneutrale Verkabelungssysteme*" erfolgt eine Strukturierung der Verkabelung innerhalb eines Standorts in Hierarchieebenen. Der Standort kann dabei aus einem oder mehreren Gebäuden bestehen, wobei die Norm für Standorte mit einer maximalen Ausdehnung von 3.000 m optimiert ist. Die Spannweite der Norm reicht hierbei von 50 bis 50.000 Anwendern.

S V Anwendungsneutrale Verkabelungssysteme

Die Verkabelung erfolgt *sternförmig* in *Hierarchiestufen*:

- *Primärverkabelung* – Die Primärverkabelung wird auch als **Geländeverkabelung** (vgl. Abb. 1.1) – im Englischen spricht man von *Campus Wiring* – bezeichnet. Hierunter versteht man die Verkabelung zwischen dem *Standortverteiler (SV)* und den einzelnen Gebäuden, wobei ein maximaler Abstand von 1.500 m zwischen SV und *Gebäudeverteiler (GV)* vorgesehen ist. In der Regel kommen in diesem Bereich Multimode-Fasern zum Einsatz. Je nach eingesetzter Netztechnologie und Geländegröße kann jedoch auch der Einsatz von Singlemode-Fasern erforderlich sein. So ist bspw. mittels 10 Gbit/s Ethernet (gemäß IEEE 10GBase-S) und Multimode-Fasern nur eine Distanz von maximal 300 m überbrückbar.

- *Sekundärverkabelung* – Aufbauend auf der Geländeverkabelung findet im Sekundärbereich die **gebäudeinterne Verkabelung** statt. Diese verbindet Gebäudeverteiler mit den jeweiligen *Etagenverteilern (EV)*, wobei die maximale Entfernung 500 m betragen darf. In der Regel kommen hier wiederum Multimode-Fasern zum Einsatz.

- *Tertiärverkabelung* – Die Tertiärverkabelung – auch als *Etagenverkabelung* bezeichnet – deckt eine Fläche von maximal 1000 qm ab. Die Verkabelung basiert in der Regel auf Twisted-Pair-Kabeln und verbindet Etagenverteiler mit den Anschlussdosen. Die Kabellänge einschließlich der Arbeitsplatzverkabelung sollte dabei 100 m nicht übersteigen.

- *Anschlussbereich* – Für den *Anschlussbereich* – auch als *Arbeitsplatzverkabelung* bezeichnet – ist eine maximale Kabellänge von 10 m vorgesehen. Dieser Bereich fällt jedoch nicht unter die ursprünglich Norm EN 50173, da dieser Bereich sehr anwendungsspezifisch ist und manche Geräte wie Telefone oft schon ein Anschlusskabel mitbringen. Im Zuge der immer größer werdenden Anforderungen an die Qualität des Übertragungsmediums könnte sich dies jedoch ändern.

Abb. 2.4 und 2.5 zeigen nochmals die Sternform der Hierarchieebenen auf. Der Standard EN 50173 sieht eine sternförmige Verkabelung vor, da sich etwaige Ring- oder Bus-Topologien wieder mit Hilfe entsprechender Beschaltung der Patchfelder in Verteilern realisieren lassen und somit die größtmögliche Flexibilität gewährleistet wird.

Die Verteiler in Etagen und Gebäuden werden in entsprechenden **Verteilerschränken** (engl. Wiring Closets) untergebracht, welche in der Regel in der 19-Zoll-Bauweise ausgeführt sind. In den Verteilerschränken werden die aktiven Komponenten wie Ethernet Switches (vgl. Abschnitt 2.3.2) mit den passiven Komponenten wie Patchfeldern für Twisted-Pair-Kabel oder Spleißboxen für Lichtwellenleiter miteinander verbunden. Die Kabel werden zunächst auf passive Komponenten geführt und nicht direkt mit aktiven Komponenten verbunden. Somit

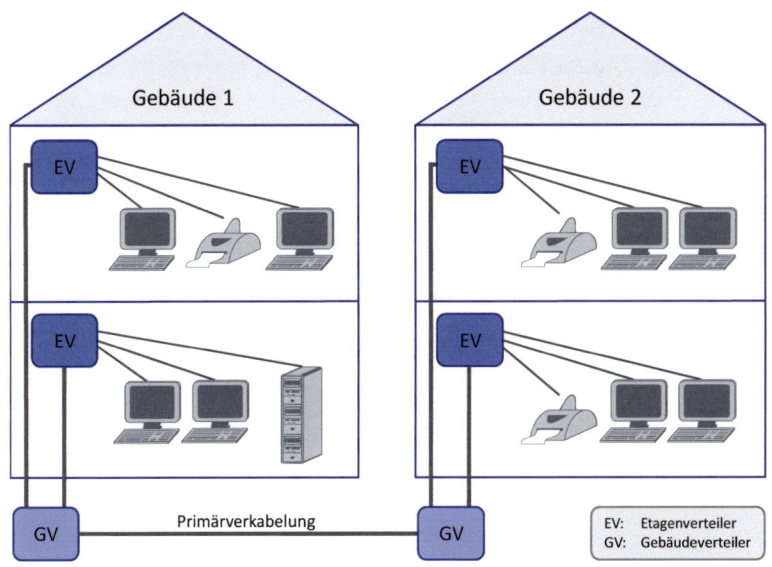

Abb. 2.5. Strukturierte Verkabelung am Beispiel zweier Gebäude

bleibt die strukturierte Verkabelung unverändert und die Leitung kann dennoch flexibel genutzt werden. Insofern ist es bspw. sehr leicht möglich, aus einer „ISDN-Telefondose" durch Umstecken des entsprechenden Patchkabels im Etagenverteiler eine „Ethernet-Buchse" zu machen.

Die Normen zur strukturierten Verkabelung sind in der Regel für die maximale Ausdehnung eines Campus gedacht. Hinsichtlich des Netzmanagements stellt sich jedoch unter Umständen die Frage, wie verschiedene Standorte vernetzt werden können. Hierbei handelt es sich dann um sogenannte *Metropolitan Area Networks (MAN)* und *Wide Area Networks (WAN)*. Die Ausdehnung solcher MAN und WAN beträgt einige Kilometer wie bei einem Stadtgebiet bis hin zu mehreren tausend Kilometern bei Seekabeln wie bspw. dem Sea-Me-We 3 [WWW Smw3] mit einer Gesamtlänge von 39.000 km. Weitverkehrsnetze orientieren sich oft auch an bestehenden Infrastrukturen wie Autobahnen, Schienensträngen, Gas- und Stromleitungen.

Im Allgemeinen werden MAN und WAN nicht durch die nutzenden Organisationen selbst betrieben, sondern von „großen" Telekommunikationsanbietern, welche entsprechende Dienste anbieten. Für diese Netze bzw. die Übertragungsmedien existieren hierzu verschiedene Nutzungsmodelle: vom Mieten der „nackten" Faser, das mit dem englischen Ausdruck *Dark Fiber* bezeichnet wird, über das Mieten einzelner „Wellenlängen" bis hin zu zur Bereitstellung einer bestimmten Bandbreite. Als

K MAN und WAN
Vernetzung

WAN Technologie wird hierbei hauptsächlich die Multiplex-Technik *Synchronous Digital Hierarchy (SDH)* genutzt, die von BellCore Mitte der 80er Jahre unter dem Namen *Synchronous Optical Network (SO-NET)* entwickelt wurde (vgl. [Halsall 2005, S. 126 ff]). Wie der Name schon suggeriert, werden bei SDH Verbindungen auf Basis von Lichtwellenleitern realisiert, wobei die Stationen synchron (mit einer Master-Uhr) arbeiten. Tabelle 2.2 gibt eine Übersicht typischer SDH-Klassen.

SONET	SDH	Bitrate
STS-1/OC-1		51,84 Mbit/s
STS-3/OC-3	STM-1	155,52 Mbit/s
STS-9/OC-9		466,56 Mbit/s
STS-12/OC-12	STM-4	622,08 Mbit/s
STS-18/OC-18		933,12 Mbit/s
STS-24/OC-24		1.244,16 Mbit/s
STS-36/OC-36		1.866,24 Mbit/s
STS-48/OC-48	STM-16	2.488,32 Mbit/s

Tabelle 2.2. Typische SONET bzw. SDH-Klassen mit den jeweiligen Bitraten. Abk.: Synchronous Transport System (STS), Optical Circuit (OC), Synchronous Transport Module (STM)

Ferner bieten inzwischen einige Telekommunikationsanbieter sogenannte *Metro Ethernets* an. Hierbei wird dem Kunden eine Standard-Ethernet-Schnittstelle zur Verfügung gestellt. Der Telekommunikationsanbieter überträgt den Ethernet-Datenstrom dann meist über sein SDH-Netz bis zum Endpunkt und stellt dort wieder eine Ethernet-Schnittstelle zur Verfügung. Die Bandbreite ist dabei nicht an den Ethernet-Standard gekoppelt, sondern kann nahezu beliebig reguliert werden. Eine Erhöhung der Bandbreite ist daher oft sehr kurzfristig möglich.

Ein weiterer Managementaspekt neben der *Netzplanung*, die bisher im Mittelpunkt des Kapitels stand, ist die *Netzmigration*. Im Zuge einer Netzmigration ist insbesondere die Frage zu klären, inwieweit existierende Übertragungsmedien sich für neue Technologien nutzen lassen oder ob ein Austausch notwendig ist. So ist bspw. die Reichweite einer Multimode-Faser in Kombination mit IEEE 10GBase-S Ethernet auf 300 m beschränkt und es stellt sich insofern die Frage, ob diese gegebenenfalls gegen eine Singlemode-Faser getauscht werden muss.

2.3.2 Aktive Netzkomponenten

Der Fokus dieses Abschnitts liegt auf aktiven Netzkomponenten wie Switches und den sich daraus ergebenden Fragen hinsichtlich des Netzmanagements. Im Allgemeinen werden diese aktiven Netzkomponenten in Datennetzen folgendermaßen kategorisiert, wobei auch Mischformen denkbar sind:

- *Repeater* – Ein Repeater ist eine Komponente, die auf OSI-Schicht 1 operiert und das digitale Signal unverändert weiterleitet. Dazu empfängt der Repeater das Signal, regeneriert es und sendet es wieder aus. Insofern lässt sich durch einen Repeater die Ausdehnung eines Netzes erhöhen. Außerdem kann ein Wechsel der Übertragungsmedien erfolgen.
- *Hub* – Ein Hub ist ein als Kopplungselement mit integriertem Repeater auf OSI-Schicht 1, sodass eine sternförmige Verkabelung in einen Bus umgesetzt werden kann.
- *Bridge* – Um zwei oder mehr Netzsegmente zu separieren, kann eine Bridge genutzt werden, die auf OSI-Schicht 2 arbeitet.
- *Switch* – Ein Switch entspricht funktional einer Multiport-Bridge, wobei eine Separierung pro Port stattfindet. Ein Switch kombiniert somit die Funktion eines Hub und einer Bridge.

Diese vier Gerätetypen operieren alle in den OSI-Schichten 1 und 2 und somit im Bereich der lokalen Netze. Im Gegensatz dazu führt ein *Router* eine Vermittlung auf OSI-Schicht 3 durch und schafft somit die Möglichkeit mehrere (unter Umständen unterschiedliche) lokale Netze miteinander zu koppeln.

- *Router* – Ein Router dient der Vermittlung von Datenpaketen in OSI-Schicht 3, d.h. im Fall des Internet auf IP-Ebene.

Dieses Buch setzt sich nicht weiter mit der Definition und Funktionsweise dieser Komponenten auseinander. Hierzu sei auf die „Standardliteratur" wie [Kurose & Ross 2004], [Tanenbaum 2003] oder [Halsall 2005] verwiesen. Ferner werden in diesem Abschnitt auch keine Komponenten höherer OSI-Schichten wie Proxies betrachtet.

Aktuell wird für lokale (leitungsgebundene) Netze überwiegend Ethernet verwendet. Die Etagenverkabelung erfolgt in der Regel mit Twisted-Pair Kabeln der *Category 5* oder besser. Als Kopplungselemente werden Hubs oder Switches in den EV genutzt, wobei Hubs zunehmend durch Switches ersetzt werden. Man spricht dann auch von **Switched Ethernet**, bei dem das Medium im Voll-Duplex Modus

Ⓥ Etagenverkabelung mit Ethernet

genutzt werden kann. Repeater, Hubs und einfache Bridges sind daher obsolet geworden und immer weniger anzutreffen. Zur drahtlosen Kopplung von Access Points ist das Konzept der Bridge jedoch nach wie vor im Einsatz (vgl. Wireless Distribution System (WDS).

Dieses Buch ist zwar nicht ausschließlich auf Ethernet und TCP/IP-basierte Netze beschränkt, fokussiert diese aufgrund der Praxisrelevanz jedoch. Im Folgenden werden daher die typischen Beispiele aus der Ethernet und IP-Welt betrachtet.

F Switch   In Ethernet-Netzen ist es Aufgabe des Netzmanagements, die Kollisionsdomäne (engl. *Collision Domain*, teilweise auch als *Bandwidth Domain* bezeichnet) so klein wie möglich zu halten, d.h. so wenige Stationen wie möglich sollten sich ein Medium teilen. Ein Switch ist hierzu bestens geeignet, da sich eine Kollisionsdomäne jeweils nur auf einen Port erstreckt. Ferner können die einzelnen Ports eines Switches mit unterschiedlichen Geschwindigkeiten betrieben werden. Insofern bremst ein „langsames" Netzgerät nicht alle anderen aus und das Management eines heterogenen Netzes wird vereinfacht. Je nach Ausstattung des Switches können außerdem unterschiedliche Übertragungsmedien zum Einsatz kommen.

Am RZ der Universität Karlsruhe (TH) sind derzeit als Etagenverteiler typischerweise Geräte des Typs Allied Telesyn 8224XL im Einsatz. Diese Geräte beinhalten in der Regel ein bis zwei Uplink-Ports mit jeweils 1 Gbit/s und 24 Ports für Endgeräte mit jeweils 100 Mbit/s. Im Vergleich zu Geräten, die im Heimbereich[3] eingesetzt werden, unterscheiden sich diese Switches, da sie modular, managebar und wesentlich teurer sind. Für die Switches stehen Module zur Verfügung, sodass unterschiedliche Medien genutzt werden können. Per Managementkonsole können Parameter des Switches wie „Port an/aus" verändert werden (vgl. auch VLANs in Abschnitt 2.4.1). Die höheren Preise solcher Geräte ergeben sich zum einen durch deren Flexibilität und zum anderen durch die wesentlich geringeren Ausfallzeiten (vgl. *MTBF* in Abschnitt 2.5). Erfordert bspw. eine Komponente fehlerbedingt einmal pro Jahr einen manuellen Neustart, so sind bei einer Anzahl von 1.000 Geräten im Durchschnitt täglich 2,74 Neustarts notwendig. Sind die Komponenten darüber hinaus noch geographisch verteilt, erfordert dies entsprechende Personalressourcen und verursacht somit nicht zu vernachlässigende Kosten.

---

[3] Im Englischen wird für diesen Anwendungsbereich häufig der Ausdruck *Small Office, Home Office (SOHO)* genutzt.

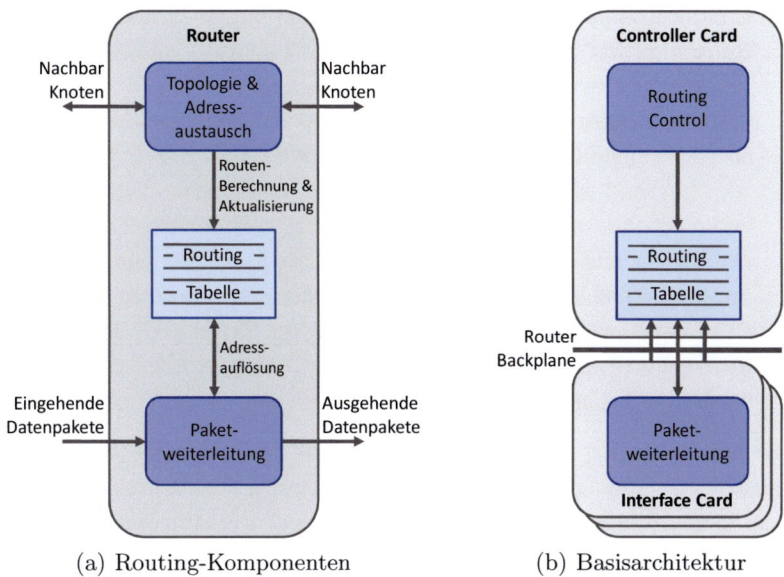

(a) Routing-Komponenten   (b) Basisarchitektur

Abb. 2.6. Typischer Aufbau eines Router [Aweya 2001]

Im Gegensatz zu einem Switch, welcher auf OSI-Schicht 2 arbeitet, vermittelt ein Router zwischen unterschiedlichen Teilnetzen auf OSI-Schicht 3. Im Rahmen dieses Buches wird als OSI-Schicht 3 Protokoll, wenn nicht anders angegeben, IP Version 4 bzw. Version 6 vorausgesetzt. Ein Router bietet im Allgemeinen die beiden in Abb. 2.6(a) dargestellten grundlegende Funktionen:

- *Paket-Weiterleitung (engl. Packet Forwarding)* – Der Router leitet IP-Pakete anhand der Routing-Tabelle von einer einkommenden Schnittstelle zu einer ausgehenden weiter.
- *Routen-Berechnung* – Die Berechnung der Routing-Tabelle erfolgt mittels lokaler Topologieinformationen des Routers sowie der Topologieinformationen der Nachbarknoten.

Die schematische Basisarchitektur, wie sie in Abb. 2.6(b) dargestellt ist, findet sich in vielen aktuellen Routern wieder. Die Architektur gliedert sich in drei Teile (da auch im deutschsprachigen Raum vornehmlich die englischen Fachbegriffe für die Komponenten Verwendung finden, wurde an dieser Stelle auf eine Übersetzung verzichtet.):

🔒 Router
Anatomie

- Die **Controller Card** ist für die Berechnung der Routing-Tabelle, deren regelmäßige Aktualisierung, den Austausch von Topolo-

gieinformation sowie weitere Managementaufgaben zuständig. Ein
Router verfügt typischerweise über *eine* (aktive) Controller Card.

- **Interface Cards** — auch als **Line Cards** bezeichnet — verbinden den Router mit den Netzen. Pakete werden von diesen Karten
entgegen genommen und prozessiert (z.B. Test der Prüfsumme).
Abschließend werden die Pakete anhand der Routing-Tabelle an die
entsprechende ausgehende Interface Card weitergeleitet. Ein Router besitzt eine Reihe von Interface Cards, welche gegebenenfalls
unterschiedliche Medien sowie Bandbreiten unterstützen.

- Der Datenaustausch zwischen den Interface Cards und die Kommunikation zwischen Interface Cards und Controller Card findet über
die **Router Backplane** statt.

Router sind in Regel modular ausgelegt, sodass Interface Cards ausgetauscht und hinzugefügt werden können. Zudem sind zentrale Komponenten des Routers meist redundant ausgelegt wie zum Beispiel Netz-
teile oder eine zweite Controller Card als Absicherung. Weitere Details
zu Router-Architekturen finden sich unter anderem in [Aweya 2001].

Hinsichtlich des Netzmanagements stellt ein Router diverse Anforderungen. So ist bei der Konfiguration die Auswahl des passenden
Routing-Protokolls wie OSPF etc. notwendig. Um eine möglichst hohe Verfügbarkeit zu garantieren, sollten zentrale Komponenten redundant ausgelegt sein und unter Umständen auch im Vorfeld Ersatzteile
beschafft werden, um beim Ausfall einer Komponente die Redundanz
unmittelbar wiederherstellen zu können. Darüber hinaus müssen auch
Aspekte wie Abrechnung (vgl. hierzu Abschnitt 5.3) oder Access Control Lists (vgl. hierzu Abschnitt 2.4.2) bedacht werden. Beim Leistungsmanagement ist bspw. zu beachten, dass die Backplane des Routers
ausreichend Reserven bietet, da alle Pakete darüber weitergeleitet werden.

F Netztopologie im
Kernbereich des
Rechenzentrums
der Universität
Karlsruhe (TH)

Der Kern der Netztopologie der Universität Karlsruhe (TH) ist in
Abb. 2.7 dargestellt (Stand: 2007). Die Anbindung an den ISP, BelWü,
ist redundant über zwei Verbindungen realisiert. Auf Seiten des BelWü
werden hierzu zwei Cisco Router der 12000 Serie betrieben. Neben der
Universität werden über diese Router noch weitere wissenschaftliche
Einrichtungen aus Karlsruhe, wie die Hochschule Karlsruhe, angebunden. Auf Seite der Universität werden zwei Eingangsrouter betrieben,
die mit den internen Routern vernetzt sind, wobei die internen Router jeweils mit beiden Eingangsroutern verbunden sind. Als Routing-
Protokoll wird innerhalb des Campus OSPF genutzt. Die einzelnen Ein-

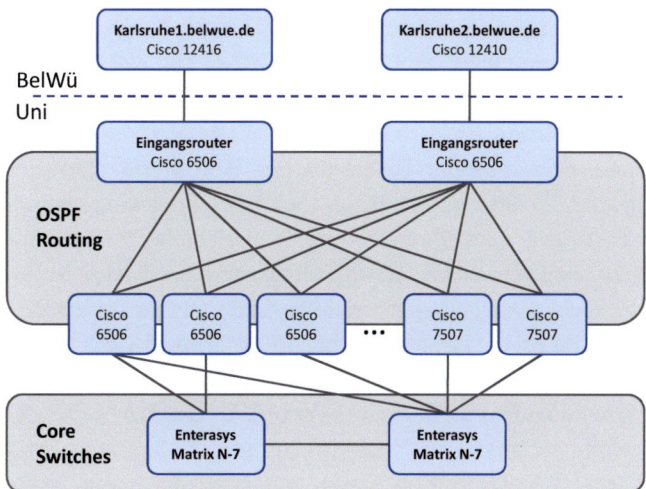

Abb. 2.7. Kern der Netztopologie des Campusnetzes der Universität Karlsruhe (TH)

richtungen bzw. Gebäude sind dann wiederum über die „Core Switches" und weitere Switches angebunden.

2.4 Logische Netzstrukturen

Physische Netzstrukturen schaffen die Grundlage der Vernetzung. Eine Änderung dieser Strukturen ist in der Regel jedoch langwierig und scheidet somit für kurzfristige Anpassungen aus. Logische Strukturen eröffnen jedoch die Möglichkeit, Netzstrukturen schnell und flexibel anzupassen. In den folgenden drei Unterabschnitten werden exemplarisch drei logische Netzstrukturen dargelegt.

2.4.1 Virtuelle lokale Netze

Die Beschränkung der Netzsegmentgröße wie bei Ethernet kann unter Zuhilfenahme von Switches bzw. Bridges umgangen werden. Bei der Verkabelung eines Campus würde es sich daher anbieten, rein auf Switches statt Router zu setzen, insbesondere, da diese wesentlich günstiger in der Anschaffung sind. Schwerwiegendster Nachteil einer solchen Lösung wäre jedoch die *Broadcast Last*, die in einem solchen Netz bspw. durch ARP-Request entstehen würde. Daher ist es sinnvoll, ein Campus-Netz in mehrere lokale Netze zu unterteilen und diese mit Hilfe von Routern miteinander zu verbinden.

Für das Netzmanagement stellt sich daher die Frage, wie solche Netze zu strukturieren sind. Zum einen unterliegt die Netzstruktur physischen Randbedingungen, wie sie in Abschnitt 2.3.1 dargelegt wurden. Andererseits sollten sich in den lokalen Netzen auch die jeweiligen Nutzergruppen widerspiegeln. Innerhalb der Universität sind dies bspw. die Zentrale Verwaltung, die Bibliothek oder Forschungsgruppen. Neben der Broadcast-Last sprechen hierfür auch Sicherheitsüberlegungen. Die sich aus den physischen Randbedingungen ergebende Netzstruktur ist jedoch nicht zwangsläufig deckungsgleich mit entsprechenden Nutzergruppen. So ist es eine alltägliche Anforderung an das Netzmanagement, lokale Netze über mehrere Gebäude hinweg zu ermöglichen.

K S Virtual LAN (VLAN)

Daher werden regelmäßig sogenannte **Virtual LAN (VLAN)** etabliert, welche die physische Netzstruktur von der logischen entkoppeln. Die Ethernet-Pakete werden hierzu mit einer Kennung, einem sogenannten *VLAN Tag*, versehen. Auf Basis dieser Kennung werden dann Pakete inklusive Broadcast Paketen nur an die entsprechend konfigurierten Ports weitergeleitet. Die Bridging-Funktionalität eines Switches erlaubt die Aufspaltung eines Netzes in unterschiedliche *Kollisionsdomänen*. Zusätzlich ermöglichen nun die VLANs die Aufspaltung in mehrere *Broadcast Domains*.

Um ein VLAN über mehrere Switches aufzuspannen, können insbesondere Uplink-Ports so konfiguriert werden, dass sie Pakete unterschiedlicher VLANs transportieren. Abb. 2.8 zeigt beispielhaft eine solche Netzstruktur mit zwei Switches *S1* und *S2* und sechs Endgeräten *E1* bis *E6*. Die Geräte *E1*, *E2* und *E3* sind im *VLAN 100* und die Geräte *E4*, *E5* und *E6* im *VLAN 200*. Über die Verbindung — teilweise als *Trunk* bezeichnet — zwischen Switch *S1* und *S2* werden Pakete beider VLANs transportiert. Weitere Informationen zu VLANs und deren Paketformat finden sich unter anderem in [Peterson & Davie 2003].

Auf den „Endgeräte-Ports" werden im Regelfall nur Pakete ohne Tag entgegen genommen. Ansonsten könnten sich Unberechtigte Zugang zu anderen VLANs verschaffen und dort unter Umstände sensible Daten mithören. Aus diesem Grund sollte auch der physische Zugang zum Switch und dessen Uplink-Ports gesichert werden.

F VLANs auf dem Campus

Auch das Rechenzentrum der Universität Karlsruhe (TH) setzt VLANs zur Strukturierung ein. Aktuell kommen ca. 680 VLANs zum Einsatz (Stand: Oktober 2006). Problematisch aus Managementsicht ist momentan die mangelnde Unterstützung bei der „Durchschaltung" der VLANs. Ist ein bestimmtes VLAN auf einem Switch-Port nötig, müssen alle intermediären Switches wie Gebäude-Switches entsprechend ma-

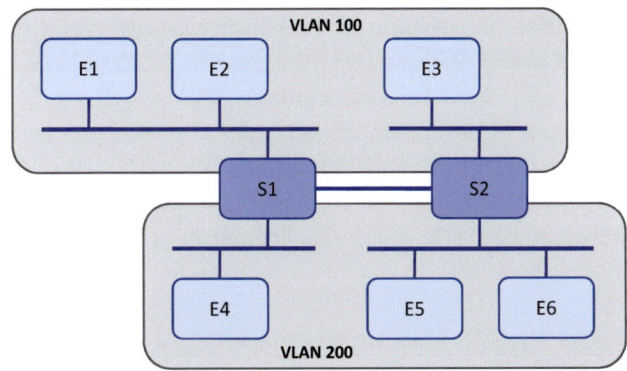

Abb. 2.8. Zwei Virtual LANs, die sich über zwei Switches erstrecken.

nuell konfiguriert werden. Bisher existieren hierzu lediglich proprietäre Verfahren. Eine Kommunikation zwischen unterschiedlichen VLANs erfolgt im Netz der Universität Karlsruhe (TH) ausschließlich über Router (vgl. Abb. 2.7).

2.4.2 Zugangskontrolle

Neben ihrer Kernaufgabe, Pakete weiterzuleiten, verwalten Router in der Regel auch sogenannte **Access Control Lists (ACLs)**. Anhand dieser Listen können Pakete gefiltert werden; der Router erfüllt insofern die Funktion einer *paketfilternden Firewall* (vgl. auch Abschnitt 14.2). Wie im vorigen Abschnitt dargelegt, findet eine Kommunikation zwischen den VLANs auf dem Campus der Universität Karlsruhe (TH) ausschließlich über Router statt. Es ist daher Aufgabe des Netzwerk- und IT-Sicherheitsmanagements, die ACLs der Router zu konfigurieren, sodass keine unerlaubte Kommunikation zwischen den lokalen Netzen untereinander sowie dem Internet möglich ist. Insbesondere der Filterung des ein- und ausgehenden Verkehrs — *ingress, egress Filtering* — auf den Eingangsroutern (auch als **Border Router** bezeichnet) kommt eine entscheidende Rolle zu.

🅚 Access Control List (ACL)

Um einen möglichst hohen Durchsatz auf einem Router zu erreichen, verarbeitet ein Router in der Regel die ACLs in einem Hardware-basierten Assoziativspeicher. Dabei handelt es sich um einen Speicher, welcher inhaltsbezogen adressiert werden kann und speziell dafür geeignet ist, sehr schnell zu einem vorgegebenen Muster passende Datensätze zu finden. Er wird daher auch als inhaltsadressierbarer Speicher (engl. Content Addressable Memory) bezeichnet wird. Bei Routern ist der

Assoziativspeicher als sogenannter **(Ternary) Content Addressable Memory (TCAM)** realisiert. TCAMs sind in der Regel aufgrund des Preises sehr knapp bemessene Ressourcen. Müssen ACLs aufgrund von Platzmangel vom TCAM in den Hauptspeicher ausgelagert werden, verringert sich der Durchsatz des Routers signifikant. Daher müssen ACLs aggregiert werden, sodass sie im TCAM Platz finden. Eine Aufgabe des Netzwerkmanagements ist daher die Verwaltung und Aggregation von ACLs.

2.4.3 Traffic Engineering in Weitverkehrsnetzen

Im Rahmen von Weitverkehrsnetze (engl. Wide Area Network, WAN) sind weniger individuelle Netzströme von Belang. Vielmehr müssen Verkehrsströme in Transitnetzen gemanagt werden, wie sie zwischen Unternehmen oder ISPs entstehen. Die Pakete werden hierzu entweder mit Hilfe statischer Verfahren gemultiplext (TDM), wie es bei SO-NET/SDH der Fall ist (vgl. Tabelle 2.2), oder mit Hilfe von Labels erweitert wie bei ATM oder MPLS. Beim **Label Switching** werden zunächst virtuelle Verbindungen aufgesetzt, sodass auf den Zwischensystemen nur noch das Label beachtet werden muss und nicht mehr die komplette IP-Adresse. Weitere Informationen zu ATM und MPLS finden sich unter anderem in [Peterson & Davie 2003, S. 192 ff bzw. S. 340 ff].

Aus historischer Sicht war Sprachkommunikation der Ausgangspunkt der klassischen Telekommunikationsanbieter *(Telkos)*, wohingegen Rechnernetze den Ausgangspunkt aus Seiten des Internet bildeten. So standen sich auch unterschiedliche Prinzipien gegenüber: verbindungsorientierte, komplexe, aber auch sehr leistungsfähige und robuste Netze auf Seiten der Telkos und verbindungslose, einfache, aber nicht immer leistungsfähige Netze auf Seiten des Internet. Inzwischen sind diese beiden Philosophien mehr und mehr konvergiert, wobei insbesondere MPLS bzw. Generalized MPLS (GMPLS) zum effizienten Management der Verkehrsströme genutzt wird.

K Traffic Engineering
Die effiziente Lenkung von Verkehrströmen unter Beachtung der vorhandenen Ressourcen wird auch als Traffic Engineering bezeichnet und folgendermaßen definiert:

> *Traffic Engineering (TE) beschäftigt sich mit der Leistungsbewertung und Leistungsoptimierung von Netzwerken. Hierzu kommen sowohl* verkehrsbezogene Metriken *als auch* ressourcenbezogene Metriken *zum Einsatz. TE wendet wissenschaftliche und technische Prinzipien für das Messen, Modellieren,*

Charakterisieren und Steuern von Datenverkehrsströmen an so-
wie für das Erzielen bestimmter Leistungsgrößen und ist Grund-
lage für den effizienten und verlässlichen Betrieb von Netzen.
gemäß [RFC 2702, Sec. 2].

2.5 Leistungsgrößen und -indikatoren von Netzen

Die Aufgaben des Netzwerkmanagements orientieren sich insbesondere an den Leistungsgrößen der Netze. Insofern werden die wichtigsten
Leistungs- bzw. Kenngrößen im Folgenden in Kategorien unterteilt und
kurz erläutert.

- **Verfügbarkeit** untergliedert sich in zwei Bereiche:
  - *Zeitlich*: Hinsichtlich des Netzmanagements sind beim zeitlichen
    Aspekt insbesondere Ausfälle von Netzkomponenten zu berück-
    sichtigen.
    Hersteller von Netzkomponenten geben hierzu in der Regel ei-   K S MTBF
    ne **Mean Time Between Failure (MTBF)** an. Die MTBF   und MTTR
    bezeichnet im Allgemeinen die erwartete bzw. beobachtete Zeit
    zwischen zwei aufeinanderfolgenden Fehlern einer Komponen-
    te [IEEE 1990]. Darüber hinaus kann durch die **Mean Time To
    Repair (MTTR)** die erwartete bzw. beobachtete Zeit angege-
    ben werden, die benötigt wird, um eine Komponente zu reparie-
    ren und zum normalen Betrieb zurückzukehren [IEEE 1990].
    Die Verfügbarkeit A ist definiert durch $A = \frac{MTBF}{MTBF+MTTR}$
    (vgl. [Stallings 1999, S. 30]). Letztendlich ist es Ziel des Netz-
    werkmanagements, zu jedem Zeitpunkt Netzkonnektivität zu
    bieten und die Ausfallzeiten so klein wie möglich zu halten.
  - *Örtlich* – Neben der zeitlichen spielt auch die örtliche Verfügbar-
    keit eine entscheidende Rolle, da die Verfügbarkeit des Netzes zu
    einem bestimmten Zeitpunkt auch immer vom Ort abhängig ist.
- **Durchsatz** ist definiert als der Quotient aus Größe der Datenein-
  heit und der benötigten Übertragungszeit (vgl. [Peterson & Davie
  2003, S. 145]) und wird in der Regel in *bit/s* gemessen. Hierbei
  können wiederum verschiedene Angaben unterschieden werden: ga-
  rantierte Bandbreite, durchschnittlicher Durchsatz und maximal er-
  reichbarer Durchsatz (engl. Peak-Performance). Ziel des Netzmanagements ist es, für jede Anwendung ausreichend Bandbreite vorzuhalten.

- **Verzögerungszeit (Latenz) und Antwortzeit** – Neben dem Durchsatz stellt die Verzögerungszeit und deren Schwankung eine weitere entscheidende Kenngröße dar (vgl. [Stallings 1999, S. 32]). Speziell beim Einsatz von Anwendungen mit Echtzeitanforderungen, wie bspw. VoIP, ist die Verzögerungszeit oft von größerer Bedeutung als der Durchsatz. Ziel des Netzmanagements ist es, die Anforderungen hinsichtlich der maximalen Latenz einer jeden Anwendung zu erfüllen.

- **Fehlerfreiheit** – Ferner ist neben der Verfügbarkeit auch die Fehlerfreiheit (engl. Accuracy) ein weiteres Maß, anhand derer sich die Qualität des Netzes beschreiben lässt (vgl. [Stallings 1999], S. 36).

Durch die aufgeführten Kenngrößen lässt sich insbesondere die erbrachte bzw. geforderte Dienstqualität beschreiben (vgl. insofern auch Abschnitt 2.6). Letztlich muss auch immer eine Abwägung zwischen den entstehenden Kosten einer Maßnahme und dem möglichen Nutzen durchgeführt. Aufgrund dessen stellt die **Kosteneffizienz** eine weitere Kenngröße bei der Beurteilung von Netzen dar. Insofern ist die *Auslastung* (engl. Utilization) der Komponenten bzw. Verbindungen eine entscheidende Größe zur Beurteilung der **Effizienz** (vgl. [Stallings 1999, S. 37]).

2.6 Netzdienste

Der Ausdruck Netzdienst fokussiert im Rahmen des OSI-Referenzmodells den vom Netzwerk erbrachten Dienst (vgl. [ITU X.213, S. 6]). Das Netzmanagement beschränkt sich jedoch nicht auf Dienste, welche auf den OSI-Schichten 1 bis 3 erbracht werden, sondern beinhaltet auch das Management von Diensten höherer Schichten, insbesondere auch der Anwendungsschicht. Bei Netzdiensten der Anwendungsschicht handelt es sich um Dienste, die Kommunikationsdienste wie bspw. E-Mail realisieren oder Dienste, die Netz-basierte Anwendungen unterstützen wie bspw. Verzeichnisdienste. Im Rahmen dieses Buches bezieht sich der Ausdruck Netzdienste auch auf Dienste der Anwendungsschicht. Einige typische Beispiele für solche Netzdienste sind im Folgenden aufgelistet:

- Verzeichnisdienste (bspw. DNS, LDAP)
- Zeitdienste (NTP)
- Elektronische Mail (SMTP)
- Internet-Telefonie (VoIP)
- Zertifikatsdienste (PKI)

Die Administration und der Betrieb des Domain Name Systems (DNS), d.h. insbesondere die Vergabe von Domain-Namen und der Betrieb der DNS-Server, ist Aufgabe des Netzmanagements. In Abschnitt 6.5.1 werden das *DNS Verwaltungssystem* der Universität Karlsruhe (TH) sowie die entsprechenden Richtlinien zur Vergabe näher betrachtet.

2.7 Zusammenfassung

Die IT-Infrastruktur stellt heutzutage in den meisten Organisationen eine kritische Infrastruktur dar, da ohne diese Infrastruktur Geschäftsprozesse ins Stocken, wenn nicht gar zum Erliegen kommen. Im Gegensatz zu den zentralen monolithischen Systemen der ersten Stunde handelt es sich hierbei heute um hochgradig verteilte Systeme auf Basis eines Kommunikationsnetzes. Im Rahmen dieses Kapitels wurde die Vielfältigkeit des Netzmanagements exemplarisch aufgezeigt. Zentrale Aufgabe des Netzmanagements ist es, die Anforderungen (Verfügbarkeit, Bandbreite, etc.), die aus den Anwendungen erwachsen, zu erfüllen.

Erschwerend kommen noch die rasche technische Entwicklung sowie die Heterogenität der Komponenten und Protokolle hinzu. Unterschiedlichste Übertragungsmedien und Netzkomponenten stehen bei Neubeschaffungen zur Auswahl und müssen auch betrieben werden. Softwareseitig sind unterschiedliche Schnittstellen und Protokolle vorzufinden. Ferner sind noch die Rahmenbedingungen durch „externe Infrastrukturen" wie Verkehrswege, Gebäude oder Gebäudetechnik (z.B. Elektrizität und Klimatechnik) zu berücksichtigen. Neben der Heterogenität ist die Komplexität auch bedingt durch die Anzahl der Netzkomponenten.

Aus Sicht des Netzmanagements besteht daher die Notwendigkeit, die Aufgaben zur strukturieren und Standards zu definieren, um heterogene Komponenten mit Hilfe einheitlicher Datenformate, Schnittstellen und Protokolle konfigurieren und überwachen zu können. Die nachfolgenden Kapitel zeigen passende Architekturen, Modelle und Standards auf.

3

Managementarchitekturen

3.1 Einleitung

Die Aufgaben des Netzwerkmanagements sind, wie in Kapitel 2 gezeigt, sehr vielfältig. Erschwerend kommt die *Heterogenität* der zu managenden Komponenten sowie deren *Verteiltheit* hinzu. Zum Netzmanagement werden daher selbst wiederum verteilte Systeme genutzt, die dem Netzwerkoperator notwendige Informationen zur Verfügung stellen — **Network Monitoring** — und ihn bei der Steuerung — **Network Controlling** — unterstützen (vgl. [Stallings 1999, S. 23 ff]). Trotz der Vielfältigkeit der Aufgaben müssen auch immer wieder gleichartige Aufgaben gelöst werden. Daher sind die Komponenten des Managementsystems aus ökonomischen Gesichtspunkten modular zu gestalten, sodass diese nach dem *Baukastenprinzip* wiederverwendet werden können.

Die einzelnen Managementbausteine können nun in unterschiedlicher Weise miteinander verknüpft werden [Hegering et al. 1999, S. 97 f].

- **Isolierter Ansatz:** Beim isolierten Ansatz werden Werkzeuge „isoliert" voneinander eingesetzt, d.h. die notwendige Koordination und Systematik erfolgt allein durch den Netzwerkoperator, der die Werkzeuge bedient. Daher haben die Werkzeuge teilweise unterschiedliche Benutzerschnittstellen und Bedienkonzepte und verwenden unterschiedliche Begrifflichkeiten. Weiterer Nachteil dieses Ansatzes ist, dass einige Funktionalitäten mehrfach umgesetzt werden müssen, da die Werkzeuge keine gemeinsamen Datenbeständen nutzen können. Die Kombination bzw. Korrelation der Informationen und Ereignisse muss daher vom jeweiligen menschlichen Operator geleistet werden.

K Ansätze für Management-plattformen

- **Koordinierter Ansatz**: Der koordinierte Ansatz verknüpft unterschiedliche Werkzeuge miteinander. Die Verknüpfung kann direkt oder durch ein übergeordnetes Programm bzw. Skript erfolgen. So erfolgt die Verknüpfung der Werkzeuge auf Unix-Systemen bspw. sehr oft mittels sogenannter Pipes und die Aufrufe werden in Bash-Skripten zusammengefasst. Die Verknüpfung der Bausteine führt zu einem Mehrwert, da Informationen automatisiert weitergegeben werden. Ferner bietet der Einsatz eines übergeordneten Programms den Vorteil, dass dem Operator *eine* Bedienoberfläche zur Verfügung steht. Nachteil dieses Ansatzes ist, dass potentiell $n \times n$ Konnektoren bzw. Schnittstellen zwischen den einzelnen Bausteinen notwendig sind.

- **Integrierter Ansatz**: Beim integrierten Ansatz werden die Bausteine in ein Rahmenwerk integriert. Dem Operator steht hierbei *eine* Bedienoberfläche zur Verfügung und die Bausteine werden über standardisierte Schnittstellen eingebunden. Ziel des integrierten Ansatzes ist, insbesondere Ressourcen unabhängig von deren *Heterogenität* und der *Verteiltheit* managen zu können. Daher sollten Schnittstellen und Daten in einem herstellerunabhängigen Format spezifiziert und ausgetauscht werden. Ferner ist ein offenes Rahmenwerk hilfreich, um die Herstellerunabhängigkeit zu gewährleisten. Der integrierte Ansatz ermöglicht daher am besten die Umsetzung des *Baukastenprinzips*.

☑ Auswahl der zweckmäßigsten Management-plattform

Aus theoretischer Sicht ist daher der integrierte Ansatz am sinnvollsten und auch meist angestrebtes Ziel des Netzwerkmanagements. Aus praktischer Sicht ist der integrierte Ansatz oft nur in Teilen umsetzbar, da die Umsetzung entweder technisch nicht möglich oder zu aufwendig ist. Wäre der Aufwand der Integration gegenüber dem Nutzen zu hoch, würde insofern auch der zu Beginn vorgetragene ökonomische Aspekt ad absurdum geführt. Betreibt eine Firma bspw. drei Access Points, auf welche nur ein kleiner Personenkreis Zugriff hat, ist meist keine integrierte Softwarelösung notwendig. Diese Access Points können vielmehr „von Hand" gemanagt werden. Betrachtet man das DUKATH-Netz der Universität Karlsruhe (TH) (vgl. Abschnitt 1.3), ist sehr wohl ein integriertes Management anzustreben, da mehr als 200 Access Points gemanagt werden müssen, um mehreren tausend Nutzern Zugriff zu gewähren.

In der Praxis finden sich daher regelmäßig verschiedene Lösungsansätze für unterschiedliche Teilbereiche parallel zueinander. Neue Managementteilbereiche sollten in bestehende Plattformen integriert werden,

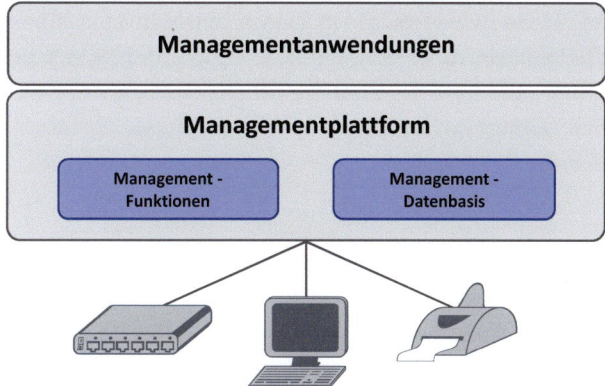

Abb. 3.1. Architektur für ein integriertes Management.

wobei der Nutzen und Aufwand aber immer gegeneinander abzuwägen ist. Der Nutzen einer Integration hängt insbesondere auch von der betrachteten Ressource ab. Außerdem kann sich der mögliche Nutzen einer Integration im Laufe der Zeit ändern. So zum Beispiel bei drahtlosen Netzen, wenn zunächst nur wenige Access Points im Einsatz sind und eine Integration unter Umständen zu aufwendig ist. Erhöht sich die Anzahl der Access Points zu einem späteren Zeitpunkt, kann der Nutzen den Aufwand einer Integration aber überwiegen. Insbesondere, wenn Teile des Managementsystems zunächst isoliert betrieben werden, ist darauf zu achten, dass offene Schnittstellen und Datenformate existieren, sodass eine Integration zu einem späteren Zeitpunkt erfolgen kann.

Ein Managementsystem gemäß des integrierten Ansatzes sollte folgenden Kriterien genügen:

K Integrierter Ansatz

- Es sollte unabhängig von Heterogenität und Verteiltheit der Ressourcen sein.
- Die Informationen sollten über wohldefinierte Schnittstellen und Protokolle zugänglich sein.
- Die Interpretation der Daten sollte in einem herstellerunabhängigen Format erfolgen.
- Standardfunktionen sollten bereitgestellt werden und wiederverwendbar sein.
- Die einzelnen Bausteine (Module) sollten sich einfach verknüpfen lassen.

Abb. 3.1 zeigt die grobe Architektur einer Managementplattform zur Umsetzung des integrierten Ansatzes. Hierbei ist insbesondere die Zweiteilung der *Managementplattform* hervorzuheben: zum einen die *Managementdatenbasis*, in welcher die Bausteine ihre Information ablegen bzw. beziehen, und zum Zweiten die *Managementfunktionen*. Letztlich ermöglichen *Managementanwendungen* dem Nutzer die Interaktion mit der Plattform.

3.2 Strukturierung der Managementarchitektur

Ziel dieses Kapitels ist es, die grundlegenden Begriffe und Modelle für ein integriertes Management zu verdeutlichen. Eine Diskussion einzelner Bausteine und Werkzeuge erfolgt in Kapitel 7. Die Umsetzung der in Abb. 3.1 skizzierten Architektur erfordert insbesondere die Klärung der Fragen: Wie kann eine vernünftige Aufteilung der notwendigen Funktionen in Bausteine erfolgen? Welche Schnittstellen und Datenformate sind zu standardisieren und von wem? Wie kann eine solche Plattform softwaretechnisch umgesetzt werden?

K Management-
plattform

Managementplattformen sind Trägersysteme für Managementanwendungen: Eine Managementplattform stellt Grundfunktionen zur Realisierung von Managementanwendungen zur Verfügung. gemäß [Hegering et al. 1999, S. 10].

Ausgehend von den Definitionen einer **Managementplattform** und **Managementarchitektur** erfolgt eine vertiefte Diskussion anhand von vier Teilmodellen.

K Management-
architektur

Das Rahmenwerk für managementrelevante Standards in Bezug auf die genannten Teilmodelle wird Managementarchitektur genannt. gemäß [Hegering et al. 1999, S. 9].

Für das integrierte Management heterogener Umgebungen sollten folgende vier Teilmodelle herstellerübergreifend spezifiziert werden [Hegering et al. 1999]. Diese Untergliederung geht auf die vier Aspekte des OSI-Management in [ITU X.701, S. 8] zurück.

- Beschreibung von Ressourcen → **Informationsmodell**
- Beschreibung von Kommunikationsvorgängen zu Managementzwecken → **Kommunikationsmodell**
- Behandlung und Unterstützung von Organisationsaspekten, Rollen und Kooperationsformen → **Organisationsmodell**
- Strukturierung der Managementfunktionen → **Funktionsmodell**

Ein Beispiel stellt die in Kapitel 4 präsentierte Managementarchitektur für TCP/IP-basierte Netze dar. Managementplattformen einschließlich konkreter Implementierungen werden in Kapitel 7 näher betrachtet.

3.2.1 Informationsmodell

Für das Management heterogener Umgebungen ist es unumgänglich, dass ein gemeinsames Verständnis bzgl. Interpretation und Bedeutung der Managementinformationen gegeben ist. Ein Informationsmodell abstrahiert daher von konkreten Geräten (bzw. zu managenden Ressourcen) und gibt rein managementrelevante Informationen wieder. Dies geschieht in einer möglichst herstellerunabhängigen Weise.

Kern des Informationsmodells bildet das **Managed Object (MO)**, das eine zu managende Netzwerkressource repräsentiert. Ein Managed Object kann sowohl eine physische Netzkomponente (z.B. Switch) repräsentieren als auch eine dynamische Ressource wie eine TCP-Verbindung. Im Allgemeinen ist ein Managed Object durch folgende Eigenschaften definiert [ISO/IEC 7498-4]:

- *Attribute*, die es aufweist,
- *Operationen*, die ausführbar sind,
- *Ereignisse*, die es auslöst und
- *Beziehung* zu anderen MOs.

K Managed Object

Abb. 3.2 skizziert ein Managed Object und dessen Anbindung an die zu verwaltende Netzressource. Hierbei wird deutlich, um in einem heterogenen Umfeld mit einem Managed Object interagieren zu können, müssen die Operationen, Ereignisse und Attribute des Managed Objects standardisiert sein. Die Interaktion zwischen Managed Object und der eigentlichen Netz- bzw. Systemressource ist jedoch nur von „lokaler Bedeutung", d.h. hierbei muss keine standardisierte Lösung zum Einsatz kommen. Es ist vielmehr entscheidend, dass die Reaktion der Ressource auf die Änderungen des Managed Object der erwarteten Reaktion entspricht.

Ein Managed Object kann bspw. einen Drucker repräsentieren und folgende Attribute aufweisen: *Status* (bereit, druckend, fehlerhaft, in Wartung), *Tonerstand* (normal, niedrig, leer) und *Anzahl gedruckter Seiten*. Zusätzlich zu den notwendigen Schreib- und Leseoperationen zum Setzen und Auslesen der Attribute könnte das Drucker-MO folgendes anbieten: *Drucke Testseite* oder *Druckauftrag abbrechen*.

F Drucker als MO

Zur Definition von Managed Objects ist eine **Datendefinitionssprache** wie ASN.1 (vgl. Abschnitt 4.2) notwendig. Zudem müssen

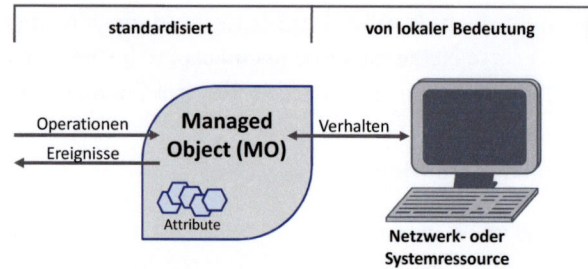

Abb. 3.2. Repräsentation einer Netz- bzw. Systemressource durch ein Managed Object

Mechanismen zur Vergabe von eindeutigen Namen eines Managed Object und dessen Instanzen spezifiziert werden (vgl. hierzu auch OSI-Managementbäume in Abschnitt 3.4.1).

Spricht man von einem MO, so ist im Allgemeinen die Klasse im objektorientierten Sinne gemeint. Dementsprechend spricht man auch von der *Instanz eines Managed Object*. Unter Umständen existieren von einem Managed Object mehrere Instanzen. Ein Switch hat bspw. mehrere Ports, d.h. die Klasse des Managed Object ist dabei für jeden Port gleich, aber pro Port gibt es eine Instanz des entsprechenden MO. Die Verwendung des Begriffs *Object* und die bisherigen Ausführungen im Zusammenhang mit Managed Objects legen den Schluss nahe, dass es sich um einen objektorientierten Ansatz handelt. Dies muss aber nicht zwangsläufig der Fall sein. So spricht man beim SNMP-basierten Management von Managed Objects, obwohl es sich nicht um einen objektorientierten Ansatz handelt (vgl. Abschnitt 4.2.2). Das *Common Information Model (CIM)* hingegen entspricht dem objektorientierten Ansatz und ermöglicht somit bspw. Vererbung (vgl. Abschnitt 8.2.2).

K Management Information Base (MIB)

Üblicherweise wird pro physischer Netzkomponente nicht nur ein Managed Object definiert, sondern eine Reihe von Managed Objects, die miteinander in Beziehung stehen. Eine Menge von Managed Objects eines Systems wird als **Management Information Base (MIB)** bezeichnet[1]. Insofern stellt die MIB eines Systems einen konzeptionellen Speicher für Management Information dar [ISO/IEC 7498-4, S. 1]. Die Modellierung einer MIB kann unter anderem in einem klassischen *Datentypen-Ansatz* oder *objektorientiert* erfolgen. Um das Management (heterogener Netze) zu vereinfachen, werden zusätzliche standardisier-

---

[1] In einem weiteren Sinne kann unter einem System auch die Menge aller Netzressourcen verstanden werden und insofern unter einer MIB auch die Menge aller existierender Managed Objects.

te Teilmengen von Managed Objects festgelegt. Diese Teilmengen werden als MIB-Module bezeichnet. Sind die Managed Objects eines MIB-Moduls in der MIB eines Systems vorhanden, spricht man auch davon, dass eine Netzkomponente ein MIB-Modul implementiert bzw. unterstützt. Dabei sind insbesondere herstellerunabhängige MIB-Module nützlich, da hierdurch ein Zugriff auf Managementinformationen über Herstellergrenzen hinweg ermöglicht wird. Gelegentlich wird auch folgende verkürzende, aber eigentlich inkorrekte Sprechweise verwendet: Ein System unterstützt mehrere MIBs. Damit ist in der Regel nicht gemeint, dass ein System mehrere MIBs enthält, sondern vielmehr, dass in der MIB des Systems die Managed Objects mehrerer MIB-Module enthalten sind. Wenn die Bedeutung aus dem Kontext hervorgeht, wird auch in diesem Buch teilweise MIB statt MIB-Modul gebraucht wie bspw. „die MIB-II" (vgl. Abschnitt 4.2.5).

Ein Informationsmodell beinhaltet zusammenfassend betrachtet folgende Regeln:

- Regeln zur Definition von Managed Objects und Konzepte, um eine Beziehung zwischen diesen auszudrücken.
- Regeln zur Vergabe von eindeutigen Namen für Managed Objects und deren Instanzen.
- Regeln zur Definition von MIB-Modulen.

3.2.2 Kommunikationsmodell

Die Überwachung (*Monitoring*) und Steuerung (*Controlling*) von räumlich getrennten Netzkomponenten ist Ziel des Netzwerkmanagements. Das *Kommunikationsmodell* spezifiziert daher ein **Kommunikationsprotokoll**, um Informationen zwischen den involvierten Komponenten austauschen zu können. Im einfachsten Fall besteht diese Kommunikationsbeziehung zwischen dem sogenannten Manager auf der einen Seite und dem Agent auf der anderen, wie in Abb. 3.3 dargestellt (vgl. auch Organisationsmodell). Der *Agent* verwaltet die Managed Objects der zu verwaltenden Ressource und stößt etwaige Reaktionen der Ressource an. In der Regel läuft der Agent auf der Komponente als Softwareprozess. Proxy-Konzepte wie bspw. in [Stallings 1993, S. 14 ff] ausgeführt, sind auch denkbar, kommen heutzutage aufgrund gestiegener Rechenleistung aber immer seltener zum Tragen.

Im Allgemeinen finden drei Arten von Kommunikation zwischen Manager und Agent statt (vgl. [Hegering et al. 1999, S. 107]):

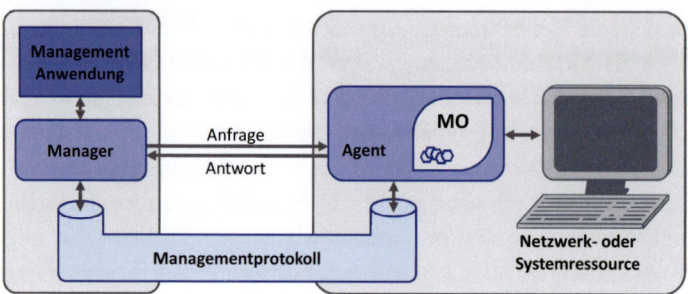

Abb. 3.3. Kommunikationsbeziehung zwischen *Manager* und *Agent*

- *Abfragen des Status einer Ressource.* Hierzu werden Werte der Managed Objects ausgelesen, wobei die Kommunikation durch den Manager initiiert ist.
- *Benachrichtigen des Managers durch Ereignismeldungen.* Sie geht von der Ressource selbst aus. Eine solche Nachricht wird bspw. versendet, wenn ein zuvor konfigurierter Schwellwert überschritten wurde.
- *Steuern der Ressource.* Dies findet meist durch Manipulation des Managed Objects statt. Im Regelfall geht diese Kommunikation vom Manager aus.

Das Kommunikationsprotokoll legt hierzu die entsprechenden Protokolldateneinheiten (PDU) fest und definiert den Protokollablauf einschließlich der Kommunikationspartner. In Abschnitt 4.3 wird das SNMP-basierte Kommunikationsmodell, welches in TCP/IP-basierten Netzen häufig Verwendung findet, näher erläutert. Das Kommunikationsprotokoll ist in der Regel auf der Anwendungsschicht implementiert. Dennoch können auch Protokolle tieferer Schichten wie ICMP zum Netzmanagement genutzt werden (vgl. `ping`-Beispiel in Abschnitt 7.3.1).

3.2.3 Organisationsmodell

K Manager und Agent

Neben der Information und der Kommunikation muss auch der organisatorische Ablauf durch die Managementarchitektur definiert werden. Das Organisationsmodell definiert die Rollen wie **Manager** und **Agent** sowie die entsprechenden Beziehungen und Kooperationsformen zwischen diesen. Der *Manager* hat hierbei die *„Managing Role"* und der *Agent* die *„Managed Role"* inne [ISO/IEC 7498-4]. Ausgehend von der einfachen *Manager-Agenten-Kommunikation*, wie sie in Abschnitt 3.2.2 eingeführt wurde, existieren weitere Kooperationsformen.

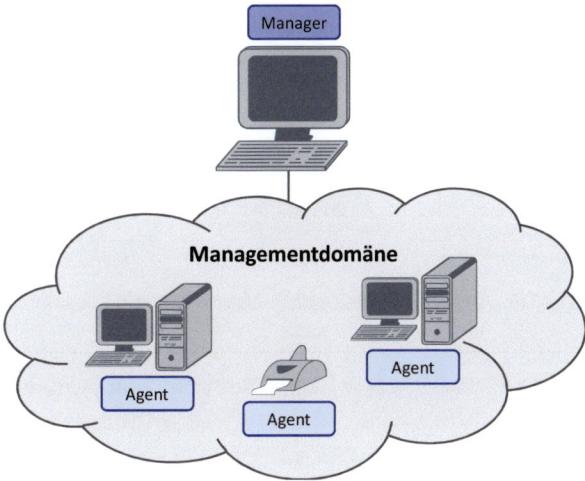

Abb. 3.4. Organisationsmodell: zentrales Management

Das einfachste Organisationsmodell ist ein **zentralistisches Modell** (vgl. Abb. 3.4). Dabei fragt der Manager regelmäßig die Informationen bei den Agenten ab und die Agenten teilen dem Manager gegebenenfalls aufgetretene Ereignisse mit. Ein solches Modell weist daher die typischen Nachteile — limitierte Skalierbarkeit und „Single-Point-of-Failure" — einer zentralistischen Architektur auf. Vorteil des Modells ist die Einfachheit, da keine Datenbestände synchronisiert werden müssen und das Kommunikationsmodell einfach ausfallen kann. Eine **Managementdomäne** umfasst dabei alle Netz- und Systemressourcen sowie etwaige Managementsubdomänen, die von einer Organisation gemanagt werden.

Um dem Skalierbarkeitsaspekt Rechnung zu tragen, liegt es nahe, ein **hierarchisches Modell** zu definieren. Das hierarchische Management teilt die Managementdomäne in *Managementsubdomänen* auf. Eine Subdomäne wird jeweils von einem Manager gemanagt und ein sogenannter *Manager-of-Managers* übernimmt wiederum das Management der Manager. Ein solches Modell ist in Abb. 3.5 skizziert. Die Hierarchie muss hierbei nicht auf eine Stufe begrenzt bleiben, sondern kann, je nach Größe der Managementdomäne, zu einer mehrstufigen Hierarchie ausgebaut werden. Eine Kommunikation zwischen den Managern ist notwendig, um Subdomänen-übergreifende Probleme erkennen und lösen zu können. Daher muss das Kommunikationsmodell auch eine solche Kommunikation unterstützen.

K Management-
hierarchien

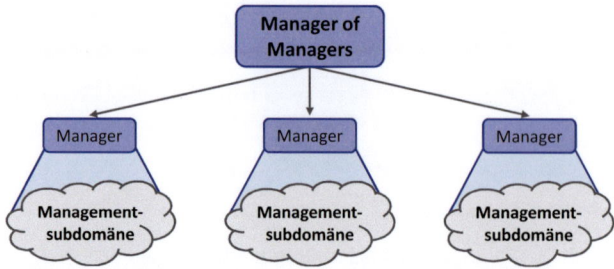

Abb. 3.5. Organisationsmodell: hierarchisches Management

Neben einer hierarchischen Unterteilung in Managementsubdomänen ist auch ein **funktional unterteiltes Management** möglich.
Mehrere Manager überwachen sodann parallel eine Managementdomäne, wobei jedem Manager ein dedizierter Aufgabenbereich zugeordnet
ist. Aus Gründen der Fehlertoleranz kann zusätzlich ein sogenannter
Stand-by-Manager zum Einsatz kommen. Abb. 3.6 zeigt ein solches Modell, wobei exemplarisch eine funktionale Unterteilung hinsichtlich des
Konfigurations- und Fehler-, Abrechnungs- und des Sicherheitsmanagements vorgenommen wurde (vgl. auch Abschnitt 3.2.4). Im Gegensatz
zu den vorherigen Ansätzen kommt hier ein *Peer-to-Peer* Ansatz zum
tragen, da die Manager gleichberechtigt agieren.

⃞K Funktional
unterteiltes
Management

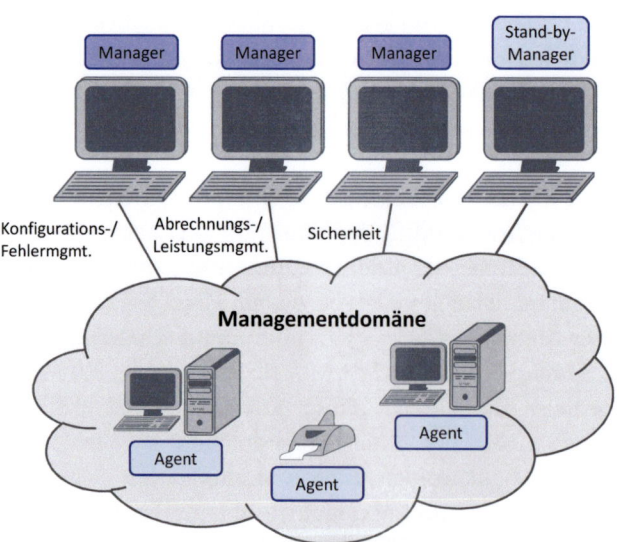

Abb. 3.6. Organisationsmodell: funktional verteiltes Management

Neben der Überlegung, wie viele Manager sinnvoll und wie diese organisiert sein sollen, fällt es auch in den Bereich des Organisationsmodells zu definieren, wie viel Intelligenz die Agenten besitzen. So kann die Fehleranfälligkeit des Netzmanagements durch den Einsatz „*intelligenter Agenten*" verringert werden, welche autonom agieren können. Insbesondere beim Ausfall von Netzwerkverbindungen können solche intelligenten Agenten von Vorteil sein, da aufgrund der Netzpartitionierung keine Kommunikation mehr möglich ist.

Das Prinzip **Management-by-Delegation**, bei welchem Aufgaben dynamisch vom Manager an den Agenten delegiert werden, ist auch in diesem Kontext zu sehen (vgl. [Clemm 2006, S. 304 ff]). So kann bspw. die Überwachung eines Netzabschnittes delegiert und somit die notwendige Kommunikation zwischen Manager und Agent begrenzt werden. In Abschnitt 5.2 wird ein solches Delegationsprinzip anhand von *RMON* erläutert.

ⓚ Management-by-Delegation

Darüber hinaus kann die Aufteilung der Aufgaben auch gemäß dem Prinzip **Management-by-Objectives** erfolgen. Dabei werden an den Agenten keine Aufgaben delegiert, sondern durch den Manager Ziele (engl. Objectives) vorgegeben. Der Agent entscheidet dann selbst, welche Maßnahmen zu ergreifen sind, um die Ziele zu erreichen (vgl. [Clemm 2006, S. 308 ff]). In diesem Zusammenhang ist auch Policy-basiertes Management zu nennen, das in Abschnitt 8.4.1 näher erläutert wird.

ⓚ Management-by-Objectives

3.2.4 Funktionsmodell

Eine funktionale Unterteilung der Managementarchitektur wird durch das *Funktionsmodell* vorgenommen. Typischerweise erfolgt die Kategorisierung anhand der fünf Funktionalenbereiche des OSI-Referenzmodells [ISO/IEC 7498-4], die entsprechend den englischen Anfangsbuchstaben auch als **FCAPS** bezeichnet werden.

- **F**ault: Fehlermanagement
- **C**onfiguration: Konfigurationsmanagement
- **A**ccounting: Abrechnungsmanagement
- **P**erformance: Leistungsmanagement
- **S**ecurity: Sicherheitsmanagement

ⓚ FCAPS

Fehlermanagement

Aufgabe des Fehlermanagements ist es, von der Norm abweichendes Systemverhalten zu detektieren, einzugrenzen und schlussendlich auch zu beheben. Durch Fehler kann die Verfügbarkeit und Leistungsfähigkeit des Netzes beeinträchtigt sein. Hierbei kann es sich um eine anhaltende Störung — persistenter Fehler — oder um eine vorübergehende Störung — transienter Fehler — handeln. Fehlermanagement beinhaltet daher unter anderem folgende Teilaufgaben:

- Überwachen des Netz- bzw. Systemzustands (z.B. Fehlerspeicher)
- Entgegennehmen und Verarbeiten von Ereignissen bzw. Alarmmeldungen (z.B. Trouble-Ticket-Systeme)
- Fehlerdiagnose einschließlich der Fehlerausbreitung
- Einleiten und Überprüfen von Fehlerbeseitigungsmaßnahmen (z.B. Helpdesk)
- Fehlerbeseitigung

Der zeitliche Fokus des Fehlermanagements liegt hierbei auf dem aktuellen Zustand des Netzes, d.h. es ist nicht Aufgabe des Fehlermanagements eine langfristige Planung zum Ausbau des Netzes durchzuführen. Langfristige Planungen fallen vielmehr in den Bereich des Leistungsmanagements.

Zur Fehlerdiagnose und -analyse werden Prüf- und Analysewerkzeuge eingesetzt. Prüfwerkzeuge ermöglichen es, eine Fehlersituation festzustellen und zu testen, ob etwaige Beseitigungsmaßnahmen Erfolg hatten. Hierzu kommen Ferndiagnosewerkzeuge, Selbsttestroutinen, Prüfroutinen, Erreichbarkeitstests (z.B. `ping`) und Testsysteme (z.B. Wireshark oder „Wireless Sniffer") zum Einsatz. In Abschnitt 7.3 werden ausgewählte Werkzeuge für TCP/IP-basierte Netze vorgestellt.

Die weitere Analyse der gewonnen Daten erfolgt dann durch Filter- und Korrelationsmechanismen der Analysewerkzeuge, um bspw. hunderte von Fehlermeldungen auf eine Ursache zurückzuführen. Je nach Komplexität und Ausbau des Managementsystem werden die Fehlermeldungen automatisch korreliert und entsprechende Ereignismeldungen generiert.

Konfigurationsmanagement

Das Konfigurationsmanagement sammelt und hält Daten zur Konfiguration der zu managenden Ressourcen bereit. Ziel des Konfigurationsmanagement ist es, die notwendigen Daten für die Initialisierung, den Start, den Betrieb und das Beenden der Netzkomponenten bereitzustellen [ISO/IEC 7498-4]. Das Konfigurieren untergliedert sich hierbei in drei Teilbereiche [Hegering et al. 1999]:

- Die *Beschreibung des Systems* bzgl. Leistungs-, Funktions- und der physischen Charakteristiken von Ressourcen. Zum Beispiel enthält eine Beschreibung typischerweise die Versionsnummer des aktuellen Betriebssystems und dessen Patchlevel.

- Das Setzen von Parametern im Routinebetrieb oder Änderungen der Systemkonfiguration können unter dem Begriff des *Vorgangs des Konfigurierens* zusammengefasst werden, wie zum Beispiel die Modifikation von Access Control Lists auf einem Router.

- Neben der Beschreibung des Systems muss auch eine *Dokumentation des Konfigurationsvorgangs* erfolgen, sodass bei Ausfall einer Komponente deren Initialisierung und Start nachvollzogen werden kann. Dies ist vergleichbar mit der Softwareentwicklung, bei der Werkzeuge wie CVS oder Subversion zum Einsatz kommen.

Das Konfigurationsmanagement erfordert Mechanismen des Kommunikationsmodells, um Konfigurationsparameter zu setzen und auszulesen. Unter Umständen kommen hierbei zum *Monitoring* und *Controlling* unterschiedliche Kommunikationsprotokolle zum Einsatz. So wird SNMP häufig zum Monitoring genutzt, jedoch aufgrund von Sicherheitsproblemen selten zur Konfiguration (vgl. Abschnitt 4.3.1). Teilaufgaben des Konfigurationsmanagement sind daher:

- Ändern von Systemkonfigurationen durch Setzen von Parametern
- Vergabe von eindeutigen Namen
- Dokumentation der Konfiguration

Eine wichtige Aufgabe des Konfigurationsmanagements ist die Zuweisung von Namen bzw. Kennungen wie bspw. IP-Adressen. Um die Bedeutung der Aufgabe zu verdeutlichen, wird der Bereich teilweise auch als „Configuration and Name Management" bezeichnet [Stallings 1993, S. 6].

Abrechnungsmanagement

Die *FCAPS* gehen, wie bereits erwähnt, auf das OSI-Rahmenwerk zurück. Bei diesem Rahmenwerk wurden auch die Belange von Telekommunikationsanbietern berücksichtigt, bei welchen das Abrechnungsmanagement eine zentrale Rolle spielt.

Aufgabe des Abrechnungsmanagements ist es, die Abrechnung der genutzten Ressourcen zu ermöglichen. Daher müssen unter anderem folgende Funktionen unterstützt werden:

- Festlegung von Tarifen und Limits (Abrechnungspolitik)

- Erfassen der genutzten Ressourcen (Verbrauchsstatistiken)
- Information der Nutzer über genutzte Ressourcen und entstehende Kosten (Abrechnungskonten)

Diese Bausteine des Abrechnungsmanagements gliedern sich wiederum in zwei Kategorien: Erfassung und Verwaltung der Verbrauchsdaten (*Monitoring*) und Abrechnung (*Controlling*).

Um eine nutzerbezogene Abrechnung zu ermöglichen, müssen die Nutzer des Netzes bekannt sein. Teilweise wird daher die Benutzerverwaltung in direktem Zusammenhang mit dem Abrechnungsmanagement gesehen [Hegering et al. 1999, S. 82]. Die Erhebung und Verwaltung von Namen, Adress- und weiteren Account-Informationen ist hierzu notwendig. Die Vergabe eindeutiger Namen und Kennungen wird jedoch auch dem Konfigurationsmanagement zu geordnet (vgl. [Stallings 1993, S. 6]). Zur Verwaltung der Account-Daten kommen häufig Verzeichnisdienste zum Einsatz. Im Rahmen dieses Buches werden die Themen Benutzerverwaltung, zugehörige Berechtigungsvergabe und Verzeichnisdienste im Kapitel 12 „Identitäts- und Zugangsmanagement" vertieft behandelt.

Leistungsmanagement

Zwischen Kunde und Netzwerkprovider werden Verträge meist auf Basis von sogenannter *Service Level Agreements (SLAs)* geschlossen. In den SLAs werden bestimmte *Dienstgüten* vereinbart, die vom Netzwerkprovider zu erbringen sind. Bei Dienstgüten kann es sich sowohl um messbare Größen, wie bspw. die Verfügbarkeit handeln, oder aber um Schnittstellenparameter [Hegering et al. 1999, S. 81]. Dabei ist es Ziel des Leistungsmanagements, die vertraglich vereinbarten Dienstgüten aufrechtzuerhalten. Ferner kann es auch Ziel des Leistungsmanagements sein, die Qualität der erbrachten Dienste zu steigern, sodass künftig höherwertige Produkte angeboten werden können.

Wie bereits beim Fehler- und Abrechnungsmanagement sind auch hier passende Metriken und Statistiken essenziell (*Monitoring*). Eine Überwachung der Ressourcen hinsichtlich Engpässen sollte genauso erfolgen, wie eine Trendanalyse, sodass frühzeitig zusätzliche Ressourcen beschafft bzw. bestehende aufgerüstet werden können. Werden Engpässe erkannt, sind Leistungs- und Kapazitätsplanungen durchzuführen, die auch durch Simulations- und Planungswerkzeuge, wie zum Beispiel OPNET, unterstützt werden können. Somit können Konfigurationsänderungen aus dem Leistungsmanagement erwachsen (*Controlling*).

Außerdem ist es Aufgabe des Leistungsmanagement die Messdaten aufzubereiten und daraus Leistungsberichte zu generieren. Diese Leistungsberichte können sowohl der internen Kontrolle als auch gegenüber dem Kunden als Leistungsnachweis dienen. Dabei sind aus Sicht des Netzwerkmanagements folgende Bausteine notwendig:

- Monitoring-Werkzeuge
- Statistikprogramme
- Reportgeneratoren
- Modellierungswerkzeuge
- Netzwerksimulatoren

Sicherheitsmanagement

Die Umsetzung der Sicherheitsrichtlinien ist Ziel des Sicherheitsmanagements. Die Thematik soll an dieser Stelle aber nur kurz umrissen werden, da eine ausführliche Darstellung in Kapitel 9 erfolgt. Zu den Aufgaben gehören unter anderem:

- Durchführung von Bedrohungsanalysen
- Festlegung und Durchsetzung von Sicherheitsrichtlinien
- Überprüfen von Autorisierung
- Feststellen der Identität
- Zugriffskontrolle
- Sicherstellung der Vertraulichkeit
- Sicherstellung der Datenintegrität
- Überwachung des Systems auf Angriffe
- Sicherheits-Audit

Die Aufteilung in FCAPS stellt eine Art der Kategorisierung dar. Untergliedert man die Funktionalität weiter, so zeigt sich, dass einzelne Funktionen, wie bspw. Logging, sowohl für das Fehler- als auch das Sicherheitsmanagement relevant sind. Insofern wurden beim OSI-Management zusätzlich sogenannte *Systems Management Function* definiert, die teilweise auch mehreren Bereichen zugeordnet sind (vgl. Abschnitt 3.4.1).

Neben FCAPS sind auch andere Kategorisierungen denkbar. Im Telekommunikationsbereich wird bspw. häufig das **OAM&P**-Modell (*Operation, Administration, Maintenance and Provisioning*) angewendet [Clemm 2006, S. 161 ff].

- *Operations* – ist zuständig für den Betrieb des Netzes und umfasst insbesondere die Koordination der Aktionen zwischen den anderen Teilbereichen Administration, Maintenance und Provisioning.

- *Administration* – stellt unterstützende Funktionen bereit wie bspw. die Abrechnung von Leistungen, die Planung des Netzausbaus oder die Zuweisung von Adressen.
- *Maintenance* – beinhaltet die Funktionen, welche notwendig sind, um Störungen zu beseitigen und schließt somit unter anderem Fehlerdiagnose und -behandlung ein.
- *Provisioning* – umfasst sowohl die Installation von physikalischen Komponenten als auch die Konfiguration von (logischen) Diensten. Ferner fällt auch die Deinstallation in diesen Bereich.

3.3 Standardisierungsorganisationen

Heterogene Netze, bedingt durch unterschiedliche Hersteller und Systeme, sollen im Zuge eines integrierten Managements übergreifend gemanagt werden. Insofern ist die Standardisierung des Informations- und Kommunikationsmodells entscheidend, um eine Kommunikation zwischen Manager und Agent zu ermöglichen.

> *„The nice thing about standards is that there are so many of them to choose from."* von Andrew S. Tanenbaum

Standards werden durch verschiedene Interessengruppen definiert. Dies führt teilweise zu mehreren „parallel" existierenden Standards. Je nach Einsatzzweck und Kontext muss daher entschieden werden, welcher Standard zum Einsatz kommen soll. In den folgenden Abschnitten werden für den Bereich Netzwerkmanagement bedeutende Standardisierungsorganisationen vorgestellt. Dem Leser soll es hiermit ermöglicht werden, Standards besser zu beurteilen sowie deren Intention und Herkunft zu verstehen.

Ⓥ De jure vs. De Facto

Der Begriff *Standard*[2] ist breit gefächert: Im weitesten Sinne sind darunter Gesetze über internationale Normen bis hin zu einfachen Vereinbarungen zu fassen. Neben der Definition von Standards werden von den Standardisierungsorganisationen in der Regel auch Kennungen wie Nummernräume verwaltet, um deren Eindeutigkeit zu garantieren.

Standards können in *De jure* und *De Facto* unterteilt werden, wobei die Grenzen fließend sind. *De jure* Standards wurden mit der Intention geschaffen, eine Norm zu definieren und werden daher in der Regel von nationalen oder internationalen Standardisierungsorganisationen

---

[2] In diesem Buch wird keine formale Definition des Begriffs *Standard* vorgenommen. Falls nicht ausdrücklich kenntlich gemacht, werden *Standard*, *Spezifikation* und *Norm* synonym gebraucht.

formal definiert. Diese Organisationen können sowohl Regierungen unterstehen, bzw. im Fall von Gesetzen diese selbst sein, oder durch regierungsunabhängige Organisationen geschaffen werden. Im Gegensatz dazu sind sogenannte *De Facto* Standards keine Standards im eigentlichen Sinne. Entweder wurden diese nicht mit der Intention der Normsetzung geschaffen oder von einer „nicht anerkannten" Institution definiert. Im ersten Fall wurden die Standards formal meist nie definiert, haben aber dennoch eine große Relevanz in der Praxis (vgl. bspw. IBM PC kompatibel). Im zweiten Fall werden zwar Standards definiert, aber teilweise geschieht dies mit der Absicht eigenen Produkten und Strategien einen Vorteil zu verschaffen.

3.3.1 Internationale Standardisierungsorganisationen

Die Normierung auf internationaler Ebene begann im elektrotechnischen Bereich 1906 mit Gründung der *IEC* und im Telekommunikation Bereich durch eine Vorgängerorganisation der *ITU* bereits im Jahre 1865. Zurzeit bemühen sich insbesondere die vier Standardisierungsorganisationen **ITU**, **ISO**, **IEC** und **IEEE** weltweit eindeutige Normen in den Bereichen Telekommunikation, Rechnernetze und Informationstechnologie zu schaffen.

Trotz der Aufteilung der Verantwortlichkeitsbereiche kommt es in Teilbereichen zu Überschneidungen. Insbesondere Rechnernetze und Netzwerkmanagement fallen in die Kompetenzbereiche aller Standardisierungsorganisationen. Dies zeigt sich bspw. beim *Open Systems Interconnection Reference Model* (OSI-Referenzmodell) [Zimmermann 1980], das von der ISO und IEC [ISO/IEC 7498-1] sowie der ITU [ITU X.200] gemeinsam verabschiedet wurde.

International Telecommunication Union (ITU)

Die *International Telecommunication Union (ITU)* mit Sitz in Genf wurde 1947 als Behörde der Vereinten Nationen gegründet. Ihre Ursprünge hat die ITU aber bereits im Jahr 1865 in Form der *International Telegraph Union*. Die ITU setzt sich momentan aus 191 Nationalstaaten zusammen. Ferner sind mehr als 600 private Organisationen wie zum Beispiel Hersteller und Betreiber der ITU als Sektor-Mitglieder beigetreten (Stand: März 2007).

Die ITU setzt sich aus drei Bereichen zusammen:

- dem Sektor Telecommunication Standardization (*ITU-T*),

- dem Sektor Radiocommunication (*ITU-R*) und
- dem Sektor Telecommunication Development (*ITU-D*).

Der Sektor *ITU-R* beschäftigt sich hauptsächlich mit der Frequenz-
vergabe und den Charakteristiken von Funkdiensten und Systemen.
Aufgabe des Sektors *ITU-D* sind strategische Gesichtspunkte und die
zukünftigen Entwicklungen im Bereich Telekommunikation.

⑤ ITU-T   Am bedeutendsten für Rechnernetze und Netzmanagement ist die
ITU-T. Die **ITU-T** wurde bis 1993 als *CCITT*[3] bezeichnet und befasst
sich sowohl mit der Definition von Standards für klassische Telefonnetze als auch für Rechnernetze. Im offiziellen Sprachgebrauch spricht die
ITU-T zwar nur Empfehlungen (engl. Recommendations) aus, diese
entsprechen faktisch aber Standards. Insbesondere im Bereich klassischer Telefonnetze spielt die ITU-T eine zentrale Rolle. So wurden sowohl Standards für Kommunikationsprotokolle geschaffen als auch Län-
derkennungen [ITU E.164] normiert. Die Normierung in der ITU-T ist
geprägt durch global agierende Telekommunikationsfirmen wie AT&T
oder Deutsche Telekom AG. Die Standards sind daher meist sehr umfassend und weitreichend, aber auch komplex in der Umsetzung. Die
Empfehlungen sind im Allgemeinen nicht kostenlos erhältlich und auch
eine Sektor-Mitgliedschaft ist entsprechend teuer ($> 30.000\,SFR$). Jedoch sind seit Januar 2007 aktuelle Empfehlungen der ITU-T unter
⑤ ETSI   [WWW Itu-t rec] frei verfügbar. Im europäischen Raum ist neben der
ITU noch das **ETSI** *(European Telecommunications Standards Institute)*, welches bspw. maßgeblich die Standards GSM und DECT entwickelt hat, für Normierungen im Telekommunikationssektor zuständig.

International Standards Organization (ISO)

⑤ ISO   Die *International Standards Organization (ISO)* definiert ein breites
Spektrum von Normen. Aktuell verwaltet die ISO ein Portfolio von
mehr als 16.000 Normen (Stand: August 2006). Die Normen reichen
von der Referenztemperatur für Längenmessungen (ISO 1) über Klassifikatoren wie Ländercodes (ISO 3166) bis hinzu Qualitätsmanage-
mentnormen (ISO 9001). Wie bereits erwähnt, wurde auch das OSI-
Referenzmodell von der ISO spezifiziert.

Die ISO wurde 1946 gegründet und setzt sich mittlerweile aus mehr
als 150 nationalen Normierungsorganisationen zusammen. Zu diesen
nationalen Organisationen zählen unter anderem die deutsche *DIN*, die

---

[3] *Comité Consultatif International Télégraphique et Téléphonique*

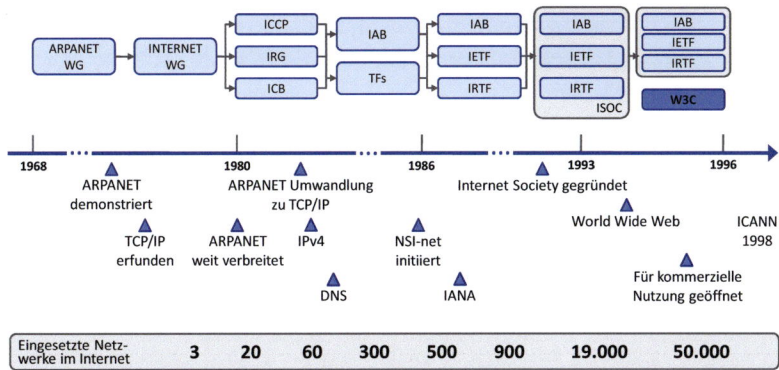

Abb. 3.7. Entwicklung des Internet und dessen Gremien [Leiner et al. 2003]

amerikanische *ANSI* und das britische *BSI*[4]. Die ISO-Werke sind mit Ausnahme von [WWW Iso free] nicht kostenlos verfügbar und eine Mitwirkung ist nur über die nationalen Organisationen möglich.

International Electrotechnical Commission (IEC)

Die *International Electrotechnical Commission (IEC)* wurde 1906 mit dem Ziel gegründet, internationale Standards für elektrische, elektronische und verwandte Technologien zu schaffen. Aufgrund der Überschneidungen im Bereich Informationstechnologie wurde Mitte der 90er Jahre ein gemeinsames Gremium von ISO und IEC, das *Joint Technical Committee 1 (JTC 1)*, geschaffen.

    Die IEC besteht aus sogenannten National Committees. Diese entsprechen teilweise den Institutionen, die ein Land bei der ISO vertreten, wie zum Beispiel die ANSI. Deutschland hingegen wird durch eine gemeinsame Kommission von DIN und VDE vertreten.

⑤ IEC

⑤ JTC 1

Institute of Electrical and Electronics Engineers (IEEE)

Die *IEEE (Institute of Electrical and Electronics Engineers)* ist die weltgrößte nicht gewinnorientierte Vereinigung von Fachleuten im Bereich Elektrotechnik und Computertechnik. Neben der Veranstaltung von Konferenzen und der Publikation von Zeitschriften, definiert die IEEE auch Standards.

⑤ IEEE

---

[4] Nicht zu verwechseln mit dem deutschen *Bundesamt für Sicherheit in der Informationstechnik (BSI)*.

Die IEEE Arbeitsgruppe 802 standardisierte unter anderem diverse LAN Technologien wie Ethernet (802.3) oder WLAN (802.11). Anders als die ITU, ISO oder IEC steht die Mitgliedschaft in der IEEE jedem zu einem annehmbaren Mitgliedsbeitrag offen.

3.3.2 „Standardisierungsorganisationen" des Internet

Internet Society (ISOC)

Im Gegensatz zur Standardisierung im Telefonnetz findet die Normsetzung im Internet klassischer Weise nicht durch die ISO oder ITU-T statt. Vielmehr sind unter dem Dach der *Internet Society (ISOC)* mehrere Organisationen, zusammengefasst, die über aktuelle und zukünftige Standards des Internets entscheiden.

[S] IETF, IAB
- *Internet Engineering Task Force (IETF)*
- *Internet Architecture Board (IAB)*
- *Internet Engineering Steering Group (IESG)*
- *Internet Research Task Force (IRTF)*

Abb. 3.7 zeigt die Entwicklung vom ARPANET zum heutigen Internet und dessen Organisationen auf. Weitere Informationen zur Entwicklung des Internets und dessen Gremien finden sich unter anderem in [Leiner et al. 2003].

> *„We reject kings, presidents and voting. We believe in rough consensus and running code."* von David Clark, 1992.

[S] RFC
Die Standards im Internet-Bereich sind frei verfügbar und werden als sogenannte **Request for Comments (RFCs)** im Internet auf der RFC-Editor Website [WWW Rfc] verwaltet. Auch Diskussionsforen wie Mailinglisten oder die IETF-Treffen stehen jedem offen.

Die Offenheit der Internet-Gemeinschaft zeigt sich auch bei der Spezifikation. So ist es jedem möglich, einen *Internet Draft (ID)*, die Vorstufe zum RFC, einzureichen. Ist der Vorschlag ausreichend ausgearbeitet und wird von der Gemeinschaft als wichtig und sinnvoll angesehen, kann er zum RFC werden. Ansonsten wird der ID nach spätestens sechs Monaten von [WWW Rfc] entfernt. Ein RFC durchläuft dann verschiedene Phasen. Beim sogenannten *Standards-Track* werden folgende Phasen unterschieden: *Proposed Standard, Draft Standard, Internet Standard*. Interessierte sind jeweils auch eingeladen, die jeweiligen RFCs zu kommentieren.

Besteht ein ausreichendes Interesse der Internet Gemeinschaft an einem Internet Draft, wird auf Basis dessen ein RFC mit dem Status *Proposed Standard* veröffentlicht. Dabei muss in einem *Proposed Standard* mindestens die grundlegende Idee erläutert werden. Für die nächste Stufe *Draft Standard* sind zwei unabhängige und funktionsfähige Implementierungen notwendig. Erst nach Abschluss dieser Phase und, wenn das IAB den Standard als relevant genug erachtet, kann der RFC zum *Internet Standard* erhoben werden.

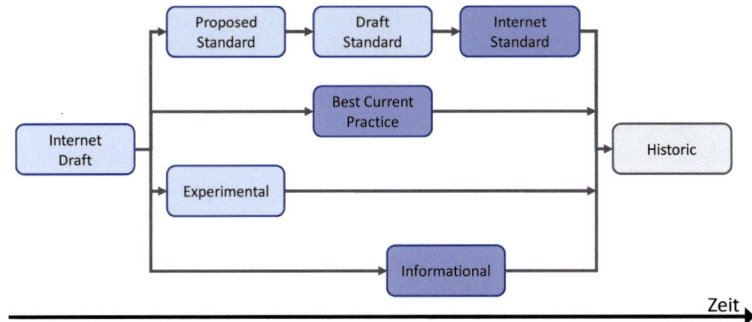

Abb. 3.8. Internet RFC Veröffentlichungsprozess

Abb. 3.8 zeigt den Ablauf des Internet Standardisierungsprozesses auf. Neben diesen Standarddokumenten gibt es auch RFCs, die offizielle Leitlinien und Empfehlungen beinhalten *(Best Current Practise)* sowie *Non-Standards Documents (Informational, Experimental, Historic)*. Die genauen Regeln sind in [RFC 3978] festgelegt; eine allgemeine Einführung in die IETF findet sich in [RFC 4677].

Eine sehr gute Zusammenfassung, einschließlich vieler Referenzen über die „kulturellen" Unterschiede zwischen der Standardisierung im Internet und im Rahmen des OSI-Referenzmodells, findet sich in [Russell 2006].

ICANN und IANA

Neben der ISOC stellen die *ICANN (Internet Corporation for Assigned Names and Numbers)* und deren Suborganisation die *IANA (Internet Assigned Numbers Authority)* wichtige Organisationen für die Koordination des Internet dar.

Deren Aufgabe ist es, global eindeutige Kennungen zu verwalten. Hierzu zählen bspw. die Vergabe von Top-Level-Domains wie *.de*, *.org*,

[S] ICANN und IANA

.com, etc. und die Vergabe von IP-Adressräumen. Weiterhin ist die IA-
NA insbesondere im Auftrag der IETF auch verantwortlich für die Ver-
waltung von Protokollparametern und Kennungen [WWW Iana b] wie
„TCP Option Numbers" oder *„Well Known Ports"*. Die Aufgaben der
ICANN und der IANA im Bereich der öffentlichen IP-Netzverwaltung
werden in Kapitel 6 vertieft betrachtet.

3.3.3 Industrielle Standardisierungskonsortien

Neben den in den vorigen Abschnitten erwähnten Standardisierungsorganisationen existieren noch diverse industrielle Konsortien, die darauf
abzielen, „industrielle Standards" für bestimmte Zielgruppen zu schaffen. Diese Konsortien versuchen meist sehr schnell auf die Bedürfnisse
des Marktes zu reagieren mit dem Ziel, Interoperabilität zwischen den
Produkten verschiedener Hersteller zu ermöglichen, aber auch den eigenen Produkten zu einem Standard zu verhelfen. Im Allgemeinen findet
eine Beschlussfassung in diesen Konsortien meist schneller statt als in
klassischen Organisationen wie der ISO oder ITU, in welchen sich oft
viele Interessengruppen gegenüberstehen.

Im Folgenden werden zwei aus Sicht des Netzmanagements relevante
Organisationen, die *DMTF* und die *OASIS*, vorgestellt.

Distributed Management Task Force (DMTF)

S DMTF   Die *DMTF* (*Distributed Management Task Force*, früher als *Desktop
Management Task Force* bekannt) widmet sich speziell Management-
standards mit Fokus auf den Desktop, Notebook und Server-Bereich.
Die DMTF wurde 1992 gegründet und setzt sich hauptsächlich aus industriellen Mitgliedern, wie Cisco, Dell, EMC, Fujitsu, HP, Hitachi,
IBM, Intel, Microsoft, Novell, Sun Microsystems, zusammen. Zusätzlich wirken aber auch Mitglieder aus dem akademischen Umfeld, wie
bspw. die TU München und die Universität Karlsruhe (TH), in der
DMTF mit.

Unter anderem wird von der DMTF das *Desktop Management Interface (DMI)* zur Verwaltung von PC Komponenten spezifiziert. Für
das Netzwerkmanagement sind insbesondere das Informationsmodell
CIM (Common Information Model) und *WBEM (Web-Based Enterprise Management)* sowie *WS-Management* von Interesse, die im Rahmen
von Kapitel 8 näher erläutert werden.

**Organization for the Advancement of Structured
Information Standards (OASIS)**

Die *Organization for the Advancement of Structured Information*   ⑤ OASIS
Standards (OASIS) ist nach eigenem bekunden „ein nicht gewinn-
orientiertes internationales Konsortium, welches die Entwicklung, Konvergenz und Adaption von E-Business Standards fördert". Die Organisation wurde 1993 gegründet und umfasst mittlerweile mehr als 5.000
Mitglieder aus mehr als 600 Organisationen (Stand: Februar 2007).
Hierzu zählen bspw. IBM, Microsoft, SAP und SUN.

Insbesondere im Bereich Web Services spielt die OASIS momentan
eine gewichtige Rolle. Dies zeigt sich bspw. im Bereich Identitätsmanagement durch die Standards *XACML* und *SAML*, die in Kapitel 12
näher ausgeführt werden. Nach eigenen Angaben wurden die meisten
Web Services Standards von der OASIS verabschiedet.

3.4 Netzwerkmanagement-Standards im Überblick

Im Laufe der letzten Jahrzehnte wurden unterschiedliche Netzwerkmanagement-Standards von verschiedenen Organisationen geschaffen.
Abb. 3.9 zeigt eine Übersicht relevanter Netzwerkmanagement-Standards und deren zeitliche Einordnung.

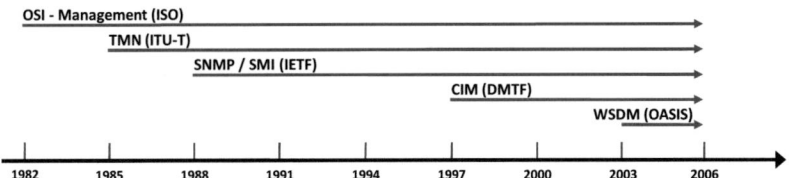

Abb. 3.9. Netzwerkmanagement-Standards – eine zeitliche Übersicht

Anfang der 80er Jahre des letzten Jahrhunderts begann die ISO
im Rahmen des OSI-Referenzmodells auch Spezifikationen zum Netzwerkmanagement zu definieren. Viele Gesichtspunkte des OSI-basierten
Netzmanagement sind heutzutage eher von historischem Interesse, da
diese kaum noch Anwendung finden. Gleichwohl war das zugehörige
Informationsmodell sehr umfassend und somit auch wegweisend. Aus
diesem Grund werden einige Gesichtspunkte, insbesondere des Informationsmodells, im folgenden Abschnitt 3.4.1 erläutert.

Die ITU-T begann 1985 mit der Definition des *Telecommunication Management Network (TMN)*. Die Spezifikationen wurden und werden insbesondere von klassischen Telekommunikationsanbietern wie der Deutschen Telekom implementiert und genutzt. Die TMN Managementarchitektur baut auf den OSI-Standards auf und wird bspw. zum Managen von SDH- und GSM-Netzen genutzt. Im Fall von TMN gestaltet sich die „Kontaktaufnahme" schwierig, da TMN nur im Bereich von großen TK-Unternehmen Verwendung findet. Aufgrund dessen wird an dieser Stelle auf eine vertiefte Betrachtung verzichtet und in Abschnitt 3.4.2 werden nur wesentliche Aspekte dargelegt sowie auf weiterführende Literatur verwiesen.

Aufgrund der Komplexität der OSI-Standards begann die Internet Gemeinschaft Ende der 80er Jahre eigene Standards und Protokolle zum Management von Netzwerkressourcen zu definieren. Im Vordergrund stand hierbei vor allem die Einfachheit und Leichtgewichtigkeit der Agenten, daher auch der Name *Simple Network Management Protocol (SNMP)*. Kapitel 4 widmet sich vollständig dem SNMP-basierten Netzwerkmanagement.

Die Evolution von Managementmodellen wird bspw. anhand des Informationsmodells *CIM* oder Management mittels Web Services deutlich. In Kapitel 8 werden ausgewählte neuere Entwicklungen präsentiert.

3.4.1 OSI-basiertes Netzwerkmanagement

Die ersten Standardisierungen zum Netzwerkmanagement fanden durch die ISO im Rahmen der Definition des OSI-Referenzmodells statt. Zwischen 1988 und 1992 wurden die Bemühungen von ISO und ITU-T aufeinander abgestimmt. Insofern finden sich die Standards sowohl bei der ISO als auch bei der ITU-T.

Im Rahmen des OSI-basierten Netzwerkmanagements wurden Standards für alle vier Teilmodelle der Managementarchitektur definiert. Auf eine ausführliche Darstellung des OSI-Managements wird an dieser Stelle verzichtet, da die Relevanz durch die Verbreitung von TCP/IP-basierten Netzen erheblich gesunken ist. Dennoch sollen einige wesentliche Gesichtspunkte und insbesondere das Informationsmodell kurz erläutert werden. Für eine ausführliche Darstellung wird auf [Pras 1995, S. 23 ff] und [Stallings 1993] verwiesen.

Dem OSI-Management liegt ein objektorientiertes Informationsmodell zugrunde (vgl. [ITU X.720]). Grundsätzlich wird dabei zwischen MO-Klassen und -Instanzen unterschieden. Eine MO-Klasse bestimmt sich dabei durch die Attribute, Operationen, Ereignisse, das Verhalten des Managed Object sowie die Beziehung zu anderen Managed Objects. Neue Klassen können von bestehenden Klassen durch Vererbung abgeleitet werden, wobei auch Mehrfachvererbung zulässig ist.

Das Informationsmodell erlaubt auch Allomorphie. Ein MO, welches Allomorphie unterstützt, kann so gemanagt werden, als ob es sich um die Instanz eines anderen MOs handelt (vgl. [ITU X.720, S. 3 und 16]). Dies ist insbesondere dann der Fall, wenn eine Subklasse das Verhalten und die Eigenschaften einer Oberklasse aufweist und insofern diese emulieren kann. Richtlinien zur Definition von Managed Objects wurden in [ITU X.722] festgelegt. Dabei wurden Schablonen (engl. Templates) spezifiziert, um den MOs eine einheitliche Struktur zu verleihen.

Um MO-Klassen global eindeutig referenzieren zu können, werden diese mit Hilfe des **ISO-Registrierungsbaums** registriert, sodass jede MO-Klasse eine eindeutige Kennung erhält. Eine ausführliche Darstellung des ISO-Registrierungsbaums erfolgt im folgenden Abschnitt 3.5.

Da jedoch von einer MO-Klasse mehrere Instanzen existieren können, ist zusätzlich ein Verfahren zur Identifikation von Instanzen notwendig. Jede Instanz erhält hierzu eine lokal eindeutige Kennung und durch die „enthalten in"-Relation wird die Schachtelung der MOs ausgedrückt. Dabei kann ein Managed Object nur in *einem* anderen Managed Object enthalten sein. Letztlich entsteht ein Baum, der als *Enthaltenseinsbaum* (engl. Containment Tree) bezeichnet wird. Die eindeutigen Namen der Instanzen werden durch Verkettung der lokalen Kennung generiert.

Darüber hinaus ergibt sich eine **Vererbungshierarchie** der MO-Klassen, wobei durch die erlaubte Mehrfachvererbung nicht zwangsläufig ein Baum entsteht. Beim Informationsmodell des OSI-Managements werden insofern folgende drei Bäume bzw. Hierarchien unterschieden:

* Vererbungshierarchie
* Registrierungsbaum
* Enthaltenseinsbaum

Der Austausch von Managementinformationen kann beim OSI-basierten Management auf unterschiedlichen OSI-Schichten erfolgen. Kommunikationsprotokolle auf Anwendungsschicht stellen jedoch den bevorzugten Kommunikationsweg dar. Dazu ist insbesondere **CMIP** (*Common Management Information Protocol*) als Kommunikationsprotokoll vorgesehen. Darüber hinaus ist zur Interaktion mit Managementanwendungen eine sogenannte **CMIS**-Schnittstelle (*Common Management Information Service*) vorgesehen, welche CMIP wiederum kapselt. Da

S OSI: Informationsmodell

K OSI: Managementbäume

S OSI: Kommunikationsmodell

CMIP ein Protokoll der Anwendungsschicht darstellt, ist die Implementierung aller sieben Schichten des OSI-Modells notwendig. Insofern gestaltet sich die Implementierung des Kommunikationsmodells als sehr aufwendig, da auch Netzkomponenten wie Router, welche auf OSI-Schicht 1 bis 3 agieren, für das Netzmanagement alle sieben OSI-Schichten implementieren müssen.

⑤ OSI: Funktions- modell

Das OSI-Management definiert FCAPS als Funktionsmodell, welches bereits in Abschnitt 3.2.4 eingeführt wurde. Des Weiteren werden sogenannte *Systems Management Functions (SMF)* wie zum Beispiel die *Log Control Function* oder *Alarm Reporting Function* definiert. Diese SMF sind nicht exklusiv einem Teilbereich des Funktionsmodells FCAPS zugeordnet, sondern dienen gegebenenfalls mehreren Bereichen zur Erfüllung der Aufgaben. So benötigt bspw. sowohl das Fehlermanagement als auch das Abrechnungsmanagement die *Log Control Function*. Im Laufe der Jahre wurden insgesamt 22 SMF festgelegt (Stand: 2007).

⑤ OSI: Organisations- modell

Beim OSI-basierten Management wurde als Organisationsmodell das „Manager-Agent"-Rollenkonzept eingeführt, welches bereits in Abschnitt 3.2.3 erläutert wurde.

Abschließend soll an dieser Stelle auf weiterführende Literatur verwiesen werden. Gemäß [Stallings 1993] untergliedern sich die OSI-Standards in fünf Kategorien:

1. **OSI Management Rahmenwerk** – Einen Überblick geben die ISO-Standards [ISO/IEC 7498-4] und [ISO/IEC 10040-1] bzw. die ITU-T Empfehlungen [ITU X.700] und [ITU X.701].
2. **CMIS/CMIP** – Spezifikationen des Kommunikationsprotokolls CMIP und der entsprechenden Schnittstelle CMIS wurden unter anderem in [ITU X.710] vorgenommen.
3. **SMF** – Die System Management Functions sind in den ISO-Standards [ISO/IEC 10164-1] bis [ISO/IEC 10164-22] definiert.
4. **Management Information Model** – Regeln zum Aufbau und zur Benennung bzw. Identifikation von Managed Objects finden sich unter anderem in [ITU X.720].
5. **Layer Management** – Weitere managementspezifische Funktionen der OSI-Schichten werden unter anderem in [ISO/IEC 10733] erläutert.

3.4.2 Telecommunication Management Network (TMN)

Im Jahre 1985 begann die ITU-T bzw. damalige CCITT das TMN-Rahmenwerk zunächst unabhängig vom OSI-Rahmenwerk zu entwerfen. In den Jahren zwischen 1988 und 1992 wurde TMN und OSI-Management einander angeglichen. Dabei übernahm TMN insbesondere das OSI-Informationsmodell und insofern auch die objektorientierten Mechanismen. Außerdem wurde auch das „Manager-Agent"-Konzept übernommen. Eine Übersicht der verschiedenen Standards bzw. Empfehlungen findet sich in [ITU M.3000] und entsprechende Einführungen unter anderem in [Pras et al. 1999] oder [Pras 1995, S. 43 ff].

TMN unterscheidet sich insbesondere in folgenden Punkten vom OSI-Management: TMN enthält ein *Verantwortlichkeitsmodell* (engl. Responsibility Model), in welchem nach den Schichten *Business Management*, *Service Management*, *Network Management*, *Network Element Management* und *Network Element* differenziert wird. Durch diese Schichten werden die Verantwortlichkeiten aufgeteilt. Das *Business Management* ist zuständig für das Management des gesamten Unternehmens. Dabei stellt das Management von Netzwerken und Netzdiensten nur ein Teil der Aufgabe dar. Das *Service Management* ist verantwortlich für die Dienstgüte der Netzdienste. Die Dienstgüte wird dabei aus Sicht der Nutzer des Netzes beurteilt. Die verbleibenden drei Ebenen sind zuständig für das Management der Netzkomponenten selbst [Pras 1995, S. 54 ff].

Ein weiterer Unterschied zwischen TMN und OSI-Management besteht darin, dass bei TMN die Nutzung eines separaten Managementnetzwerks vorgesehen ist (engl. **Out-of-band** Management). OSI-basiertes Netzmanagement sieht hingegen nur ein Netzwerk vor, welches gleichzeitig sowohl für den Datentransport als auch für die Erfüllung der Managementaufgaben genutzt wird (engl. **In-band** Management). Wie sich im Kapitel 4 noch zeigen wird, findet momentan beim SNMP-basierten Management eine Vermischung des Out-of-band und In-Band Managements statt. Das Management erfolgt zwar physikalisch über das gleiche Netz, das Managementnetz wird aber von den anderen Netzen mittels unterschiedlicher VLANs getrennt.

3.5 Identifikation von Managed Objects anhand des ISO-Registrierungsbaums

Die Identifikation von Managed Objects wird zum Abschluss dieses Kapitels anhand des ISO-Registrierungsbaums aufgezeigt. Es ist notwendig, einzelne Managed Objects eindeutig zu referenzieren. Eine global eindeutige Kennung erfordert dabei eine effiziente Struktur zur Vergabe und Verwaltung der Kennungen.

⑤ ISO-Registrierungsbaum

Die nachfolgenden Ausführungen beziehen sich auf den ISO-Registrierungsbaum. Für die Identifikation von Managed Objects sind sowohl eindeutige *Namen* als auch sogenannte **Object Identifier (OID)** vorgesehen. Die OID sind hierbei verpflichtend, während die Namen nur der besseren Lesbarkeit dienen und daher optional sind. Die OID entsteht durch die Knoten-ID (vom Typ Integer) in Konkatenation mit den *IDs* der Vater-Knoten bis zur Wurzel. Abb. 3.10 zeigt einen Teilbaum des ISO-Registrierungsbaums. Der Knoten *mib-2* hat bspw. die OID *1.3.6.1.2.1*.

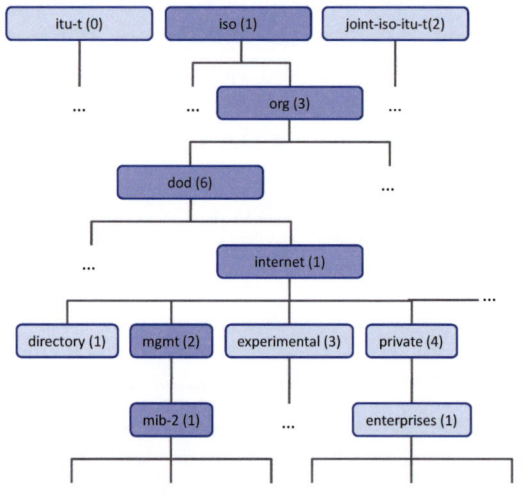

Abb. 3.10. Ausschnitt des ISO-Registrierungsbaums

Auf oberster Ebene des ISO-Registrierungsbaums gibt es neben dem Knoten *iso(1)* noch die Knoten *itu-t(0)* und *joint-iso-itu-t(2)*. Die grundlegenden Regeln sowie die Registrierung der drei Knoten auf oberster Ebene sind in der ITU-T Empfehlung [ITU X.660] bzw. des analogen ISO Standards [ISO/IEC 9834-1] definiert. Einen Überblick über aktuell vergebene OID liefert die Website [WWW Elibel].

Der *org(3)*-Knoten auf zweiter Ebene wird von der ISO verwendet, um anderen Organisationen einen Teilbaum zur Verfügung zu stellen. Die Verwaltung des Teilbaums wird dann an die jeweilige Organisation delegiert. Momentan werden diese im Auftrag der ISO vom britischen BSI[5] vergeben. Im Falle des Internets ist die Vergabe der OID zunächst an das Verteidigungsministerium der USA (DoD) delegiert worden, das wiederum den *internet(1)*-Teilbaum für das Internet vorsah. Genau genommen hat die Internet Gemeinschaft diesen Teilbaum für sich reklamiert und das DoD hat dem nicht widersprochen [RFC 1065, S. 5].

Die Verwaltung der OID unterhalb von *1.3.6.1* wird momentan von der IANA vorgenommen bzw. ist in RFCs definiert. Eine Liste der vergebenen OIDs findet sich unter [WWW Iana c]. Firmen und andere Organisationen haben die Möglichkeit, eigene Teilbäume unterhalb des Präfixes *1.3.6.1.4.1* zu erhalten (Liste der Enterprise OID [WWW Iana d]). So verwaltet bspw. das Institut für Telematik der Universität Karlsruhe (TH) die OID unter 1.3.6.1.4.1.*87* und das Forschungszentrum Karlsruhe die OID unter 1.3.6.1.4.1.*2614*.

Die eindeutige Identifikation von Managed Objects ist ein unverzichtbarer Bestandteil eines integrierten und interoperablen Managements. Dennoch wäre nicht viel gewonnen, würde jeder Hersteller eigene Managed Objects definieren und in einem eigenen Teilbaum verwalten. Vielmehr ist die Definition und Implementierung von herstellerunabhängigen MIB-Modulen sinnvoll, die dann von möglichst vielen Agenten unterstützt werden. Im Fall der Managementarchitektur für TCP/IP-basierte Netze ist hierbei insbesondere die MIB-II [RFC 1213] von Bedeutung, die von nahezu jedem SNMP-fähigen Gerät unterstützt wird. Eine vertiefte Betrachtung der MIB-II findet im Rahmen von Abschnitt 4.2.5 statt.

3.6 Zusammenfassung

In diesem Kapitel wurden die grundlegenden Elemente einer Managementarchitektur dargelegt. Hierbei ist insbesondere der Begriff des *integrierten Managements* von Bedeutung, da nur so eine effiziente Verwaltung der Netzwerkressourcen gewährleistet werden kann. Die Managementarchitektur wurde gemäß [Hegering et al. 1999; ITU X.701] in

---

[5] Nicht zu verwechseln mit dem deutschen *Bundesamt für Sicherheit in der Informationstechnik (BSI)*.

vier Teilmodelle bzw. Aspekte unterteilt: Informations-, Organisations-, Kommunikations- und Funktionsmodell. Ferner wurden beim Funktionsmodell die funktionalen Bereiche des OSI-Rahmenwerks – FCAPS – differenziert.

Die Standardisierung von Protokollen und Datenformaten sowie die Vergabe von eindeutigen Kennungen ist essentiell für ein integriertes Management. In Abschnitt 3.3 wurden daher die für das Netzwerkmanagement relevanten, Standardisierungsorganisationen kurz präsentiert.

Abschließend wurde die Identifikation von Managed Objects mittels des ISO-Registrierungsbaums erläutert. Der ISO-Registrierungsbaum ist von zentraler Bedeutung, da er sowohl bei der Managementarchitektur für TCP/IP-basierte Netze (vgl. Kapitel 4) Verwendung findet als auch bei den klassischen Managementarchitekturen des Telekommunikationsbereichs.

4

SNMP v1, v2 und v3

4.1 Einleitung und Übersicht

Zum Netzwerkmanagement von TCP/IP-basierten Netzen wird in der Regel das **Simple Network Management Protocol (SNMP)** verwendet. Dabei handelt es sich streng genommen nur um ein Kommunikationsprotokoll. Dennoch spricht man häufig von SNMP-basiertem Management und bezieht hierbei auch die weiteren Komponenten wie das Informationsmodell mit ein. In diesem Kapitel wird der Rahmen des SNMP-basierten Managements sowie dessen Funktionen erläutert. Insbesondere wird auch das assoziierte Informationsmodell, die *Structure of Management Information (SMI)*, erläutert. Die Darstellung wurde knapp gehalten, da Netzwerkmanagement per SNMP in diversen Werken behandelt wird. Eine sehr ausführliche Darstellung findet sich bspw. in [Stallings 1999] oder eine kürzere Beschreibung in [Kurose & Ross 2004, Kap. 9]. Außerdem sind die Standardisierungsdokumente, wie im Internet üblich, als RFCs öffentlich und kostenlos zugänglich.

Infolge der rasanten Entwicklung und des immensen Wachstums des Internets in den 80er Jahren wurde die Notwendigkeit für eine Managementarchitektur offensichtlich. Genügte zu Beginn noch ICMP zum „Netzwerkmanagement", unternahm man Ende der 80er Jahre erste Schritte in Richtung einer Managementarchitektur für TCP/IP-basierte Netze. Wie bereits in Abschnitt 3.4 aufgezeigt wurde, gab es zuvor auch Bemühungen innerhalb des OSI-Rahmenwerks, Netzwerkmanagement-Standards zu definieren. SNMP war nur als Übergangslösung vorgesehen, getreu der Devise: „The software is available and in operation" [RFC 1052]. Auf längere Sicht war jedoch die Adaption des OSI Standards vorgesehen. Dies erfolgte unter anderem daher, da man mutmaßte, die US Regierungsstellen würden dazu verpflichtet, Netzwerkmanagement gemäß den OSI-Standards zu betreiben. Diese Annahme beruhte darauf, dass die US-amerikanische Standardisierungsbehörde *NIST* Ende der 80er Jahre OSI-Protokolle gegenüber von TCP/IP bevorzugte. Gleichwohl fanden die OSI-Protokolle nie die Verbreitung von TCP/IP, sodass die NIST ab Mitte der 90er Jahre TCP/IP-basierte Netze favorisierte [Russell 2006]. Insofern blieb SNMP erhalten und es fand keine Adaption von CMIP statt. SNMP wurde auf Basis des *Simple Gateway Management Protocol (SGMP)* entwickelt. Die Basis des SNMP-basierten Netzwerkmanagements findet sich in folgenden drei RFCs:

- *RFC 1155* beschreibt die **Structure of Management Information (SMI)**, welche die Strukturen und Identifikationsschemata zur Definition von Managed Objects spezifiziert.
- *RFC 1157* definiert das **Simple Network Management Protocol (SNMP)** als Kommunikationsprotokoll zum Lesen und zur Manipulation von Managed Objects.
- *RFC 1213* beschreibt die **MIB-II**, in welcher konkrete Managed Objects für das Management von TCP/IP-Netzen spezifiziert sind.

4.2 Informationsmodell

Die Definition von Managed Objects und entsprechenden MIB-Modulen erfordert Regeln für deren Struktur sowie Schemata zur Identifikation der Managed Objects. Die SMI definiert daher die grundlegende Struktur *(Syntax)* eines MO, das Namensschema *(Object Identifier)* und die Kodierung *(Encoding)*. Es sei an dieser Stelle darauf hingewiesen, dass es sich *nicht* um einen objektorientierten Ansatz handelt, obwohl von Managed Objects gesprochen wird.

Ein gemeinsames Verständnis der Daten ist für die Definition eines Informationsmodells unumgänglich. Beispiele wie der „Kampf zwischen big Endians und little Endians" bei Rechnerarchitekturen oder die unterschiedliche Repräsentation von Strings in Programmiersprachen sind nur zwei Probleme, die hierbei zu lösen sind.

Benötigt wird daher eine Maschinen-, Programmiersprachen- und Kommunikationsprotokoll-unabhängige Beschreibungssprache, die **Abstract Syntax**, und Kodiersyntax, die **Transfer Syntax**, für Datenstrukturen sowie entsprechende Abbildungsregeln zwischen Abstract und Transfer Syntax, die **Encoding Rules** (vgl. auch Abb. 4.1). Im

Folgenden werden die bei SMI und SNMP genutzte Beschreibungssprache *ASN.1* sowie die Kodiersyntax *BER* kurz eingeführt.

4.2.1 Abstract Syntax Notation One (ASN.1) und Basic Encoding Rules (BER)

Die *Abstract Syntax Notation One (ASN.1)* ist eine formale Beschreibungssprache für Datentypen sowie Nachrichtentypen (PDU) und wurde in [ITU X.680] und weiteren ITU-Empfehlungen sowie parallel in [ISO/IEC 8824-1] und weiteren ISO-Standards spezifiziert. Eine ausführliche Beschreibung von ASN.1 findet sich unter anderem in [Dubuisson 2000] oder [Larmouth 2006]. (Die elektronische Version dieser beiden Bücher ist kostenlos verfügbar.) ASN.1 wird auch beim OSI-basierten Netzwerkmanagement genutzt, ist jedoch nicht auf den Bereich des Netzmanagements beschränkt. Im Rahmen des SNMP-basierten Netzmanagements wird ASN.1 zur Definition von Managed Objects, MIB-Modulen und ferner auch zur Definition der SNMP-PDUs genutzt.

⑤ ASN.1

Das grundlegende Konzept von ASN.1 ist der Typ[1]. Ein Typ ist eine nicht leere Menge von Werten, die zur Übertragung kodiert werden. Einfache Typen sind unter anderem: Octet String, Integer und Boolean. Durch sogenannte Subtypes kann der Wertebereich eines Types eingeschränkt werden (z.B. `TCP-Port ::= INTEGER (0..65535)`). Wenn Typen definiert werden, können die möglichen Werte auch explizit definiert werden.

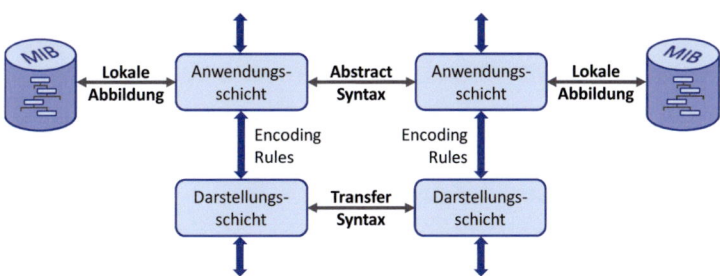

Abb. 4.1. Einordnung von ASN.1-verwandten Begriffen in das OSI-Schichtenmodell [Stallings 1999, S. 563]

Tabelle 4.1 gibt einen Überblick über Begriffe und ihre Bedeutung, die im Zusammenhang mit ASN.1 relevant sind. Die Begriffe sind zu-

---

[1] Die Begriffe *Typ* und *Datentyp* werden im Folgenden, sofern nicht gesondert vermerkt, synonym gebraucht.

Abstract Syntax	Beschreibung der Datenstruktur unabhängig von einer bestimmten Kodierung *(Encoding)*. Die Abstract Syntax ermöglicht die Definition von Datentypen und von Werten bzw. Wertebereichen dieser Datentypen.
Data Type	Eine Menge von Werten, die durch einen Namen bestimmt ist. Es kann sich hierbei sowohl um einen primitiven Datentyp wie Integer handeln oder aber um einen strukturierten Typ. Strukturierte Datentypen werden mittels anderer Datentypen zusammengesetzt.
Encoding	Eine Folge von Oktetts, die einen Datenwert repräsentiert.
Encoding Rules	Regeln, um Datentypen der Abstract Syntax auf die repräsentierenden Datenwerte der Transfer Syntax und umgekehrt abzubilden.
Transfer Syntax	Die Art und Weise, wie Daten tatsächlich in Form von Bit-Mustern repräsentiert sind.

Tabelle 4.1. Relevante ASN.1 Begriffe [Stallings 1999, S. 562]

sätzlich in Abb. 4.1 in die Schichten des OSI-Referenzmodells eingeordnet. ASN.1-Datentypen können folgendermaßen klassifiziert werden:

§ ASN.1
Datatypen

- *Einfache Datentypen* wie `Octet String`, `Integer`, `Real`, `Null`, `Boolean` und `Object Identifier` sind im oben genannten ITU-T bzw. ISO-Standard definiert.
- *Strukturierte Datentypen* wie `Sequence` oder `Sequence-of` werden genutzt, um komplexe Datentypen zu konstruieren. Diese sind vergleichbar mit den Konstrukten `struct` oder `array of` in der Programmiersprache C.
- Durch ein sogenanntes *Tag* kann ein Datentyp mit einem anderen Namen versehen werden.
- Außerdem gibt es *spezielle Typen* wie `Choice` und `Any`. Diese beiden Typen werden genutzt, wenn die Werte unterschiedlichen Typen entsprechen können. Im Falle von `Choice` sind die Typen vorher

bekannt und werden angegeben, bei `Any` kann der Wert von einem beliebigen Datentyp sein.

Eine Zuweisung erfolgt in ASN.1 nach dem Schema:

```
<type name> ::= <type definition>
```

Das folgende Beispiel zeigt die Definition des Datentyps `Personnel-Record`, wobei zur Definition der strukturierte Datentyp `Sequence` genutzt wird. Neben dem einfachen Datentyp `IA5String`, mit welchem ein String als 7 bit Zeichen kodiert werden kann (vgl. [Dubuisson 2000, S. 177]), wurde auch ein weiterer Typ `EmployeeNumber` verwendet. `EmployeeNumber` wurde als *Tag* des einfachen Typs `Integer` definiert.

```
PersonnelRecord ::= SEQUENCE
    { name       IA5String,
      title      IA5String,
      number     EmployeeNumber  }
  -- Beispiel eines Personeneintrags
  -- (Kommentar)


EmployeeNumber ::= INTEGER
```

Die Datentypen werden letztendlich in Modulen zusammengefasst. In der Modulbeschreibung wird insbesondere festgelegt, welche Typen aus anderen Modulen importiert und welche exportiert werden. Exportierte Datentypen können wiederum in weitere Module eingebunden werden.

Weiterhin erlaubt ASN.1 die Definition von Makros. Eine *Makro-Definition* ist eine Art Vorlage für die Definition von ASN.1-Datentypen und erlaubt „Familien" von Datentypen zu spezifizieren, die alle das gleiche Muster haben. Im Gegensatz zu definierten Typen, wie dem `PersonnelRecord`, erlauben es Makros, eine neue Syntax für die Notation von Typen und Werten einzuführen. In der SMI ist bspw. ein Makro für die Definition von Managed Objects definiert (vgl. Abschnitt 4.2.2). Eine Makro-Definition hat folgende Form:

ⓢ ASN.1 Macro

```
<macroname> MACRO ::=
BEGIN
  TYPE NOTATION  ::= <new-type-syntax>
  VALUE NOTATION ::= <new-value-syntax>
  <supporting-productions>
END
```

`<new-type-syntax>` beschreibt eine neue Typ-Notation. Die zugehörige Wert-Notation wird in `<new-value-syntax>` beschrieben. Zusätzliche Grammatikregeln sind in `<supporting-productions>` in Backus-Naur-Form spezifiziert.

Bei Makros bleibt die grundlegende Eigenschaft von ASN.1 aber unberührt, d.h. ein Typ ist eine Menge von Werten. Mit Makros können keine zusätzlichen Typen oder Werte definiert werden, aber eine Notation kann auf ein Anwendungsszenario zugeschnitten werden. Weitere Informationen zur Definition von Makros finden sich in [Dubuisson 2000, S. 363 ff].

⑤ BER   Als *Encoding Rules* sind bei ASN.1 unter anderem die **Basic Encoding Rules (BER)** vorgesehen, die im Rahmen von SNMP Verwendung finden. Neben BER wurden für ASN.1 auch weitere Encoding Rules definiert, die hier jedoch nicht näher erläutert werden (vgl. u.a. [Dubuisson 2000, S. 321 ff]).

In den *Basic Encoding Rules* werden Regeln beschrieben, um ASN.1-Typen bzw. Werte als Folge von Oktetts zu kodieren. Das Encoding basiert auf der *Type-Length-Value (TLV)* Struktur. *Type* zeichnet den ASN.1-Typ aus, *Length* die Länge der tatsächlichen Wertrepräsentation und *Value* repräsentiert den ASN.1 Wert als Folge von Oktetts. Die Enkodierung folgt hierbei einem rekursiven Schema wie in Abb. 4.2 dargestellt. Integer-Werte werden hierbei im Zweierkomple-

Abb. 4.2. Exemplarische Darstellung des rekursiven Schemas der TLV Struktur

ment kodiert. Die unterschiedlichen Typen werden anhand einer Kennung (ID) unterschieden. Dabei haben die in ASN.1 definierten Datentypen die IDs 0 bis 30. Für die Kodierung anderer Typen sind weitere Regeln zu beachten, die hier jedoch nicht weiter ausgeführt werden (vgl. u.a. [Dubuisson 2000, S. 393 ff]).

4.2.2 Structure of Management Information (SMI)

⑤ SMIv1/v2   Die *Structure of Management Information (SMI)* spezifiziert die Struktur von Managed Objects und MIB-Modulen sowie entsprechende Identifikationsschemas. Dabei findet ASN.1 und BER Verwendung.

Die erste Version der SMI, auch als SMIv1 bezeichnet, wurde in [RFC 1065] definiert und im Zuge von [RFC 1155] nochmals veröffentlicht, wobei die technischen Details unverändert blieben. Die zweite Version SMIv2 wurde in [RFC 2578] spezifiziert. In den folgenden Ausführungen sind die beiden Versionen nicht explizit unterschieden, vielmehr werden die Unterschiede, wenn notwendig, kenntlich gemacht.

Ziel bei der Definition der SMI war unter anderem die Einfachheit. Aufgrund dessen beschränkt sich die SMI auf die Verwendung der primitiven ASN.1-Datentypen:

- `Integer`,
- `Octet String`,
- `Object Identifier` und
- `Null`.

Der Typ `Integer` hat hierbei einen Wertebereich von -2^{31} bis $2^{31} - 1$. Ferner ist die Definition weiterer Typen, unter Verwendung der genannten primitiven und folgenden strukturierten Typen, erlaubt. Als komplexe Datentypen stehen nur Arrays und zweidimensionale Tabellen zur Verfügung. Diese werden durch die folgenden strukturierten Typen konstruiert:

- `Sequence` erlaubt die Aneinanderreihung von unterschiedlichen einfachen Datentypen. Unter anderem wird `Sequence` für die Definition einer Tabellenzeile genutzt (vgl. auch das ASN.1-Beispiel `PersonnelRecord`).
- `Sequence-of` ermöglicht eine Liste gleicher Managed Objects, d.h. ein Array, wie zum Beispiel eine Liste von Tabellenzeilen.

Außerdem definiert die SMIv1 bereits folgende spezielle Datentypen, die beim SNMP-basierten Management oft Verwendung finden:

- `NetworkAddress` und `IpAddress`: Eine Netzwerkadresse kann durch den Typ `NetworkAddress` definiert werden, wobei dieser Typ als übergeordneter Typ gedacht war. Als einziger „konkreter" Typ wurde der Typ `IpAddress` definiert, der einer 32 bit IP-Adresse entspricht (vgl. [RFC 4001] bzgl. IPv6-Adressen).
- `Counter`: Ein Zähler von 0 bis $2^{32} - 1$, der nur erhöht werden kann. Der Zähler läuft über, wenn das Maximum erreicht ist.
- `Gauge`: Ein Zähler von 0 bis $2^{32} - 1$, der erhöht und verringert werden kann. Im Gegensatz zu einem `Counter` läuft ein `Gauge` aber nicht über, sondern bleibt beim Maximum stehen und kann durch einen *Reset* zurückgesetzt werden.
- `TimeTicks`: Ein nicht-negativer Integer-Wert, wobei ein „Tick" einer hundertstel Sekunde entspricht. Es handelt sich hierbei um eine

relative Zeit wie bspw. „seit Start der Komponente", sodass ein Vergleich der Werte mehrerer Agenten nicht ohne weiteres möglich ist.

- `Opaque`: Durch diesen Typ können beliebige Daten gekapselt werden.

Im Rahmen von SMIv2 wurden die Datentypen erweitert bzw. teilweise umbenannt:

- `Integer32`: Dieser Typ gleicht dem `Integer`-Typ, wobei der Wertebereich eindeutig auf -2^{31} bis $2^{31} - 1$ eingeschränkt wurde.
- `Unsigned32`: Für nicht-negative Integer-Werte wurde dieser Typ eingeführt. Daher erstreckt sich der Wertebereich von 0 bis $2^{32} - 1$.
- `IpAddress`: wie oben.
- `Counter32`: entspricht dem `Counter` von SMIv1.
- `Counter64`: Funktional gleicht dieser Typ einem `Counter32`, der Wertebereich wurde jedoch auf 0 bis $2^{64} - 1$ erweitert.
- `Gauge32`: entspricht dem von `Gauge` bei SMIv1, wobei das Maximum nun aber beliebig gewählt werden kann (siehe unten).
- `TimeTicks`: wie oben.
- `Opaque`: Dieser Typ wurde aus Gründen der Rückwärtskompatibilität beibehalten, sollte jedoch nicht mehr verwendet werden.
- `BITS`: Eine Aufzählung (engl. Enumeration) von Bitfolgen, die zuvor spezifiziert wurden.

Wie aus dieser Übersicht deutlich wird, wurden die meisten Typen erhalten oder durch präziser spezifizierte Typen ersetzt. Durch SMIv2 wurden insofern einige Unklarheiten bzw. Mehrdeutigkeiten der ersten Version beseitigt.

Eine große Bedeutung beim Netzwerkmanagement kommt den Typen *Counter* und *Gauge* zu. Diese werden bspw. genutzt, um die Anzahl fehlerhafter Pakete zu zählen. Die funktionalen Eigenschaften von Gauge und Counter sind „nur" textuell in den RFCs enthalten, da eine Beschreibung in ASN.1 nicht möglich ist. Insofern kam es bei SMIv1 zu Unklarheiten, die in SMIv2 genauer spezifiziert wurden. Es herrschte bspw. Uneinigkeit darüber, ob ein Gauge auch wieder erniedrigt werden kann, wenn das Maximum erreicht wurde. In SMIv2 wurde eindeutig festgelegt, dass der Gauge auf dem maximalen Wert verbleibt und nur durch einen expliziten Reset zurückgesetzt werden kann.

[K][S] Counter   Wie bereits ausgeführt, können **Counter** nur erhöht werden und laufen über bei Erreichen des Maximums. Aus diesem Grund muss das Abfrageintervall so gewählt werden, dass sich der Zählerstand um weniger als $2^{32} - 1$ (bzw. $2^{64} - 1$) innerhalb eines Intervalls ändern kann.

In SMIv2 wurde auch eindeutig festgelegt, dass ein Counter keinen definierten Initialwert hat. Aus diesem Grund ist ein einzelner Wert nicht aussagekräftig, sondern nur die Differenzen zwischen zwei Werten.

Ferner wurde in SMIv2 ein 64 bit Counter eingeführt. Dieser `Counter64`-Typ dient insbesondere zur Überwachung von Netzwerk-Ports mit hohen Geschwindigkeiten. Liefe ein `Counter32` bei einem voll ausgelasteten 10 Mbit/s Interface nach 57 Minuten über, so findet bei einem 1 Gbit/s-Interface nach nur 34 Sekunden ein *Wrap-Around* statt.

Anders als Counter kann ein **Gauge** auch erniedrigt werden und bleibt beim Maximum stehen. Bei SMIv1 war dieses Maximum auf $2^{32} - 1$ festgelegt. In SMIv2 wurde der Typ insofern erweitert, dass nun ein Maximum zwischen 0 und $2^{32} - 1$ definiert werden kann. Entsprechend kann auch ein Minimum festgelegt werden. Es wurde außerdem eindeutig spezifiziert, dass ein `Gauge32` nicht zwangsläufig beim Erreichen des Maximums bzw. Minimums dort verharrt, sondern weiterhin erniedrigt bzw. erhöht werden kann. ▪️K▪️S Gauge

Ein Schwellwerttyp, der bspw. eine Alarmierung des zuständigen Managers bei Überschreiten einer maximalen Paketfehlerzahl auslöst, war in SMI nicht vorgesehen. Im Gegensatz hierzu lässt die *RMON-MIB* solche Schwellwerttypen zu, wie in Kapitel 5 noch erläutert wird.

Object Types und Instances

Bei SMI wird zwischen *Object Types* und *Object Instances* unterschieden. Ein **Object Type** könnte bspw. ein Netzwerk-Interface sein, während das konkrete Ethernet-Interface eines Rechners einer **Object Instance** entspricht (vgl. auch Abschnitt 3.2.1). Im objekt-orientierten Sinne entspricht ein *Object Type* einer Klasse und eine *Instance* einer Instanz. ▪️K▪️S Object Types vs. Instances

Wie bereits ausgeführt, wird ASN.1 zur Definition der Managed Objects und der entsprechenden MIB-Module innerhalb von SMI genutzt. Würde man jedoch keine weiteren Vorgaben zu deren Definition machen, wären entsprechende Implementierungen nur schwer umsetzbar, da dem Entwickler (zu) viele Freiheitsgrade gegeben wären. Um den „Wildwuchs" an möglichen MO(-Typen) einzuschränken, wurde daher ein Makro definiert, das sogenannte *Object Type Macro*.

Das **Object Type Macro** dient der Definition von *Object Types*. Die ursprüngliche Version findet sich in [RFC 1155] spezifiziert und wurde für die MIB-I genutzt. Zur Definition der gebräuchlichen MIB-II wurde die Definition des Makros in [RFC 1212] verfeinert. Außerdem fanden im Zuge der Spezifikation der SMIv2 weitere Anpassungen statt. ▪️S Object Type Macro

Für ein grundsätzliches Verständnis ist jedoch die folgenden Definition aus [RFC 1155] ausreichend.

```
OBJECT-TYPE MACRO ::=
    BEGIN
        TYPE NOTATION ::= "SYNTAX" type
                                (TYPE ObjectSyntax)
                          "ACCESS" Access
                          "STATUS" Status
        VALUE NOTATION ::= value (VALUE ObjectName)

        Access ::= "read-only"
                    | "read-write"
                    | "write-only"
                    | "not-accessible"
        Status ::= "mandatory"
                    | "optional"
                    | "obsolete"
    END
```

Ein Managed Object setzt sich dementsprechend aus Datentyp, Zugriffsrechten und Status zusammen. SYNTAX wird genutzt, um die Struktur, d.h. den spezifischen Typ eines *Object Type* zu beschreiben. Hierbei können die vorher beschriebenen ASN.1-Typen wie Integer oder Sequence genutzt werden oder die SMI-spezifischen wie Counter oder IpAddress. Die Zugriffsmöglichkeiten werden durch ACCESS angegeben, wobei sich diese Zugriffsregelungen auf die Manager-Agent-Kommunikation beziehen. Der Agent selbst kann und muss auch read-only Managed Objects schreiben, wie bspw. ein Counter für die bisher übertragenen Oktetts. Im Rahmen der SMIv2 wurde ACCESS in MAX-ACCESS umbenannt. Diese Umbenennung verdeutlicht, dass es sich dabei um den maximal möglichen Zugriff handelt. Der Zugriff kann je nach Nutzer und Zugriffsart weiter eingeschränkt werden, wie im Abschnitt 4.3 noch näher ausgeführt wird. Tabelle 4.2 zeigt die in SMIv1 bzw. SMIv2 spezifizierten Werte des ACCESS-Feldes.

STATUS gibt an, ob ein Managed Object bei Implementierung des entsprechenden MIB-Moduls von einem Agenten unterstützt werden muss oder nicht. In der SMIv1 wurde hierzu mandatory, optional und obsolete vorgesehen. Bei mandatory muss eine Implementierung vorhanden sein, optional stellt es frei und obsolete zeichnet Managed Objects aus, die veraltet sind und nicht mehr unterstützt werden. In der SMIv2 wurden diese möglichen Werte des STATUS durch current,

Access	SMI	Bedeutung
not-accessible	v1/v2	Auf dieses Managed Object kann nicht zugegriffen werden. Dies ist insbesondere bei *Object Types* der Fall, die zur Strukturierung eingesetzt werden.
accessible-for-notify	v2	Einträge, auf welche nur zugegriffen werden kann, wenn eine Meldung vom Agenten versendet wird (vgl. *Traps* in Abschnitt 4.3.1).
read-only	v1/v2	Auf solche Elemente ist ausschließlich ein lesender Zugriff erlaubt.
write-only	v1	Dieser Wert erlaubt nur einen schreibenden Zugriff auf das Managed Object. Im Rahmen der SMIv2 wurde write-only gestrichen.
read-write	v1/v2	Bei solchen Managed Objects ist sowohl ein lesender als auch ein schreibender Zugriff erlaubt.
read-create	v2	Dieser Wert erlaubt einen lesenden sowie schreibenden Zugriff auf das Element. Außerdem kann hiermit ein Managed Object erzeugt werden, wenn es dieses noch nicht gibt. Dies ist insbesondere für Tabellen nützlich, um neue Zeilen erzeugen zu können.

Tabelle 4.2. Zugriffsrechte auf ein Managed Object gemäß SMIv1/v2

deprecated und obsolete ersetzt. Hierbei entspricht current dem vorigen mandatory. obsolete zeichnet ein Managed Object aus, welches nicht mehr unterstützt werden sollte. deprecated steht für Managed Objects, die zwar veraltet sind, jedoch aus Kompatibilitätsgründen weiter unterstützt werden können.

Im Folgenden ist exemplarisch die Definition des Managed Object   🄵 sysDescr
zur Beschreibung eines Systems sysDescr aus der MIB-II dargestellt,
wobei hierbei das erweiterte Object Type Macro aus [RFC 1212] zugrunde liegt:

```
sysDescr OBJECT-TYPE
            SYNTAX  DisplayString (SIZE (0..255))
            ACCESS  read-only
            STATUS  mandatory

      DESCRIPTION
            "A textual description of the entity.
```

```
This value should include the full name
and version identification of the system's
hardware type, software operating-system,
and networking software.  It is mandatory
that this only contain printable ASCII
characters."
```

```
::= { system 1 }
```

Definition einer Tabelle

Die SMI erlaubt auch die Definition von (zweidimensionalen) Tabellen, wobei eine Schachtelung von Tabellen nicht erlaubt ist. Die Struktur einer Tabellenzeile wird durch den strukturierten Typ `Sequence` spezifiziert. Die eigentliche Tabelle wird sodann als Menge von Tabellenzeilen durch `Sequence-of` gebildet.

⊡ `ifTable`   Der folgende Ausschnitt aus [RFC 1213] zeigt einen Teil der Definition der Interface-Tabelle `ifTable` der MIB-II. (Die MIB-II wird in Abschnitt 4.2.5 noch näher erläutert.)

```
ifTable OBJECT-TYPE
        SYNTAX  SEQUENCE OF IfEntry
        ACCESS  not-accessible
        STATUS  mandatory
        ::= { interfaces 2 }

  ifEntry OBJECT-TYPE
        SYNTAX  IfEntry
        ACCESS  not-accessible
        STATUS  mandatory
        INDEX   { ifIndex }
        ::= { ifTable 1 }

  IfEntry ::=
        SEQUENCE {
            ifIndex
                INTEGER,
        ...
            ifSpeed
                Gauge,
            ifPhysAddress
```

```
                    PhysAddress,
            ifInOctets
                Counter,
        ...
        }
    ...
```

Die `ifTable` setzt sich aus einer Menge von `IfEntry` zusammen, wobei
ein `IfEntry` wiederum aus unterschiedlichen Werten wie `ifSpeed` und
`ifPhysAddress` besteht. Außerdem wurde ein Attribut mit der Bezeichnung `ifIndex` hinzugefügt, welches zur Instanzidentifikation genutzt
wird. Durch `{INDEX { ifIndex }}` wird zum Ausdruck gebracht, dass
dieses Feld eine Tabellenzeile, in diesem Beispiel ein `IfEntry`, eindeutig
auszeichnet. Das bzw. die Indexfelder werden zwar bei der Definition
der Tabelle festgelegt, aber letztendlich für die Identifizierung von *Object Instances* benötigt. Die Details der Identifikation von *Object Types*
und *Instances* werden in den beiden folgenden Abschnitten näher erläutert.

In SMIv2 wurden auch Mechanismen zum Anlegen und Löschen
von Tabellenzeilen vorgesehen. Es gibt zwei Arten von Tabellen. Zum
einen Tabellen, bei denen kein Anlegen und Löschen von Tabellenzeilen durch den Manager möglich ist, sondern nur durch den Agenten
erfolgen kann. Zum Zweiten Tabellen, die es dem Manager erlauben,
neue Zeilen zu erzeugen oder bestehende zu löschen. Zur Manipulation
der Tabelle wird dann eine sogenannte *RowStatus*-Spalte genutzt. Je
nachdem, welcher Wert in dieser *RowStatus*-Spalte eingetragen wird,
wird eine Tabellenzeile angelegt, gelöscht oder anderweitig verändert.

4.2.3 Identifikation von Object Types

Die definierten *Object Types* erhalten zur (weltweit) eindeutigen Identifikation einen sogenannten *Object Identifier (OID)*. Dabei handelt
es sich um eine Folge von Integer-Werten. Im Rahmen von RF-
Cs werden diese OIDs in der Regel durch Punkte, wie zum Beispiel `1.3.6.1.2` oder durch die entsprechenden bezeichnenden Namen `iso.org.dod.internet.mgmt` dargestellt. Die Kennungen werden entsprechend des in Abschnitt 3.5 bereits eingeführten ISO-
Registrierungsbaum vergeben. In [RFC 1155, Sec. 3] wurden vier Teilbäume unterhalb von `1.3.6.1.` vorgesehen.

K S Object
Identifier (OID)

- *directory (1)* – für die „zukünftige" Nutzung im Rahmen des OSI-
  Verzeichnisdienstes X.500.

- *mgmt (2)* – zur Registrierung von *Object Types*, die vom Internet Architecture Board verabschiedet wurden. Dieser Teilbaum wird von der IANA verwaltet.
- *experimental (3)* – kann für Experimente und Tests genutzt werden.
- *private (4)* – hierunter können Unternehmen und Organisationen einen eigenen Teilbaum erhalten (vgl. Abschnitt 3.5). Die Verwaltung erfolgt wiederum durch die IANA.

4.2.4 Identifikation von Object Instances

Zusätzlich ist auch eine Identifikation von MO-Instanzen, den *Object Instances*, notwendig. Die Instanzidentifikation wurde nicht als Teil der SMI sondern im Rahmen des Kommunikationsprotokolls SNMP definiert. Legt man jedoch das Informationsmodell gemäß Abschnitt 3.2.1 zugrunde, ist die Instanzidentifikation dem Informationsmodell zuzuordnen und wird daher an dieser Stelle erläutert.

Die Identifikation von Instanzen baut auf der OID des zugrunde liegenden *Object Types* auf. Einfach vorkommende *Object Instances* werden durch Anhängen einer .0 an die OID des *Object Types* identifiziert. Das Managed Object `sysDescr` wird bspw. durch `iso.org.dod.internet.management.mib-2.system.sysDescr` (oder kurz OID: `1.3.6.1.2.1.1.1`) eindeutig identifiziert. Die Instanz wird daher durch `1.3.6.1.2.1.1.1.0` eindeutig adressiert.

Bei Objekten, die mehrfach in einer MIB vorkommen, d.h. insbesondere bei Tabellen, ist die Adressierung durch Anhängen einer .0 indes nicht ausreichend. Daher werden sogenannte Indexfelder definiert, über die eine *Object Instance* innerhalb einer Menge eindeutig identifiziert werden kann. Eine konkrete *Object Instance* wird daher durch die OID der Klasse und den Wert des bzw. der Indexfelder adressiert. So kann bspw. der Typ des zweiten Interfaces (`ifType`, `1.3.6.1.2.1.2.2.1.3`) eines Rechners durch `...2.1.3.2` ermittelt werden. Es muss jedoch nicht zwangsläufig ein Indexfeld hinzugefügt werden. Bei der *TCP Connection Table* wird bspw. eine Kombination der Sende- und Empfangsadressen und entsprechenden Ports genutzt, um eine Verbindung eindeutig zu identifizieren.

4.2.5 Management Information Base II (MIB-II)

Durch die SMI werden, wie eingangs erwähnt, die Regeln zur Definition von Managed Objects und deren Registrierung bzw. Identifikation spezifiziert, es werden jedoch keine konkreten Managed Objects definiert.

Würde nun jeder Hersteller ausschließlich seine eigenen MIB-Module definieren und unterstützen, wäre für das Management von heterogenen Umgebungen wenig gewonnen. Daher wurden herstellerunabhängige MIB-Module standardisiert.

Das bekannteste und von nahezu allen SNMP-fähigen Geräten unterstützte MIB-Modul stellt die *MIB-II* [RFC 1213] dar. Die MIB-II bildet eine Basis für das Netzmanagement in TCP/IP-basierten Netzen, da darin grundlegende Managed Objects definiert wurden. Die MIB-II entstand als Nachfolger der MIB-I [RFC 1156] und bildet eine Obermenge der MIB-I. In der MIB-II sind sowohl statische Informationen wie die Art der Netzwerkschnittstelle (`ifType`) als auch dynamische sich ändernde Informationen wie die Anzahl empfangener Daten (`ifInOctets`) enthalten. Alle OIDs innerhalb der MIB-II haben den Präfix `iso.org.dod.internet.mgmt.mib-2` (1.3.6.1.2.1). Die MIB-II wurde in folgende Gruppen untergliedert:

⟦S⟧⟦F⟧ MIB-II

- `System` (1): Diese Gruppe beinhaltet allgemeine Informationen über ein System wie bspw. `sysDescr` für eine allgemeine Systembeschreibung oder `sysUpTime` für die Betriebszeit (engl. Uptime) des SNMP-Agent.
- `Interfaces` (2): Allgemeine Informationen zu Netzwerkschnittstellen finden sich in dieser Gruppe. Hierin sind bspw. `ifType`, `ifInOctets` oder `ifOutErrors` enthalten, d.h. sowohl statische Informationen wie der Typ als auch statistische Daten aus dem Betrieb.
- `Address Translation` (3): Aus Kompatibilitätsgründen mit der MIB-I existiert diese Gruppe noch, hat aber keine Bedeutung mehr, da die Informationen in andere Gruppen verschoben wurden. Die Gruppe beinhaltete ursprünglich eine Abbildung von Schicht-3-Adressen auf Schicht-2-Adressen.
- `IP` (4): Diese Gruppe enthält Informationen zur IP-Implementierung des Systems, wie zum Beispiel `ipRouteTable` für die Routing-Tabelle oder `ipOutDiscards` für die Anzahl der IP-Pakete, die verworfen wurden.
- `ICMP` (5): Informationen zur ICMP-Implementierung des Systems, wie `icmpInEchos` für die Anzahl empfangener ICMP-Echo Pakete, finden sich in dieser Gruppe.
- `TCP` (6): In dieser Gruppe sind Informationen zur TCP-Implementierung des Systems, wie bspw. eine Tabelle der momentanen TCP-Verbindungen in `tcpConnTable`, enthalten.

- UDP (7): Auch Informationen zur UDP-Implementierung des Systems sind verfügbar wie zum Beispiel udpTable eine Tabelle mit UDP-Ports, auf welchen das System Pakete empfängt.
- EGP (8): Diese Gruppe enthält Informationen zum EGP-Protokoll, das heutzutage jedoch keine große Verwendung mehr findet, da stattdessen BGP eingesetzt wird.
- Transmission (10): Im Gegensatz zur allgemeinen Interfaces-Gruppe werden unter diesem Knoten spezifische Daten zur Netzwerkschnittstelle abgelegt wie bspw. zu Ethernet-Schnittstellen. Diese spezifischen *Objects* sind jedoch nicht in der MIB-II definiert sondern in weiteren MIB-Modulen.
- SNMP (11): Hierunter finden sich Managementinformationen zur SNMP-Implementierung des Agenten, wie bspw. die Anzahl versendeter SNMP-Pakete in snmpOutPkts.

Neben der *MIB-II* gibt es noch eine große Anzahl weiterer MIB-Module, auf welche hier jedoch nicht näher eingegangen werden soll. Allein die IETF definierte ca. 200 MIB-Module oder Cisco mehr als 400 (herstellerspezifische) MIB-Module [Schönwälder 2005].

⑤Ⓕ Ethernet-MIB In [RFC 3635] ist bspw. das aktuelle MIB-Modul zum Management von *Ethernet-like Interface* definiert, das sich unter der MIB-II Gruppe Transmission einordnet. Dieses Modul wird immer wieder aktualisiert, um mit der fortschreitenden Ethernet-Geschwindigkeit mitzuhalten. Eine Liste von MIB-Modulen findet sich bspw. in [Stallings 1999, S. 75 f] oder [WWW Mib].

4.3 Kommunikationsmodell

In diesem Abschnitt werden die drei existierenden Versionen des *Simple Network Management Protocol (SNMP)* vorgestellt, wobei zunächst die Grundlagen auf Basis von SNMPv1 erläutert werden und dann jeweils die relevanten Unterschiede der Versionen 2 und 3 erläutert werden.

4.3.1 SNMPv1

⑤ SNMP
Architektur
Die erste Version von SNMP, im Folgenden als SNMPv1 bezeichnet, wurde in [RFC 1157] definiert. Die *SNMP-Architektur* sieht zwei Arten von Elementen vor. Zum einen Manager, auch *Network Management Stations (NMS)* genannt, und zum anderen Agenten, die als *Network*

Elements (NE) bezeichnet werden. Dabei kann ein Manager eine Menge von Agenten managen, und ein Agent kann von unterschiedlichen Managern kontaktiert werden.

Um die Anforderungen an das Transportschicht-Protokoll gering zu halten, ist zum Nachrichtenaustausch das UDP-Protokoll vorgesehen. So muss bei UDP weder Kontextinformation beim Agenten gehalten noch eine Verbindung aufgebaut werden. Insofern ist UDP als „robust" in Fehler- oder Stausituationen anzusehen. Andererseits ist UDP unzuverlässig und die Management Station muss daher zusätzliche Mechanismen wie etwaige Übertragungswiederholungen vorsehen. Der Port 161 wurde auf Seite des Agenten als „well-known Port" vorgesehen, um SNMP-Nachrichten zu empfangen. Zum Empfang von sogenannten *Traps*, die im Folgenden noch erläutert werden, ist der Port 162 auf Seite des Managers vorgesehen.

Zur Authentifizierung nutzt SNMPv1 den sogenannten **Community Name**. Eine Community besteht aus einem oder mehreren Managern und einem Agenten. Der Agent entscheidet auf Basis der Zugehörigkeit zu einer entsprechenden Community, welche Zugriffe (read-only oder read-write) der Manager auf Managed Objects erhält *(SNMP Access Mode)* und welchen Teilbaum der MIB der Manager überhaupt einsehen darf *(SNMP MIB View)*. Die Kombination aus beidem wird schließlich als *Community Profile* bezeichnet.

⑤ SNMP Community

Ferner ist die Zugriffbeschränkung auf Basis der SMI zu berücksichtigen. Die Verwaltung der Community Names und der entsprechenden Zugriffsprofile obliegt ausschließlich dem Agenten. Als Vorgabewert für den rein lesenden Zugriff ist sehr häufig der Community Name `public` anzutreffen. Das Community Konzept ist als Sicherheitskonzept unzureichend, da die Übertragung des *Community Name* unverschlüsselt erfolgt und problemlos abgehört werden kann.

Zur Abfrage und Manipulation der MIB des Agenten definiert SNMPv1 drei Operationen, wobei die Kommunikation in diesem Fall vom Manager ausgeht:

⑤ SNMP Operationen

- `Get` und `GetNext`: Zur Abfrage von Managementinformationen.
- `Set`: Zur Manipulation von Managementinformationen.

Durch die **Get-Operation** können ein oder mehrere *Object Instances* abgefragt werden, wobei deren OID explizit angegeben werden muss. Beantwortet wird eine solche Anfrage mit einer `GetResponse`-Nachricht. Etwaige Fehler, wie bspw. eine nicht vorhandene *Object Instance*, werden auch innerhalb dieser `GetResponse`-Nachricht vermerkt. Wenn die Abfrage eines Wertes fehlschlägt, werden auch keine anderen

Werte zurück gegeben. Insofern handelt es sich um eine atomare Operation.

Insbesondere bei der Abfrage von Tabellen, wie bspw. der *TCP Connection Table*, kann das Problem auftreten, dass die *OIDs* nicht komplett bekannt sind und somit eine Abfrage mit der Get-Operation fehlschlagen würde. In diesem Fall kann die **GetNext-Operation** genutzt werden. Dabei wird eine unvollständige bzw. nicht existierende OID übergeben und der Agent gibt auf Basis dieser OID die nächste existierende *Object Instance* zurück, wobei eine lexikographische Ordnung zugrunde gelegt wird. Eine Tabelle kann durch mehrere aufeinander folgende GetNext-Anfragen abgefragt werden. GetNext-Anfragen werden auch durch `GetResponse`-Nachrichten beantwortet.

Zum Setzen eines bzw. mehrerer Werte wird die **Set-Operation** genutzt. Durch Set können indirekt auch Aktionen auf dem Agent ausgelöst werden, so führt bspw. das Setzen von `tcpConnState` auf den Wert `deleteTCB (12)` zum Zurücksetzen der TCP-Verbindung. Ob eine Set-Operation erfolgreich ist, hängt auch von den Zugriffrichtlinien ab. Zum einen muss das Managed Object überhaupt schreibbar sein und zum Zweiten muss das entsprechende Community Profile berücksichtigt werden. Der Erfolg oder Misserfolg einer Set-Operation wird auch mittels einer `GetResponse`-Nachricht mitgeteilt. Bei SNMPv1 sind keine Operationen zum Löschen oder Anlegen von Managed Objects vorgesehen. Das Löschen von Tabellenzeilen wird teilweise durch ein Status-Feld, wie im Fall der TCP Connection Table, ermöglicht. Das Anlegen einer Zeile, wie es bspw. für die Routing-Tabelle nützlich wäre, ist gar nicht möglich.

☑ *Trap*   Während die gerade genannten Operationen vom Manager ausgehen, kann in Fehlerfällen auch eine durch den Agenten initiierte Kommunikation sinnvoll sein. Für die Meldung von Ereignissen an den Manager stehen Agenten dazu folgende SNMP-Operation zur Verfügung:

• `Trap`: Zur Meldung eines Ereignisses.

In SNMPv1 wurden die folgenden sechs unterschiedlichen Trap-Typen definiert: `coldStart`, `warmStart`, `authenticationFailure`, `linkDown`, `linkUp`, `egpNeighborLoss` und `enterpriseSpecific`. Letzterer lässt sich wiederum nutzen, um weitere Trap-Typen definieren zu können.

☑ SNMP   In Abb. 4.3 ist das Format von **SNMP-Nachrichten** dargestellt.
Nachrichten   Eine SNMP-Nachricht setzt sich aus *Version*, *Community* und einem operationsabhängigen PDU-Teil zusammen. Das Feld *Version* beinhaltet die genutzte SNMP-Version und *Community* entspricht dem zuvor erläuterten Community Name. Hierbei sei noch einmal angemerkt, dass

die SNMP-Nachrichten nicht weiter verschlüsselt werden und die *Community* daher im Klartext übertragen wird.

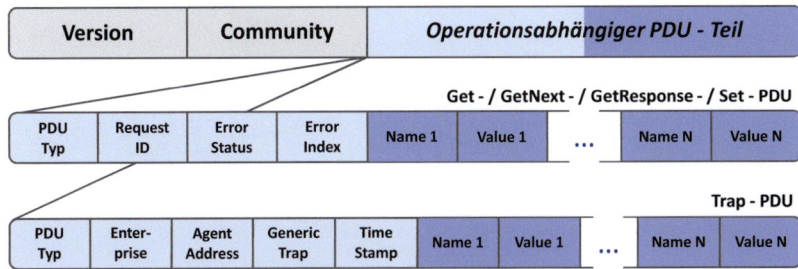

Abb. 4.3. Format der SNMPv1-Nachrichten und -PDUs

Die PDU-Typen `GetRequest`, `GetNextRequest`, `SetRequest` und `GetResponse` gleichen sich in ihrem Aufbau und sind daher zusammengefasst in der Mitte der Abb. 4.3 dargestellt. Das Feld *PDU-Type* gibt an, um welche PDU es sich handelt. *RequestID* dient zur Unterscheidung verschiedener Anfragen. Ist der Wert des *ErrorStatus* ungleich 0, so trat bei der entsprechenden Aktion ein Fehler auf. *ErrorIndex* verweist gegebenenfalls auf das Managed Object, bei dessen Abfrage bzw. Setzen der Fehler auftrat. Daher kann *ErrorStatus* und *ErrorIndex* nur bei einer GetResponse-PDU ungleich 0 sein. Abschließend folgt eine Liste aus Name/Wert-Paaren (engl. *Name/Value*), die auch als **Variable-Bindings** bezeichnet wird. *Name* beinhaltet eine OID und *Value* gegebenenfalls den entsprechenden Wert der *Object Instance*. Daher sind die *Values* bei `Get`- und `GetNext`-PDUs leer.

Der untere Teil der Abb. 4.3 zeigt die `Trap`-PDU. Dabei identifiziert das Feld *Enterprise* den Agenten. Die Adresse des Agenten ist in *agent-addr* enthalten. Das Feld *Generic Trap* beinhaltet die Kennung einer der sechs Trap-Typen. In *specific-trap* steht eine weitere Kennung, um den Trap-Typ näher zu spezifizieren. Im SNMP-Standard wird aber keine Festlegung von *specific-trap*-Typen vorgenommen. *Time-Stamp* entspricht der Zeit, die seit dem letzten (Neu-)Start des Agenten verstrichen ist. Anschließend können noch Name/Wert-Paare übergeben werden, wobei im RFC keine Angaben zu Typ oder Anzahl gemacht wurden.

Wie bereits erwähnt, wurden die PDUs von SNMP auch in ASN.1 spezifiziert und werden mit Hilfe von BER kodiert. Abb. 4.4 skizziert eine exemplarische Anfrage. Dabei wird die Beschreibung des Systems

S SNMP PDU

F SNMP Abfrage

abgefragt. Der Manager schickt hierbei zunächst die Get-PDU und erhält dann vom Agenten die entsprechende GetResponse-PDU.

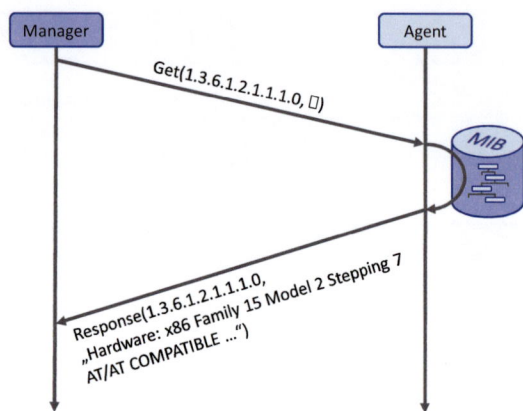

Abb. 4.4. Exemplarische SNMP-Anfrage nach der Systembeschreibung

☑ Trap-Directed Polling

Einerseits sollten zu häufige Abfragen von Werten vermieden werden, da dadurch eine unnötig hohe Netzlast erzeugt wird. Andererseits ist insbesondere im Fehlerfall eine schnelle Reaktion geboten, sodass aktuelle Managementinformationen benötigt werden. Bei SNMP-basiertem Management wird daher teilweise das Prinzip des sogenannten **Trap-Directed Polling** genutzt. Im Normalzustand werden die relevanten Werte von einem Agenten in regelmäßigen Abständen abgefragt. Tritt jedoch ein außergewöhnliches Ereignis auf, so schickt der Agent dem Manager eine Trap und der Manager fragt anschließend die benötigten Werte ab, sodass aktuelle Managementinformationen zur Beurteilung der aktuellen Situation vorliegen. Insofern kann ein größeres Abfrageintervall gewählt werden und dennoch eine schnelle Reaktion auf ungewöhnliche Zustände wie Fehler oder Überlastung erfolgen.

4.3.2 SNMPv2

Nachdem SNMPv1 breite Unterstützung durch die Hersteller von Netzwerkkomponenten fand, begann man 1992 eine Nachfolgeversion zu entwickeln. Diese neue Version sollte insbesondere die bekannten Probleme und Nachteile der ersten Version hinsichtlich

- unzureichenden Sicherheitsmechanismen,
- teilweise ineffizienter Kommunikation,

- Koordination von Managern,
- Anlegen und Löschen von Tabellenzeilen und
- Informationsmodell

beheben. Im Rahmen der SNMPv2 Spezifikation wurde daher das Informationsmodell angepasst und als SMIv2 veröffentlicht, wie im vorigen Abschnitt 4.2.2 näher erläutert wurde. Zu diesen Änderungen zählen insbesondere neue Datentypen wie `Counter64` und das erweiterte *Object Type Makro*. Ferner wurde durch SMIv2 auch eine (standardisierte) Möglichkeit geschaffen neue Tabellenzeilen zu erzeugen und bestehende zu löschen.

Das Kommunikationsprotokoll wurde um die beiden Operationen *GetBulk* und *Inform* erweitert. Das SNMP-Nachrichtenformat und die restlichen PDUs wurden von SNMPv1 übernommen. Die **Inform**-Operation dient der Kommunikation zwischen Managern und ermöglicht somit auch eine hierarchische Organisation der Manager. Um eine größere Menge von Daten effizient abfragen zu können, wurde die **Get-Bulk**-Operation eingeführt. Es handelt sich hierbei um eine erweiterte Version der `GetNext`-Operation. Durch die Angabe des Parameters `max-repetitions` wird angegeben, wie oft GetNext für eine bestimmte OID ausgeführt werden soll. Beide neuen Operationen werden jeweils durch eine GetResponse-Nachricht beantwortet.

⑤ SNMPv2:
Operationen

Ferner wurde die Fehlerbehandlung in der zweiten Version verfeinert. Standen bei SNMPv1 lediglich fünf Fehlercodes zu Verfügung, so wurden 18 Fehlercodes in SNMPv2 definiert. Außerdem wurde auch das vorgesehene Verhalten eines Agenten im Fehlerfall geändert. Tritt bei SNMPv1 ein Fehler beim Zugriff auf, führt dies zum Abbruch der Operation. Bei SNMPv2 hingegen werden die Zugriffe, soweit möglich, ausgeführt und die fehlerhaften Zugriffe durch ein spezielles Datum in den Variable-Bindings gekennzeichnet.

Auch die Möglichkeiten zur Benachrichtigung des Managers durch Traps wurden erweitert, indem der Trap-Typ nicht mehr durch eine Kennung angegeben wird. Vielmehr werden nun in den Variable-Bindings immer die `sysUpTime` und eine entsprechende `snmpTrapOID` übergeben. Im Zuge dessen wurde auch das PDU-Format von Traps dem Format der anderen PDUs angeglichen. Ferner wurden mit SNMPv2, neben dem bevorzugten UDP, weitere *Transport Mappings* wie *SNMP over IPX* definiert.

Die ersten Spezifikationen zu SNMPv2 wurden 1993 in [RFC 1441] bis [RFC 1452] veröffentlicht. Insbesondere das in [RFC 1445] vorgesehene Sicherheitskonzept auf Basis sogenannter *SNMP Parties* fand je-

⑤ SNMPv2c

doch aufgrund seiner Komplexität keine Unterstützung. Aufgrund dessen wurde 1996 in [RFC 1901] bis [RFC 1909] eine vereinfachte Version von SNMP veröffentlicht, das sogenannte *Community-based SNMPv2 (SNMPv2c)*. Hierbei wurden weitgehend alle Anpassungen der vorigen RFCs übernommen, aber das komplexe Sicherheitsmodell wurde durch das Community-Konzept entsprechend SNMPv1 ausgetauscht. Somit wurde eines der Hauptziele, eine verbesserte Sicherheit, nicht erreicht.

4.3.3 SNMPv3

SNMP erfreut sich zwar großer Beliebtheit beim *Monitoring*. Zum *Controlling* werden hingegen, aufgrund des gescheiterten Sicherheitsmodells, nach wie vor andere Methoden wie Kommandozeilen-basierte Konfiguration per *ssh* eingesetzt. Daher wurde bereits 1996 eine Analyse der bestehenden Standards und Probleme im Auftrag der IETF durchgeführt und im folgenden Jahr eine Reihe neuer Spezifikationen erarbeitet. SNMPv3 wurde dann 1998 in [RFC 2271] bis [RFC 2275] veröffentlicht und im März 2002 durch [RFC 3410] bis [RFC 3418] zum „Internet Standard".

> *„SNMPv3 is SNMPv2 plus security and administration."*
> gemäß [Stallings 1999, S. 450].

⑤ SNMPv3 Rahmenwerk

Die Version 3 wurde mit dem Ziel gestaltet, existierende Ansätze soweit möglich zu belassen und SNMP so einfach wie möglich zu halten. SNMPv3 soll kein Ersatz für SNMPv1 bzw. SNMPv2 darstellen, sondern ein Rahmenwerk sowie Ergänzungen definieren. Im Vergleich zu SNMPv2 wurden insbesondere folgende Punkte modifiziert:

- neues SNMP-Nachrichtenformat (operationsabhängige PDU-Teile unverändert)
- Sicherheit für SNMP-Nachrichten und Zugriffskontrolle
- Referenzarchitektur für Agenten und Manager

Die operationsabhängigen PDU-Teile, die Datendefinitionssprache SMI und MIBs wurden unverändert übernommen. In den folgenden Abschnitten werden drei Kernpunkte von SNMPv3 näher erläutert: die Architektur von Managern bzw. Agenten, das Sicherheitsmodell *USM (User-based Security Model)* und das Zugriffkontrollmodell *VACM (View-based Access Control Model)*.

Architektur von Managern bzw. Agenten

Im Rahmen von SNMPv3 wurde eine Referenzarchitektur für Agenten
und Manager definiert. Ziel bei der Definition einer Referenzarchitektur war es, die unterschiedlichen Bestandteile von SNMP zu trennen,
sodass eine Evolution der einzelnen Module stattfinden kann, ohne ein
komplettes neues Rahmenwerk definieren zu müssen. So ist bspw. eine
eigenständige Fortentwicklung der PDUs vorstellbar. Insbesondere für
die Sicherheitsmodelle und Zugriffskontrolle ist eine solche Modularität
nützlich.

Zunächst wird bei der Architektur nicht nach Agent und Manager
unterschieden, sondern der Begriff einer **SNMP Entität** (engl. *Entity*)
eingeführt. Eine solche Entität kann sowohl die Rolle eines Managers als
auch eines Agenten oder beides zusammen wahrnehmen. Abb. 4.5 zeigt

⑤ SNMPv3:
Referenz-
architektur

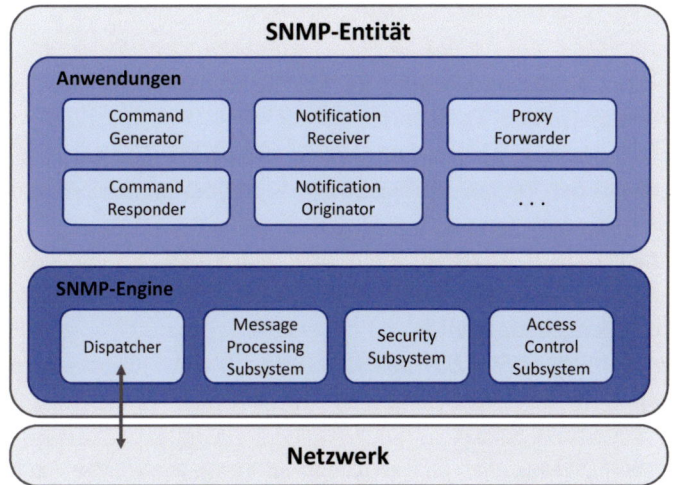

Abb. 4.5. Referenzarchitektur einer SNMP Entität

den Aufbau einer SNMP Entität gemäß [RFC 3411]. Die Implementierung der einzelnen Module hängt von der Rolle der Entität ab. Abb. 4.6
zeigt entsprechend die mögliche Architektur eines SNMP-Agents.

Durch die Module der *SNMP-Engine* werden SNMP-Nachrichten
verarbeitet und außerdem Sicherheitsmechanismen implementiert. Im
Folgenden werden die einzelnen Module kurz erläutert:

- *Dispatcher*: Dieses Modul untergliedert sich wiederum und erlaubt
  die parallele Verarbeitung unterschiedlicher SNMP Protokollversio-
  nen (vgl. Abb. 4.6):

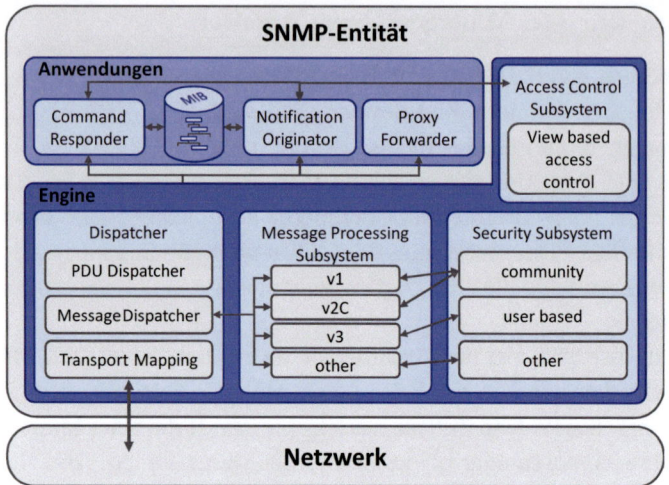

Abb. 4.6. Referenzarchitektur eines SNMP Agenten

- Über *Transport Mapping* werden die SNMP-Nachrichten auf das entsprechende Transportprotokoll wie UDP abgebildet.
- Der *Message Dispatcher* verteilt die SNMP-Nachricht entsprechend der Version an das passende Submodul des *Message Processing Subsystem*.
- Der *PDU Dispatcher* stellt den *Anwendungen* eine generische Schnittstelle zur Verfügung, um Nachrichten versenden und empfangen zu können.
- *Message Processing Subsystem*: Innerhalb des Subsystems werden Submodule zur Verarbeitung der unterschiedlichen SNMP Versionen zusammengefasst.
- *Security Subsystem*: Die Authentifizierung sowie Ver- und Entschlüsselung findet in diesem Modul statt. Hierbei können wiederum verschiedene Verfahren wie bspw. das Community Profile oder USM unterstützt werden.
- *Access Control Subsystem*: Die Zugriffkontrolle wird in diesem Subsystem durchgeführt. Hierbei kommt in der Regel eine Sichtenbasierte Variante wie *VACM* zum Einsatz.

Die *SNMP Anwendungen* dienen der Verarbeitung der PDUs und nutzen die Dienste, welche durch die *SNMP Engine* bereitgestellt werden. Zu diesen Anwendungen zählen unter anderem:

- *Command Generator* und *Responder*: Mit Hilfe des *Command Generator* werden die Operationen *Get*, *GetNext*, *GetBulk* und *Set* initiiert und entsprechende PDUs erzeugt. In der Regel ist diese Applikation daher bei Managern anzutreffen. Der *Command Responder* ist eine typische Komponente des Agents, da durch den *Responder* Anfragen auf Basis der MIB beantwortet werden.

- *Notification Originator* und *Receiver*: Diese beiden Applikationen generieren bzw. verarbeiten *Trap* und *Inform*-Nachrichten.
- *Proxy Forwarder*: Dieses Modul dient der Weiterleitung von SNMP Nachrichten.

Sicherheitsmodell: User-based Security Model (USM)

SNMPv3 erlaubt die Definition von verschiedenen Sicherheitsmodellen. In [RFC 3414] wurde das *User-based Security Model (USM)* definiert. Ziel bei der Definition waren insbesondere folgende Mechanismen:

⑤ User-based Security Model

- Nachweis der Authentizität, zur Unterbindung von Maskierungsangriffen.
- Schutz der Nachrichten durch Verschlüsselung.

Zur Umsetzung des USM-Modells war somit auch eine Anpassung des SNMP-Nachrichtenformats notwendig. Abb. 4.7 zeigt dieses Format, wobei der operationsabhängige PDU-Teil dem Format der SNMPv2-PDUs entspricht. In der Abbildung wird insbesondere deutlich, welche Teile der Nachricht unter Umständen verschlüsselt sind und welcher Teil durch Authentifikationsmechanismen geschützt ist.

Zur Authentifikation wird der sogenannte *Authentication Key* und zur Verschlüsselung wird der *Privacy Key* eingesetzt, wobei die beiden Schlüssel geheim sind und sowohl dem Empfänger als auch dem Sender bekannt sein müssen. Die Verschlüsselung wird im Rahmen von USM als Privacy bezeichnet.

Die Authentifikation von USM basiert auf *HMAC*[2]. Dabei wird mit Hilfe einer kryptographisch starken Hashfunktion ein Message Authentication Code (MAC) berechnet und den *msgAuthenticationParameters* der SNMP-Nachricht hinzugefügt.

Die Verschlüsselung bei USM basiert auf dem *Data Encryption Standard (DES)*. Der in Abb. 4.7 ausgewiesene Nachrichtenteil wird hierzu mit dem *privKey* verschlüsselt und in *msgPrivacyParameters* wird der initiale Vektor von DES eingetragen. Wird keine Verschlüsselung genutzt, so wird das Feld auf *Null* gesetzt und die komplette

---

[2] *HMAC* steht für *Keyed-Hashing for Message Authentication*.

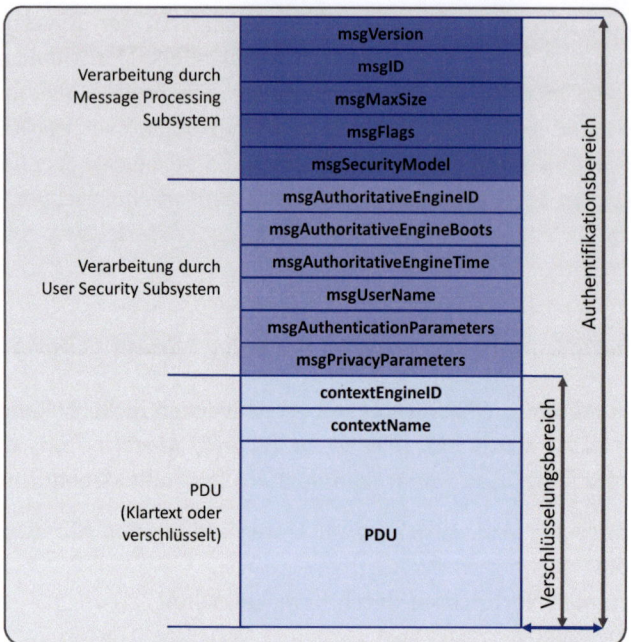

Abb. 4.7. Aufbau einer SNMPv3-Nachricht

Nachricht folgt im Klartext. Mittlerweile kann auch 3-DES und AES zur Verschlüsselung eingesetzt werden (vgl. hierzu [RFC 3826]).

Neben den elementaren Funktionen zur Authentifikation und Verschlüsselung muss auch die Aktualität und Rechtzeitigkeit sowie das Schlüsselmanagement Beachtung finden. Werden keine Zeitstempel eingesetzt, können Nachrichten beliebig wiederholt werden und so zum Beispiel eine *Set*-Operation unerlaubterweise mehrfach ausgeführt werden. Aus diesem Grund werden Nachrichten nur innerhalb einer bestimmten Zeitspanne akzeptiert. Da keine synchronisierten Uhren vorausgesetzt werden können, müssen Mechanismen zum Abgleich und Toleranzintervalle definiert werden. Nach einem initialen Abgleich führt der Manager dazu eine Liste der angenommen Zeiten der Agenten, mit welchen er kommuniziert, wobei die Zeit des Agenten autoritativ ist. Es werden jeweils nur Nachrichten akzeptiert, die in einem Toleranzintervall von 150 Sekunden eintreffen. Die genaue Funktionsweise wird im Rahmen dieses Buches nicht näher erläutert, hierzu sei auf [Stallings 1998] und [RFC 3414] verwiesen.

Das Management der nötigen Schlüssel stellt eine weitere Herausforderung bei USM dar. Wie der Name des Modells suggeriert, hat jeder

[s] USM:
Schlüssel-
management

Nutzer des Agenten einen bzw. zwei eigene Schlüssel (*authKey* und *privKey*). Um die Komplexität zu reduzieren, wäre ein naiver Ansatz, die Verwendung des gleichen Schlüssels auf allen Agenten. Dies hätte jedoch den Nachteil, dass bei einer Kompromittierung eines Agenten die Kommunikation mit allen anderen auch offen gelegt wäre. Um dem Manager und den Nutzern die Verwaltung zu vereinfachen und dennoch individuelle Schlüssel zu nutzen, wurde in [RFC 3414] ein Verfahren definiert, wie ein (bzw. zwei) Schlüssel aus einem Nutzerpasswort und einer eindeutigen *EngineID* generiert werden können. Hierzu wird ein Hash aus dem Passwort und der EngineId gebildet und dann als Schlüssel verwendet. Dieses Verfahren wird auch als *Key Localization* bezeichnet. Der initiale Schlüsselaustausch muss auf sicherem Wege erfolgen, ist aber nicht im Fokus von USM. Der nachfolgende regelmäßige Austausch kann hingegen durch SNMP-Nachrichten erfolgen. Hierzu wird ein Hash des alten Schlüssels per XOR mit dem neuen Schlüssel verknüpft und zum Agent gesendet.

Zugriffkontrolle: View-based Access Control Model (VACM)

Wie bereits beim Community Konzept von SNMPv1 vorgesehen, kann der Zugriff auf die MIB beschränkt werden. Im Rahmen von SNMPv3 wurde dieses Zugriffskontrollprinzip verfeinert und als *View-based Access Control Model (VACM)* in [RFC 3415] spezifiziert. Dabei sind die Zugriffsrechte von folgenden Faktoren abhängig:

[5] View-based Access Control Model (VACM)

- *Principal*: Die Zugriffsrechte sind abhängig vom Nutzer, der eine Anfrage stellt, wobei die Nutzer wiederum in Gruppen eingeteilt sind und die Zugriffsrechte in Beziehung zu einer Gruppe stehen.
- *Security Level*: Die Zugriffsrechte hängen auch von der Sicherheit der Kommunikation ab. So stehen als Sicherheitsstufen keine Sicherheit (noAuthNoPriv), authentisch aber unverschlüsselt (authNoPriv) sowie authentisch und verschlüsselt (authPriv) zur Verfügung.
- *Security Model*: Implementiert der Agent mehrere *Security Models*, so können die Zugriffsrechte auch vom Security Model abhängen, das gerade genutzt wird. Ist das Community-Modell bspw. noch ausreichend für eine `Get`-Anfrage, so wird eine `Set`-Operation meist das USM-Modell verlangen (vgl. auch Abb. 4.6).
- *MIB Context*: Ein *MIB Context* ist eine Teilmenge von *Object Instances*. Die Definition dieser Kontexte erfolgt anhand von sogenannten *MIB Views*, wobei diese jeweils einem Teilbaum der MIB entsprechen.

- Die Zugriffsrechte hängen von der angefragten *Object Instance* ab, da manche Objekte kritischere Informationen als andere enthalten.
- *Type of Access*: Die Art des Zugriffs (read, write, notify) wird auch berücksichtigt.

Durch dieses Modell können die Zugriffsrichtlinien sehr feingranular gestaltet werden. Weitere Erläuterungen und Details finden sich unter anderem in [Stallings 1998] und [RFC 3415].

4.4 Funktions- und Organisationsmodell

Das Organisationsmodell entwickelte sich beim SNMP-basierten Management im Laufe der Zeit weiter. Aus Sicht des Managers war in der ersten Version ein rein zentralisiertes Management vorgesehen, wobei ein Agent wiederum nicht an einen Manager gebunden ist, sodass dabei eine funktionale Verteilung auf unterschiedliche Manager vorgenommen werden kann. Im Rahmen der zweiten Version wurde eine zusätzliche Operation eingefügt, sodass Manager untereinander kommunizieren können und insofern ein hierarchisches Management ermöglicht wird. Jedoch ist durch SNMP bzw. assoziierte RFCs weder das Organisations- noch das Funktionsmodell festgelegt und es steht insofern den Entwicklern der entsprechenden Managementplattform offen, diese beiden Modelle entsprechend den Bedürfnissen auszuprägen.

4.5 Zusammenfassung

SNMP-basiertes Netzmanagement wird in TCP/IP-basierten Netzen sehr häufig zum Monitoring eingesetzt, da es sowohl einfach in der Anwendung ist als auch einen sehr hohen Verbreitungsgrad bei Netzkomponenten hat. Typische Anwendungen dabei sind die Überwachung der Port-Auslastung auf Basis der MIB-II. Zur Konfiguration wird es jedoch aufgrund der Sicherheitsproblematik der Versionen 1 bzw. 2, selten genutzt. Die Einfachheit, die einerseits zum Erfolg beitrug, ist andererseits auch problematisch. So ist bspw. die Mächtigkeit des Informationsmodells im Vergleich zum OSI-Management relativ gering und auch die Übertragung großer Datenmengen ist trotz der *getBulk*-Operation nicht effizient.

Mittlerweile hat die dritte Version von SNMP in vielen neuen Komponenten Verbreitung gefunden. So unterstützten bspw. etwa zwei Drittel der Netzkomponenten des Rechenzentrums der Universität Karlsruhe (TH) SNMPv3. Dennoch wird SNMP nicht zwangsläufig zur Konfiguration genutzt, da sich teilweise bereits andere Strukturen bzw. Protokolle wie NetConf (vgl. Abschnitt 8.3.1) etablieren. Im Rahmen des Kapitels 8 werden auch aktuelle Entwicklungen im Bereich des SNMP-basierten Managements präsentiert.

5

Remote Monitoring und
Netzwerkmessungen

5.1 Einleitung

Basis des Netzmanagements bilden die Managementinformationen. Im
vorigen Kapitel 4 wurde gezeigt, wie Netzwerkkomponenten durch
SNMP gemanagt werden können. Somit kommt der MIB eine zentrale Bedeutung zu, da eine Managementanwendung nur so mächtig sein
kann wie die in der MIB enthaltenen Informationen.

Betrachtet man bspw. die oft genutzte MIB-II (vgl. Abschnitt 4.2.5),
stellt man zunächst fest, dass sich die Informationen in Konfigurationsdaten und statistische Daten unterteilen lassen. Um Aussagen über den
aktuellen Status des Netzes treffen zu können und den Status des Netzes
zu überwachen, sind insbesondere die statistischen Daten von Belang.

Die MIB-II enthält unter anderem statistische Daten der OSI-Schichten 2, 3 und 4. So enthält bspw. die `Interfaces`-Gruppe eine
Tabelle mit folgenden statistischen Daten. Die Daten beziehen sich jeweils auf *eine* Netzwerkschnittstelle aus Sicht der OSI-Schicht 2:

- `ifInUcastPkts`, `ifOutUcastPkts`: Anzahl empfangener und gesendeter Unicast-Pakete pro Netzwerkschnittstelle.

- `ifInNUcastPkts`, `ifOutNUcastPkts`: Anzahl empfangener und gesendeter Nicht-Unicast-Pakete pro Netzwerkschnittstelle.

- `ifInErrors`, `ifOutErrors`: Anzahl der Pakete, die beim Senden
bzw. Empfang einen Fehler aufwiesen und daher nicht an die nächste
Schicht weitergegeben wurden.

- `ifInDiscards`, `ifOutDiscards`: Anzahl der verworfenen Pakete
(bspw. aufgrund eines Pufferüberlaufs).

- `ifInUnknownProtos`: Anzahl der Pakete, deren Protokollformat unbekannt war bzw. nicht unterstützt wird.

F Statistische
Daten der
`ifTable`

Weitere Informationen auf Schicht 2 werden durch spezifische MIB-Module wie die *EtherLike MIB* [RFC 3635] bereitgestellt. Die *EtherLike MIB* enthält bspw. Informationen zur Anzahl der Kollisionen, die auf dem Medium festgestellt wurden.

Auf IP-Ebene werden ähnliche Daten zur Verfügung gestellt, wobei zusätzlich noch Daten bzgl. der Fragmentierung von IP-Paketen und Adressierungsfehlern vorhanden sind.

F Statistische
Daten der
IP-Gruppe

- `ipInReceives`, `ipForwDatagrams`: Anzahl empfangener bzw. weitergeleiteter Pakete.
- `ipInHdrErrors`, `ipInAddrErrors`, `ipInDiscards`: Anzahl der Pakete, die einen Fehler im Paketkopf aufwiesen bzw. nicht für die Adresse des Systems bestimmt waren oder aus anderen Gründen verworfen wurden.
- `ipInDelivers`: Anzahl der Pakete, die an die nächste Protokollinstanz weitergereicht wurden.
- `ipOutRequests`, `ipOutDiscards`, `ipOutNoRoutes`: Statistiken bzgl. ausgehender Pakete.
- `ipFragOKs`, `ipFragFails`, `ipFragCreates`: Statistiken bzgl. der Fragmentierung von IP-Paketen.
- `ipReasmTimeout`, `ipReasmReqds`, `ipReasmOKs`, `ipReasmFails`: Statistiken über das Reassemblieren von IP-Paketen.

Wenn die Netzkomponente eine TCP- bzw. UDP-Protokollinstanz hat, werden auch Informationen hierzu zur Verfügung gestellt. So enthält bspw. die *TCP Connection Table* Daten über die TCP-Verbindungen des Systems. Dabei kann sich insbesondere nachteilig auswirken, dass nur die aktuellen Verbindungen aufgeführt sind und keine Historie verfügbar ist.

Wie aus dieser kurzen Darstellung deutlich wird, enthält die MIB-II zahlreiche statistische Daten über ein System. Die Daten und Statistiken sind jedoch immer aus Sicht *eines* Systems. Für ein effizientes Netzmanagement werden aber sehr häufig Daten über ein komplettes Netzsegment benötigt. So stellt sich die Frage, wie Netzverkehr effizient gemessen werden kann. Vor diesem Hintergrund begannen Anfang der 90er Jahre die Arbeiten an RMON.

5.2 RMON und SMON: Managed Objects für Network Monitoring

RMON (Remote Network Monitoring Management Information Base) sollte sich in das bestehende SNMPv1-Rahmenwerk einordnen und wurde daher in Form einer MIB, genauer eines MIB-Moduls, realisiert. Zum Auslesen der gespeicherten Daten bzw. Statistiken und zur Konfiguration soll SNMP genutzt werden.

Grundlegende Idee von RMON ist es, *Sonden* (engl. **Probe**), im Netzwerk zu platzieren, um den Verkehr eines Netzsegmentes zu überwachen. Diese Sonden nehmen die Messungen und Aggregation der Messdaten vor. Somit können sowohl der aktuelle Status als auch statistische Daten von der Sonde abgefragt werden. Der Entwicklung von RMON lagen folgende Ziele zugrunde [RFC 1271]:

K *Probe*

- *Unabhängige Arbeitsweise der Sonden*: Die Sonden sollen autonom arbeiten können, sodass kein ständiger Kontakt zum Manager notwendig ist.
- *Präventives Monitoring*: Es soll eine kontinuierliche Überwachung stattfinden, sodass „historische Daten" für weitere Analysen, wie sie bspw. zur Fehlerdiagnose nötig sind, zur Verfügung stehen.
- *Problemerkennung und Benachrichtigung*: Die Sonde soll durch Schwellwerte so konfigurierbar sein, dass Ausnahmesituationen erkannt werden und entsprechende Nachrichten (Alarme) generiert werden.
- *Aufbereitung der Daten*: Die Sonde soll eine Filterung und Auswertung der Daten vornehmen können und somit dem Manager vorverarbeitete Daten zur Verfügung stellen. So kann die Sonde bspw. eine Rangliste der Systeme, die die höchste Netzlast verursachen, bereitstellen.
- *Unterstützung mehrerer Manager*: Eine Sonde sollte gleichzeitig von mehreren Managern nutzbar sein.

Zur Analyse des Verkehrs müssen das bzw. die Netzwerkschnittstellen der Sonde in den sogenannten *Promiscuous Mode* versetzt werden. Ansonsten würde die Netzwerkschnittstelle nur Pakete entgegennehmen, die an die Schnittstelle selbst gerichtet sind (einschl. Broadcast-Paketen). Im *Promiscuous Mode* werden hingegen alle Pakete angenommen und können von der Sonde weiterverarbeitet werden. Dieses Vorgehen setzt jedoch voraus, dass die Netzwerkschnittstelle alle Pakete „sieht", was in „geswitchten Umgebungen" nicht zwangsläufig der Fall ist (vgl. insofern *SMON* in Abschnitt 5.2.3).

K S Kontroll- und
Datentabellen

Bevor eine Überwachung eines Netzsegmentes stattfinden kann,
muss die Sonde entsprechend konfiguriert werden. Bei RMON kann ein
Manager hierzu Überwachungsaufträge definieren, welche dann von der
Sonde ausgeführt werden. Die Überwachungsaufträge werden jeweils in
einer sogenannten *Kontrolltabelle* hinterlegt, und die Daten der Überwachung in einer entsprechenden *Datentabelle* abgelegt. Die Referenzierung der entsprechenden Zeilen in der Datentabelle findet anhand eines
Indexes der Kontrolltabelle statt. Wird für einen Überwachungsauftrag
nur eine Datenzeile benötigt, werden die beiden Tabellen zusammengefasst. Beim Löschen eines Auftrags werden auch etwaige Zeilen aus
der Datentabelle gelöscht. Diese Struktur aus Kontroll- und Datentabellen findet sich in den Gruppen von RMON 1 bzw. RMON 2 wieder,
die in den folgenden Abschnitt 5.2.1 und 5.2.2 näher erläutert werden.
Teilweise werden auch mehrere Kontroll- bzw. Datentabellen genutzt.

Das Auslesen der Daten und die Konfiguration der Sonden, d.h.
insbesondere das Aufsetzen von Überwachungsaufträgen, wird mit Hilfe
von SNMP durchgeführt. SNMP wurde hierzu nicht erweitert, sodass
nur die in SNMPv1 spezifizierten Operationen zur Verfügung stehen.
Aktionen der Sonde können daher nur implizit durch die *Set*-Operation
ausgelöst werden.

Insofern stellt die Sonde einen Agenten im Sinne von SNMP dar. Im
Gegensatz zu „einfachen" Agenten, die nur Informationen entsprechend
der MIB-II bereitstellen, müssen für den Betrieb einer Sonde wesentlich
mehr Ressourcen wie Arbeitsspeicher und Prozessorzyklen vorgesehen
werden. Dabei können je nach Größe des Netzsegmentes und Anzahl
der Überwachungsaufträge verschiedene Ansätze verfolgt werden. Die
Sonde kann bspw. auf einem „normalen" Rechner als Hintergrundpro-
zess laufen. Handelt es sich jedoch um ein Hochgeschwindigkeitsnetz,
ist dedizierte Hardware notwendig.

RMON wurde auch mit dem Ziel spezifiziert, die parallele Nutzung
durch unterschiedliche Manager zu erlauben. Dabei ist das Auslesen
von Daten unkritisch, wobei berücksichtigt werden muss, ob der Überwachungsauftrag noch existiert oder durch einen anderen Manager gelöscht wurde. Bei der Definition neuer Aufträge müssen die beschränkten Ressourcen der Sonde beachtet werden. Zur Unterstützung der Koordination der Manager kommt bei RMON der sogenannte *Ownerstring*
zum Einsatz, worin der beauftragende Manager einer Überwachung hinterlegt ist. Im Regelfall sollten nur eigene Aufträge gelöscht werden. All
diese Maßnahmen setzen jedoch kooperative Manager voraus, da kei-

nerlei kryptographische Mechanismen zum Einsatz kommen, um die Durchsetzung der Richtlinien zu „erzwingen".

5.2.1 RMON 1

Im Jahr 1990 setzte die IETF eine Arbeitsgruppe zur Definition eines entsprechenden RFC ein, welche dann im Jahr 1991 eine erste Version in Gestalt von *RMON 1* [RFC 1271] spezifizierte. Im Mai 2000 wurde *RMON 1* schließlich zum Internet Standard [RFC 2819].

RMON 1 beinhaltet folgende Objektgruppen, die sich im ISO-Registrierungsbaum als Teilbaum der MIB-II unter *1.3.6.1.2.1.16* wiederfinden:

- Statistics – Diese Objektgruppe beinhaltet statistische Daten zur   ⑤ RMON 1
  aktuellen Situation des Netzes. Dabei sind die Daten abhängig vom
  Netzwerktyp. Die IETF definierte bisher nur Objekte für *Ethernet*
  und *Token Ring*. Die Ethernet-Statistik enthält bspw. die Anzahl
  empfangener Pakete (etherStatsPkts) und eine Abschätzung über
  die Anzahl der Kollisionen (etherStatsCollisions).
- History – Die Daten der Statistics-Gruppe werden in peri-
  odischen Abständen zusammengefasst und als ein Datensatz der
  History-Datentabelle gespeichert. Das Zeitintervall kann dabei zwischen *einer* und *3600* Sekunden gewählt werden. Hierbei sollte jedoch berücksichtigt werden, dass die Zähler in dem konfigurierten
  Intervall nicht überlaufen können. Ansonsten muss das Intervall ver-
  kleinert werden. Diese Tabelle enthält ausschließlich Statistiken der
  OSI-Schicht 2 und ist daher nur für *Ethernet* bzw. *Token Ring* verfügbar.
- Host – In dieser Gruppe wird eine Liste von Systemen gepflegt, die
  in diesem Netzsegment „gesehen" wurden. Die Sonde erkennt unterschiedliche Hosts dabei automatisch anhand der MAC-Adressen.
  Die Statistiken werden dann pro erkanntem Host auf Basis der OSI-
  Schicht 2 geführt.
- HostTopN – Ähnlich der Host-Gruppe werden auch hier Statistiken
  pro Host geführt, allerdings bleiben diese auf die ersten n Hosts
  beschränkt. Dies ist insbesondere für die Generierung von Berichten
  sinnvoll, da Netzwerkmanager sich sehr oft für Geräte interessieren,
  welche den meisten Verkehr in einem Netzsegment verursachen.
- Matrix – Die Kommunikationsbeziehungen zwischen den einzelnen
  Hosts eines Netzsegmentes können in dieser Gruppe ermittelt werden. Die Sonde bietet hierzu zwei Tabellen an, welchen bspw. die

Anzahl ausgetauschter Pakete pro „Host-Paar" entnommen werden kann. Dabei ist die eine Tabelle nach Quell- und die andere nach Zieladressen sortiert. Die Statistiken beziehen sich wie zuvor auf die OSI-Schicht 2.

- `Filter` – Durch Filter kann ein Bit-Muster definiert werden, anhand dessen Pakete analysiert werden. Passt ein Paket in das angegebene Muster, so kann dieses Paket aufgezeichnet werden (vgl. `Packet Capture`-Gruppe) oder es wird ein *Event* ausgelöst. Außerdem kann die Filterung auch auf Basis des Status der Pakete wie „CRC inkorrekt" stattfinden. Filter können darüber hinaus durch *AND* und *OR* miteinander verknüpft werden. Eine Menge von Filtern kann dann in einem sogenannten *Channel* zusammengefasst werden.

- `Packet Capture` – Im Rahmen dieser Gruppe können Pakete eines *Channels* aufgezeichnet werden. Bei *Packet Captures* sind insbesondere die Ressourcen der Sonde zu beachten, da dadurch eine hohe Speicherbelastung verursacht werden kann.

- `Alarm` – Diese Gruppe dient dazu, Variablen mittels Schwellwerten zu überwachen, sodass bei Über- oder Unterschreiten entsprechende *Events* generiert werden. Hierzu können sowohl absolute Werte als auch „Deltas" angegeben werden. Die generierten *Events* können dann für eine spätere Analyse aufgezeichnet oder durch *SNMP-Trap*-Nachrichten dem Manager zugesandt werden. Zuvor muss jedoch eine Definition der entsprechenden Events in der `Event`-Gruppe vorgenommen werden. Zusätzlich sind Mechanismen vorgesehen, um die Generierung von Events zu beschränken, sodass es zu keiner Flut von Alarmen kommt.

- `Event` – In dieser Gruppe werden mögliche *Events* und die Reaktion auf ein solches spezifiziert. Ausgelöste Events können in einer Log-Tabelle gespeichert oder durch den Versand von *SNMP-Traps* dem Manager bekannt gemacht werden. Ferner ist es möglich, als Reaktion auf ein Event eine Aktion der Sonde wie bspw. *Packet Capture* auszulösen.

5.2.2 RMON 2

Durch RMON 1 kann ein effizientes Monitoring der OSI-Schicht 2 erfolgen. Jedoch sind keine Verkehrsströme auf höheren Schichten nachvollziehbar. Ist ein Netz mit anderen Netzen mittels eines Routers vernetzt, so enthalten bspw. viele Pakete die MAC-Adresse des Routers als Quell- oder Zieladresse, obwohl der eigentliche Ursprung der Pakete außerhalb des Netzes liegt.

Ziel bei der Definition von RMON 2 [RFC 2021] war es daher, ein Monitoring auf Netzwerkschicht und darüber hinaus auf Applikations-ebene zu ermöglichen. Hierzu wurden die Objektgruppen von RMON 1 um weitere Gruppen ergänzt:

- `Protocol Directory` – Ein Verzeichnis aller Protokolle, die von der Sonde unterstützt werden. Die Sonde kann diese Protokolle deko-dieren und entsprechende Statistiken generieren. ⑤ RMON 2
- `Protocol Distribution` – Statistiken über die Anzahl versendeter und empfangener Pakete bzw. Oktetts je Protokoll und Netzwerk-Interface der Sonde sind in dieser Gruppe verfügbar.
- `Address Mapping` – Die Zuordnung von MAC-Adressen zu Netz-werkadressen findet sich in Tabellen dieser Gruppe wieder. Die ma-ximale Anzahl von Einträgen ist hierbei durch den Manager konfi-gurierbar.
- `Network Layer Host` – Vergleichbar mit der `Hosts`-Gruppe von RMON 1 findet eine Analyse des Verkehrsaufkommens anhand der Netzwerkadressen (in der Regel IP-Adressen) statt.
- `Network Layer Matrix` – In dieser Gruppe sind Statistiken über paarweise Kommunikationsbeziehungen auf Netzwerkschicht bein-haltet, vergleichbar der Matrix-Gruppe in RMON 1. Eine *TopN*-Liste auf Basis der Matrix ist darin auch enthalten.
- `Application Layer Host` – Diese Statistiken sind nach Netzwerk-adresse und dann jeweils noch nach dem jeweiligen Application Layer Protokoll differenziert.
- `Application Layer Matrix` – Diese Statistiken basieren auf der Netzwerkschicht in Verbindung mit der *Protokoll-ID*. Ferner ist dar-in auch eine *TopN*-Tabelle enthalten.
- `User History` – Während die `History`-Gruppe nur Daten der OSI-Schicht 2 enthält, so kann durch diese Gruppe eine Überwachung und Speicherung „beliebiger" Objekte der MIB des Typs Integer stattfinden.
- `Probe Configuration` – Im Rahmen von RMON 2 wurde auch die Konfiguration der Sonde wie zum Beispiel serielle Schnittstellen er-fasst. Auch die IP-Adressen der Empfänger von *SNMP-Traps*, die durch Events ausgelöst werden können, können hierin festgelegt wer-den (vgl. `Event`-Gruppe).

5.2.3 SMON

Die Definition von RMON erfolgte unter der Prämisse, dass die Sonde sämtlichen Verkehr innerhalb des Netzes bzw. Netzsegmentes „sehen" kann. Sowohl beim ursprünglichen *Ethernet*, das als Bus-System konzipiert war, als auch bei *Token Ring*, bei dem Datenpakete mindestens einmal durch den Ring laufen, war dies möglich, da alle Pakete an jeder Netzwerkschnittstelle vorbei kamen.

Mit der Zunahme von geswitchten Umgebungen stand man jedoch vor der Herausforderung, wie ein Monitoring ohne ein „Shared Medium" stattfinden kann. Das Monitoring eines Netzsegmentes, das durch einen „einfachen" Switch verbunden ist, ist in der Regel gar nicht möglich. Managebare Switches hingegen erlauben es meist, einen Port als *Monitor Port*[1] zu konfigurieren. Auf diesem Port werden dann alle Pakete, die vom Switch verarbeitet werden, ausgegeben. Hierbei ist zu beachten, dass unter Umständen die Kapazität des Ports nicht ausreicht und somit keine vollständige Überwachung durchgeführt werden kann. Manche Hersteller ermöglichen es daher, gleichzeitig mehrere Ports zum Monitoring zu verwenden. Auch ein Monitoring durch den Switch selbst ist denkbar, würde im Allgemeinen jedoch zu viele Ressourcen erfordern.

Ferner wurden auch immer häufiger VLANs (vgl. Abschnitt 2.4.1) genutzt, die in RMON 1 und RMON 2 nicht vorgesehen waren. Aus diesem Grund wurde 1999 in [RFC 2613] die **SMON-MIB** *(Remote Network Monitoring MIB Extensions for Switched Networks Version 1.0)* definiert. SMON bietet folgende Objektgruppen, um Switches für RMON zu konfigurieren und Statistiken auf Basis von VLANs führen zu können:

S SMON
- `DataSourceCaps`: Diese Gruppe enthält Informationen über die unterstützten Datenquellen des Switches. Eine Datenquelle und somit ein Eintrag in der `dataSourceTable` wird bestimmt durch die physikalische Schnittstelle und dadurch, welche *Monitor Port*-Einstellungen der Switch bietet. Je nach Switch ist es möglich, alle Datenrahmen unverändert an einen anderen Port zu schicken (`copyUnalteredFrames`) oder nur alle korrekt empfangenen Datenrahmen (`copyAllGoodFrames`). Jede Schnittstelle muss auch entsprechend in der `ifTable` der MIB-II vorhanden sein. Diese Datenquellen dienen dann als Basis einer RMON-Überwachung.
- `Port Copy Config`: Die Konfiguration des bzw. der *Monitor Ports* kann in dieser Gruppe eingesehen und verändert werden. Hierbei sind drei Modi vorgesehen:

---

[1] Es existiert keine einheitliche Bezeichnung für Monitor Ports. Es werden unter anderem noch die Bezeichnungen *Copy Port*, *Diagnostic Port* oder *SPAN Port* verwendet.

- – *1-zu-1*: eine Kopie von einem Quell- auf ein Zielport.
- – *N-zu-1*: eine Kopie von mehreren Quell- auf ein Zielport.
- – *N-zu-M*: eine Kopie von mehreren Quell- auf mehrere Zielports.

  Ferner gibt der Eintrag `portCopyDestDropEvents` an, wie viele Pakete aufgrund mangelnder Ressourcen nicht dem Monitor Port zugestellt werden konnten. Der Wert gibt insofern einen Hinweis auf die Qualität des Monitoring.

- `SMON Statistics`: Mittels dieser Gruppe stellt ein Switch Statistiken auf Basis der OSI-Schicht 2 bereit. Im Unterschied zur `Statistics`-Tabelle in RMON 1 werden diese Statistiken jedoch auf Basis der logischen VLANs und nicht der physikalischen Interfaces geführt. Die Statistiken sind zum einen nach VLAN-IDs und zum anderen nach der Prioritätskennung gemäß IEEE 802.1Q untergliedert.

- `SMON ProbeCapabilities`: SMON-spezifische Fähigkeiten finden sich in dieser Gruppe. Ist bspw. das `portCopy`-Bit gesetzt, so unterstützt die Komponente die `PortCopyConfig`-Gruppe.

5.2.4 Resümee

Das durch RMON spezifizierte Remote Monitoring ermöglicht die Überwachung von Netzsegmenten auf unterschiedlichen OSI-Schichten. RMON 1 ermöglicht eine Überwachung der OSI-Schicht 2 eines Netzsegmentes. Durch RMON 2 wurde das Monitoring auf IP-Ebene bzw. darüber hinaus auf Applikationsebene ermöglicht. Insofern erlaubt RMON 2 auch den Blick über das eigene Netzsegment hinaus.

Die Überwachung durch den SNMP-Agenten findet bei RMON autonom statt, sodass gegebenenfalls auch Wähl- bzw. schmalbandige Verbindungen zum Management genutzt werden können und keine ständige Verbindung zur Sonde notwendig ist. Ferner implementiert RMON einen Alarmierungsmechanismus auf Basis von Events und Schwellwerten, der im Rahmen der MIB-II nicht vorgesehen war. Insofern ermöglicht RMON eine Delegation von Aufgaben vom Manager zum Agenten (vgl. *Management-by-Delegation* in Abschnitt 3.2.3).

SMON ergänzt RMON 1 bzw. RMON 2 insofern, dass nun eine SNMP-basierte Konfiguration von Switches zum *Remote Monitoring* ermöglicht wird. In SMON können hierzu logische Datenquellen auf Basis von VLAN-Kennungen für die weitere Nutzung durch RMON konfiguriert werden. Außerdem können auch Statistiken auf Basis von VLANs in der SMON-MIB zur Verfügung gestellt werden.

Ein Monitoring auf Basis von RMON kann, je nach aufgesetzten Überwachungsaufträgen, sehr detaillierte Information über ein Netz liefern. Nachteilig könnte sich allerdings auswirken, dass teilweise erhebliche Hardware-Ressourcen nötig sind, um die statistischen Daten verarbeiten und speichern zu können.

Durch RMON kann der Netzwerkmanager die Verkehrslast und auftretenden Fehler wesentlich differenzierter betrachten als dies bei ausschließlicher Nutzung der MIB-II möglich wäre. Dadurch ist es bspw. möglich, Engpässe frühzeitig zu erkennen und limitierende Ressourcen auszubauen. RMON in Kombination mit SMON unterstützt somit insbesondere das Fehler-, Leistungs- und Abrechnungsmanagement in TCP/IP-basierten Netzen.

5.3 NetFlow und IPFIX

Informationen über Datenflüsse im Netzwerk sind für ein effizientes Netzwerkmanagement sehr nützlich. So kann bspw. durch eine einfache SNMP-Abfrage die Auslastung eines Switch-Ports bestimmt werden, für die Ermittlung der Ursache sind aber vielmehr die Verursacher und somit die Datenflüsse von Interesse. Dabei sind insbesondere die Flüsse auf OSI-Schicht 3 bzw. 4 relevant. Datenflüsse auf Schicht 2 geben nur einen beschränkten Eindruck der Situation wieder, da bspw. Router für sämtlichen ein- und ausgehenden Verkehr Start- bzw. Endpunkt bilden.

Insofern stellt sich zunächst die Frage, wie ein Datenfluss (engl. *Flow*) gekennzeichnet ist. Unter einem **(IP-)Flow** wird eine Menge von IP-Paketen verstanden, die gemeinsame Eigenschaften teilen [RFC 3954, S. 3]. Ein Flow ist typischerweise ein unidirektionaler Fluss, bei welchem die Pakete die gleichen Quell- und Zieladressen, Quell- und Zielports sowie das gleiche Protokoll (in der Regel UDP oder TCP) aufweisen. Eine TCP-Verbindung entspricht daher zwei Flows, da es sich um eine bi-direktionale Verbindung handelt. Ferner können auch weitere Eigenschaften wie das *Type-of-Service* Feld oder die Netzwerkschnittstelle berücksichtigt werden [Clemm 2006, S. 284 ff].

Die Datenflüsse werden in der Regel in den Routern ermittelt und zur Analyse auf ein weiteres System übermittelt. Wird ein neuer Flow identifiziert so wird ein *Flow Record* im *Flow Cache* des Routers angelegt. Bei bereits bekannten Flows werden die entsprechenden Zähler wie zum Beispiel Anzahl der Bytes erhöht. Letztendlich werden die Flow Records vom Router zum sogenannten *Collector* gesendet, wobei das Senden als Export bezeichnet wird. Der Export kann durch

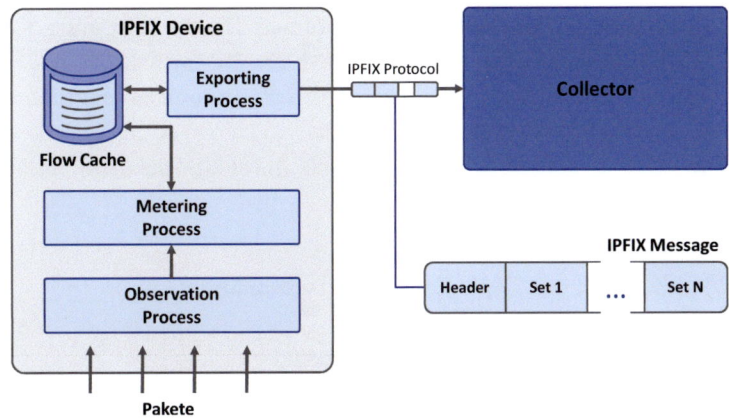

Abb. 5.1. IPFIX Architektur

verschiedene Ereignisse ausgelöst werden. In der Regel findet ein Export statt, wenn das Ende eines Flow festgestellt wurde. Dazu werden sowohl Inaktivitäts-Timer (typischerweise 15 Sekunden) als auch die TCP Flags (*RST* bzw. *FIN*) berücksichtigt. Unabhängig vom Ende eines Flows wird anhand eines Aktivitäts-Timers (typischerweise 30 Minuten) regelmäßig der Export eines Flows veranlasst. Ferner erfolgt ein Export, wenn kein Speicherplatz im Flow Cache mehr vorhanden ist.

Zum Export existieren herstellerspezifische Protokolle wie **NetFlow** von Cisco (vgl. [RFC 3954]) und mittlerweile auch ein Vorschlag der IETF, der als **IPFIX** *(IP Flow Information Export)* bezeichnet wird [RFC 3917]. Dabei basiert IPFIX auf NetFlow V 9 [RFC 3955]. Die Standardisierungsarbeit im Rahmen von IPFIX ist momentan noch nicht vollständig abgeschlossen.

Abb. 5.1 zeigt eine vereinfachte Darstellung der anvisierten Referenzarchitektur von IPFIX. Das IPFIX Device entspricht dabei in der Regel einem Router. Der Metering Process generiert die Flow Records und der Export Process exportiert diese an den Collector. Durch den Metering Process kann auch eine Auswahl der Pakete getroffen werden. Die Auswahl kann zum einen auf Filtern vergleichbar mit ACLs basieren oder durch die Sampling-Rate bestimmt werden. Bei einer Sampling-Rate von 1:1 werden alle Pakete berücksichtigt. Unter Umständen ist es aber auch ausreichend nur einen Teil der Pakete zu berücksichtigen, was insbesondere dann notwendig ist, wenn eine Verarbeitung bei voller Auslastung der Netzwerkschnittstelle nicht möglich ist (vgl. u.a. [Duffield et al. 2004] zum statistischen Sampling).

Eine IPFIX-Nachricht besteht aus einem *Header* und einer Reihe von *Sets*, wobei die *Sets* entweder die Flow Records selbst oder deren Struktur enthalten. Ein zugehöriges Informationsmodell definiert Aufbau und möglichen Inhalt eines *Sets*.

Die gewonnenen Flow-Daten können unter anderem für folgende Analysen genutzt werden:

- Monitoring des Netzzustandes
- Identifikation der *TopN*-Sender und -Empfänger
- Kapazitätsplanungen
- Abrechnung der genutzten Ressourcen
- Sicherheits-Monitoring und Anomaliedetektion

In breitbandigen Netzen findet ein Accounting in der Regel nicht in den Backbone-Routern sondern im Zugangsbereich statt, sodass eine Verteilung der durch die Protokollierung entstehenden Last erreicht werden kann.

[F] NetFlow
am RZ
Am Rechenzentrum der Universität Karlsruhe (TH) wird NetFlow eingesetzt, wobei alle Pakete berücksichtigt werden (Sampling-Rate 1:1). Die eingesetzten Router können dabei maximal 128.000 Flows verwalten, wovon effektiv nur 115.000 genutzt werden können. Der Collector ist innerhalb der Netzwerkmanagementplattform des Rechenzentrums realisiert (vgl. Abschnitt 7.4.1). Dort werden die in etwa 6 Millionen Flow Records pro Stunde nach IP-Adressbereichen und Tagen aggregiert, sodass letztlich ca. 1,25 Millionen Datensätze pro Monat entstehen.

Abschließend sei noch darauf verwiesen, dass es sich bei den ermittelten Flows um personenbezogene Daten im Sinne des Datenschutzes handeln kann. Wenn eine eindeutige Zuordnung zwischen IP-Adressen und (natürlichen) Personen möglich ist, was bspw. aufgrund von statischer IP-Adressvergabe der Fall sein kann, handelt es sich um ein personenbezogenes Datum. Insofern sind die gewonnen Daten, soweit möglich, zu anonymisieren bzw. pseudonymisieren. Durch die Aggregation der Daten wird dies erreicht, da die Kommunikation nicht mehr bestimmten Personen zugeordnet werden kann. Eine vertiefte Diskussion dieser Thematik erfolgt in Kapitel 16.

5.4 Zusammenfassung

Im Rahmen dieses Kapitels wurden verschiedene Möglichkeiten dargelegt, um die Datenflüsse im Netzwerk erfassen zu können. Dabei steht weniger die Auslastung eines Systems bzw. Interfaces im Vordergrund, vielmehr werden die Flüsse innerhalb des Netzes und somit das Netz als Ganzes betrachtet.

Im ersten Teil wurden die SNMP-basierten Standards RMON 1 und RMON 2 eingeführt, wobei der Fokus von RMON 1 rein auf der OSI-Schicht 2 liegt. Zur effizienten Erfassung der Datenflüsse auf Schicht 3 bzw. 4 wird aktuell insbesondere das im zweiten Teil eingeführte NetFlow-Protokoll verwendet. Die Nutzung der gewonnen Daten ist dabei vielfältig. So finden die Daten sowohl zur Leistungsabrechnung (Accounting) Verwendung als auch beim Sicherheitsmanagement zur Detektion von Anomalien.

6

Öffentliche IP-Netzverwaltung und Domain-Namen

6.1 Einleitung

Eine weltweit eindeutige IP-Adresse ist Grundvoraussetzung, um im Internet mit anderen Rechnern kommunizieren zu können. Ferner sind Domain-Namen und entsprechende DNS-Server heutzutage essentiell für den Betrieb des Internet, da Domain-Namen für die menschliche Wahrnehmung weit besser geeignet sind als IP-Adressen und Endnutzer daher oft nur mit diesen in Berührung kommen. Diese Domain-Namen müssen genauso wie IP-Adressen weltweit eindeutig sein. Hinsichtlich des Netzmanagements stellen sich daher folgende Fragen: *Wer* vergibt IP-Adressen? *Wo* kann eine Domain registriert werden? Welchen *Regeln* unterliegt die Vergabe bzw. Registrierung?

Für Privathaushalte und kleinere Firmen stellen sich diese Fragen meist nicht direkt, da sie IP-Adressen automatisch zugewiesen bekommen und auch die Verwaltung von Domains in der Regel von einem Webhoster übernommen wird, sodass kein eigener Nameserver betrieben werden muss. In größeren Netzen, wie einem Campusnetz, sind aber organisatorische und technische Maßnahmen notwendig, um IP-Adressen und entsprechende Domain-Namen zu vergeben und zu verwalten. Die Eindeutigkeit innerhalb der Organisation muss hierbei genauso Beachtung finden wie die Kopplung des Netzes an das „öffentliche Internet".

Im folgenden Abschnitt wird erläutert, von wem IP-Adressen bzw. Adressräume zugewiesen werden. Die Registrierung von Domain-Namen und die zugrunde liegende Verwaltungsstruktur wird in Abschnitt 6.3 präsentiert. In Abschnitt 6.4 werden „DNS-Basiswerkzeuge" wie `nslookup` vorgestellt. Abschließend werden Verwaltungsstrukturen

und entsprechende technische Umsetzungen am Beispiel des Campusnetzes der Universität Karlsruhe (TH) und des DENIC in Abschnitt 6.5
erläutert.

6.2 Zuweisung von IP-Adressen

Bei der Zuweisung von IP-Adressen ist zunächst die Version des IP-
Protokolls zu berücksichtigen. Aufgrund der Tatsache, dass mehrheit-
lich (zumindest in Europa und den USA) immer noch die Version 4
genutzt wird, orientieren sich die folgenden Ausführungen an der Vergabe von IPv4-Adressen. Bei der IPv4-Adressvergabe sind folgende Gesichtspunkte zu berücksichtigen:

- **Eindeutigkeit** – Jede zugewiesene öffentliche IPv4-Adresse muss
  weltweit eindeutig sein.
- **Aggregation** – Die Verteilung von IPv4-Adressen muss hierarchisch erfolgen, damit Routen aggregiert werden können. Die Routing-Tabellen würden ansonsten „explodieren" und ein effizientes
  Routing unmöglich machen.
- **Adressraumkonservierung** – Öffentliche IPv4-Adressen müssen
  fair verteilt werden. Um die „Lebenszeit" des IPv4-Adressraumes zu
  maximieren, werden IPv4-Adressen nach „Notwendigkeit" vergeben;
  Lagerhaltung soll vermieden werden.
- **Registrierung** – Die Adresszuweisungen und -allokationen müssen
  öffentlich geführt und abrufbar sein.

Ein Hauptmerkmal des IPv6-Protokolls ist die Erweiterung der Adressen von 32 bit hin zu 128 bit Adressen. Die Anzahl der verfügbaren
Adressen stellt bei IPv6 daher auf absehbare Zeit kein Problem dar.
Dennoch ist die Relevanz der anderen drei Gesichtspunkte bei IPv6
genauso groß, wenn nicht gar größer als bei IPv4-Adressen.

Die genannten Gesichtspunkte müssen bei der Vergabe berücksichtigt und es müssen entsprechende organisatorische Prozesse etabliert
werden. Bevor die aktuellen Vergabeverfahren der ICANN bzw. IANA
erläutert werden, erfolgt zunächst ein kurzer historischer Abriss, um
ein besseres Verständnis der momentanen Situation zu ermöglichen.

6.2.1 Historie

Das Internet wurde mit dem Ziel der Zusammenschaltung verschiedener paketbasierter Netze — als ein *Network-of-Networks* — entwickelt.

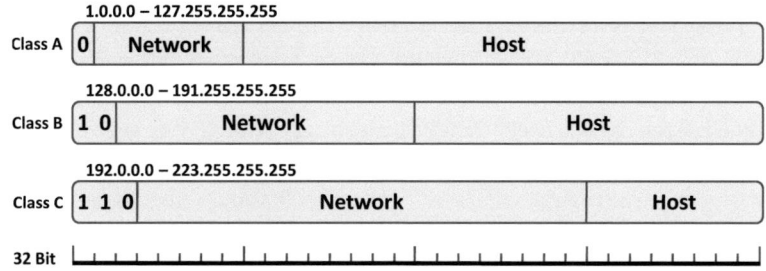

Abb. 6.1. Ursprüngliche Einteilung der IP-Adressen in Class-A, -B und -C

Die ersten 8 bit der 32 bit-IP-Adressen waren ursprünglich für die Kennzeichnung der Netze vorgesehen und die restlichen 24 bit für die Knoten innerhalb eines Netzes (vgl. bspw. [Leiner et al. 2003]). Im Rahmen der Definition des Internet Protokolls IP in [RFC 791] erfolgte dann die Einführung von **Adressklassen** in [RFC 796].

Eine *Class-A*-Adresse sah als erstes Bit eine *0*, dann 7 bit zur Kennzeichnung des Netzes und die restlichen 24 bit zur Kennzeichnung von Hosts innerhalb dieses Netzes vor. *Class-B*-Adressen begannen mit *10*, dann eine 14 bit Netzwerkkennzeichnung und 16 bit für die Host-Identifizierung und schließlich *Class-C*-Adressen, die mit *110* begannen, 21 bit zur Identifikation des Netzes und 8 bit für Hosts vorsahen (vgl. Abb. 6.1). Somit konnten in einem Class-A-Netz max. 16.777.214 Rechner adressiert werden, in einem Class-B-Netz max. 65.534 Rechner und max. 254 im Falle von Class-C-Netzen. Nach dieser Einteilung waren rechnerisch 128 Class-A-Netze, 16.384 Class-B-Netze und 2.097.152 Class-C-Netze möglich.

⟨S⟩⟨V⟩ Adressklassen

Die Interpretation der IP-Adressen stellte eine zweistufige Hierarchie dar. In der ersten Hierarchiestufe, genauer der erste Teil der IP-Adresse, entsprach dem Netzwerk und der zweite Teil dem Rechner im jeweiligen Netzwerk. Im Laufe der Zeit zeigte sich jedoch, dass diese Art der Zuweisung Probleme mit sich brachte. So gab es bspw. oft mehrere LANs in einem Campusnetz. Andererseits wollte man keine Zuweisung mehrerer Netz-IDs für einen Campus, da ansonsten keine effiziente Routenaggregation möglich gewesen wäre und die Class-C-Adressen zu schnell vergeben gewesen wären. Man führte daher **Subnetze** als zusätzliche Hierarchiestufe ein, um Netze innerhalb einer Organisation wieder zu unterteilen. Zur Auszeichnung der Subnetze wurden sogenannte *Adressmasken* eingeführt. Weitere Details zu Adressmasken finden sich unter anderem in [RFC 950] oder [Kurose & Ross 2004, S. 333 ff].

⟨K⟩ Subnetze

⟦s⟧⟦v⟧ CIDR   Mitte der 90er Jahre kam es trotz Subnetzen zu einer Explosion der Routing-Tabellen. Die klassenbasierte Adresszuweisung war insbesondere für mittelgroße Unternehmen und Organisationen ungeeignet. Diese hatten meist mehr als 254 Rechner, jedoch bei weitem keine 65.534 Rechner. Daher war es insofern eines der Ziele von [RFC 1519], die starre Struktur der *Class-A*, *-B* und *-C*-Netze aufzulösen und die Adressbereiche flexibler zuzuteilen. Durch Adressmasken war es dann bspw. möglich, mehrere *Class-C*-Netze zu einem größeren Netz zu aggregieren und die Routing-Tabellen so zu verkleinern. Dieses Verfahren wird als **CIDR** *(Classless Inter-Domain Routing)* bezeichnet.

⟦v⟧ NAT   Seit Ende der 90er Jahre kommt es (speziell im Heimbereich) vermehrt zum Einsatz von *Network Address Translation (NAT)*. Hierbei werden private IP-Adressen (vgl. [RFC 3330]) für das interne Netz genutzt, welche dann wiederum durch einen NAT-fähigen Router auf eine öffentliche IP-Adresse abgebildet werden. Dabei können auch mehrere Endgeräte „hinter" einer öffentlichen IP-Adresse betrieben werden.

6.2.2 ICANN und IANA

Seit IPv4 am 1. Januar 1983 ausgerollt wurde, mussten IP-Adressen bzw. Adressräume vergeben werden. Im Gegensatz zur Kommunikation im Internet, die gemeinschaftlich stattfindet *(Network-of-Networks)*, findet die Zuweisung von Adressen zentralistisch bzw. in hierarchischer Form statt, um die Eindeutigkeit zu gewährleisten.

Die Vergabe von IP-Adressen lag zu Beginn in den Händen von Jon Postel. Im Jahre 1988 wurde dann die **IANA** *(Internet Assigned Numbers Authority)* gegründet, welche einen Vertrag mit dem amerikanischen Verteidigungsministerium (DoD) hatte, das die Entwicklung des Internets im Rahmen der ARPA finanzierte. Bis zu seinem Tod im Jahre 1998 war Jon Postel Leiter der IANA (vgl. [RFC 2468] zu Jon Postel).

Im November 1998 wurde die **ICANN** *(Internet Corporation for Assigned Names and Numbers)* als eine private nicht-gewinnorientierte Organisation mit Sitz in Los Angeles, USA, gegründet. Durch ein „Memorandum of Understanding" mit dem amerikanischen Wirtschaftsministerium (DOC) wurden die Aufgaben der IANA an die ICANN übergeben. Zu den Aufgaben der ICANN zählen unter anderem:

- Zuweisung von IP-Adressräumen (IPv4 und IPv6) und Kennungen für Autonome Systeme (AS-Nummern)
- Verwaltung von Protokoll-IDs und anderen Kennungen (bspw. SMI Enterprise Numbers [WWW Iana d])

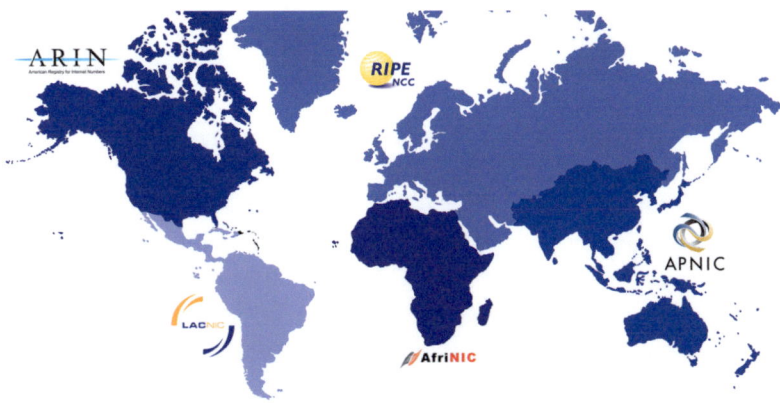

Abb. 6.2. Zuständigkeitsbereiche der regionalen Registrierungsstellen

- Administration der DNS-Root-Zone, d.h. die Verwaltung generischer *(gTLD)* und länderspezifischer *(ccTLD)* Top-Level-Domains
- Delegation von Top-Level-Domains
- DNS-Root-Server Management

Die ICANN wurde unter anderem gegründet, um die Vergabe der Adressen etwas unabhängiger von der US Regierung zu machen. Der Status und die (Un-)abhängigkeit der ICANN geben immer wieder Anlass zu Diskussionen (vgl. bspw. [WWW Wgig]). Ferner wird aufgrund der Konvergenz zwischen Telefonnetzen und Rechnernetzen auch die Aufgabenteilung zwischen ITU-T und ICANN immer wieder heiß diskutiert [WWW Wsis]. Technisch gesehen beauftragte die ICANN wiederum die IANA ein Teil der Aufgaben zu übernehmen.

Die ICANN vergibt in der Regel IP-Adressbereiche nicht direkt an Nutzer, sondern weißt Adressblöcke regionalen Registrierungsstellen zu und delegiert deren Vergabe.

6.2.3 RIPE NCC

Weltweit gibt es fünf regionale Registrierungsstellen (engl. *Regional Internet Registries, RIR*), welche für die Vergabe von IP-Adressen und AS-Nummern zuständig sind: die *AfriNIC, APNIC, ARIN, LACNIC* und *RIPE NCC*. Abb. 6.2 zeigt die Zuständigkeitsbereiche der einzelnen RIR.

⑤ Regional Internet Registries

Für Europa und insofern auch für Deutschland ist das **RIPE NCC** *(Réseaux IP Européens Network Coordination Centre)* zuständig. RIPE ist eine unabhängige, nicht-gewinnorientierte Organisation, die im April

1992 ihre Arbeit aufnahm und seither IP-Adressen sowie AS-Nummern innerhalb von Europa, dem mittleren Osten und Teilen Zentralasiens vergibt.

Um IP-Adressen oder AS-Nummern zu erhalten, muss man Mitglied der RIPE sein. Die Mitglieder werden auch als lokale Registrierungsstellen (engl. *Local Internet Registries, LIR*) bezeichnet. RIPE setzt sich derzeit aus ca. 4.000 LIR zusammen, die ihnen zugewiesenen Adressblöcke verwalten und nutzen. Im Wesentlichen sind dies Internet Service Provider (ISPs), Telekommunikationsfirmen sowie große Unternehmen. Die Zuweisung von IP-Adressbereichen ist kostenlos, aber es

Kategorie	Name	Mitgliedsgebühr
Extra Large	Deutsche Telekom AG	5.500 EUR
Large	DFN Verein e.V.	4.100 EUR
Medium	Kabel BW	2.550 EUR
Small	BelWü	1.800 EUR
Extra Small	Allianz Arena GmbH	1.300 EUR

Tabelle 6.1. Beispiele lokaler Registrierungsstellen (LIR) in Deutschland (vgl. [WWW Ripe a], Stand: 2007)

wird eine jährliche Mitgliedsgebühr durch die RIPE erhoben. Die Höhe der Mitgliedsgebühr und die daraus resultierende Kategorie richtet sich nach der Anzahl allokierter Adressbereiche sowie dem Allokationszeitpunkt. Tabelle 6.1 zeigt exemplarisch einige RIPE Mitglieder sowie deren Kategorie. Vergebene Adressbereiche sind im Internet öffentlich unter [WWW Ripe b] einsehbar. Seit 1999 weisen die IANA und die RIR auch IPv6 Adressbereiche zu.

6.2.4 Struktur der Organisationen und Richtlinien

Die Zuweisung von Adressbereichen etc. wird, wie bereits in den vorstehenden Abschnitten dargelegt, durch hierarchisch organisierte Registrierungsstellen vorgenommen, deren Wurzel die ICANN bildet. Die ICANN wird dabei unter anderem von der *ASO* unterstützt, die 1999 von den damals existierenden RIRs (APNIC, ARIN und RIPE NCC) gegründet wurde. Im Jahre 2002 kam dann die LACNIC und 2005 die AfriNIC hinzu. Die Zuweisung von Adressen folgt insofern einem *Top-Down-Ansatz*. Jedoch erfolgt die Zusammensetzung der einzelnen Gremien einem *Bottom-Up-Ansatz*. So bilden bspw. die LIRs in Europa die RIPE. Die RIPE und andere RIR bilden wiederum die *Number Resource*

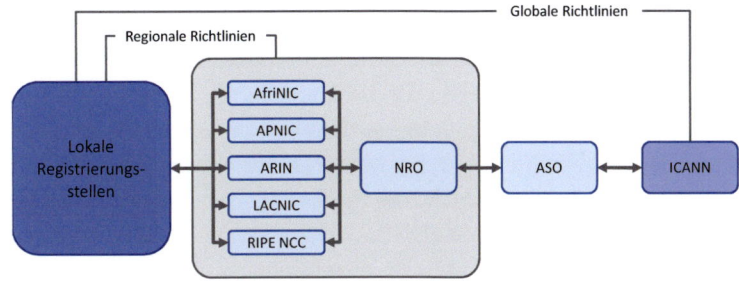

Abb. 6.3. Zusammenhänge zwischen lokalen, regionalen und globalen Registrierungsstellen

Organization (NRO) und *Address Supporting Organization (ASO)*, die dann wieder Einfluss auf die ICANN ausüben. Abb. 6.3 zeigt die hierarchische Struktur nochmals auf. Die globale Richtlinien werden somit maßgeblich von den RIRs und somit auch den Betreibern beeinflusst.

6.3 Registrierung von Domain-Namen

Die Weiterleitung der Datenpakete im Internet basiert rein auf der IP-Adresse des Empfängers. Doch parallel zu diesen rein technisch geprägten IP-Adressen entwickelten sich sehr bald auch alphanumerische Zeichenketten, die zur Auszeichnung von Rechnern genutzt werden. Die Abbildung von Rechnernamen auf IP-Adressen wird zwar nicht vom „Kernnetz" vorgenommen, dennoch stellen Domains heutzutage einen integralen Bestandteil des Internets dar. So ist teilweise für den Abruf von Webseiten die Angabe eines Domain-Namens unabdingbar, da Webserver entsprechend dem sogenannten „Host-Header-Eintrag" im http-Protokoll passende Webseiten ausliefern.

Zu Beginn des Internets wurde die Abbildung von Namen auf IP-Adressen auf jedem Endsystem direkt vorgenommen, indem der jeweilige Name in der *hosts.txt*-Datei[1] nachgeschlagen wurde. Diese Datei wurde zentral von SRI International[2] im Auftrag der ARPA administriert. Die *hosts.txt*-Datei konnte von jedem per ftp von einem SRI Rechner heruntergeladen werden und wurde periodisch auf den Endsystemen aktualisiert.

☑ hosts.txt

---

[1] Die *hosts.txt*-Datei findet sich in aktuellen Unix- und Windows-Implementierungen immer noch.

[2] SRI International ist ein nicht-gewinnorientiertes Forschungsinstitut mit Sitz in Kalifornien.

Paul Mockapetris und Jon Postel erkannten jedoch früh, dass dieser Ansatz auf Dauer nicht skaliert. Zum einen wurde die Administration der Datei immer aufwendiger, da die Liste der Rechner immer länger und die Aktualisierungszyklen immer kürzer wurden. Zum anderen skalierte auch die Verteilung per ftp nicht. Daher wurde mit [RFC 1034] und [RFC 1035] das *Domain Name System (DNS)* eingeführt. Aufgabe des DNS ist es, Namen wie *dsn.tm.uni-karlsruhe.de* auf die entsprechende IP-Adresse *129.13.182.114* abzubilden.

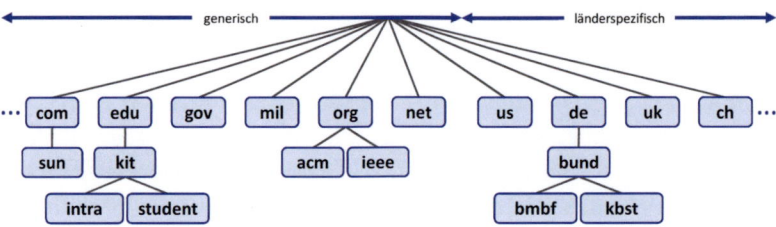

Abb. 6.4. Ausschnitt aus dem DNS-Namensraum

Das DNS nutzt hierzu ein hierarchisches Namenskonzept und erlaubt somit eine dezentrale Verwaltung von Teilbäumen. Die erste Hierarchiestufe wird als Top-Level-Domain (TLD) bezeichnet und gliedert sich in zwei Bereiche. Zum einen generische TLDs (*.net*, *.com*, *.org*, ...) und zum Zweiten länderspezifische Adressen (*.de*, *.ch*, *.jp*, ...). Die länderspezifischen Domains entsprechen der ISO-Norm 3166-1. Die Liste aktuell gültiger Kürzel findet sich unter [WWW Iso cc].

Der komplette Domain-Name — auch als *Fully Qualified Domain Name (FQDN)* bezeichnet — wird durch Konkatenation der einzelnen Domains gebildet, wobei die TLD rechts steht. Abb. 6.4 zeigt einen Ausschnitt des DNS-Namensraumes. Die Verwaltung der TLDs — *DNS-Root-Zone* — sowie die Delegation von TLDs wird von der ICANN bzw. IANA vorgenommen. Für den „deutschen Namensraum *.de*" ist die DENIC zuständig, die in Abschnitt 6.5.2 näher betrachtet wird. Im Gegensatz zur *hosts.txt*-Datei findet die Namensauflösung nicht mehr auf jedem Rechner lokal statt sondern mit Hilfe von DNS-Servern, die jeweils für einen Teil des Namensraumes zuständig sind.

Die Verantwortlichkeiten bzw. die Delegationen werden durch Zonen gehandhabt, wobei eine Zone einem Teilbaum des DNS-Namensraums entspricht. Insofern entspricht eine Zone einer administrativen Einheit, welche für die Vergabe der Domain-Namen in der Zone verantwortlich ist. Außerdem kann ein Teil der Zone wiederum weiterdelegiert wer-

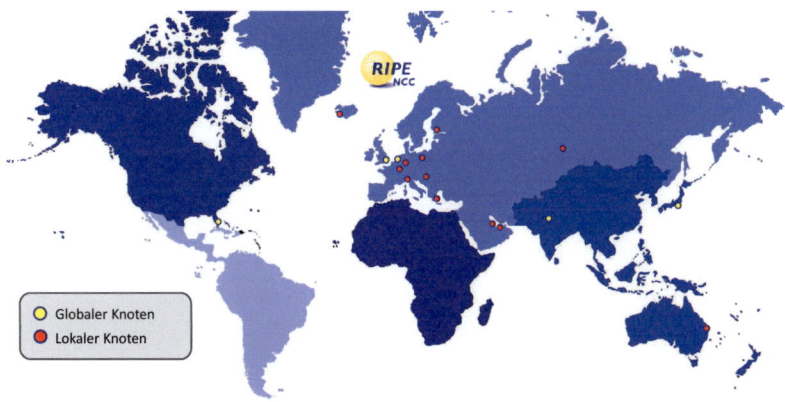

Abb. 6.5. K-Root-Server Standorte (*weiß* markiert sind global erreichbare Server und *rot* markiert nur in der Region erreichbare Server) [WWW k-Root]

den. Hierdurch wird eine skalierbare Möglichkeit geschaffen, die Anfragelast und Verwaltungsaufgaben effizient aufzuteilen. In der Regel werden mehrere unabhängige DNS-Server für eine Zone betrieben. Die Registrierungsstelle DENIC schreibt bspw. als Delegationsvoraussetzungen mindestens zwei Nameserver vor, wobei sich die Server in mindestens zwei unterschiedlichen Subnetzen befinden müssen. Ein DNS-Server kann wiederum mehrere Zonen verwalten, sodass große Provider nicht für jede Zone einen eigenen DNS-Server betreiben müssen.

Die Daten einer Zone werden von DNS-Servern mittels sogenannter *Resource Records* verwaltet. Dabei existieren unterschiedliche Typen von Resource Records, wobei die möglichen Typen von IANA verwaltet werden (vgl. [WWW Iana a]). In Tabelle 6.2 sind typische Resource Records aufgeführt.

Aus technischer Sicht bilden die sogenannten 13 *Root-Server (A-K)* die Wurzel des Domain Name Systems. Diese Root-Server verweisen wiederum auf die zuständigen TLD-Nameserver usw. Bei einem Root-Server handelt es sich in der Regel um mehrere Rechner, die teilweise auch an weltweit verteilten Orten platziert sind (vgl. [WWW Root]). Statt von 13 Root-Servern könnte man daher vielmehr von 13 „Root-IP-Adressen" sprechen. Die Verwaltung der Root-Server obliegt unterschiedlichen Organisationen, so ist bspw. das RIPE NCC für den K-Root-Server verantwortlich. Die schlussendliche Oberaufsicht über die Root-Server hat die ICANN bzw. die beauftragte IANA. Abb. 6.5 zeigt die Standorte *des* bzw. *der* K-Root-Server.

⌂Ⓥ Root Server

Typ	Bedeutung	Beispiel (Anfrage ↦ Antwort)
SOA	Markiert den Beginn eines Verantwortlich-keitsbereichs *(Start of Authority)*	`kit.edu` ↦ `netserv.rz.uni-karlsruhe.de`
A	IPv4-Adresse eines Hosts (32 bit)	`www.kit.edu` ↦ `141.52.27.55`
AAAA	IPv6-Adresse (128 bit)	`tm.uka.de` ↦ `2001:638:204:0:0:0:0:42`
CNAME	Kanonischer Name für einen Alias	`www.kit.edu` ↦ `www.fzk.de`
MX	Server, der E-Mail für die Domain annimmt *(Mail Exchange)*	`kit.edu` ↦ `mailin.rz.uni-karlsruhe.de`
NS	Name des für die Domain zuständigen DNS-Servers *(Name Server)*	`kit.edu` ↦ `netserv.rz.uni-karlsruhe.de`
PTR	Alias für eine IP-Adresse *(Pointer)*	`www.kit.edu` ↦ `www.fzk.de` `(CNAME)`
HINFO	CPU und OS als ASCII Text *(Host Information)*	*nicht weit verbreitet*
TXT	Uninterpretierter ASCII Text *(Text)*	`ibm.com` ↦ `"v=spf1 -all"`

Tabelle 6.2. Typische DNS Resource Records (Beispiele: Stand 2007)

Die Registrierung von Domain-Namen für die *.de*-Zone erfolgt entweder direkt bei der DENIC oder über einen Provider der Mitglied der DENIC ist, wobei für die Registrierung ein jährliches Entgelt zu entrichten ist. Um eine Domain nutzen zu können, müssen der DENIC mindestens zwei Nameserver in unterschiedlichen Subnetzen mitgeteilt werden, die ständig erreichbar sind. Diese Nameserver können aber auch von Dritten wie bspw. ISPs betrieben werden.

☑ Split DNS   Ferner ist bei der Namensauflösung zu beachten, dass sich die interne und externe Sicht sehr oft unterscheidet. Intern meint dabei die Sicht, die entsteht, wenn sich der anfragende Rechner und DNS-Server im gleichen Netz (bzw. innerhalb eines organisatorischen Bereichs) befinden. Die externe Sicht ergibt sich für alle anderen, die sich außerhalb des Netzes (bzw. eines organisatorischen Bereichs) befinden. Solche Vorgehensweisen werden auch als *Split DNS* bezeichnet. Gründe hierfür sind bspw. die Verwendung von privaten IP-Adressen, die in der Organisation direkt geroutet werden oder auch die Verwendung interner Domains, wie die TLD „*.intranet*", die nur von internen DNS-Servern aufgelöst werden können.

6.4 Basiswerkzeuge

Bei der Auflösung von Domain-Namen treten immer wieder Fehler auf, die durch das Netzmanagement behoben werden müssen. Von Endbenutzern wird dann oft der Verdacht geäußert, dass die Internet-Verbindung nicht ginge. Aufgabe des Netzmanagements ist es dann, den Fehler zu lokalisieren und zu analysieren. Elementare Werkzeuge sowie im Internet öffentlich zugängliche Dienste, die hierzu regelmäßig Verwendung finden, werden in diesem Abschnitt vorgestellt.

6.4.1 DNS Werkzeug – nslookup

Eine implizite Namensauflösung findet in vielen Netzwerkanwendungen statt, so zum Beispiel beim **ping**-Programm. Übergibt man **ping** als Parameter einen Domain-Name, so wird dieser anhand des A-Records aufgelöst und entsprechend angezeigt (vgl. Abschnitt 7.3.1). Um detaillierte Angaben über die Antwort des DNS-Servers zu erhalten, gibt es aber auch spezielle Werkzeuge. Das klassische Werkzeug hierzu heißt **nslookup**. Es ist sowohl in typischen UNIX- als auch Windows-Umgebungen verfügbar.

Syntax: `nslookup [-option] [name | - [server]]`   F *nslookup*

Beispiel:

```
C:\>nslookup -querytype=any kit.edu 129.13.64.5
Server:  netserv.rz.uni-karlsruhe.de
Address:  129.13.64.5

kit.edu MX preference = 10,
    mail exchanger = mailin.rz.uni-karlsruhe.de
kit.edu
        primary name server =
                netserv.rz.uni-karlsruhe.de
```

```
                    responsible mail addr =
                        hostmaster.rz.uni-karlsruhe.de
                    serial  = 2007091201
                    refresh = 10800 (3 hours)
                    retry   = 1800 (30 mins)
                    expire  = 2592000 (30 days)
                    default TTL = 86400 (1 day)
         kit.edu nameserver = dns2.rz.uni-karlsruhe.de
         kit.edu nameserver = netserv.rz.uni-karlsruhe.de
         mailin.rz.uni-karlsruhe.de
                    internet address = 129.13.185.202
         mailin.rz.uni-karlsruhe.de
                    internet address = 129.13.185.201
         dns2.rz.uni-karlsruhe.de
                    internet address = 129.13.96.2
         netserv.rz.uni-karlsruhe.de
                    internet address = 129.13.64.5
```

Das obige Beispiel zeigt eine Ausgabe von `nslookup` für die Domain *kit.edu*. Hierbei wird neben den Angaben zu A-Records und MX-Records auch die „Lebenszeit" des Eintrags angegeben. Der Syntax-Parameter `name` entspricht dem gesuchten Domain-Namen. Durch den Parameter `server` kann ein Nameserver angegeben werden. Ansonsten wird der „Standard DNS-Server" des Systems genutzt. Weitere Optionen wie spezielle Resource Record Typen können in `-option` spezifiziert werden. Startet man `nslookup` ohne Parameter, gelangt man in einen interaktiven Kommandozeilen-Modus. Durch Eingabe von `help` erhält man dann eine Übersicht der möglichen Befehle. In UNIX Umgebungen werden auch vielfach die Werkzeuge `dig` und `host` genutzt.

6.4.2 „Whois"-Dienste

F *Whois*-Dienste   Registrierungsstellen wie IANA, RIPE NCC oder DENIC betreiben sogenannte *Whois*-Dienste, mit welchen die Registrierungsinformationen zu DNS-Einträgen und auch zur Zuweisung von IP-Adressbereichen einsehbar sind (vgl. bspw. [WWW Ripe c] oder [WWW Denic]). Die Ermittlung dieser Registrierungsinformationen ist insbesondere in Missbrauchfällen erforderlich. Zuständige Administratoren können so bspw. darauf hingewiesen werden, dass aus ihrem Adressbereich Spam versendet wurde. In der Regel wird hierzu eine E-Mail-Adresse der Form *abuse@domain* angegeben.

Die Anfrage nach *129.13.182.2* beim whois-Dienst von RIPE NCC liefert bspw. folgendes Ergebnis (Stand: April 2007):

```
inetnum:    129.13.0.0 - 129.13.255.255
netname:    KLICK
descr:      Karlsruher Lichtwellenleiter ...
descr:      Universitaet Karlsruhe (TH)
descr:      Karlsruhe, Germany
country:    DE
...
fax-no:     +49 721 32550
e-mail:     hostmaster@rz.uni-karlsruhe.de
remarks:    trouble: Informations at
               http://www.rz.uni-karlsruhe.de/
...
```

Aus den Registrierungsinformationen ist ersichtlich, dass die gesuchte Adresse in den Adressbereich *129.13.0.0 - 129.13.255.255* der Universität Karlsruhe (TH) fällt. Weiterhin werden Angaben zu Erreichbarkeit von Administratoren bzw. Verantwortlichen gemacht.

6.5 Fallbeispiele

Im folgenden Abschnitt wird die Verwaltung von IP-Adressen und Domain-Namen am Beispiel der Universität Karlsruhe (TH) erläutert. Hierbei wird sowohl auf Richtlinien als auch unterstützende technische Systeme eingegangen. Abschließend werden die Aufgaben und Herausforderungen beim Betrieb der DENIC kurz diskutiert.

6.5.1 Verwaltung von IP-Adressen und Domains am RZ der Universität Karlsruhe (TH)

Aus Sicht des Netzmanagements sind insbesondere zwei Aspekte bei der Verwaltung von IP-Adressen und Domains relevant, zum einen Regeln, nach denen eine Vergabe erfolgt, und zum anderen technische Systeme, die eine effiziente Verwaltung ermöglichen.

Die *„Regelung zur Vergabe von DNS-Domain-Namen an der Universität Karlsruhe (TH)"* vom Mai 2005 umfasst folgende Kernpunkte [UKA Dns 2005]:

- Eine Domain an der Universität Karlsruhe (TH) hat im Allgemeinen die Form: *subdomain.uni-karlsruhe.de*

- Eine Subdomain ist eine signifikante einrichtungsspezifische Bezeichnung (in der Regel die offizielle Abkürzung der Einrichtung) unter der Domain *uni-karlsruhe.de*.

F Richtlinie zur
Vergabe von
Domains
- Die beantragende Einrichtung kann folgendes sein:
  - eine Fakultät oder eine zentrale Einrichtung
  - ein Institut oder eine interfakultative Einrichtung
  - ein Studentenwohnheim (mit Bezug zur Universität Karlsruhe (TH))
- Es existiert bisher keine Subdomain für diese Einrichtung.
- Der Subdomain-Name ist mindestens drei Zeichen lang.
- Es existiert ein Bestandschutz für bereits vergebene Domains.
- Die Sperrung einer Domain kann erfolgen, wenn die Marken- oder Namensrechte Dritter verletzt wurden oder sonstiger Namensmissbrauch festgestellt wurde.
- Ausnahmen bedürfen der Genehmigung durch die RZ-Leitung, wobei hierfür ein begründeter Antrag erforderlich ist.

IP-Adressbereiche werden auf Antrag vom Rechenzentrum an oben genannte Einrichtungen vergeben. Je nach Bedarf werden hierbei öffentliche IP-Adressen aus den Bereichen *129.13.0.0 - 129.13.255.255* und *141.3.0.0 - 141.3.255.255* vergeben oder private Adressen, die per NAT auf öffentliche Adressen abgebildet werden.

In Tabelle 6.3 ist die Anzahl der aktuell verwalteten Resource Records und Zuständigkeitsbereiche an der Universität Karlsruhe (TH) aufgelistet (Stand: Oktober 2006). Insofern wird die Notwendigkeit eines möglichst automatisierten Verwaltungssystems deutlich.

Anzahl	Typ
47750	Resource Records des Typs A
3064	Resource Records des Typs CNAME
48310	Resource Records des Typs MX
363	Subdomains
1005	getrennte Zuständigkeitsbereiche
371	Betreuer

Tabelle 6.3. Anzahl der DNS-Einträge und Zuständigkeitsbereiche an der Universität Karlsruhe (TH) (Stand: 9.10.2006)

F DNS
Verwaltungs-
system
Die Verwaltung der Domains und Subdomains an der Universität Karlsruhe (TH) erfolgt durch ein selbstentwickeltes System, dem sogenannten *DNS Verwaltungssystem (DNSVS)*. Das System wird auch für die Verwaltung der IP-Adressbereiche genutzt.

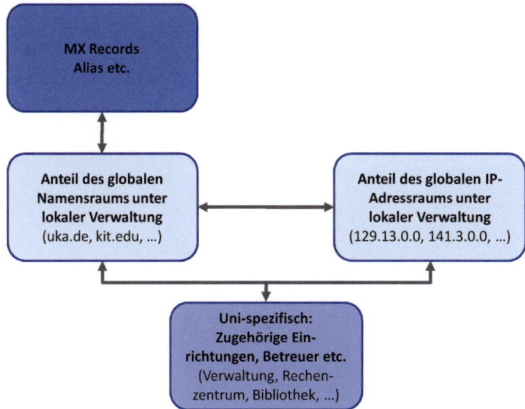

Abb. 6.6. Vereinfachtes Datenmodell des DNSVS

Die Delegation von Subdomains an Nameserver der Einrichtungen ist nicht erwünscht, um die genannte Richtlinie möglichst durchgängig umsetzen zu können und mögliche Fehlerquellen zu minimieren. Eine Delegation wird nur in Ausnahmefällen, die meist historischer Natur sind, gestattet. Andererseits wäre die ausschließliche Administration durch das RZ auch nicht zielführend. Ziel des Systems ist es daher, den Verwaltungsprozess soweit möglich zu automatisieren und den IT-Verantwortlichen der Einrichtungen die Möglichkeit zur Administration einzuräumen.

Zur dezentralen Administration werden sogenannte DNSVS-Bereiche definiert, die dann wiederum einem oder mehreren IT-Verantwortlichen zugewiesen werden. Ein DNSVS-Bereich setzt sich aus folgenden Angaben zusammen:

- Name der Einrichtung
- Ansprechpartner
- Kostenstelle
- Betreuerliste
- Zuordnung der IP-Adressen
- Erlaubte Subdomains
- Erlaubte Präfixe für die Namenskonvention
- Rechtevergabe (maximale Anzahl CNAMEs, Sonderfunktionen wie mehrdeutige A-Records)

Diese Angaben finden sich auch im vereinfachten Datenmodell in Abb. 6.6 im unteren Block „Uni-spezifisch" wieder. Einem DNSVS-Bereich sind wiederum Teile des Namensraums (im Regelfall eine Sub-

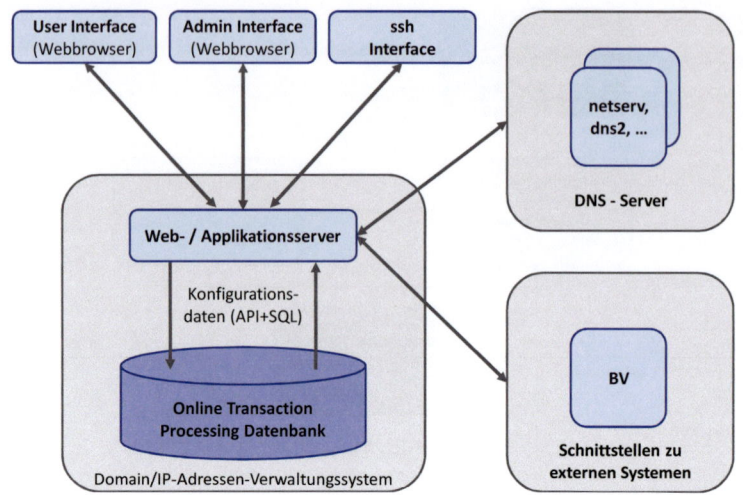

Abb. 6.7. Architektur des Domain Verwaltungssystems der Universität Karlsruhe (TH) (DNSVS)

domain) und Teile des IP-Raumes der Universität zugeordnet. Ferner können für eine Subdomain MX-Records und Aliase definiert werden.

Die Architektur des DNSVS ist in Abb. 6.7 dargestellt. Der Zugriff auf das System kann über drei Schnittstellen erfolgen: das *WWW User-Interface*, das *WWW Admin-Interface* und das *ssh Interface*. Wie die Namen bereits suggerieren, erlauben die beiden *WWW-Interfaces* einen Browser-basierten Zugriff. Das *WWW Admin-Interface* erlaubt es den Administratoren des Rechenzentrums DNSVS-Bereiche zu definieren und entsprechenden IT-Verantwortlichen der Einrichtungen zuzuweisen. IT-Verantwortliche werden in diesem Kontext als User bezeichnet. Über das *WWW User-Interface* haben IT-Verantwortliche dann die Möglichkeit, innerhalb ihrer Subdomain Rechnernamen und IP-Adressen zuzuweisen. So können IT-Verantwortliche bspw. A-, CNAME- und MX-Records definieren. Mit Hilfe des *ssh Interface* ist es möglich, in einer Art „Scripting-Betrieb" Massenänderungen durchzuführen und die Daten des DNSVS mit den Daten eines anderen Managementsystems abzugleichen. Alle Daten gemäß des in Abb. 6.6 dargestellten Datenmodells und Änderungen werden letztendlich in der *Online Transaction Processing Datenbank* gespeichert. Aus diesen Daten werden dann periodisch die Konfigurationsdaten der beiden zentralen Nameserver (*netserv.rz.uni-karlsruhe.de* und *dns2.rz.uni-karlsruhe.de*) generiert. Durch Verknüpfung mit den Daten des zentralen NAT-Systems werden die DNS-Server als Split DNS konfiguriert und bilden gegebenenfalls interne Anfragen auf private IP-Adressen ab (vgl. Abschnitt 6.3). Außerdem findet ein Abgleich der Nutzerdaten mit der Benutzerverwaltung (*BV*) des Rechenzentrums statt.

Die Fokussierung auf zentrale Nameserver in Kombination mit einem Verwaltungssystem, das eine dezentrale Administration durch IT-Verantwortliche erlaubt, ermöglicht dabei einen konsistenten und effizienten DNS-Betrieb innerhalb der Universität.

6.5.2 Die Registrierungsstelle für .de-Domains – DENIC

Die Verwaltung der Top-Level-Domain *.de* obliegt der **DENIC eG**. Doch bereits vor Gründung der DENIC eG gab es Registrierungsstellen für die *.de*-Domain. So war bspw. das Rechenzentrum der Universität Karlsruhe (TH) für die Verwaltung der *.de*-Domain von 1994 bis 1996 sowie für den Betrieb des Nameservers bis 1998 zuständig. Die Wandlung des Internet vom Forschungsnetz zum globalen Massenmedium führte auch zu einer massiven Zunahme registrierter *.de*-Domains. Abb. 6.8 zeigt die Entwicklung der Registrierungen seit 1994.

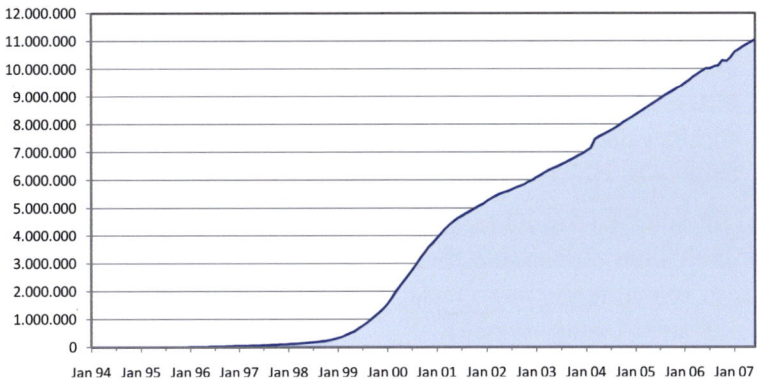

Abb. 6.8. Anzahl registrierter *.de*-Domains (Datenquelle: DENIC)

Die DENIC wurde 1996 als eigenständige Genossenschaft gegründet und mit den Aufgaben der *.de*-Domain Verwaltung betraut. Momentan beschäftigt die DENIC ca. 100 Mitarbeiter (Stand: März 2007). Folgende Aufgaben fallen (nach eigenem Bekunden) in den Tätigkeitsbereich der DENIC:

- Betrieb des automatischen elektronischen Registrierungssystems
- Betrieb der Domain-Datenbank für die Top Level Domain *.de* und die deutsche ENUM-Domain *.9.4.e164.arpa*

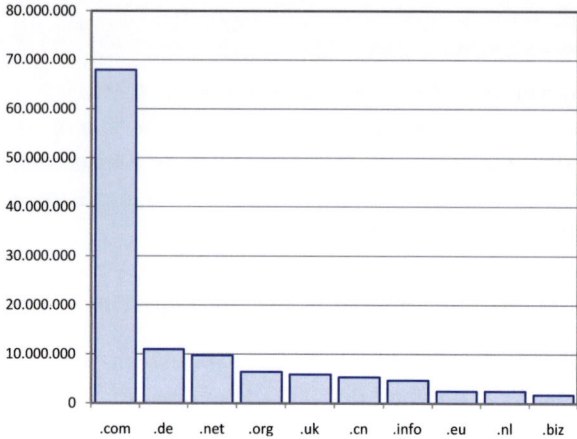

Abb. 6.9. Anzahl registrierter Domains (Stand: 2007; Datenquelle: DENIC)

- Betrieb des Nameserverdienstes für die .de-Zone
- Bereitstellung von Informationsdiensten wie Whois
- Betrieb von ENUM für den deutschen Rufnummernraum
- Einrichtung von DISPUTE-Einträgen in Domain-Streitfällen
- Unterstützung von Domain-Inhabern bei Fragen und Problemen durch eine Hotline
- Mitgestaltung der organisatorischen und technischen Weiterentwicklung des Internets in Zusammenarbeit mit internationalen Gremien (z.B. ICANN, IETF)

Ein Blick auf die Anzahl registrierter TLD zeigt auch, dass die Domain *.de* nach *.com* die meisten Einträge beinhaltet (vgl. Abb. 6.9). Diese Zahlen verdeutlichen umso mehr, dass die Verwaltung ein hohes Maß an Automatisierung erfordert.

6.6 Zusammenfassung

Die Zuweisung von IP-Adressen und Registrierung von Domain-Namen ist für den Betrieb des Internet von zentraler Bedeutung. In diesem Kapitel wurden sowohl die zuständigen Vergabestellen als auch die zugrunde liegenden Strukturen aufgezeigt. Neben organisatorischen Aspekten wurden dabei auch technische Systeme zur Verwaltung und eine Auswahl von Basiswerkzeugen präsentiert.

7

Managementwerkzeuge und -plattformen

7.1 Einleitung

Managementwerkzeuge und -plattformen ermöglichen den Zugriff auf Managementinformationen sowie die Steuerung der Netzkomponenten. Im Rahmen dieses Kapitels wird eine Klassifizierung von Werkzeugen vorgenommen sowie die Bestandteile einer Managementplattform dargelegt. Des Weiteren erfolgt eine Vorstellung ausgewählter Managementwerkzeuge für TCP/IP-basierte Netze. Abschließend wird die Managementplattform des Rechenzentrums der Universität Karlsruhe (TH) präsentiert.

7.2 Klassifikation von Managementwerkzeugen

Eine Auflistung von Werkzeugen und Plattformen zum Netzwerkmanagement, wie sie bspw. in [RFC 1470] vorgenommen wurde, ist heutzutage nicht mehr zielführend, da die Menge existierender Werkzeuge mittlerweile zu groß ist. Vielmehr sollen Klassifikationskriterien aufgezeigt werden, anhand derer Werkzeuge eingeteilt werden können. Managementwerkzeuge können unter anderem nach folgenden Kriterien klassifiziert werden. Dabei orientiert sich die Klassifikation an [Hegering et al. 1999, S. 263 ff]:

- *Aufgabenbereich*: Managementwerkzeuge existieren für unterschiedlichste Aufgaben. Die Einteilung der Aufgabenbereiche kann sich bspw. am OSI-Schichtenmodell orientieren oder Werkzeuge danach unterscheiden, ob sie für die Überwachung, zum Test, zur Diagnose oder Konfiguration eingesetzt werden.

- *Aufbau und Bestandteile*: Ein Werkzeug kann je nach Aufgabenbereich als reine Softwarelösung konzipiert sein, als kombinierte Lösung oder reine Hardwarelösung. Insbesondere für „Hardware-nahe" Schichten ist auf Seiten der Managementwerkzeuge oft spezielle Hardware notwendig. Außerdem kommt dedizierte Hardware dann zum Einsatz, wenn sehr hohe Leistungsanforderungen bestehen wie bspw. ein Netzwerklastgenerator, der eine Last von 10 Gbit/s erzeugen kann.

- *Eigenständigkeit*: Dabei zielt Eigenständigkeit darauf ab, inwieweit das Werkzeug ohne die Nutzung weiterer Werkzeuge nutzbar ist. Das Spektrum reicht von Werkzeugen, die völlig autonom betrieben werden können, bis zu Werkzeugen, die nur in Kombination mit anderen lauffähig sind. Unter Umständen ist ein Werkzeug zwar eigenständig einsetzbar, aber dessen Funktionalität beschränkt.

- *Integrationsfähigkeit*: Neben der Eigenständigkeit ist auch die Integrationsfähigkeit zu berücksichtigen. Nicht eigenständige Werkzeuge müssen zwangsläufig eine Integrationsmöglichkeit bieten. Bei eigenständigen Werkzeugen stellt sich die Frage, auf welche Weise diese integrierbar sind. In Unix-Umgebungen findet bspw. eine Integration häufig textbasiert durch Pipes statt.

- *Lokalität*: Ein Managementwerkzeug kann sowohl lokal betrieben werden als auch verteilt. So ist typischerweise SNMP-basiertes Management verteilt, während Messungen mit einem Oszilloskop lokal stattfinden. Dabei kann die Komplexität der verteilten Komponenten stark variieren. So kann es sich bspw. um ein passives Bauteil wie ein Messfühler handeln oder um einen komplexen Agenten wie im Falle von RMON.

7.2.1 Eigenständige Managementwerkzeuge

Unter *eigenständigen Managementwerkzeugen* versteht man Werkzeuge, die den Netzwerkoperator beim Lösen einer oder mehrerer Aufgaben unterstützen, aber nicht auf die Funktion von anderen Werkzeugen angewiesen sind. In der Regel wurden solche Werkzeuge nicht mit dem Ziel entwickelt, in Plattformen integrierbar zu sein. Diese Werkzeuge können als Anwendung realisiert sein wie *ping* (vgl. Abschnitt 7.3) oder als eigenständiges Gerät wie ein Oszilloskop.

Insbesondere Prüf- und Messgeräte wie Schnittstellentester sind als eigenständige Geräte ausgelegt. So lässt sich bspw. mit einem sogenannten *Time-Domain-Reflectometer* die Länge eines Kabels bzw. die

Entfernung bis zur Bruchstelle bestimmen. Der Aufgabenbereich beschränkt sich aber nicht nur auf die Fehlerdiagnose, sondern bei Neuinstallationen können die Messdaten auch als Abrechnungsbasis für den Kabelverbrauch dienen.

Zur Fehlerdiagnose sind **Protokollanalysatoren** wie *Wireshark* (vgl. Abschnitt 7.3.4) sehr hilfreich, da so die Vorgänge im Netzwerk im Detail nachvollzogen werden können. Jedoch ist hierbei zu beachten, dass einem Protokollanalysator zunächst die Möglichkeit eröffnet werden muss, alle Pakete zu „sehen". Insofern sind die Überlegungen aus Abschnitt 5.2.3 bzgl. SMON auch hier zu beachten. Für SNMP gibt es auch eigenständige Werkzeuge wie MIB-Browser (vgl. Abschnitt 7.3.2).

Ein weiteres Beispiel für eigenständige Werkzeuge sind **Lastgeneratoren**. So kann bspw. mit dem Werkzeug *Iperf* [WWW Iperf] eine TCP- oder UDP-Last erzeugt werden. Die Erzeugung von sehr hohen Netzlasten von 1 Gbit/s und mehr ist auf „handelsüblicher" Hardware nicht ohne weiteres möglich, daher wird dort dedizierte Hardware genutzt.

Während bei der Überwachung die Integration in eine Plattform sehr wünschenswert ist, so ist dies für die Fehlerdiagnose nicht zwangsläufig erheblich, da zur Diagnose ohnehin häufig manuelle Schritte notwendig sind. Dennoch sollte der notwendige Einarbeitungsaufwand für unterschiedliche Werkzeuge bzw. Bedienoberflächen beachtet werden. Für die Überwachung ist eine integrierte Lösung erstrebenswert, da hier ein möglichst hoher Automatisierungsgrad angestrebt wird.

7.2.2 Managementplattformen

Eine Managementplattform ist ein Trägersystem zur Realisierung von Managementanwendungen. Durch solche Plattformen lassen sich Synergieeffekte der einzelnen Komponenten nutzen, da insbesondere auf eine gemeinsame Datenbasis zurückgegriffen werden kann. Andererseits sind Managementplattformen, im Gegensatz zu eigenständigen Werkzeugen, meist komplex in ihrer Realisierung und im Betrieb.

Plattformarchitektur

Die Architektur einer Managementplattform gliedert sich, wie in Abb. 7.1 dargestellt, in die drei Teile: *Benutzeroberfläche*, *Basisanwendungen* und *Infrastrukturteil*. Im Folgenden werden die einzelnen Module beschrieben, wobei der konzeptionelle Aufbau sich an [Hegering et al. 1999, S. 277] orientiert.

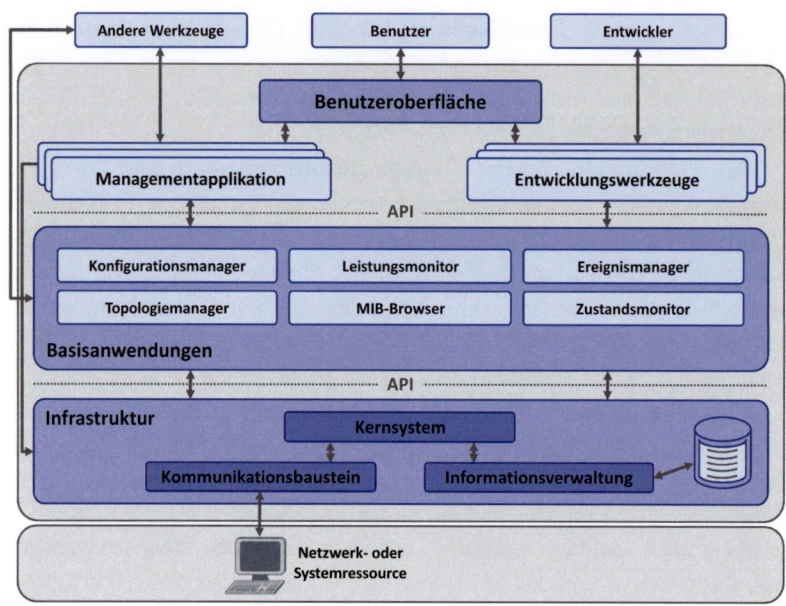

Abb. 7.1. Referenzarchitektur für Managementplattformen (vgl. [Hegering et al. 1999, S. 278])

K Plattform:
Infrastruktur

Durch den Infrastrukturteil wird die Verbindung zu den Netz- und Systemressourcen geschaffen und für die darüberliegenden Basisanwendungen die notwendigen Managementinformationen bereitgestellt. Wie in Abb. 7.1 dargestellt, untergliedert sich der Infrastrukturteil in die *Kommunikationsbausteine* und die *Informationsverwaltung*.

Durch die Kommunikationsbausteine wird die Managementplattform von konkreten Kommunikationsprotokollen entkoppelt. Dadurch kann bspw. CMIP und SNMP gleichzeitig unterstützt werden. Neben den klassischen Managementprotokollen können hier bspw. auch neuere Protokolle auf Basis von Web Services zum Einsatz kommen (vgl. Abschnitt 8.3.2). Den Basisanwendungen gegenüber sollte jedoch eine neutrale Schnittstelle, die von den Kommunikationsprotokollen abstrahiert, angeboten werden.

In der Informationsverwaltung werden sowohl Konfigurations- als auch Messdaten gespeichert. So enthält eine Datenbank typischerweise den aktuellen Zustand der überwachten Managed Objects sowie die Entwicklung der Zustände über die Zeit (Historie). Je nach Relevanz der Messwerte ist festzulegen, welche durch die Managementplattform gespeichert und welche bei Bedarf von der Komponente direkt abgefragt wird. Ferner finden sich Metadaten wie MIB-Modul-Definitionen

und Konfigurationsdaten in der Datenbank, so zum Beispiel welche
Netzkomponenten bzw. Agenten abgefragt werden müssen. Zur Informationsverwaltung werden in der Regel eine oder mehrere Datenbanken
eingesetzt. Je nach Umfang der Plattform und anfallender Datenmenge ist auch die Nutzung von „einfachen" Log- und Konfigurationsda-
teien denkbar. Basisanwendungen können die Informationsverwaltung
auch nutzen, um bspw. aggregierte oder anwendungsspezifische Daten
zu speichern. In diesem Zusammenhang ist auch die **CMDB** *(Configuration Management Database)* zu erwähnen. In dieser werden im
Rahmen der ITIL[1] alle relevanten Konfigurationsdaten als sogenannte *Configuration Items* gespeichert. Weitere Informationen zur CMDB
und ITIL finden sich unter anderem in [Bon et al. 2005]. Hierbei ist
auch anzumerken, dass Konfiguration ein weit gefasster Begriff ist, der
nicht nur einstellbare Parameter umfasst sondern auch den Typ und
Version der Hard- und Softwarekomponenten.

Basisanwendungen dienen als Grundlage zur Realisierung komplexer Managementanwendungen. Daher werden im Folgenden einige typische Basisanwendungen kurz erläutert. Insofern bestehen hierbei auch
Parallelen zu aktuellen Paradigmen, wie man sie in dienstorientierten
Architekturen wieder findet, wo einfache Dienste zu komplexeren An-
wendungsdiensten verknüpft werden.

K Plattform:
Basisanwendungen

Eine typische Basisanwendung stellt der *MIB-Browser* dar, mit Hilfe dessen die Werte einzelner Managed Objects abgefragt werden können. Ferner ermöglicht der MIB-Browser eine Interpretation der MIB-
Module, sodass Dokumentationen zur Bedeutung der Managed Objects
entsprechend angezeigt werden können. Die Funktionen sind insofern
ähnlich zu den Funktionen des eigenständigen MIB-Browsers (vgl. Abschnitt 7.3.2), allerdings in die Plattform integriert.

Aufgabe des *Konfigurationsmanagers* in Verbindung mit einem et-
waigen *Topologie-Manager* ist die Verwaltung der Konfigurationsinformationen und deren Aufbereitung. Je nach Funktionsumfang beinhaltet
dies die Abfrage der aktuellen Ist-Konfiguration, der Ressourcen sowie
eine Auto-Discovery-Funktion für bislang unbekannte Komponenten.
Ein automatisierter Abgleich zwischen der Ist- und Soll-Konfiguration
ist für die Pflege der Konfigurationsdaten von immenser Bedeutung.
Geschieht die Pflege der Daten ausschließlich manuell, zeigt sich in der
Praxis sehr häufig, dass die im Managementsystem vorhandenen Daten

---

[1] Die *IT Infrastructure Library (ITIL)* beschreibt in Form von „Best Practices" Maßnahmen, Prozesse, Aufgaben, Zuständigkeiten etc., um ein effizientes IT-Service-Management zu gewährleisten.

und die reale Konfiguration nicht konsistent sind. Für das Netzmanagement wirkt sich solch eine Inkonsistenz nachteilig aus, da Entscheidungen somit auf der falschen Grundlage gefällt werden. Zudem kann auch eine Anpassung der Konfiguration, d.h. ein schreibender Zugriff auf die zu managende Komponente durch den Konfigurationsmanager stattfinden, wobei hierzu neben SNMP auch Protokolle wie telnet oder ssh genutzt werden.

Ein *Zustandsmonitor* zeigt aktuelle Informationen über den Zustand der einzelnen Netzkomponenten, wobei die Überwachung vom Manager initiiert ist. Zur Überwachung kommen dabei unterschiedliche Protokolle wie ICMP oder SNMP in Betracht. Durch die Basisanwendung *Leistungsmonitor* kann die Leistung bzw. der Durchsatz der Netzkomponenten überwacht werden. Hierzu müssen die Messpunkte, die -intervalle und -dauer festgelegt werden. Ein Leistungsmonitor kann bspw. mittels RMON realisiert werden.

Ziel des *Ereignismanagements* ist es, eine Aggregation und Korrelation von Messdaten und eintreffenden Meldungen durchzuführen, um die Ursache eines Problems zu ergründen. Ferner sollten die Meldungen, welche auf die gleiche Ursache zurück zu führen sind, zusammengefasst werden. Somit wird der Netzwerkoperator entlastet und nicht durch zu viele Meldungen „überflutet". Das Ereignismanagement bedient sich hierzu verschiedener Techniken, um eine Filterung bzw. Korrelation der Ereignisse vorzunehmen, wobei diese Methoden teilweise aus dem Bereich der Künstlichen Intelligenz stammen:

K Ereignisfilterung und -korrelation

- *Regel-basiert*: Bei einem Regel-basierten System werden auf der Faktenbasis Regeln definiert. Ein Beispiel für eine Regel könnte folgendermaßen aussehen: Sind alle Komponenten hinter einem Gebäudeverteiler nicht mehr erreichbar, so ist der Gebäudeverteiler fehlerhaft. Durch die Verknüpfung mehrerer Regeln und aktueller Monitoring-Daten kann eine sogenannte Inferenzmaschine die Ursache für ein bzw. mehrere Ereignisse ableiten.
- *Kausales Modell*: Basierend auf den Fakten wie Topologie des Netzes etc. wird zunächst ein kausales Modell spezifiziert. Ein Korrelator verknüpft dann die aktuellen Messdaten und Meldungen mit diesem kausalen Modell und leitet daraus mögliche Ursachen ab.
- *Fall-basiert*: Eine Fall-Datenbank mit gelösten Problemfällen dient als Basis von Fall-basierten Systemen. Ein Korrelator versucht dann eine Verbindung zwischen aktuellen Ereignismeldungen und bereits früher gelösten Problemen herzustellen, um auf die Ursachen des Problems zurückzuschließen.

Neben Messdaten und internen Meldungen wie SNMP-Traps können auch „externe" Störungsmeldungen einfließen. Hierzu wird oft ein sogenanntes **Trouble-Ticket-System** eingesetzt, in welchem Probleme als Trouble Tickets erfasst werden und deren Bearbeitung verfolgt werden kann. Zur Benachrichtigung des Netzwerkoperators stehen dem Ereignismanager regelmäßig verschiedene Wege offen wie zum Beispiel die Anzeige in der Managementanwendung, Versenden einer E-Mail oder einer SMS.

Die Benutzeroberfläche einer Managementplattform erlaubt dem Manager den Zugriff auf die Plattform, um bspw. Messdaten graphisch aufbereitet einsehen zu können. Der Zugriff kann über eigenständige Anwendungen oder über Web-basierte Lösungen erfolgen. Vorteil von Web-Applikation ist insbesondere deren Plattform- und Ortsunabhängigkeit, da Browser auf den gängigen Betriebssystemen verfügbar und auf den meisten Rechnern bereits installiert sind. Andererseits sind eigenständige Applikationen nicht den Limitierungen wie eine Web-Applikation unterworfen und weisen im Allgemeinen auch eine schnellere Reaktionszeit auf. Insofern bleibt zu beobachten, ob die Hersteller Techniken wie AJAX (vgl. bspw. [Wenz 2007]), die die Vorteile beider Ansätze vereinen, für künftige Benutzeroberflächen nutzen. Folgende Funktionen werden typischerweise von solchen Benutzeroberflächen angeboten:

K Plattform:
Benutzeroberfläche

- *Suche und Filterung* – Eine Benutzeroberfläche sollte eine Such- und Filterfunktion bereitstellen, sodass Netz- und Systemressourcen gefunden und gruppiert werden können.
- *Navigation* – Neben einer Suche ist auch eine Navigationsfunktion innerhalb der Managementinformationen sehr hilfreich. Zur Navigation können verschiedene Strukturen wie bspw. Bäume, Verlinkungen oder Indizes eingesetzt werden.
- *Karte* – Die Netzwerktopologie wird häufig als Graph in Form einer Karte (engl. Map) dargestellt. Hierbei ist insbesondere darauf zu achten, dass die Darstellung nicht durch zu viele Informationen überfrachtet ist und gegebenenfalls Unterteilungen (Sub-Maps) und Abstraktionen vorzunehmen. Oft werden auch verschiedene Sichtweisen wie zum Beispiel eine physikalische, auf Basis der Verkabelung, oder eine logische, auf Basis der VLANs, angeboten.
- *Editierung* – Zur Verwaltung der Konfiguration sind auch Editierfunktionen nötig.

Bei all diesen Funktionen sollte die Sichtweise berücksichtigt werden. Die Sichtweise kann sich bspw. je nach Nutzer unterscheiden, aber auch von der betrachteten Ebene abhängen. So ist die Verkabelungsstruktur meist nicht identisch mit der logischen Netztopologie.

Exemplarische Plattformen

Aufgrund der großen Anzahl von verfügbaren Netzwerkmanagementplattformen kann an dieser Stelle keine vollständige Darstellung stattfinden. Es werden daher exemplarisch zwei kommerzielle und eine Open-Source Plattform kurz angeführt:

- *HP OpenView* [WWW HP Openv] ist eine umfangreiche Softwarelösung. Darin sind Anwendungen zum Netzwerkmanagement ebenso enthalten wie zum Identitätsmanagement. Nach Aussage von HP ist der *Network Node Manager* die am weitesten verbreitete und führende Lösung im Bereich Netzwerkmanagement.
- Als einer der führenden Hersteller von Netzkomponenten bietet auch *Cisco* Applikationen zum Netzmanagement [WWW Cisco] an.
- *OpenNMS* [WWW oNms] ist eine Open-Source Netzmanagementplattform, die mit dem Ziel gestaltet wurde, für große Unternehmen bzw. Organisationen geeignet zu sein. Der Fokus von OpenNMS bildet insbesondere das *Service-Monitoring*.

7.3 Ausgewählte Werkzeuge für TCP/IP-basierte Netze

In diesem Abschnitt werden verschiedene Werkzeuge präsentiert, die regelmäßig in TCP/IP-basierten Netzen von Netzwerkoperatoren eingesetzt werden und für die gängigen Windows- und Unix-Plattformen verfügbar sind.

7.3.1 ping & traceroute

Typische Beispiele für sehr einfache aber gleichermaßen sehr nützliche Werkzeuge stellen die beiden „Klassiker" *ping* und *traceroute* dar.

F ping   Durch **ping** kann die Erreichbarkeit eines IP-Hosts überprüft werden. Dabei werden ICMP-Nachrichten gemäß [RFC 792] versendet, genauer EchoRequest-Nachrichten, die vom Gegenüber mit EchoReply-Paketen beantwortet werden. Die erste Version wurde von Mike Muss 1983 für das damalige BSD Unix programmiert (vgl. auch [WWW

Ping]). Heutzutage ist ping in nahezu allen Betriebssystemen und Netz-komponenten verfügbar. Neben der Erreichbarkeit wird auch die Um-laufzeit (engl. Round-Trip-Time) der Pakete ermittelt. Die Syntax lau-tet folgendermaßen, wobei als Zielhost sowohl eine IP-Adresse als auch ein Domain-Name angegeben werden kann.

Syntax: `ping` *Zielhost*

Beispiel (Darstellung verkürzt):

```
bash-3.1$ ping 129.13.182.1
PING 129.13.182.1 (129.13.182.1) 56(84) bytes
64 bytes from 129.13.182.1: ttl=59 time=4.11 ms
...
```

ping ist geeignet, um sehr schnell die Netzkonnektivität zwischen zwei Punkten zu testen, und kann aufgrund des hohen Verbreitungsgrades und der einfachen Bedienung auch von „unerfahrenen" Anwendern aus-geführt werden.

Die Route zwischen zwei Rechnern kann mit Hilfe von **tracerou-te** bestimmt werden. Je nach Implementierung werden hierzu ICMP-Nachrichten, genauer `EchoRequest`-Pakete, oder UDP-Pakete mit ei-ner „hohen" Portnummer (in der Regel > 33.000) versendet. Hierbei ist zu beachten, dass je nach Firewall-Richtlinie ICMP- anders als UDP-Pakete behandelt werden und sich insofern auch die Ergebnisse unterscheiden können. Die Lebenszeit des entsprechenden IP-Paketes wird ausgehend von $TTL = 1$ sukzessive erhöht. Die zwischenliegen-den Netzkomponenten senden dann jeweils die ICMP-Nachricht `TTL exceeded` bzw. `Port unreachable` zurück. Die ermittelte Route ent-hält somit alle Netzkomponenten (in der Regel Router), die den TTL-Zähler im IP-Paket um eins erniedrigen.

Syntax (Unix): `traceroute` *Zielhost*
Syntax (Windows): `tracert` *Zielhost*

Beispiel (Darstellung verkürzt):

```
bash-3.1$ traceroute www.dfn.de
traceroute to sirius.dfn.de (192.76.176.5)
 1 r-ws-pools-rz.rz.uni-karlsruhe.de (129.13.97.254)
 2 r-rtr-ospf-3-rnz-164-40a.rz.uni-karlsruhe.de (...
 3 Karlsruhe1.belwue.de (129.143.166.129)
 4 Stuttgart1.belwue.de (129.143.1.7)
 5 Stuttgart2.belwue.de (129.143.1.25)
```

F traceroute

```
 6 xr-stu1-ge8-3.x-win.dfn.de (188.1.38.53)
 7 xr-fzk1-te2-1.x-win.dfn.de (188.1.145.81)
 8 zr-fra1-te0-7-0-7.x-win.dfn.de (188.1.145.49)
 9 zr-pot1-te0-0-0-4.x-win.dfn.de (188.1.145.206)
10 xr-tub1-te2-3.x-win.dfn.de (188.1.144.222)
11 xr-hub1-te2-1.x-win.dfn.de (188.1.144.13)
12 kr-dfnbln.x-win.dfn.de (188.1.230.162)
13 sirius.dfn.de (192.76.176.5)
```

Wie das obige Beispiel zeigt, lassen die ermittelten Rechnernamen oft auch Rückschlüsse auf die geographische Position der Netzkomponenten zu. Will man die eigene Außenanbindung testen bzw. die Erreichbarkeit einzelner Netzdienste von „außen" überprüfen, bieten sich Web-basierte Lösungen wie [WWW Trace] an.

Aus Sicherheitsgründen werden heutzutage ICMP-Nachrichten teilweise durch Firewalls verworfen bzw. Netzkomponenten beantworten diese nicht. Daher ist die korrekte Funktion im öffentlichen Internet nicht in jedem Fall gewährleistet. Innerhalb des eigenen Netzes sollte jedoch auf die ICMP-Funktionalität nicht verzichtet werden, da sie ein elementares Hilfsmittel für das Monitoring und zur Fehlerdiagnose darstellt. Neben den gerade vorgestellten eigenständigen Programmen, wird ICMP auch von Basisanwendungen wie dem Zustandsmonitor in Managementplattformen genutzt.

7.3.2 MIB-Browser

Um die MIB eines Agenten zu „erkunden", können sogenannte MIB-Browser genutzt werden. Abb. 7.2 zeigt den frei verfügbaren MIB-Browser der Firma iReasoning [WWW iReasoning mibBrowser]. Die Anwendung ist in Java geschrieben und daher auf diversen Plattformen nutzbar. Der MIB-Browser agiert als Manager und kann die SNMP-Operationen wie *Get* und *Set* initiieren. Außerdem kann der MIB-Browser auch SNMP-Traps empfangen. Entsprechende MIB-Module können eingelesen und dem Nutzer als Baumstruktur, wie im linken Teil der Abbildung sichtbar, präsentiert werden. Ferner wird zu den selektierten Managed Objects jeweils die OID, Syntax, Access, Beschreibung etc. angezeigt.

7.3.3 MRTG & RRDTool

Der **MRTG** *(Multi Router Traffic Grapher)* [WWW Mrtg] ist ein weit verbreitetes Werkzeug, um die Netzwerklast zu überwachen. MRTG

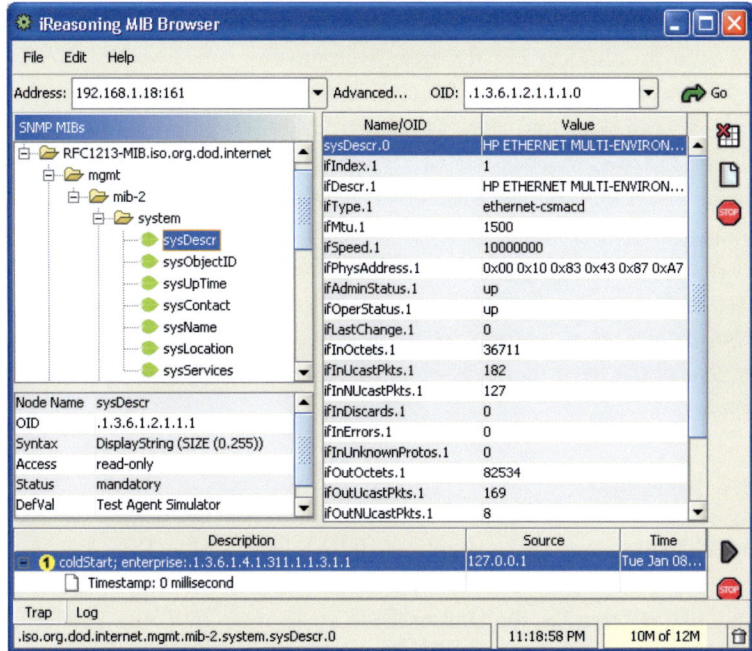

Abb. 7.2. iReasoning MIB-Browser

fragt hierzu Monitoring-Daten von den Netzkomponenten per SNMP
ab und generiert daraus Graphiken. Abb. 2.2 zeigt bspw. eine solche
Graphik. Durch Angabe der entsprechenden OID können auch beliebige
andere Werte abgefragt und visualisiert werden.

Die Überwachung aller Switch-Ports am RZ wäre jedoch mit MRTG   F Portstatistiken
nur schwer möglich. Am RZ werden momentan allein ca. 14.000 Switch-   mit MRTG
Ports überwacht. Ports mit einer Geschwindigkeit bis zu 100 Mbit/s
werden alle fünf Minuten abgefragt. Falls es sich um einen 32 bit Counter handelt, werden Ports > 100 Mbit/s alle 30 Sekunden abgefragt und
alle fünf Minuten sonst. Somit kann ein Counter in einem Abfrageintervall nicht mehrmals „umlaufen". Nimmt man eine Datenpaketgröße
von 1 kByte, 14.000 Ports und eine gleichmäßige Verteilung über ein
Abfrageintervall von fünf Minuten an, so ergibt sich rechnerisch eine
Netzlast von ca. 373 kbit/s. Insofern stellt die Netzlast kein Problem
dar. Es zeigte sich jedoch, dass die Generierung der Graphik Probleme
bereitet, da durch jeden neuen Messwert eine neue Graphikgenerierung
angestoßen wird. So dauerte die Abfrage von drei Interfaces, einschließlich der Generierung der entsprechenden Graphik, in etwa eine Sekunde.
Rechnet man dies nun auf 14.000 Ports hoch, wären ca. 16 Monitoring-

systeme notwendig. Wie in Abschnitt 7.4.1 noch erläutert wird, reichen aber zum Monitoring am RZ zwei Systeme aus.

Wie an diesem Beispiel deutlich wurde, ist eine Entkopplung von Graphikerzeugung und dem Erfassen der Monitoring-Daten sinnvoll. Das **RRDTool**, welches wie MRTG auch von Tobi Oetiker entwickelt wurde, leistet genau dies. Zum einen beinhaltet das RRDTool eine Datenbank und zum anderen Applikationen zur Generierung von Graphiken, die unabhängig von der Datenbank ausgeführt werden. Die Datenbank ist darauf optimiert eine konstante Größe zu halten. Die enthaltenen Daten werden dabei in einem Rotationsverfahren (engl. Round-Robin) nach einem gewissen Zeitraum durch neue Datensätzen ersetzt.

7.3.4 Wireshark

Zur Fehlerdiagnose ist es gegebenenfalls hilfreich, den Datenstrom im Detail mit Hilfe eines Protokollanalysators zu untersuchen. Hierzu ist es zum einen notwendig, die Datenpakete zu erfassen und zum Zweiten eine Analyse der gespeicherten Pakete vorzunehmen. Sollen nicht nur Pakete, die an den eigenen Rechner gerichtet sind, bzw. Broadcast-Pakete erfasst werden, so muss das Interface in den sogenannten *Promiscuous Mode* versetzt werden. Wird das Interface in diesen Modus versetzt, werden alle Datenpakete, die das Interface „sehen" kann, erfasst (vgl. insofern „Switch-Problematik" in Abschnitt 5.2.3).

Neben dem *tcpdump* stellt **Wireshark**[2] [WWW Wireshark a] ein weit verbreitetes Werkzeug dar, mit dessen Hilfe Pakete aufgezeichnet und analysiert werden können. Wireshark bietet eine graphische Nutzeroberfläche und ist für diverse Unix- und Windows-Plattformen kostenlos unter der GPL verfügbar. Abb. 7.3 zeigt einen Screenshot von Wireshark. Eine Stärke von Wireshark ist insbesondere die Interpretation einer großen Anzahl von Netzwerkprotokollen auf unterschiedlichen Schichten. Interpretation meint hierbei, dass die sogenannten *Protocol Dissectors* die Datenpakete entsprechend ihren Bestandteilen zerlegen und dem Nutzer mit Zusatzinformation angereichert darstellen. So ist bspw. in Abb. 7.3 zu sehen, dass der *Protocol Type 0x800* im ARP-Protokoll für das IP-Protokoll steht. Mittlerweile ist die Interpretation von über 800 Protokollen möglich. Eine aktuelle Liste der unterstützten Protokolle ist unter [WWW Wireshark b] abrufbar.

---

[2] *Wireshark* entstand 2006 als Nachfolger von *Ethereal*.

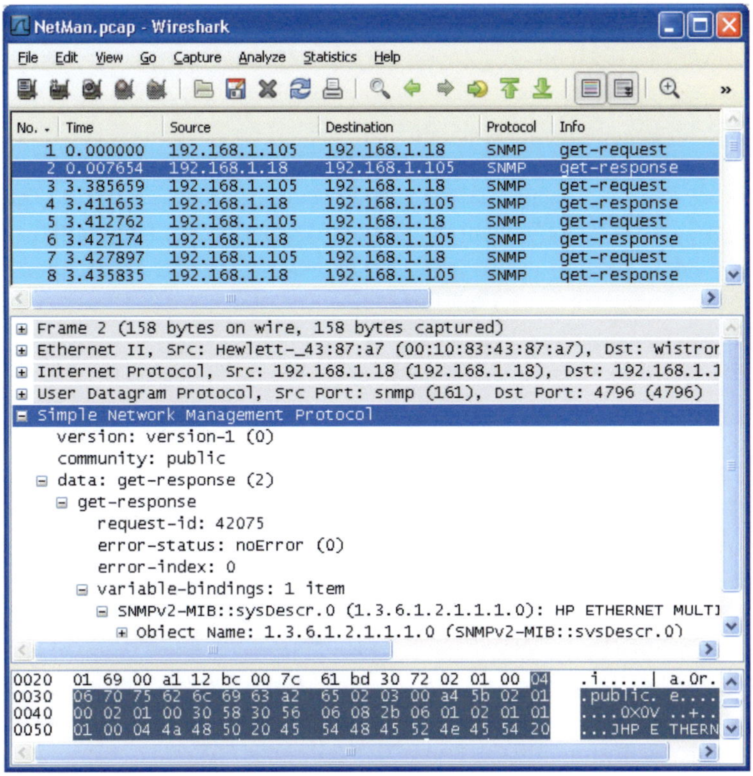

Abb. 7.3. Protokollanalysator *Wireshark*

Abgesehen von der Analyse einzelner Pakete, können mit Wireshark statistische Daten berechnet werden und auch die Informationsflüsse zwischen verschiedenen Endsystemen nachvollzogen werden. Hierzu stehen umfangreiche Filtermechanismen zur Verfügung.

Neben Wireshark existiert noch eine Reihe weiterer Protokollanalysatoren, insbesondere auch im Bereich drahtloser Netze wie zum Beispiel *AiroPeek* oder *AirPCap* als Erweiterung zu Wireshark.

7.4 Plattformen am Rechenzentrum der Universität Karlsruhe (TH)

In den Kapiteln 1 und 2 wurden bereits Teile des Campusnetzes der Universität Karlsruhe (TH) präsentiert und auch entsprechende Aufgaben und Herausforderungen verdeutlicht. Zum Management des drahtgebundenen Netzes und des drahtlosen Netzes DUKATH werden am RZ zwei Plattformen eingesetzt, die im Folgenden vorgestellt werden.

7.4.1 Netzwerkmanagement

Bei der zentralen Netzmanagementplattform des Rechenzentrums handelt es sich um eine Eigenentwicklung, da in diesem Fall eine Integration bestehender Skripte und Applikationen leichter war als eine Migration auf eine komplett neue Plattform. Die Erläuterung der Plattform erfolgt anhand des funktionalen FCAPS-Modells.

Konfigurationsmanagement

Die Konfiguration der Netzkomponenten auf dem Campus findet entweder *manuell, „manuell aber überwacht"* oder *vollautomatisch* statt. Bei der *manuellen* Konfiguration werden die Konfigurationselemente durch einen Operator in der Regel durch direkten Zugriff auf die Komponente per ssh gesetzt. Im Falle der *„manuellen aber überwachten"* Konfiguration findet die eigentliche Konfiguration auch manuell statt, im Anschluss erfolgt jedoch ein automatisierter Import der Konfiguration von der Komponente und ein Abgleich mit der Soll-Konfiguration. Ein Teil der Konfiguration findet bereits *vollautomatisch*, bspw. durch SNMPv3, statt.

Bei Switches werden insbesondere die folgenden Elemente konfiguriert, wobei nach (relativ) statischen und häufig wechselnden Konfigurationselementen unterschieden wird. Dabei sind in der Auflistung nur die grundlegenden Elemente enthalten.

- (Relativ) statische Konfigurationselemente:
  - *Gerätetyp*: Hersteller und Typenbezeichnung des Switches.
  - *Module* und *Ports*: Art und Anzahl der Netzwerkschnittstellen. Bei modularen Switches auch die Konfiguration der Module.
  - *IP-Konfiguration*: IP-Konfiguration des Switches, die ausschließlich zur Administration notwendig ist.
- Häufig wechselnde Konfigurationselemente:
  - *Port/VLAN*: Zuordnung von VLANs und physikalischen Ports des Switches.
  - *Patchkonfiguration*: Zuordnung von physikalischen Ports des Switches und Anschlüssen des Patchfeldes.

Die Konfiguration der Switches erfolgt in der Regel manuell, wobei zukünftig eine Automatisierung auf Basis von SNMPv3 vorstellbar ist.

(SNMPv3 wird zurzeit von ca. 2/3 der Netzkomponenten des Rechenzentrums unterstützt.) Um die Konsistenz der manuellen Konfiguration sicherzustellen, wird die Konfiguration wieder vom Switch in die
Managementplattform eingelesen (importiert) und deren Konformität
überprüft. Dabei ist insbesondere die VLAN-Konfiguration von Belang,
da aufgrund der großen Anzahl von VLANs (vgl. Abschnitt 2.4.1) und
häufig wechselnder Belegungen der Ports diese Konfiguration fehleran-
fällig ist. Insofern handelt es sich um eine *manuelle aber überwachte*
Konfiguration.

Die Konfiguration von Routern ist komplex und breitgefächert, daher werden an dieser Stelle nur ausgewählte Konfigurationselemente
aufgelistet. Neben reinem Routing wird am RZ auch ein zentrales NAT-
Routing angeboten.

- (Relativ) statische Konfigurationselemente:
    - *Gerätetyp*: Hersteller und Typenbezeichnung des Routers.
    - *Module* und *Ports*: Art und Anzahl der Netzwerkschnittstellen,
      da Router in der Regel modular aufgebaut sind, nach Modulen
      strukturiert.
- Häufig wechselnde Konfigurationselemente:
    - *IP-Interfaces*: Konfiguration von IP-Adressen, Subnetzen und
      Routing-Tabellen.
    - *ACLs*: Access Control Lists auf den zentralen Routern.
    - *VLAN*: Zuordnung von IP-Adressen bzw. Bereichen zu VLANs.
    - *NAT*: Abbildung von privaten auf öffentliche IP-Adressen.

Die häufig wechselnden Elemente werden vollautomatisch konfiguriert.
Die restliche Konfiguration der Router erfolgt manuell. Im Falle der
manuellen Konfiguration erfolgt wiederum ein automatischer Import
der aktuellen Konfiguration in die Managementplattform, sodass ein
Abgleich zwischen der Soll- und der Ist-Konfiguration stattfinden kann.
Dieser Abgleich ermöglicht insbesondere die Kontrolle der IP-, Subnetz-
und VLAN-Konfiguration. Insbesondere die sicherheitsrelevante Konfiguration der ACLs und NATs findet vollautomatisch auf Basis eines richtlinienbasierten (engl. Policy-based) Ansatzes statt (vgl. auch
Abschnitt 8.4.1 und [Müller et al. 2006]). Auch die Access Points des
DUKATH-Netzes werden automatisch konfiguriert. Dabei kommt jedoch eine dedizierte Software zum Einsatz, die im folgenden Abschnitt
erläutert wird.

Neben der Konfiguration dient die Plattform auch Dokumentati-
onszwecken, so werden bspw. die Versionsnummern bzw. Patch-Levels
der Router-Software darin vermerkt. Erscheint ein *Security Advisory*,

kann somit umgehend ermittelt werden, welche Geräte davon betroffen sind. Daneben wird auch die Verkabelung anhand des Gebäudeplanes dokumentiert (vgl. Abb. 1.1). Dabei werden (festinstallierte) LWL- und Kupferkabel sowie Patchfelder und Anschlussdosen erfasst. Eine Automatisierung ist hierbei kaum möglich. Die Erfassung kann aber bspw. durch CAD-Systeme unterstützt werden.

F Aktivierung einer Datendose

Diese Konfigurationsdaten können sodann auch genutzt werden, um eine Datendose zu aktivieren. Bevor eine Datendose aktiviert werden kann, muss der IT-Beauftragte der entsprechenden Abteilung dem RZ zunächst die Gebäudenummer, das Geschoss, die Dosennummer und Port sowie die gewünschte IP-Adresse über ein Web-Formular mitteilen. Am RZ wird anschließend geprüft, ob der Antragsteller für die Dose und IP-Adresse zuständig ist. Ist dies der Fall, so wird geprüft, ob die Dose bereits mittels des Patchfeldes mit dem Etagen-Switch verbunden ist. Wenn dies nicht der Fall sein sollte, muss ein „patchen" vor Ort stattfinden. Anschließend wird durch die beantragte IP-Adresse das entsprechende VLAN ermittelt. Falls das VLAN noch nicht auf diesem Switch verfügbar ist, muss es durchgängig bis zu diesem konfiguriert werden. Abschließend wird das VLAN auf den entsprechenden Switch-Port aufgeschaltet und die Datendose ist wie gewünscht eingerichtet. Dabei ist bislang keine automatische Wegefindung für die VLAN-Konfiguration möglich, da kein herstellerübergreifendes Verfahren existiert.

Leistungsmanagement

Zum Leistungsmanagement werden am RZ verschiedene Parameter der Switches und Router überwacht. Bei Switches findet ein Monitoring der physikalischen Ports statt. Die Router werden, hinsichtlich der physikalischen Ports, der IP-Interfaces (entsprechen den VLANs) und kritischer Ressourcen wie CPU-Last, überwacht. Insgesamt sind somit in etwa 24.000 Ports abzufragen, wobei bis zu 18 Werte pro Port ermittelt werden. Das Pollingintervall variiert hierbei zwischen 30 Sekunden und fünf Minuten, je nach möglicher Übertragungsgeschwindigkeit des Ports. Durch die langfristige Speicherung der (aggregierten) Messwerte ist es möglich, Trends zu erkennen und somit frühzeitig eine Aufrüstung der Komponenten vorzunehmen.

Fehlermanagement

Das Fehlermanagement am RZ wird durch die Managementplattform zum einen durch Funktionen zur Erkennung und zum anderen durch Hilfsmittel zur Diagnose unterstützt. Zur Fehlererkennung stehen Erreichbarkeitstests von Routern und Switches per ICMP, Überwachung aller Ports per SNMP, Schwellwertüberwachung von kritischen Ressourcen wie zum Beispiel Auslastung des TCAM zur Verfügung. Ferner werden SNMP-Traps und syslog-Nachrichten[3] empfangen und den Netzoperatoren angezeigt.

Um die Diagnose von Fehlern zu erleichtern, können sogenannte *Watch Probes* aufgesetzt werden. Dadurch können einzelne Ressourcen gezielt und in kurzen Zeitabständen mittels ICMP oder SNMP überwacht werden.

Den zuständigen Netzwerkoperatoren können die Fehler- bzw. Ereignismeldungen schließlich von der Managementplattform per E-Mail oder SMS zugestellt werden.

Abrechnungsmanagement

Ein Abrechnungsmanagement auf Basis der gewonnenen Managementinformationen findet zwar nicht statt. Dennoch findet eine Erfassung der relevanten Datenströme mit Hilfe von NetFlow in den zentralen Routern des Rechenzentrums statt. Die NetFlow-Daten werden hierzu an die Netzmanagement-Probes übermittelt und schließlich von den Netzmanagement-Controllern ins Data-Warehouse transferiert (vgl. Abb. 7.4). Im Data-Warehouse findet sodann auch eine Aggregation der Daten statt.

Sicherheitsmanagement

Wie bereits im Rahmen des Konfigurationsmanagement erwähnt, basiert die Sicherheitskonfiguration auf einem richtlinienbasierten Ansatz zur Konfiguration der ACLs und NAT-Abbildungen.

Ferner wurde in der Managementplattform ein Rechtekonzept implementiert, sodass neben RZ-Mitarbeitern auch IT-Beauftragte direkt mit der Plattform interagieren können, um bspw. die NAT-Konfiguration ihres Bereiches zu modifizieren.

---

[3] syslog wird vielfach zur Übermittlung von Log-Meldungen genutzt (vgl. u.a. [RFC 3164] und [Clemm 2006, S. 267 ff]).

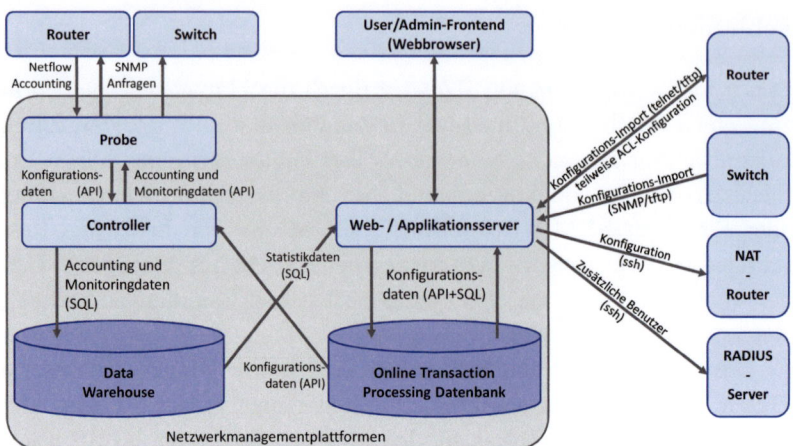

Abb. 7.4. Architektur der Netzwerkmanagementplattform des Rechenzentrums

Zur Abschottung erfolgt das Management der Netzkomponenten in einem eigenen Management-Netz in Form eines bzw. mehrerer VLANs. Ein Zugriff auf diese VLANs ist über „normale" Ports nicht möglich und es findet auch kein Routing der eingesetzten IP-Adressen statt.

Plattformarchitektur

F Netzwerk-management-plattform

Die Netzwerkmanagementplattform des Rechenzentrums untergliedert sich in die Bereiche Überwachung (Monitoring), Nutzerschnittstelle und Steuerung (Controlling). Abb. 7.4 zeigt den Aufbau dieser Netzwerkmanagementplattform. Wie im rechten Teil der Abbildung dargestellt, werden zur Konfiguration der einzelnen Komponenten unterschiedliche Protokolle genutzt. Ferner erfolgt ein Teil der Konfiguration, wie oben bereits erwähnt, noch manuell. Daher wurde die Möglichkeit des Konfigurationsimports geschaffen, sodass ein Abgleich zwischen der Soll-Konfiguration und der Ist-Konfiguration der Router und Switches möglich wird.

Zur Informationshaltung nutzt die Plattform zwei Datenbanksysteme. Zum einen eine Datenbank für die Konfigurationsdaten (*OLTP-Datenbank*) und zum anderen ein sogenanntes *Data Warehouse*, in welchem alle Monitoring-Daten gespeichert werden. Die Monitoring-Daten werden nach einem ähnlichen Prinzip wie beim RRDTool gespeichert. Auflaufende Daten werden zunächst für eine Zeitraum von 20 Tagen in der Feinheit gespeichert, in der sie abgefragt wurden. Danach findet eine Aggregation statt und es werden entsprechende Durchschnittswerte berechnet.

Die Monitoring-Daten werden in einem mehrstufigen Verfahren ermittelt. Zunächst wird die Konfiguration des Monitorings von den *Controllern* aus der OLTP-Datenbank bezogen und auf die untergeordneten *Probes* verteilt. Die Probes fragen die Daten per SNMP von den Netzkomponenten ab und sind für die Einhaltung der Polling-Intervalle zuständig. Nach Erhalt der Monitoring-Daten werden diese den Controllern übermittelt, welche sie wiederum im Data Warehouse ablegen. Außerdem werden die NetFlow-Datensätze der zentralen Router an die Probes gesendet. Das Monitoring wird zurzeit mittels 16 Probes durchgeführt, die auf zwei Rechnern verteilt sind. Die Steuerung dieser Probes erfolgt wiederum durch zwei Controller.

Der Zugriff auf die Managementplattform erfolgt über eine Web-basierte Nutzerschnittstelle. Die Monitoring-Daten können somit textuell oder graphisch aufbereitet über die Web-Oberfläche eingesehen werden. Neben den Netzwerkoperatoren des Rechenzentrums können daher auch die IT-Beauftragten anderer universitärer Einrichtungen auf die Plattform zugreifen und Teile dezentral administrieren. Die IT-Beauftragten in den einzelnen Abteilungen können bspw. die DNS- und NAT-Konfiguration für ihren Netzbereich selbst durchführen (vgl. auch Abschnitt 6.5.1). Über die Web-Oberfläche können auch *Watch-Probes* eingerichtet werden. Die Bereitstellung der Web-Oberfläche erfolgt durch einen Webserver. Weiterhin kommt ein Applikationsserver zum Einsatz, der notwendige „Vermittlungsaufgaben" zwischen den einzelnen Modulen übernimmt.

7.4.2 WLAN Management mit AirWave

Zum Management des drahtlosen Netzwerks *DUKATH* wird am Rechenzentrum die kommerzielle Plattform *AirWave* eingesetzt. Zurzeit werden im Bereich des Campus der Universität Karlsruhe (TH) ca. 365 Access Points durch AirWave gemanagt. Abb. 7.5 zeigt einen Ausschnitt der AirWave Web-Oberfläche, das sogenannte *Dashboard*. Im oberen Teil sind aktuelle Leistungskennzahlen wie Anzahl der Nutzer und Durchsatz erkennbar. Im unteren Teil sind aktuelle Log-Meldungen zu sehen. Das dargestellte Dashboard liefert eine Übersicht, von welcher der Nutzer in die verknüpften detaillierteren Ansichten wechseln kann.

Für das Management des DUKATH-Netzes wird eine spezielle Plattform eingesetzt, da sich das Management signifikant vom Ma-

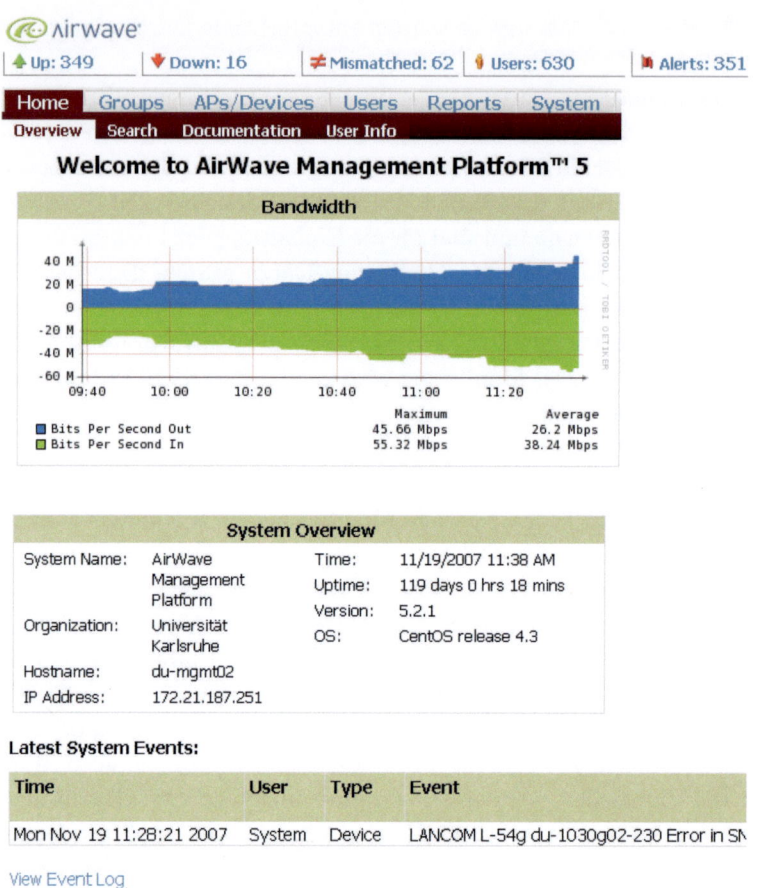

Abb. 7.5. Web-Oberfläche des WLAN-Managementwerkzeugs AirWave

nagement drahtgebundener Netze unterscheidet. Das Management von drahtlosen Netzen und deren Access Points gestaltet sich allein durch die geographisch verteilte Struktur oftmals problematisch, da Access Points über den gesamten Campus verteilt und oft auch an unzugänglichen Stellen montiert sind. Eine Konzentration auf wenige Standorte, wie dies bspw. bei Routern möglich ist, ist aufgrund der Einschränkungen durch die Funkkommunikation kaum möglich.

Dem Konfigurationsmanagement kommt in drahtlosen Netzen eine entscheidende Bedeutung zu, da Nutzer regelmäßig den Access Point wechseln und überall die gleiche Konfiguration vorfinden sollten. Außerdem ist die Sicherheitskonfiguration im Allgemeinen komplexer, da im drahtlosen Bereich regelmäßig eine Authentifikation der Nutzer statt-findet. Im Gegensatz dazu erfolgt die „Authentifikation" im drahtge-bundenen Bereich oft indirekt durch bauliche Maßnahmen wie Türen und Schlösser, welche den Zugang zur Datendose reglementieren. Das DUKATH-Netz wurde in mehrere Bereiche mit unterschiedlichen SSIDs unterteilt, um die Belastung durch Broadcasts einzudämmen. Ferner wird Mitgliedern anderer Hochschulen ein Roaming ermöglicht, bei welchem sich Nutzer nicht gegenüber der Universität Karlsruhe (TH) authentifizieren, sondern bei ihrer eigenen Hochschule. Um die unter-schiedlichen Nutzergruppen voneinander zu trennen, werden daher un-terschiedliche SSIDs und VLANs genutzt.

Zur Konfiguration der Access Points werden Vorlagen definiert und die Access Points in Gruppen eingeteilt. Die Vorlagen beinhalten unter anderem:

- Funkschnittstelle: Ein koordinierter Einsatz der möglichen Funk-kanäle vermeidet mögliche Interferenzen zwischen benachbarten Ac-cess Points.
- SSIDs und VLANs: Die im DUKATH eingesetzten Access Points unterstützen mehrere SSIDs parallel, die wiederum in unterschied-liche VLANs abgebildet werden.
- Sicherheitsparameter: Um nur Berechtigten den Zugriff auf das DUKATH-Netz zu ermöglichen und die Verbindung zu sichern, sind diverse Parameter an den Access Points zu konfigurieren, die im Fol-genden noch näher ausgeführt werden.

Zur Konfiguration nutzt AirWave je nach Typ des Access Points SNMPv3, telnet, ssh oder tftp. Wie bei der allgemeinen Netzmana-gementplattform des Rechenzentrums, findet auch hier eine Konfor-mitätsprüfung der Konfiguration statt und etwaige Abweichungen von der Soll-Konfiguration werden dem Netzwerkoperator angezeigt (vgl. Abb. 7.5).

Neben dem Konfigurations- wird auch das Fehlermanagement durch AirWave unterstützt. So ist bspw. erkennbar, welche Access Points ak-tuell nicht erreichbar sind. Ferner sind Alarmierungsfunktionen vor-handen, um Statusänderung zu signalisieren. Diese Signalisierung kann per SNMP-Trap erfolgen und somit ist eine einfache Integration in die vorher beschriebene allgemeine Netzmanagementplattform möglich.

Hinsichtlich des Leistungsmanagements ist insbesondere der Durch-satz an der „Luftschnittstelle" sowie die Anzahl der Nutzer relevant. Die entsprechenden Messdaten können hierzu auch nach Gruppen und Ac-cess Point bzw. Gebieten differenziert analysiert werden. Dadurch kann bspw. ein Engpass an hochfrequentierten Punkten wie der Bibliothek oder dem RZ frühzeitig erkannt werden und ein entsprechender Ausbau der Kapazitäten erfolgen.

Dem Sicherheitsmanagement und insbesondere der Konfiguration der Access Points kommt speziell in drahtlosen Netzen eine entscheidende Bedeutung zu. Dabei muss sichergestellt werden, dass nur Berechtigte auf das Netz zugreifen können. Zur Authentifikation von Nutzern wird unter anderem das RADIUS-Protokoll (vgl. Abschnitt 11.3.1) genutzt. Den Access Points muss dazu ein entsprechender RADIUS-Server bekannt sein und außerdem ein zweites Protokoll wie EAP-TTLS oder PEAP zu Sicherung der Kommunikation gegen Abhören konfiguriert werden. Im DUKATH-Netz sind momentan drei Verfahren zur Authentifikation vorgesehen (Stand: Juni 2007):

1. Eine Möglichkeit stellt die Nutzung des offenen Netzzugangs dar, wobei die Nutzung des Internet erst nach einer Web-basierten Authentifikation möglich ist. Nachteil hierbei ist insbesondere, dass keine Verschlüsselung der nachfolgenden Datenverbindung erfolgt.

2. Eine VPN-Verbindung zum zentralen VPN-Zugangspunkt (*VPN Concentrator*) dient im zweiten Fall zur Authentifikation. Durch die VPN-Verbindung sind alle nachfolgenden Verbindungen geschützt.

3. Die Auslagerung der Authentifikation auf den Access Point gemäß IEEE 802.1x und eine Verschlüsselung der Verbindung durch WPA ist auch möglich. Dabei wird EAP-TTLS bzw. PEAP in Verbindung mit einem RADIUS-Server zur Authentifikation genutzt.

AirWave unterstützt das Sicherheitsmanagement hinsichtlich der Konfiguration der Access Points. Die Konfiguration der nachgelagerten RADIUS-Server und insbesondere der Benutzerdaten wird von der allgemeinen Netzmanagementplattform bzw. Benutzerverwaltung (BV) des Rechenzentrums übernommen (vgl. Abb. 7.4).

Auf eine Zugriffskontrolle anhand der MAC-Adressen wurde aus mehreren Gründen verzichtet. Zum einen bietet es keine ausreichende Sicherheit, da viele Treiber eine Modifikation der MAC-Adresse zulassen. Zum anderen wären die administrativen Kosten im Verhältnis zum Nutzen sehr hoch.

Ein spezielles Abrechnungsmanagement für das DUKATH-Netz ist momentan nicht vorgesehen, wobei gegebenenfalls auf die NetFlow-Daten der zentralen Router zurückgegriffen werden könnte.

7.5 Zusammenfassung

Im Rahmen dieses Kapitels wurde zunächst eine Klassifizierung von Managementwerkzeugen vorgenommen und der generelle Aufbau einer Managementplattform erläutert. Anschließend wurden häufig genutzte Werkzeuge wie ping oder Wireshark aufgezeigt und am Beispiel des Rechenzentrums der Universität Karlsruhe (TH) auch konkrete Managementplattformen und deren Funktionen anhand des FCAPS-Modells dargestellt.

Dabei zeigte sich, dass im Bereich des Netzwerkmanagements eine Integration der unterschiedlichen Informationsquellen, Werkzeuge und Protokolle geboten ist, um Netze effizient zu managen. Somit werden zum Management parallel, je nach Einsatzzweck, verschiedene Protokolle wie ICMP, SNMP und NetFlow genutzt. Bei Oberflächen zeichnet sich ein Trend hin zu Web-basierten Systemen ab, die aus Sicht des Netzwerkoperators plattformunabhängig sind sowie den Zugriff von „beliebigen" Rechnern erlauben.

Hinsichtlich der zukünftigen Entwicklungen stehen insbesondere Richtlinien-basierte Ansätze im Vordergrund, um die Komplexität durch heterogene Komponenten für den Administrator zu reduzieren. Ferner werden zunehmend auch die Entscheidungs- und Regelungsverfahren integriert, um Meldungen sowie Messdaten zu aggregieren und korrelieren und somit Netzwerkoperatoren zu entlasten sowie die Fehlerdiagnose zu erleichtern. Insgesamt ist hierbei ein Trend hin zu autonomen bzw. selbstorganisierenden Systemen erkennbar.

8

Evolution des Netzwerkmanagements

8.1 Einleitung

Netzwerke sind ständig im Umbruch begriffen und somit muss sich auch das Netzmanagement immer wieder neuen Herausforderungen stellen. Neue Anwendungen wie zum Beispiel Video-Streaming oder die zunehmende mobile Nutzung stellen neue bzw. erhöhte Anforderungen an das Netzmanagement. Außerdem nimmt auch die Anzahl der vernetzten Geräte zu, sodass ein effizientes Netzmanagement notwendig wird. Darüber hinaus führt die zunehmende Bedeutung der Netze dazu, dass Richtlinien schnell und konsistent umsetzbar sein sollten. Dabei hat insbesondere das Sicherheitsmanagement an Stellenwert gewonnen.

Neben den neuen Herausforderungen wandeln sich auch die Randbedingungen, unter welchen Netzmanagement stattfindet. Wurde bspw. beim Design von SNMP darauf geachtet, dass Agenten möglichst ressourcensparend implementiert werden können, so steht dies heutzutage nicht mehr im Vordergrund, da Netzkomponenten in der Regel über leistungsfähige Hardware verfügen und somit der Betrieb eines Agenten nicht mehr ins Gewicht fällt. Ferner eröffnen Weiterentwicklungen in der Softwaretechnik neue Möglichkeiten. So hielt bspw. in den 90er Jahren vermehrt das objektorientierte Paradigma Einzug und für das Netzmanagement wurde insbesondere *CORBA (Common Object Request Broker Architecture)*, eine Middleware-Technologie für verteilte objektorientierte Systeme, genutzt.

Ziel dieses Kapitels ist es, einige aktuelle Entwicklungen und Trends im Rahmen des Netzwerkmanagements aufzuzeigen. Dabei soll weder eine vollständige Bewertung stattfinden noch können alle Konzepte bzw. Technologien dargelegt werden. Vielmehr sollen dem Leser Einstiegspunkte und elementare Aspekte anhand neuer Konzepte aufgezeigt werden. Aktuelle Entwicklungen und neuste Forschungsergebnisse werden unter anderem in folgenden Zeitschriften und Konferenzen präsentiert:

- IEEE Electronic Transactions on Network and Service Management (eTNSM)
- Kluwer Journal of Network and System Management (JNSM)
- Integrated Management Symposium (IM)
- Network Operations and Management Symposium (NOMS)

⑤ NMRG   Mit der Standardisierung und Weiterentwicklung von Managementstandards sind verschiedene Interessengruppen wie IETF oder DMTF befasst. Hierbei ist insbesondere auch die 1999 ins Leben gerufene *Network Management Research Group (NMRG)* der IRTF zu erwähnen. Die NMRG organisiert regelmäßig Treffen, um die Experten aus verschiedenen Standardisierungsorganisationen, Industrie und Wissenschaft zusammen zu bringen [WWW Nmrg].

Allgemein ist ein Trend hin zu XML- bzw. Web-basierten Ansätzen erkennbar. Dabei werden insbesondere Web Services für das Netzwerkmanagement genutzt (vgl. u.a. [Pavlou et al. 2004] und [Schönwälder et al. 2003]). Dieser Web-basierte Trend setzt sich auch beim Zugriff auf die Managementplattform fort.

Weiterhin wird die Automatisierung vorangetrieben, indem selbstorganisierende Mechanismen wie P2P-Netze oder abstraktere bzw. generalisierte Konzepte wie Policy-basiertes Management, eingesetzt werden.

Insbesondere das Netzmanagement in TCP/IP-basierten Netzen spielt heutzutage eine zentrale Rolle und Standards wie TMN oder CMIP treten zunehmend in den Hintergrund. Im Laufe der Jahre hat sich gezeigt, dass SNMP aufgrund der Einfachheit und des hohen Verbreitungsgrades zwar häufig zum Monitoring eingesetzt wird, doch aufgrund der Sicherheitsproblematik für die Konfiguration ungeeignet ist. Daher wird in Abschnitt 8.3 unter anderem *NetConf* vorgestellt, welches insbesondere für die Konfiguration von Netzkomponenten spezifiziert wurde. Zur Konfiguration ist SNMP aber nicht nur aufgrund der Sicherheitsproblematik ungeeignet sondern auch aufgrund fehlender Transaktionssicherheit und mangels der Möglichkeit, eine komplette Konfiguration einspielen zu können. Diese Problematik hängt insbesondere auch mit der Verwendung von UDP als Transportprotokoll zusammen, da UDP keine zuverlässige Übertragung bietet und Pakete auf 65 kByte beschränkt sind. Im experimentellen [RFC 3430] wurde daher spezifiziert, wie SNMP über TCP genutzt werden könnte. Für SNMP wurden Erweiterungen vorgeschlagen, um bspw. die Variable-Bindings zu komprimieren oder komplexere Auswahl- und Filtermechanismen zu erlauben. Allerdings sind diese Bemühungen größtenteils im Sande verlaufen (vgl. [Schönwälder et al. 2003, S. 94]).

Neben SNMP selbst wurde auch eine Weiterentwicklung des entsprechenden Informationsmodells SMI diskutiert. Kernpunkte dieser Überlegungen sowie das von der DMTF spezifizierte Informationsmodell CIM werden in Abschnitt 8.2 präsentiert.

In den folgenden Abschnitten werden anhand der vier Teilmodelle aktuelle Entwicklungen aufgezeigt und Neuerungen hinsichtlich Plattform bzw. Werkzeugen kurz erläutert. Abschließend werden noch neue Herausforderungen, wie sie in drahtlosen Sensornetzen entstehen, vorgestellt.

8.2 Informationsmodell

Das Informationsmodell bildet die Grundlage zur Beschreibung von Managementinformationen. In [RFC 3444] wird die grundsätzliche Frage aufgeworfen, ob heutige Informationsmodelle nicht vielmehr Datenmodelle sind. Die Autoren kommen zu dem Schluss, dass aktuelle Informationsmodelle eigentlich mehr Datenmodelle sind, da sie oft protokoll- bzw. implementierungsspezifische Details berücksichtigen. Diese und weitere Autoren versuchten daher, SMIng als abstraktes Informationsmodell zu definieren, das im folgenden Abschnitt vorgestellt wird. Im zweiten Teil dieses Abschnitts wird das objektorientierte Modell CIM vorgestellt, welches nicht nur für das Netzwerkmanagement, sondern ursprünglich vielmehr für das Systemmanagement gedacht war.

8.2.1 SMIng – Structure of Management Information Next Generation

Im Kapitel 4.2 wurde SMIv1 bzw. SMIv2 eingeführt. Insofern stellt sich die Frage, ob und wie sich die SMI seit der zweiten Version weiterentwickelt hat. Durch die NMRG wurde eine neue Version vorgeschlagen, die als *SMI Next Generation (SMIng)* bezeichnet und im Rahmen des experimentellen [RFC 3780] veröffentlicht wurde.

Die Idee hinter SMIng war, eine von Implementierungen und Protokollen unabhängige Modellierungssprache zu schaffen, und entsprechende Abbildungen, wie bspw. in [RFC 3781], auf existente konkretere Modelle, wie SMI oder SPPI, zu definieren.

⑤ SMIng

Managementinformationen werden in SMIng objektorientiert in Form von Klassen modelliert. Die Klassen bestehen aus Attributen und Ereignissen und können durch Vererbung von bestehenden Klassen abgeleitet werden. Das folgende Beispiel zeigt die Klasse `Interface`, die zur Beschreibung einer Netzwerkschnittstelle dient. Beispielhaft ist das Attribut `speed` sowie das Ereignis `linkDown` enthalten.

```
class Interface {
  // ...
  attribute speed {
        type        Gauge32;
        access      readonly;
        units       "bps";
        status      current;
        description
           "An estimate of the interface's ... "; };
  event linkDown {
        status      current;
        description
           "A linkDown event signifies ... "; };
};
```

Ferner wurden neue Basistypen, wie zum Beispiel Float32 für Fließkommazahlen oder Pointer zur Referenzierung instanziierter Objekte oder Attribute, spezifiziert. SMIng sieht auch die Definition neuer Typen vor, wobei optional auch deren Format und Einheit definiert werden kann. Das folgende Beispiel zeigt die Definition des Typs `Frequency`.

```
typedef Frequency {
    type        Unsigned64;
    format      "d-3"
    units       "Hertz";
    status      current;
    description
        "A wide-range frequency specification
         measured in thousands of Hertz."; };
```

Ausgehend von dem Vorschlag der NMRG gründete die IETF im Jahr 2000 eine Arbeitsgruppe, um SMIng zu standardisieren. Da jedoch keine Einigung über die Details zwischen den Beteiligten erreicht werden konnte, wurde die Arbeitsgruppe im April 2003 aufgelöst und SMIng nur als experimenteller RFC veröffentlicht.

8.2.2 CIM – Common Information Model

Ein weiteres Informationsmodell stellt das **CIM** *(Common Informati-on Model)* dar, mittels dessen Managementinformationen für Systeme, Netze, Anwendungen und Dienste spezifiziert werden können. Die Beschreibung der Managementinformationen basiert dabei auf objektorientierten Konzepten. CIM wurde von der DMTF standardisiert. Die aktuelle Version des Standards ist im Internet frei verfügbar und gliedert sich in eine Spezifikation und Schemas [WWW Cim].

Im Rahmen der *Web-Based Enterprise Management (WBEM)* Initiative wurden unter anderem auch Spezifikationen erarbeitet, um CIM Objekte und Instanzen in XML beschreiben zu können. Ferner wurden Verfahren für den http-basierten Austausch von CIM Informationen definiert.

CIM Spezifikation

In der CIM Spezifikation sind Regeln und Syntax beschrieben, um Managed Objects in Form von Klassen, Attributen, Methoden etc. spezifizieren zu können. Dazu wurde(n)

- ein sogenanntes Meta Schema,
- das Managed Object Format (MOF),
- Regeln zur Namensgebung und
- Abbildungen für existierende Modelle

definiert [CIM Spec]. Die formale Definition des grundlegenden Modells und der Elemente findet durch das *CIM Meta Schema* statt, das in Abb. 8.1 dargestellt ist. Die Notation erfolgt in UML, wobei zur besseren Lesbarkeit zusätzlich Farben genutzt werden (*schwarz* entspricht Vererbung, *grau* entspricht Assoziationen und *blau* entspricht Aggregationen).

K S CIM Meta Schema

Die einzelnen Elemente des Meta Schemas werden im Folgenden beschrieben. Ein *Schema* besteht aus einer Menge von Klassen und wird genutzt, um Klassen zu gruppieren. Eine Klasse (*Class*) enthält wiederum Methoden (*Method*) und Eigenschaften (*Property*). Zur Definition von Eigenschaften können die typischen Datentypen wie Integer, String etc. verwendet werden. (Eine Auflistung der möglichen Datentypen findet sich in [CIM Spec, S. 10].) Durch Methoden können Aktionen auf der Klasse bzw. der entsprechenden Instanz ausgelöst werden, wie bspw. das Beenden eines Dienstes. Eine Referenz (*Reference*) ist eine

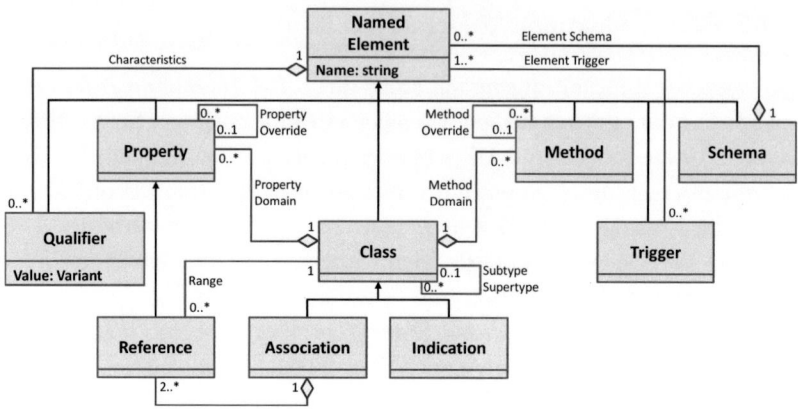

Abb. 8.1. CIM Meta Schema [CIM Spec, S. 6]

spezielle Eigenschaft und wird genutzt, um ein anderes Objekt zu referenzieren. Eine Assoziation (*Association*) ist eine Subklasse von *Class*
und dient dazu, Beziehungen zwischen zwei Klassen auszudrücken. Somit enthält eine Assoziation mindestens zwei Referenzen. Ein *Trigger*
zeigt einen Zustandswechsel an, bzw. wird beim Zugriff auf eine Klasse
bzw. Eigenschaft ausgelöst. Eine *Indication* ist ein Objekt, das aufgrund eines Triggers generiert wurde. *Qualifiers* enthalten zusätzliche
Informationen. So kann bspw. spezifiziert werden, dass ein vorzeichen-
loser Integer-Wert (engl. unsigned Integer) einem Counter entspricht.
Dabei hat Counter die gleiche Bedeutung wie bei der SMI.

K S Managed
Object Format
(MOF)

Zur graphischen Beschreibung des Meta Schemas sowie von CIM
Objekten wird UML genutzt. Darüber hinaus kann eine Beschreibung
im sogenannten *Managed Object Format (MOF)* erfolgen. MOF er-
möglicht die eindeutige textuelle Beschreibung von CIM Klassen und
Instanzen, sodass dieses Format insbesondere auch zum maschinellen
Austausch genutzt werden kann. Abb. 8.2 zeigt eine exemplarische
Klassendefinition in MOF.

Die Benennung von CIM-Klassen erfolgt entsprechend der Form
`<schema name>_<class name>`. Der Name des Schemas orientiert sich
im Regelfall am Firmennamen oder entsprechenden eindeutigen DNS-
Namen. Die Klassennamen müssen im jeweiligen Schema eindeutig sein.
Zur Auszeichnung von Instanzen wird die Kombination aus Schema
und Klassennamen sowie einem oder mehrerer Schlüsseleigenschaften
(engl. Key Properties) genutzt. Dabei müssen die Schlüsseleigenschaften bei der Klassendefinition so gewählt werden, dass die Eindeutigkeit
gewährleistet ist. Hat ein Attribut die Schlüsseleigenschaft, wird dies

```
                                          ┌─────────────────┐
                                          │    Qualifiers   │
[Abstract, Description ( ◄────────────────│    (Meta data)  │
    "An abstraction or emulation of a hardware entity, that may "
    "or may not be Realized in physical hardware. .. ") ]
class CIM_LogicalDevice : CIM_LogicalElement
{                        ┌──────────────────────────────┐
. . .                    │  Class Name and Inheritence   │
                         └──────────────────────────────┘
        [Key, MaxLen (64), Description (
         "An address or other identifying information to uniquely "
         "name the LogicalDevice.") ]
    string DeviceID; ◄────────────────    ┌─────────────────┐
        [Description (                     │    Properties   │
         "Boolean indicating that the Device can be power "
         "managed. ...") ]
    boolean PowerManagementSupported;
        [Description (
         "Requests that the LogicalDevice be enabled (\"Enabled\" "
         "input parameter = TRUE) or disabled (= FALSE). ...)" ]
    uint32 EnableDevice([IN] boolean Enabled);
. . .
};                                         ┌─────────────────┐
                                           │     Methods     │
                                           └─────────────────┘
```

Abb. 8.2. Beispiel einer CIM Klassendefinition in MOF [CIM]

durch einen entsprechenden Qualifier zum Ausdruck gebracht. Zukünftig (ab CIM V3) wird dies jedoch eingeschränkt und für die Definition neuer Klassen sollte nur noch die Eigenschaft **InstanceID** als Schlüsseleigenschaft genutzt werden. Beziehungen zwischen Klassen und Instanzen werden durch entsprechende Assoziationen bzw. Referenzen ausgedrückt. Weitere Details zur Benennung von Klassen und das folgende Beispiel finden sich in [CIM Spec, S. 44 ff].

```
class Figs_Circle{
    [ key ] uint32 Name;
            string Color; };


class Figs_Triangle{
    [ key ] uint32 Label;
            string Color ;
            uint32 Area; };


[Association] class Figs_CircleToTriangle{
            Figs_Circle REF ACircle;
            Figs_Triangle REF ATriangle; };

instance of Figs_Triangle {
        Label=2 ; Color="Blue";Area=12 };
instance of Figs_Circle {
```

```
        Name=1 ; Color="Blue" };

instance of Figs_CircleToTriangle{
        ACircle = "Circle.Name=1";
        ATriangle = "Triangle.Label=2"; };
```

CIM Schema

In CIM werden Klassen innerhalb von Schemas definiert. Dabei sind drei Kategorien von Schemas zu unterscheiden:

- *Core Model*
- *Common Models*
- *Extension Schema*

⑤ CIM Schemas

Im *Core Model* sind die zum Management notwendigen Grundelemente definiert. Hierunter zählt insbesondere das *ManagedElement*, von welchem alle weiteren Klassen (außer Assoziations-Klassen) abgeleitet sind. Weiterhin wurden Kernelemente wie zum Beispiel *ManagedSystemElement*, *PhysicalElement*, *LogicalElement* und *Configuration* definiert. Das Core Model dient allen weiteren Schemas als Basis, da deren Klassen von denen des Core Model abgeleitet sind.

Die *Common Models* untergliedern sich in die Schemas: *Application*, *Database*, *Device*, *Event*, *Interop*, *IPsecPolicy*, *Metrics*, *Network*, *Physical*, *Policy*, *Security*, *Support*, *System* und *User*. Common Models enthalten Klassen, um die Managementinformationen, unabhängig von einer speziellen Technologie oder Implementierung, beschreiben zu können. Mittels des Network Models lassen sich bspw. die Netzkomponenten und -dienste auf den unterschiedlichen Schichten des OSI-Modells beschreiben. Dabei sind neben Konfigurationsdaten auch statistische Daten enthalten.

Sowohl das Core als auch die Common Models werden von der DMTF spezifiziert. Durch *Extension Schemas* wird Entwicklern bzw. Organisationen die Möglichkeit eröffnet, CIM um weitere Schemas zu erweitern. Diese Schemas sind oft technologie- bzw. implementierungsspezifisch. Die Entwickler sollten dabei jedoch immer von den im Core Model definierten Klassen erben. So spezifizierte Microsoft bspw. ein `Win32_Process`, der von `CIM_Process` aus dem Common Model *System* abgeleitet wurde.

CIM Implementierungen

Mittlerweile existieren diverse Implementierungen, die CIM nutzen. Große Verbreitung fand CIM insbesondere durch die von Microsoft entwickelte *Windows Management Instrumentation (WMI)*, die sowohl zum System- als auch Applikationsmanagement in Windows genutzt wird [WWW MS Wmi]. Auch für Unix bzw. Linux-Plattformen existieren Implementierungen wie bspw. *OpenWBEM* [WWW Wbem].

8.3 Kommunikationsmodell

NetConf wurde, wie der Name bereits suggeriert, im Hinblick auf die Konfiguration von Netzkomponenten spezifiziert. Dabei wurden insbesondere „Versäumnisse" von SNMP, wie fehlende Möglichkeiten zum Austausch kompletter Konfigurationen, berücksichtigt.

Nach Vorstellung von NetConf erfolgt eine kurze Darlegung aktueller Initiativen, die Web Services zum Management nutzen. Dabei zeigt sich jedoch, dass es sich um einen sehr „volatilen" Bereich handelt und sich noch kein Standard durchsetzen konnte.

8.3.1 NetConf – ein XML-basiertes Protokoll zur Netzwerk-Konfiguration

Für die Steuerung und insbesondere das Konfigurationsmanagement konnte sich SNMP aus verschiedenen Gründen nicht durchsetzen. Abgesehen von NetConf konnte sich in diesem Bereich bislang auch kein anderes herstellerunabhängiges Protokoll durchsetzen. Vielmehr wurden und werden die Komponenten oft „händisch" per Kommandozeilen-Schnittstelle (engl. *Command Line Interfaces, CLI*) konfiguriert. Dabei handelt sich es in der Regel um proprietäre Lösungen, bei welchen weder Zugriffsschnittstellen noch Datenmodelle standardisiert sind. Bei SNMP wurde ein akzeptables Sicherheitsmodell erst mit SNMPv3 eingeführt. Darüber hinaus bietet SNMP keine Transaktionssicherheit, sodass Netzkomponenten unter Umständen eine inkonsistente Konfiguration enthalten, wenn nur ein Teil von *Set*-Operationen erfolgreich ausgeführt werden konnte. Außerdem ist es nicht vorgesehen, komplette Konfigurationen sichern bzw. einspielen zu können.

Hersteller wie Juniper und Cisco integrierten daher Schnittstellen, um die Netzkomponenten XML-basiert konfigurieren zu können, wobei insbesondere das im Januar 2001 eingeführte JUNOScript zu nennen

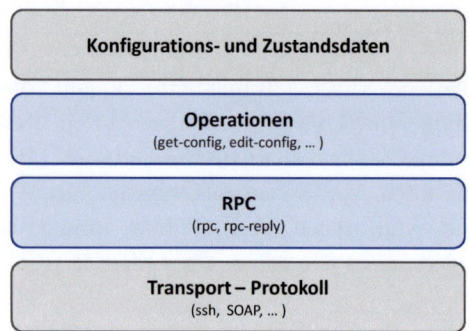

Abb. 8.3. Untergliederung von NetConf in vier Schichten

ist. Ziel der 2003 gegründeten NetConf Working Group war es daher, ein herstellerunabhängiges Protokoll zur Unterstützung des Konfigurationsmanagements zu definieren. Die finale Version des NetConf Configuration Protocol wurde Ende 2006 in [RFC 4741] veröffentlicht.

⑤ NetConf   **NetConf** ist ein XML-basiertes Protokoll, um Konfigurationsdaten auf Netzkomponenten zu installieren, zu manipulieren und zu löschen. Hierzu nutzt NetConf einen RPC-Mechanismus. Die Kommunikation findet zwischen einer Managementapplikation und dem zu managenden Gerät statt, wobei die Kommunikation von der Applikation initiiert ist. Bei NetConf wird die Managementapplikation auch als Client und die Netzkomponente als Server bezeichnet.

Im Rahmen von NetConf wird zwischen Konfigurations- und Zustandsinformationen unterschieden. Bei *Konfigurationsinformationen* handelt es sich um schreibbare Daten, welche den Zustand des Gerätes verändern. *Zustandsinformationen* wie zum Beispiel statistische Daten zur Auslastung sind hingegen nur lesbar und charakterisieren den aktuellen Zustand des Gerätes. Insofern wurde die Konfigurationsdatenbasis (engl. *Configuration Datastore*) als die Menge an Konfigurationsinformation definiert, die notwendig ist, um ein Gerät vom Auslieferungszustand in den gewünschten Status zu versetzen. Ein NetConf-fähiges Gerät muss mindestens eine Konfigurationsdatenbasis aufweisen. Ziel bei der Spezifikation von NetConf war es insbesondere, die Konfigurationsdaten eines Gerätes komplett auslesen und schreiben zu können.

NetConf gliedert sich in vier Schichten, wie sie in Abb. 8.3 dargestellt sind, wobei in NetConf im Wesentlichen nur eine Standardisierung der beiden mittleren Schichten vorgenommen wird.

Die Standardisierung der Konfigurations- bzw. Zustandsdaten wurde bisher nicht vorgenommen. Zukünftig ist jedoch davon auszugehen, dass auch in diesem Bereich Standardisierungsbestrebungen unternommen werden [RFC 4741, S. 6]. Eine solche Standardisierung wäre insbesondere für heterogene Umgebungen entscheidend.

NetConf definiert eine Reihe von Basis-Operationen. Außerdem können in Erweiterungen, die als *Capability* bezeichnet werden, weitere Operationen definiert werden. Im Folgenden werden die Basis-Operationen kurz erläutert:

- `<get>` – Diese Operation dient zum Abruf von Konfigurations- und Zustandsinformationen.   ⑤ NetConf Operationen
- `<get-config>` – Hiermit wird der Abruf eines Teils oder aller Konfigurationsdaten ermöglicht.
- `<edit-config>` – Zur Manipulation der existierenden Konfiguration wird dieser Befehl genutzt.
- `<copy-config>` – Mittels dieser Operation kann die gesamte Konfigurationsdatenbasis erstellt oder eine bestehende ersetzt werden.
- `<delete-config>` – Hiermit kann eine bestehende Konfigurationsdatenbasis gelöscht werden.
- `<lock>` – Durch diese Operation kann ein Client die Konfiguration sperren und somit konkurrierende Zugriffe auf die Konfigurationsdatenbasis vermeiden, die zu inkonsistenten Konfigurationen führen könnten.
- `<unlock>` – Dadurch wird eine Sperre wieder aufgehoben. Ferner existieren weitere Mechanismen wie Timeouts, um Sperren aufzuheben.
- `<close-session>` – Im Normalfall wird eine Verbindung mit dieser Operation beendet und die reservierten Ressourcen sowie etwaige Sperren werden aufgehoben.
- `<kill-session>` – Diese Operation führt zum Abbruch der Verbindung.

Durch die Operationen wie `<lock>` und `<unlock>` ermöglicht NetConf auch Transaktionssicherheit, sodass keine konkurrierenden Zugriffe stattfinden und unvollständige Konfigurationsvorgänge bspw. bei `<kill-session>` wieder rückgängig gemacht (engl. Rollback) werden können.

Ferner sieht NetConf Erweiterungen in Form von *Capabilities* vor. Diese werden beim Aufbau einer Verbindung im Rahmen von `<hello>`-Nachrichten zwischen Client und Server ausgetauscht. Die *Candidate Configuration Capability* ermöglicht bspw. eine zweite potentielle Konfiguration auf das Gerät zu laden und zu editieren, ohne dass dies Auswirkungen auf die aktive Konfiguration hat. Die aktive Konfiguration kann dann mittels der (zusätzlichen) <commit>-Operation durch diese zweite Konfiguration ersetzt werden. Somit ist bspw. ein nahezu gleichzeitiger Wechsel der Konfiguration bei vielen Geräten möglich. Eine neue Konfiguration kann hierzu zunächst in allen Geräten hochgeladen werden, was je nach Gerät und Konfiguration zeitintensiv ist, und der Wechsel der Konfiguration kann dann zu einem gegebenen Zeitpunkt simultan stattfinden.

Der RPC-Mechanismus von NetConf beruht auf den beiden Elementen <rpc> und <rpc-reply>. Dabei wird jeweils eine message-id mitübermittelt, sodass die Antworten <rpc-reply> den auslösenden Anfragen <rpc> zugeordnet werden können. Ferner stehen die Elemente <rpc-error> und <ok> zur Verfügung, um Fehler bzw. Korrektheit innerhalb der Antwort mitteilen zu können.

NetConf kann auf einer Reihe von Transportprotokollen wie SSH, SOAP oder BEEP aufsetzen, wobei die Implementierungen von SSH verpflichtend ist. Die entsprechenden Abbildungen wurden in [RFC 4742], [RFC 4743] und [RFC 4744] definiert. Prinzipiell kommen aber auch andere Transportprotokolle in Frage. Ein NetConf Transportprotokoll muss im Allgemeinen verbindungsorientiert sein sowie die Authentifikation, Integrität und Vertraulichkeit unterstützen.

[S] NetConf Sicherheit Da die Sicherheitsmechanismen des Transportprotokolls genutzt werden sollten, sieht NetConf selbst keine Sicherheitsmechanismen vor. Der Vorteil dabei ist die Nutzung etablierter Standards. Die Autorisation kann jedoch nicht in das Transportprotokoll ausgelagert werden, da die Autorisationsentscheidung unter anderem von den ausgeführten Operationen abhängt. Bislang wurden keine Autorisationsmechanismen in NetConf definiert. In [RFC 4741, S. 63] wird jedoch darauf hingewiesen, dass die Informationen bzgl. der (authentifizierten) Identität, der genutzten Verbindung etc. die Autorisationsentscheidung beeinflussen und somit vom Transportprotokoll zur Verfügung gestellt werden sollten.

Um den NetConf Datenverkehr von anderem Verkehr unterscheiden zu können, wurden von der IANA je nach Transportprotokoll die Ports 830 bis 833 vorgesehen.

Neben Überlegungen zur Standardisierung von entsprechenden Datenmodellen werden aktuell auch Erweiterungen diskutiert, um Ereignismeldungen versenden zu können. Dabei ist vorgesehen, dass die Managementapplikation ihr Interesse an einer Ereignismeldung durch ein „Abonnement" (engl. Subscription) dem Gerät mitteilt.

8.3.2 Management *von* und *mit* Web Services

Die Integration heterogener Informationsbestände und Systeme stellt eine zentrale Herausforderung in verteilten Umgebungen dar. Dabei werden aktuell häufig dienst-orientierte Architekturen auf Basis von Web Services eingesetzt. Zur Beschreibung von Web Services und zum Nachrichtenaustausch stehen hierbei XML-basierte Standards in Gestalt von WSDL [W3C Wsdl] und SOAP [W3C Soap] zur Verfügung. Durch die offenen XML-Standards sowie die zahlreichen Implementierungen stellen Web Services eine plattformunabhängige und flexible Lösung für heterogene Umgebungen dar.

Aus diesem Grund gibt es auch Bestrebungen, diese Standards für das Netzmanagement zu nutzen. Zum einen können Web Services Mechanismen für Standards wie NetConf genutzt werden. Zum anderen wurden eine Reihe von Spezifikationen erarbeitet, welche zum Management *von* und *mit* Web Services dienen. Dabei wurden von der OASIS und von der DMTF insbesondere folgende Standards verabschiedet:

- *Web Services Distributed Management (WSDM)* [WWW Wsdm] wurde durch die OASIS spezifiziert. Darin sind insbesondere die beiden Teilspezifikationen   ⑤ WSDM, etc.
  - Management *Using* Web Services (MUWS) und
  - Management *Of* Web Services (MOWS) enthalten.
- Durch die DMTF wurde parallel dazu die Spezifikation *Web Services for Management (WS Management)* erarbeitet [WWW Wsman].

Neben den typischen Operationen, wie get und set/put, sehen beide Werke auch sogenannte *Publish/Subscribe*-Mechanismen vor, durch welche Manager sich bei den Ressourcen für den Empfang von Ereignismeldungen registrieren können. Überdies gehen Web Services basierte Ansätze in der Regel über reines Netzwerkmanagement hinaus und beziehen IT- bzw. Service Management mit ein.

Speziell im Bereich Web Services spezifischer Management Standards finden aktuell noch diverse Überarbeitungen und Neuerungen statt. Im März 2006 gaben bspw. die Firmen HP, Intel, IBM und Microsoft bekannt, dass WSDM und WS-Management in einer gemeinsamen Spezifikation bzw. einer Reihe von Spezifikationen zusammengeführt werden sollen. Ob diese gemeinsame Anstrengung erfolgreich sein wird und wie die resultierenden Spezifikation aussehen werden, ist zum jetzigen Zeitpunkt noch unklar, sodass an dieser Stelle eine detaillierte Darstellung nicht sinnvoll erscheint. Vielmehr soll auf folgende weiterführende Literatur verwiesen werden: [Pavlou et al. 2004], [IBM

WS Man 2007], [Johnson et al. 2007], [Milojicic 2007a] und [Milojicic 2007b].

8.4 Organisations- und Funktionsmodell

Bereits in Abschnitt 3.2.3 wurde auf Peer-to-Peer (P2P) als eine mögliche Organisationsform verwiesen. Im Bereich der Organisationsmodelle ist ein Trend hin zur **Selbstorganisation** bzw. zu kooperativen Systemen erkennbar.

Dieser Trend ist bspw. beim Management von TCP/IP-basierten Netzen zu beobachten. SNMP ermöglichte in der ersten Version nur ein zentralisiertes Management. In den folgenden Versionen zwei und drei sowie durch RMON wurde dann auch ein hierarchisches Netzmanagement bzw. *Management-by-Delegation"* möglich. Weitergehende Konzepte, ein „stärker" verteiltes Management, wurden zum Beispiel durch verteilte Objekte mit Hilfe von CORBA realisiert.

Momentan stellen selbstorganisierende Netze und Systeme eine weitere Stufe dar, um die Automatisierung weiter voranzutreiben. Zum einen können sich die Netze selbst organisieren, wie dies bspw. bei Peer-to-Peer-Netzen der Fall ist. Zum anderen können die Mechanismen genutzt werden, um Managementsysteme bzw. -plattformen selbstorganisierende Fähigkeiten zu verleihen.

Ⓚ Peer-to-Peer
System

„[Ein P2P-System ist ein] sich selbst organisierendes System gleichberechtigter, autonomer Einheiten (Peers), das vorzugsweise ohne Nutzung zentraler Dienste auf der Basis eines Rechnernetzes mit dem Ziel der gegenseitigen Nutzung von Ressourcen operiert."
gemäß [Steinmetz & Wehrle 2004].

Erste Ideen zur Nutzung von P2P-Ansätzen im Netzwerkmanagement wurden unter anderem in [Granville et al. 2005] dargelegt. Auch im Tagungsband [Keller & Martin-Flatin 2006] finden sich verschiedene Ansätze zum Selbst-Management. Einen umfassenden Einblick in das Thema P2P-Netze und -Systeme gibt [Steinmetz & Wehrle 2005].

Ziel bei all diesen Bemühungen ist es, die Effizienz, Robustheit und Skalierbarkeit des Netzmanagements durch Automatisierung zu erhöhen und somit den Netzwerkoperator zu entlasten.

Im Rahmen des Funktionsmodells hat insbesondere das Sicherheitsmanagement an Bedeutung gewonnen, da aufgrund der zunehmenden

Vernetzung und Integration von Systemen das Gefahrenpotential anstieg. Ferner sind die Unternehmen mehr und mehr von IT-Systemen und Netzen abhängig und diese gelten somit geschäftskritisch. Insofern sind Mechanismen notwendig, um Managementvorgaben effizient und konsistent umsetzen zu können.

8.4.1 Policy-basiertes Management

Mit steigender Relevanz der IT-Infrastruktur ist außerdem eine möglichst genaue und schnelle Umsetzung der geschäftlichen Ziele in Vorgaben für die IT-Systeme nötig geworden. Policy-basiertes Management eröffnet die Chance zwischen „High-Level"-Zielen und konkreten Konfigurationen der Netzkomponenten zu vermitteln.

Die Komplexität von Netzen und somit auch die Anforderungen an das Netzmanagement steigen zunehmend. Dies ist zum einen durch heterogene Komponenten bedingt, aber zum anderen auch durch die Vielzahl von möglichen Protokollen und Funktionen der Komponenten. Insofern müsste ein entsprechender Administrator eine Vielzahl von Protokollen und Verfahren kennen sowie deren Konfiguration auf den einzelnen Geräten. Ziel des Policy-basierten Managements ist es, diese administrativen Tätigkeiten zu vereinfachen bzw. zu automatisieren.

Policies (dt. Richtlinien) sind im Allgemeinen Regeln, die ein System bei der Wahl des Verhaltens leiten [Sloman 1994]. Eine Policy könnte bspw. lauten: Der Zugriff auf personalisierte Dienste muss stets über eine gesicherte Verbindung erfolgen. Policy-basiertes Management wird in vielen Bereichen eingesetzt, im Bereich des Netzwerkmanagement spricht man daher auch von **Policy-based Network Management (PBNM)**. PBNM wird insbesondere im Sicherheitsmanagement und im Leistungsmanagement, um die notwendige Dienstqualität (QoS) zu erreichen, eingesetzt. Bei QoS werden unter anderem Echtzeit- und Kapazitätsanforderungen in Form von Richtlinien definiert und in entsprechende Konfigurationen umgesetzt. Im Falle des Sicherheitsmanagement ist es bspw. die Festlegung von Paketfiltern und Umsetzung als ACLs in den Routern, wie es auch vom RZ der Universität Karlsruhe (TH) durchgeführt wird (vgl. [Müller et al. 2006]).

Beim Policy-basierten Management erfolgt die Definition von Richtlinien in der Regel zentralisiert in abstrakter Form. Durch das unterstützende System erfolgt dann eine Abbildung auf die spezifische Konfiguration der Komponenten.

Abb. 8.4 zeigt die typische Architektur, die Policy-basiertem Management zugrunde liegt (vgl. [Verma 2000, S. 19] oder [RFC 2748] bzw.

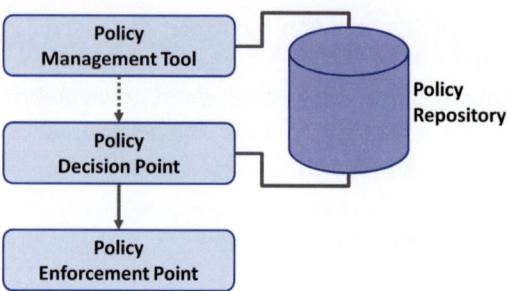

Abb. 8.4. Typische Architektur für Policy-basiertes Management

[RFC 2753]). Die Architektur setzt sich dabei aus folgenden Bausteinen zusammen:

K Policy-basiertes
Management:
Architektur

- **Policy Management Tool**: Über dieses Managementwerkzeug können die notwendigen Policies definiert, etwaige Konflikte gelöst und gegebenenfalls die Policy Decision Points über die Veränderungen informiert werden. Solche Managementwerkzeuge unterstützen den Administrator in der Regel bei der Validierung der Policies und bieten oft auch graphische Unterstützung zur Modellierung der Policies.
- **Policy Repository**: Das *Repository* dient der Ablage von Policies. Der Zugriff durch das *Policy Management Tool* bzw. die *Policy Decision Points* kann bspw. per LDAP erfolgen (vgl. Abschnitt 12.3.2 zu LDAP).
- **Policy Decision Point (PDP)**: Die Interpretation der Policies und die Festlegung resultierender Maßnahmen obliegt dem *PDP*. Teilweise sind auch *PDP* und *PEP* auf einem Gerät integriert.
- **Policy Enforcement Point (PEP)**: Die letztendliche Durchsetzung der Policies obliegt dem *PEP*.

Bei der Darstellung in Abb. 8.4 ist zu berücksichtigen, dass es in der Regel *ein* Management Tool und Repository gibt, aber mehrere PDPs. Ein PDP kann wiederum für mehrere PEPs zuständig sein, aber ein PEP ist einem PDP zugeordnet.

Zur Definition von Policies werden auch Informations- bzw. Datenmodelle benötigt. Hierbei gibt es bspw. eine gemeinsame Initiative der IETF und der DMTF in Form des CIM Schemas `CIM_Policy` [CIM Schema] bzw. [RFC 3460]. Ein Rahmenwerk im Bereich Web Services stellt WS-Policy dar, wobei die spezifischen Ausprägungen in weiteren Spezifikationen wie WS-Security Policy enthalten sind [W3C WS-Policy]. Zur Kommunikation zwischen PDP und PEP wurden unter anderem die Protokolle COPS [RFC 2748] bzw. COPS-PR [RFC 3022] in Kombination mit SPPI [RFC 3159] vorgesehen.

Weitergehende Informationen, insbesondere zum Policy-basierten Netzwerkmanagement, finden sich unter anderem in den beiden Zeitschriftenartikeln [Keller & Ludwig 2004] und [Verma 2002] oder ausführlicher in den beiden Büchern [Strassner 2003] und [Verma 2000].

8.5 Werkzeuge und Plattformen

Neben den Modellen und Protokollen entwickeln sich natürlich auch die Werkzeuge und Plattformen weiter. Hierbei zeichnet sich ein Trend hin zu Web-basierten Oberflächen ab, da hiermit insbesondere die Möglichkeit zur dezentralen Administration eröffnet wird.

Weiterhin schreitet auch die integrative Nutzung der vorhandenen Datenquellen fort. So kann bspw. durch Kombination von Daten, die per SNMP ausgelesen werden, und den Verkehrsflüssen auf NetFlow-Basis sowohl die Auslastung einer Netzverbindungen als auch die Ursache der Auslastung nachvollzogen werden.

Teilweise werden mittlerweile auch nicht primär für das Monitoring vorgesehene Daten für das Netzmanagement genutzt. So können bspw. Routing-Nachrichten analysiert werden (engl. *Route Analytics*). Hierzu werden die Nachrichten des internen Routing-Protokolls wie OSPF und unter Umständen an den Ein- bzw. Ausgangsroutern auch die Nachrichten des externen Routing-Protokoll (in der Regel BGP) überwacht und aufgezeichnet. Somit kann zu jeder Zeit die aktuelle Routing-Topologie innerhalb der Organisation nachvollzogen werden und eine Analyse der aktuellen Pfade vorgenommen werden. Durch die Aufzeichnung der Routing-Nachrichten ist es auch möglich, Ausfälle oder Instabilitäten aufgrund von Oszillationen des Netzes in der Vergangenheit nachzuvollziehen. Weitere Informationen zum Thema Monitoring auf IP-Schicht und Route Analytics finden sich unter anderem in [Alaettinoglu 2007] und [Packet Design 2007].

8.6 Zukünftige Herausforderungen am Beispiel von drahtlosen Sensornetzen

Mitautor: Mario Pink

Die fortschreitende Miniaturisierung der Elektronik und die damit verbundene Kostenreduktion ermöglicht völlig neue Ansätze des *Perva-*

sive Computing. Einen dieser neuen Ansätze bilden *drahtlose Sensornetzwerke (DSN).* Drahtlose Sensornetzwerke erfordern gegenüber herkömmlichen drahtlosen und drahtgebundenen Netzwerken neue, teilweise vollständig anders geartete Ansätze des Netzwerkmanagements. Standardisierte Managementlösungen, wie sie in drahtgebundenen Netzwerken verwendet werden, existieren gegenwärtig nicht. Ziel dieses Abschnitts ist es daher, das Management von drahtlosen Sensornetzwerken vorzustellen und auf Besonderheiten gegenüber „klassischem" Netzwerkmanagement hinzuweisen.

8.6.1 Drahtlose Sensornetzwerke

Drahtlose Sensornetzwerke besitzen das inhärente Potential, die Art der Informationsgewinnung und -verarbeitung zu revolutionieren. Sie eröffnen unter anderem die Möglichkeit, schwer zugängliche oder gefährliche Gebiete ohne signifikanten menschlichen Einfluss über einen gewissen Zeitraum zu überwachen und ihre Umwelt mit Hilfe von eventuell vorhandenen Aktoren zu beeinflussen. Sensornetzwerke sind daher für den Einsatz in den vielfältigsten Bereichen prädestiniert, wie zum Beispiel zur Überwachung von sensiblen Ökosystemen wie Wäldern, Tier- und Pflanzenpopulationen, schwer zugänglichen Tälern, oder zur Überwachung von Gebäuden und Brücken (vgl. u.a. [UCB Redwood; WWW ZebraNet; Delin et al. 2005]).

Drahtlose Sensornetzwerke bestehen aus entsprechend für den Einsatzzweck ausgestatteten Netzwerkelementen, den *Sensorknoten.* Diese Sensorknoten agieren autonom und die Knotenanzahl variiert je nach Einsatzzweck zwischen einigen zehn bis hinzu mehreren tausend oder gar zehntausend.

Jeder dieser Sensorknoten, wie zum Beispiel MicaZ Mote oder Sun SPOT (vgl. Abb. 8.5), besteht aus einem ressourcenschwachen Prozessor, einem begrenzten Speicher von einigen Kilobyte bis einigen Megabyte, einigen Sensoren, wie zum Beispiel Temperatur- oder Luftdrucksensor und einer Sende- und Empfangseinheit für die drahtlose Kommunikation. Zur Funkkommunikation wird dabei unter anderem der Standard IEEE 802.15.4 genutzt. Ferner kommen teilweise weitere Komponenten, wie zum Beispiel Aktoren, zum Einsatz. Die Energieversorgung erfolgt dabei in der Regel durch Batterien, welche eine beschränkte Kapazität haben. Mit Hilfe der Sensoren können Sensorknoten über einen bestimmten Zeitraum die physische Welt und deren spezifische Phänomene, wie zum Beispiel Temperatur, Luftdruck, Strömungsverhältnisse und Luftfeuchtigkeit erfassen und mittels der Funkschnittstelle mit

Abb. 8.5. Drahtlose Sensorknoten (links: Sun SPOT, rechts: MicaZ Mote)

anderen Sensorknoten und Endsystemen kommunizieren. Aufgrund der teilweise signifikant variierenden Umweltbedingungen, wie zum Beispiel Hitze, Regen oder Eis, und des begrenzten Energiebudgets sind daher, im Gegensatz zu drahtgebundenen Netzwerken, Fehler eher die Regel als die Ausnahme.

Die Kommunikation innerhalb des Sensornetzwerkes erfolgt in der Regel indirekt unter Verwendung der Nachbarn. Jeder Sensorknoten übernimmt dabei die Rolle eines Routers. Fällt ein Sensorknoten aus, kann somit gegebenenfalls die Kommunikation über einen anderen Sensorknoten weitergeführt werden. Diese Art der Kommunikation wird dementsprechend auch als *Multi-Hop-Kommunikation* bezeichnet. Die Anzahl der dadurch in einem Pfad involvierten Sensorknoten kann abhängig von Größe und Zustand des Netzwerkes sehr stark variieren.

Im Gegensatz zu „klassischen" Netzwerken werden Informationen nicht direkt an ein Ziel, welches in Sensornetzen als Senke bezeichnet wird, übertragen, sondern auf dedizierten Sensorknoten aggregiert. Diese Sensorknoten reduzieren dabei die Informationsmenge, indem sie ähnliche Werte zusammenfassen und die aggregierten Werte innerhalb des Netzwerkes zur Senke weiterleiten. Solche Aggregationen sind möglich, da das Informationsbedürfnis gegenüber Sensornetzwerken in der Regel einen bestimmten Bereich des Sensornetzwerks betrifft und der einzelne Sensorknoten eher eine untergeordnete Bedeutung besitzt. Die Anzahl der zu übertragenden Nachrichten und damit verbunden der Energieverbrauch für die Kommunikation kann somit im gesamten Sensornetzwerk signifikant reduziert werden. Drahtlose Sensornetzwerke werden daher auch als datenzentrische Netzwerke bezeichnet. Die spezifische Netzwerkorganisation und deren energieabhängige Kommunikation erfordert ein optimiertes auf die Besonderheiten von drahtlosen Sensornetzwerken gerichtetes Management.

8.6.2 Besonderheiten beim Management von drahtlosen Sensornetzen

Wie in der Vergangenheit bei drahtgebundenen Netzwerken hat auch die Entwicklung bei drahtlosen Sensornetzwerken gezeigt, dass neben der eigentlichen Anwendung ein separates Management erforderlich ist. Anfänglich waren diese Netzwerke ausschließlich für einen Betrieb ohne zusätzliche personelle Intervention und Wartungsaufwand gedacht, indem Funktionsausfälle oder neue Sensornetzanwendungen einfach über die Ausbringung neuer Sensorknoten kompensiert bzw. realisiert werden sollten. Es hat sich jedoch gezeigt, dass diese Vision gegenwärtig und in naher Zukunft nicht vollständig umsetzbar ist, da die Bestandteile der Sensorknoten, insbesondere die Batterien, einem geringeren Preisverfall unterliegen als zunächst angenommen wurde. Sensornetzwerke sollen somit eventuell neben ihrer initialen Anwendung möglicherweise auch andere Anwendungen ausführen als dies ursprünglich bei ihrer Entwicklung geplant war. Ferner sollen Sensorknoten gezielt in einen „Schlafzustand" versetzt werden, um Bereiche mit Häufungspunkten von Sensorknoten innerhalb des Sensornetzwerkes zu vermeiden oder um bei geringem Informationsbedürfnis Energie zu sparen.

Aufgrund der hohen Anzahl von Sensorknoten innerhalb des Sensornetzwerks und der daraus resultierenden komplexen verteilten Anwendungsstruktur, gestaltet sich die Integration der benötigten Managementfunktionalität komplex, da jede Anwendung sowohl anwendungsspezifische als auch Managementaspekte beinhalten muss. Neben domänenspezifischem Anwendungswissen wäre somit ebenfalls Expertise im Bereich des Managements von Sensornetzen erforderlich.

Fehler der Anwendung konnten nach Ausbringung des Netzwerks praktisch nicht mehr revidiert werden. Die daraus resultierende Fehleranfälligkeit kann den Betrieb des Sensornetzwerks bis zum Totalausfall beeinträchtigen (vgl. u.a. [Tolle & Culler 2005]). Diese und ähnliche Erfahrungen führten zur Abbildung des Managementparadigmas auf Sensornetzwerke. Dadurch sollte es unter anderem möglich werden, einzelne Komponenten oder das gesamte Sensornetz auch nach dessen Ausbringung neu konfigurieren zu können.

Das Hauptziel des Netzwerkmanagements in drahtlosen Sensornetzen besteht darin, die Funktionsfähigkeit des Netzes zu gewährleisten und gegebenenfalls die Leistung zu steigern. Dabei stellen insbesondere die beschränkten Ressourcen eine besondere Herausforderung dar. Im Folgenden werden ausgewählte Gesichtspunkte dargelegt, welche beim Management von drahtlosen Sensornetzen Beachtung finden sollten.

- *Geringes Energiebudget*: Stand der Technik in der Energieversorgung von Sensorknoten sind nach wie vor Batterien. Da der Austausch dieser Batterien mit den Einsatzszenarien von drahtlosen Sensornetzen im Allgemeinen unverträglich ist, ist die verfügbare Energiemenge beschränkt. Somit ist es eine der elementaren Anforderungen an das Management, effizient mit dem geringen Energiebudget zu agieren, um die Ausführung der eigentlichen Anwendung nicht zu beeinträchtigen. Die Frequenz der Anforderung von Managementinformationen und die daraus resultierende Kommunikation beeinflusst somit den Energieverbrauch des Sensornetzwerks. Managementinformationen sollten daher nur wenn notwendig angefordert werden.
- *Ressourcenbeschränkung*: Aufgrund der Ressourcenbeschränkung des Prozessors und Speichers ist die realisierbare Komplexität von Managementaufgaben innerhalb des Sensornetzwerks sehr begrenzt.
- *Genauigkeit*: Die Genauigkeit der Informationen ist indirekt proportional zur verfügbaren Energie, d.h. mit steigender Genauigkeit verringert sich das zur Verfügung stehende Energiebudget und somit die „Lebenszeit" des Sensornetzwerks. Das Management von Sensornetzwerken ist daher immer ein Kompromiss zwischen Effizienz des Managements und Energieverbrauch.
- *Kommunikationsverbindungen mit schmaler Bandbreite*: Die für drahtlose Sensornetze verwendeten Funksysteme bzw. Standards beschränken zu Gunsten eines niedrigen Energieverbrauchs ihre Bandbreite, wie zum Beispiel auf maximal 250 kbit/s bei MicaZ Motes. Daher sollte das Netzwerkmanagement den Austausch umfangreicher Datenstrukturen vermeiden.
- *Latenz*: Die Latenz der Informationsübertragung differiert entsprechend der Größe des Sensornetzwerks und der Zustände der einzelnen Sensorknoten auf dem Datenübertragungspfad, zum Beispiel durch Sensorknoten im „Schlafzustand". Insbesondere sporadische Ausfälle der Sensorknoten und die daraus resultierende Reorganisation des Netzwerkes beeinflusst die Latenz signifikant. Managementinformationen des Sensornetzwerks repräsentieren somit in der Regel einen veralteten Netzwerkzustand.

- *Fehleranfälligkeit*: Die Unerreichbarkeit von Sensorknoten ist eher die Regel als die Ausnahme. Solche Ausfälle von Sensorknoten resultieren im Verlust von Nachrichten und insofern kann es auch häufig zum Verlust von Managementinformationen kommen.
- *Wechselwirkungen zwischen Management und Anwendung*: Eine strikte Trennung zwischen Management- und Anwendungsfunktionalität ist nur bedingt möglich. Zum einen können zusätzliche Kommunikationsprotokolle für das Management aufgrund der geringen Energiemenge nur sehr begrenzt verwendet werden. Zum anderen erfordert das Management vielfach einen direkten Einfluss auf die Anwendung, wie zum Beispiel um die Genauigkeit der Sensordatengewinnung zu steuern.

Drahtlose Sensornetze und deren Management sind momentan das Thema zahlreicher wissenschaftlicher Arbeiten. Einen Überblick bzw. Einstiegspunkt findet sich unter anderem in [Boulis & Jha 2005], [Marron et al. 2005] und [De et al. 2005].

8.7 Zusammenfassung

Allgemein setzt sich der Trend hin zu einem integrierten Management immer mehr fort. Netzwerkmanagement wird nicht mehr losgelöst vom System- bzw. Dienstmanagement betrachtet, sondern vielmehr werden gemeinsame Modelle genutzt bzw. Schnittstellen definiert. Dies zeigt sich bspw. bei Informationsmodellen wie CIM. Das technische Fundament aktueller Entwicklungen bilden dabei oft XML- oder Web-basierte Ansätze.

Die Komplexität ist durch die wachsende Anzahl an Komponenten sowie unterschiedlichsten Anforderungen der Anwendungen und Protokolle gestiegen. Um Netzmanagement dennoch effizient betreiben zu können, werden zunehmend selbstorganisierende Mechanismen genutzt und Policy-basiertes Management eingesetzt. Durch diese Automatisierungsmaßnahmen werden letztlich auch die Robustheit des Netzes erhöht und die Produktivität des Netzmanagements gesteigert. Selbst-Management kann auch im Rahmen drahtloser Sensornetze, in welchen insbesondere die verfügbare Energie begrenzt ist, Anwendung finden, um die erforderliche energieintensive drahtlose Kommunikation zu reduzieren.

Teil II

IT-Sicherheitsmanagement

9

Einführung in IT-Sicherheitsmanagement

Mitautor: Adrian Wiedemann

9.1 Einleitung

IT-Sicherheitsmanagement ist ein Thema, das immer stärker in Unternehmen, Behörden und Forschungseinrichtungen in den Fokus gerät. Beim Lesen der IT-spezifischen Presse sind in den letzten Jahren mit steigender Tendenz Artikel und Meldungen zu Gefahrensituationen im IT-Bereich zu verzeichnen. Mittlerweile sind IT-Systeme in Unternehmen nicht mehr Beiwerk, die helfen, bestimmte Arbeiten schneller zu erledigen, sondern bilden die Basisinfrastruktur der Geschäftsprozesse. Diese Rollenverschiebung der IT und der daraus resultierenden Integration in das operative Geschäft eines Unternehmens rückt auch ein professionelles Handeln zur Absicherung und Aufrechterhaltung der IT-Dienste immer mehr in den Mittelpunkt. Darüber hinaus entstand durch die zunehmende Vernetzung und insbesondere die Anbindung an offene Netze wie das Internet eine neue Bedrohungslage.

Wenn vom Thema IT-Sicherheit die Rede ist, stößt man oftmals auf Begriffe wie Viren, Würmer oder Trojanische Pferde. Diese Begriffe definieren Schadsoftware, die das Benutzen eines IT-Systems unmöglich macht, erschwert oder das Ausspähen von Daten erlaubt. Schadsoftware stellt eine Bedrohung für jedes IT-System dar, mit der entsprechend umgegangen werden muss.

Die nun folgenden Kapitel 10 bis 16 behandeln wesentliche Aspekte des IT-Sicherheitsmanagements. Dieses Kapitel gibt hierzu einen Überblick und führt Grundbegriffe ein. Ferner werden die Bezüge zu den folgenden Kapiteln aufgezeigt. Im Rahmen dieses Kapitels werden keine dedizierten Schwachstellen erläutert oder spezifische Gefährdungspotentiale einzelner Technologien ausgeführt. Hierzu sei auf aktuelle Lageberichte wie bspw. den *Thread Report* der Firma Symantec [Symantec 2007] oder den Lagebericht zur IT-Sicherheit in Deutschland des Bundesamtes für Sicherheit in der Informationstechnik [BSI Lage 2007] verwiesen. Ziel dieses Kapitels ist es vielmehr, den Managementaspekt im Rahmen der IT-Sicherheit zu verdeutlichen, da neben technischen IT-Sicherheitslösungen den Menschen und Prozessen eine wesentliche Rolle zukommt.

> *„If you think technology can solve your security problems, then you don't understand the problems and you don't understand the technology."* von Bruce Schneier.

9.2 IT-Sicherheit als Managementaufgabe

9.2.1 Definition von IT-Sicherheitsmanagement und IT-Sicherheitsmanagementsystemen

Dem IT-Sicherheitsmanagement liegt, wie bereits in Abschnitt 1.5 eingeführt, die folgende Definition zugrunde:

K IT-Sicherheits-
management

> *Im Gleichklang mit den wachsenden Anforderungen an die Informationstechnik ist auch deren Komplexität ständig gewachsen. Ein angemessenes IT-Sicherheitsniveau kann daher in zunehmendem Maße nur durch geplantes und organisiertes Vorgehen aller Beteiligten durchgesetzt und aufrechterhalten werden. Voraussetzung für die sinnvolle Umsetzung und Erfolgskontrolle von IT-Sicherheitsmaßnahmen ist somit ein durchdachter und gesteuerter IT-Sicherheitsprozess. Diese Planungs- und Lenkungsaufgabe wird als IT-Sicherheitsmanagement bezeichnet.*
> abgeleitet von [BSI B 1.0].

Aus dieser Definition werden insbesondere drei Grundprinzipien deutlich. Erstens ist es das Ziel des IT-Sicherheitsmanagements, ein **angemessenes IT-Sicherheitsniveau** zu erreichen und aufrecht zu erhalten. Insofern ist eine Risikoabschätzung erforderlich, mittels welcher die bestehenden Sicherheitsrisiken beurteilt werden können, und es sind angemessene Schutzmaßnahmen zu treffen. Zweitens handelt es sich beim IT-Sicherheitsmanagement um einen allumfassenden Ansatz, der *alle Beteiligten* einschließt. Dabei ist insbesondere zu berücksichtigen, dass

IT-Sicherheit nicht alleine durch den Einsatz von Technologien sichergestellt werden kann, sondern auch der Faktor Mensch Berücksichtigung
finden muss. Drittens ist IT-Sicherheitsmanagement eine *Planungs- und
Lenkungsaufgabe*, die einen immerwährenden Prozess verlangt. Dieser
Prozess setzt sich dabei aus den Teilen Planung/Organisation, Um-
setzung/Durchsetzung und Aufrechterhaltung/Erfolgskontrolle zusammen, sodass zu jedem Zeitpunkt ein angemessenes IT-Sicherheitsniveau
gewährleistet ist.

Entsprechend der Definitionen von Managementkonzepten in Abschnitt 1.1 liegt der obigen Definition ein handlungsorientiertes Managementkonzept zugrunde. Zunächst ist eine Grundsatz- bzw. Zielbildung erforderlich. Dies erfolgt in der Regel mittels einer Sicherheitsleitlinie (vgl. Abschnitt 9.2.2). Nach der Festlegung der grundsätzlichen
Ziele erfolgt eine Planungsphase, in welcher Strategien und Pläne ausgearbeitet werden. Anschließend werden in einer Organisationsphase
notwendige Aufgaben an verantwortliche Personen verteilt und somit
die Umsetzung organisiert. Abschließend erfolgt eine Kontrolle der um-
gesetzten Maßnahmen. Eine detaillierte Darstellung findet im Rahmen
des IT-Sicherheitsprozesses in Kapitel 10 statt.

Neben dieser Ausrichtung werden in [Whitman & Mattord 2004,
S. 19 ff] weitere Gesichtspunkte festgelegt. Die resultierenden sechs
Punkte werden, entsprechend den englischen Begriffen, als die *6 P's*
bezeichnet, und werden in dieser Kombination nur innerhalb des Infor-
mationssicherheitsmanagements verwendet.

- Richtlinien (engl. Policy): Durch Richtlinien wird das Verhalten der   K 6 P's
  Organisation hinsichtlich Sicherheit geregelt.
- Planung (engl. Planning): Unter diesem Gesichtspunkt werden alle
  Planungsschritte wie Notfallplanung, Personalplanung etc. zusam-
  mengefasst.
- Programme (engl. Programs): Programme sind spezielle Maßnah-
  men wie bspw. Mitarbeiterschulungen, welche eigenständig gema-
  nagt werden.
- Schutzmaßnahmen (engl. Protection): Die Schutzmaßnahmen sind
  Teil des Risikomanagements und beinhalten sowohl technische als
  auch organisatorische Maßnahmen.
- Menschen (engl. People): Die Menschen spielen im IT-Sicherheitsmanagement eine überaus wichtige Rolle, da ohne deren Mitarbeit
  jedes IT-Sicherheitsmanagement zum Scheitern verurteilt ist.
- Projektmanagement (eng. Project Management): Die Organisation
  der umzusetzenden Maßnahmen erfordert ein Projektmanagement,

da Aufgaben an zuständige Personen verteilt und Zeitpläne erstellt werden müssen.

Daneben existieren eine Vielzahl weiterer handhabungsorientierter empfohlener Vorgehensweisen (engl. Best Practices) sowie Rollenkonzepte, die eine besondere Rolle im IT-Sicherheitsmanagement spielen.

Die Rolle des IT-Sicherheitsmanagements wird in Zukunft immer wichtiger. Dies ist auch durch gegenwärtige Arbeiten von nationalen und internationalen Gremien im Bereich Sicherheitsmanagement erkennbar. Auf nationaler Ebene hat das *Bundesamt für Sicherheit in der Informationstechnik (BSI)*[1] als oberste technische Sicherheitsbehörde in der Informationstechnik in Deutschland ein sogenanntes **Grundschutzhandbuch** bzw. **IT-Grundschutz-Kataloge**[2] veröffentlicht (vgl. Abschnitt 10). Diese Initiative zeigt beispielsweise, welche Wichtigkeit diesem Thema seitens der politischen Administration beigemessen wird.

Das BSI definiert ein *IT-Sicherheitsmanagementsystem* als Sammlung von Planungs-, Lenkungs-, und Kontrollaufgaben [BSI Std. 100-1, S. 12 ff], wobei ein System in diesem Kontext nicht ausschließlich als technisches System zu verstehen ist. International hat die ISO eine Reihe von Standards (ISO/IEC 270xx) zum Thema Informationssicherheitsmanagementsysteme veröffentlicht. Im Sprachgebrauch der ISO werden diese Managementsysteme als *Informationssicherheitsmanagementsysteme (ISMS)* bezeichnet, da dieser Begriff umfassender ist. Die Aufgaben eines ISMS sind naturgemäß Querschnittsaufgaben. Dies bedeutet, dass es innerhalb der Struktur eines Unternehmens zwangsläufig zu Überlappungen in Kompetenzbereichen kommen wird, wobei die Sicherheit innerhalb dieser Überlappungen nicht isoliert (innerhalb der Kompetenzbereiche) betrachtet werden darf. Da die Sicherheit der IT-Systeme und der Informationen von entscheidender Bedeutung für ein Unternehmen ist, sollte dieses Managementsystem möglichst nah an dessen Führung gekoppelt sein und auch von dieser getragen werden.

Neben der strategischen Platzierung sind noch weitere organisatorische Maßnahmen notwendig, damit ein Informationsmanagementsystem effizient funktionieren kann: Die Erarbeitung einer *Sicherheitsleitlinie* und *Sicherheitsrichtlinien*. Nachfolgend wird erläutert, in wie fern sich diese beiden Maßnahmen voneinander abgrenzen.

---

[1] nicht zu verwechseln mit der *British Standards Institution (BSI)*

[2] Die Bezeichnung wurde 2005 von *Grundschutzhandbuch (GSHB)* in *IT-Grundschutz-Kataloge* geändert.

9.2.2 Sicherheitsleitlinie und -richtlinien

Wie in den Abschnitten zuvor schon angedeutet, ist ein funktionierendes IT-Sicherheitsmanagementsystem von strategischer Bedeutung für ein Unternehmen oder einer Organisation. Damit dem IT-Sicherheitsteam auch die Unterstützung durch das Management dokumentiert und die Arbeit legitimiert wird, muss eine Sicherheitsleitlinie erarbeitet und veröffentlicht werden. Darin werden Leitaussagen zur Sicherheitsstrategie und zur Erreichung eines angestrebten Sicherheitsniveaus gemacht (vgl. u.a. [BSI Gshb, M 2.192] oder [BSI Std. 100-1, S. 23]). Ferner sollte in der Leitlinie der Bezug zwischen IT-Sicherheitszielen und den Geschäftszielen bzw. Aufgaben der Organisation aufgezeigt werden. Insofern ist eine Sicherheitsleitlinie auch vergleichbar mit dem Grundgesetz, in welchem die Grundsätze und Ziele der Bundesrepublik Deutschland festgelegt wurden.

Als Beispiel einer Sicherheitsleitlinie im Hochschulbereich sind nachfolgend einige Punkte aus der Sicherheitsleitlinie der Universität zu Köln[3] beschrieben [RRZK Sec]:

- Die Universität zu Köln ist bestrebt, einen offenen Informationsaustausch zu gewährleisten, sofern keine dienst-, urheber- und datenschutzrechtlichen Belange verletzt werden. F Sicherheits-
leitlinie
- Eine absolute Sicherheit der IT-Infrastruktur ist nicht realisierbar; viele Beeinträchtigungen der IT-Sicherheit beruhen jedoch auf allgemein bekannten Schwachstellen, die bei sachgemäßer Handhabung und Organisation zu beseitigen sind. Hierfür ist ein dynamischer, rekurrenter Ablauf notwendig.
- Die IT-Sicherheit ist kein Selbstzweck. Sie muss daher stets die Verhältnismäßigkeit der Maßnahmen und Mittel im Spannungsfeld zwischen Informationsoffenheit, Kosten und Nutzerakzeptanz auf der einen und dem notwendigen Grad von Sicherheit auf der anderen Seite berücksichtigen.
- IT-Sicherheit kann nur erreicht werden, wenn universitätsweit gültige Sicherheitsstandards definiert werden und diese universitätsweit gegebenenfalls gestuft auf Ebene von Arbeitsgruppen, Instituten und Fakultäten erfolgreich umgesetzt werden.
- IT-Sicherheit ist eine Gemeinschaftsaufgabe, die von allen Nutzern der IT-Infrastruktur wahrgenommen werden muss. Sie kann nur erfolgreich umgesetzt werden, wenn die Nutzer für Belange der IT-Si-

---

[3] Version vom 16.2.2004

cherheit sensibilisiert und über das Gefährdungspotential und mögliche Gegenmaßnahmen in ihrem Arbeitsumfeld informiert werden.

- Ein qualifizierter Sicherheitsstandard ist nur mit zusätzlichem personellen, zeitlichen und finanziellen Aufwand herstellbar und aufrechtzuerhalten. Detaillierte Risikoanalysen zur Erkennung und Abwehr von Sicherheitslücken erfordern qualifiziertes Personal mit hohem Expertenwissen und detaillierten Kenntnissen der IT-Infrastruktur der Universität zu Köln.

- Sicherheit umfasst nicht nur die Verhinderung von inneren und äußeren Angriffen auf die universitäre IT-Infrastruktur, sondern auch die Verhinderung von Angriffen aus der universitären IT-Infrastruktur auf die IT außeruniversitärer Institutionen.

- Datensicherung gewährleistet den Schutz der in der IT-Infrastruktur gehaltenen und verarbeiteten Daten gegen absichtliches Löschen, Verfälschen oder auch unabsichtlichen Verlust.

- Alle Nutzer sind zu einer zweckmäßigen, verantwortungsvollen und ökonomischen Nutzung der IT-Infrastruktur angehalten.

- Die Sicherheitsstandards sind permanent weiter zu entwickeln und durch Qualitätssicherungsmaßnahmen zu ergänzen, durch die zeitnah neue Risiken erkannt und geeignete Gegenmaßnahmen ergriffen werden können.

Im Gegensatz zu einer Sicherheitsleitlinie, in welcher allgemeine Grundsätze festgelegt werden, sind Sicherheitsrichtlinien auf einen Teilbereich fokussiert und insofern sind in der Regel mehrere Richtlinien vorhanden. Typischerweise sind Richtlinien in ihrer Gültigkeit beschränkt, zum Beispiel können sich Richtlinien nur auf den Themenkomplex E-Mail beziehen. Diese Trennung nach Themengebieten ist sinnvoll, denn oft setzen diese Richtlinien technische Einschränkungen durch. Wenn sich also Änderungen aufgrund von Weiterentwicklungen ergeben, ist der Aufwand, eine Richtlinie zu ändern und neu zu verabschieden um ein vielfaches geringer. Bei der Verwendung von gegeneinander abgegrenzten Richtlinien muss unbedingt darauf geachtet werden, dass sich Richtlinien thematisch nicht überschneiden oder widersprechende Aussagen treffen. Insofern sind Richtlinien mit Gesetzen vergleichbar, die einen spezifischen Bereich regeln wie bspw. das Telemediengesetz, welches in Abschnitt 16.4 näher erläutert wird.

Der Maßnahmenkatalog der IT-Grundschutz-Kataloge beinhaltet unter anderem Anhaltspunkte zur Definition folgender Richtlinien [BSI Gshb]:

- M 2.134 Richtlinien für Datenbank-Anfragen

- M 2.188 Sicherheitsrichtlinien und Regelungen für die Mobiltelefon-Nutzung   F Sicherheits-richtlinien
- M 2.220 Richtlinien für die Zugriffs- bzw. Zugangskontrolle
- M 2.235 Richtlinien für die Nutzung von Internet-PCs
- M 2.279 Erstellung einer Sicherheitsrichtlinie für Router und Switches
- M 2.325 Planung der Windows XP Sicherheitsrichtlinie
- M 2.373 Erstellung einer Sicherheitsrichtlinie für VoIP
- ...

Die Ausprägung einer konkreten Sicherheitsrichtlinie wird am Beispiel der Passwortrichtlinie des Rechenzentrums der Universität Karlsruhe (TH) [UKA Pw] vorgenommen, welche die Anforderungen, Ausgestaltung und Umgang mit Passwörtern am Rechenzentrum regelt:

- *Passwortanforderungen*: Für die am Rechenzentrum verwendeten Passwörter gelten momentan folgende Bedingungen: F Passwort-richtlinie
  - Mindestlänge: 6 Zeichen
  - Maximallänge: 8 Zeichen
  - 2 verschiedene Sonderzeichen
  - keine Klammerung des Passworts
  - Accountname darf nicht in Passwort verwendet werden
- *Gültiger Zeichenvorrat*:
  - Die Zeichen des Passworts müssen druckbare Zeichen des 7-bit ASCII-Zeichensatzes sein. Insbesondere sind Umlaute nicht erlaubt.
  - Gültige Sonderzeichen sind: {! " \& ' ( ) * + , - . / : ; < = > ? [\ ] ^ _ ' { | }
- *Umgang mit Passwörtern*: Auf einen sicheren Umgang mit Passworten oder anderem Schlüsselmaterial ist zu achten. Das Passwort sollte nach Möglichkeit nicht aufgeschrieben werden. Falls dies nicht möglich sein sollte, muss dafür gesorgt werden, dass das Passwort nicht in Zusammenhang mit der Kennung des Rechenzentrums gebracht werden kann. Dies wird auch durch die Verwaltungs- und Benutzungsordnung § 8.6 vom 19.12.2005 geregelt.
- *Zurücksetzen von Passwörtern*: Es ist grundsätzlich nicht möglich, sich das Passwort telefonisch durch einen Mitarbeiter des BIT8000 oder des MicroBIT zurücksetzen zu lassen.

9.2.3 Schutzziele

Ziel des IT-Sicherheitsmanagements ist es, Informationen bzw. Daten, welche durch IT-Systeme gespeichert, verarbeitet und übertragen werden, zu schützen. Dem IT-Sicherheitsmanagement liegen hierzu Schutzziele zugrunde. Diese abstrakten Ziele werden durch die Anwendung von technischen oder organisatorischen Schutzmaßnahmen angestrebt, wobei zu beachten ist, dass ein vollständiges Erreichen der Schutzziele in der Regel nicht durchgesetzt werden kann. Insofern sieht das IT-Sicherheitsmanagement auch ein angemessenes Sicherheitsniveau vor. Die klassischen Schutzziele der IT-Sicherheit sind [Eckert 2006, S. 6 ff]:

K Schutzziele

- *Authentizität*: Die Überprüfung der Identität mittels charakteristischer Eigenschaften erlaubt es, die Authentizität, d.h. die Echtheit und Glaubwürdigkeit eines Objekts, festzustellen (vgl. auch Abschnitt 11.2.1).
- *Integrität*: Die Integrität von Daten ist gewährleistet, wenn es nicht möglich ist, Daten unautorisiert und unbemerkt einzuspielen, zu manipulieren oder zu löschen.
- *Vertraulichkeit*: Die Vertraulichkeit von Daten ist sichergestellt, wenn kein unautorisierter Datenzugriff stattfinden kann.
- *Verfügbarkeit*: Die Verfügbarkeit, aus Sicht der IT-Sicherheit, ist dann sichergestellt, wenn autorisierte Handlungen nicht durch unautorisierte beeinträchtigt werden können.
- *Verbindlichkeit*: Kann ein Nutzer im Nachhinein die Ausführung von Aktionen nicht abstreiten, gewährleistet ein System Verbindlichkeit.
- *Datenschutz*: Der Schutz von personenbezogenen Daten stellt das Ziel des Datenschutzes dar. Der Unterschied zwischen Datensicherheit und Datenschutz wird in Abschnitt 16.2.1 dargelegt.

9.2.4 Weitere Begriffsdefinitionen

An dieser Stelle werden weitere Begriffe eingeführt, welche für die Diskussion in diesem und den folgenden Kapiteln grundlegend sind. Dabei wurden die Begriffsdefinitionen gemäß [Eckert 2006, S. 13 ff] vorgenommen.

- *Verwundbarkeit*: Als Verwundbarkeit gilt eine Schwachstelle, mittels derer die Sicherheitsdienste eines Systems umgangen, getäuscht oder unautorisiert modifiziert werden können.

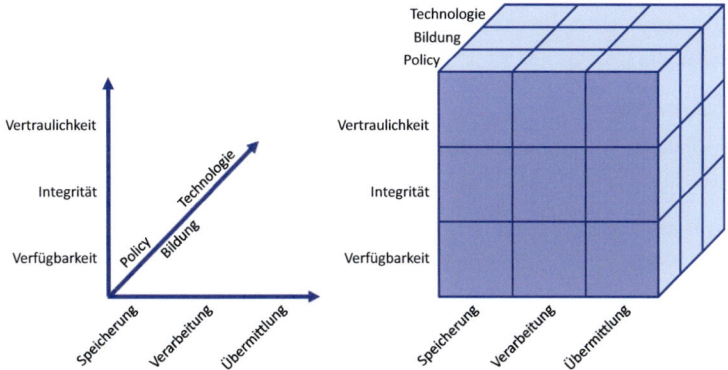

Abb. 9.1. Dimensionen der Informationssicherheit [Whitman & Mattord 2004, S. 5 ff]

- *Bedrohung*: Die Ausnutzung von Schwachstellen wird als Bedrohung bezeichnet, wenn Schutzziele wie Integrität oder Verfügbarkeit nicht mehr sichergestellt sind.
- *Risiko*: Unter dem Risiko einer Bedrohung versteht man die Eintrittswahrscheinlichkeit eines Schadensereignisses in Verbindung mit dem potentiellen Schaden.
- *Angriff*: Nicht autorisierte Zugriffe bzw. Zugriffsversuche auf ein System werden als Angriff bezeichnet.

9.3 Dimensionen des IT-Sicherheitsmanagements

Die verschiedenen Aspekte der IT-Sicherheit bzw. des IT-Sicherheitsmanagements sind in Abb. 9.1 skizziert. Dabei ist ersichtlich, dass IT-Sicherheit sowohl die Speicherung, Verarbeitung als auch Übermittlung einbezieht und somit eine isolierte Betrachtung der IT-Sicherheit in Netzwerken nicht sinnvoll ist. Orthogonal hierzu sind die Schutzziele zu sehen, wobei in dieser Darstellung nur die elementaren Schutzziele Vertraulichkeit (engl. Confidentiality), Integrität (engl. Integrity) und Verfügbarkeit (engl. Availability) aufgeführt sind. Diese Schutzziele werden teilweise auch entsprechend den englischen Bezeichnungen als *C.I.A.* bezeichnet. Die dritte Dimension wird durch Richtlinien, Schulung und Technologie gebildet. Dabei wird nochmals deutlich, dass IT-Sicherheit nicht alleine durch Technologien gewährleistet werden kann, sondern auch Schulungen der Mitarbeiter notwendig und Richtlinien festgelegt werden müssen. Neben den in Abb. 9.1 dargestellten Dimen-

🄺 C.I.A.

sionen kann eine Strukturierung des IT-Sicherheitsmanagements auch
anhand der folgenden Merkmale vorgenommen werden:

- Menschen
- Prozesse
- Technologien

Mittels dieser Kriterien werden daher die folgenden Kapitel 10 bis 16
in den Kontext IT-Sicherheitsmanagement eingeordnet.

9.3.1 Menschen

Die Problematik der Innentäter ist beispielsweise ein Phänomen, das in
der Öffentlichkeit weitestgehend unbekannt ist, denn oftmals werden Sicherheitsvorfälle gar nicht erst erkannt. Falls doch, wird oft Stillschwei-
gen bewahrt, denn eine Veröffentlichung könnte das Ansehen eines Unternehmens schädigen und so wirtschaftliche Konsequenzen nach sich
ziehen. Auch wenn ein Mitarbeiter kein typischer Innentäter ist, der
mit Vorsatz handelt, kann von diesem trotzdem eine Bedrohung ausgehen. Gelingt es einem Angreifer durch „soziale Fähigkeiten" (engl.
Social Skills) Mitarbeiterwissen bzw. -berechtigungen für einen Angriff
auszunutzen, wird dies als **Social Engineering** bezeichnet (vgl. u.a.
[Whitman & Mattord 2004, S. 371] oder [Schneier 2004]). Analog zu
den Innentätern existieren auch hier keine belastbaren Statistiken, im
welchem Umfang dies geschieht. Es gibt jedoch prominente Beispiele,
wie effektiv diese Methode funktioniert. Daher muss auch im nicht-
technischen Bereich ein professioneller Umgang mit diesen Gefahren
gewährleistet sein und die Mitarbeiter entsprechend geschult werden.

9.3.2 Prozesse

IT-Sicherheit kann nicht alleine durch kryptographische Verfahren oder
Technologien gewährleistet werden. Vielmehr kommt den beteiligten
Menschen und Prozessen eine entscheidende Rolle zu. Insofern wird
auf Basis des sogenannten BSI-Grundschutzes in Kapitel 10 ein IT-
Sicherheitsprozess und somit organisatorische Vorgehensweise erläutert. Um die Sicherheit von IT-Systemen zu gewährleisten, kommt
dem Sicherheitspatch-Management eine entscheidende Rolle zu. Insofern muss auch ein Prozess etabliert werden, anhand dessen sicherheitsrelevante Aktualisierungen der Software eingespielt werden. In Kapitel 13 wird ein solcher Prozess erläutert. Sollte es trotz aller Schutzmaßnahmen zu einem Sicherheitsvorfall kommen, müssen bereits im

Vorfeld die notwendigen Schritte und Verfahren zur Behandlung eines solchen Vorfalls spezifiziert werden. In Kapitel 15 werden daher maßgebende Verfahren und Einrichtungen hierzu dargelegt.

Die Definition von Sicherheitsrichtlinien ist teilweise auch durch Gesetze bestimmt, in welchen auch Regeln für IT-Sicherheit vorgeschrieben werden (engl. *IT-Compliance*). Insofern werden in Kapitel 16 rechtliche Aspekte insbesondere hinsichtlich Datenschutz und Telekommunikationsrecht dargelegt.

9.3.3 Technologien

Neben den personalen und prozessorientierten Aspekten sind die technischen Gesichtspunkte eines IT-Sicherheitsmanagementsystems von Belang. Dabei handelt es sich um Bausteine, mit denen die im Abschnitt 9.2.3 definierten Schutzziele auf technischer Ebene realisiert werden können. Dabei sind unter anderem folgende Bausteine zu erwähnen:

- Kryptographische Verfahren
- Hashfunktionen und elektronische Signaturen
- Schlüsselverwaltungsverfahren
- Authentifizierungsverfahren
- Zugriffskontrollverfahren
- Sichere Kommunikationsprotokolle

Die Rechtevergabe und -durchsetzung ist für das IT-Sicherheitsmanagement elementar und muss daher auch von technischer Seite unterstützt werden. In Kapitel 11 werden daher Zugangs- und Zugriffskontrollverfahren vorgestellt. Bedingt durch die große Anzahl von Systemen und Netzen sowie die damit einhergehende Vielzahl existierender Zugangspunkte, ist eine effiziente Verwaltung der zugrunde liegenden (digitalen) Identitäten nötig. Daher werden in Kapitel 12 Aspekte aufgezeigt, welche aus technischer aber auch organisatorischer Sicht für ein effizientes Identitätsmanagement relevant sind. Der technische Schutz von Netzen durch Firewalls und Intrusion Detection Systeme bildet den Kern des Kapitels 14.

9.3.4 Abgrenzung zum Security Engineering

Die Entwicklung sicherer Software und Systeme steht im Mittelpunkt der Disziplin *Security Engineering* (vgl. u.a. [Eckert 2006, S. 151 ff]).

Dabei soll durch entsprechende Maßnahmen und Methoden sichergestellt werden, dass bspw. keine Pufferüberläufe (engl. Buffer Overflow)
möglich sind. Daher ist für das Security Engineering in der Regel der
Zugriff auf den Quellcode notwendig. Diese Disziplin unterscheidet sich
vom IT-Sicherheitsmanagement, da es dessen Ziel ist, ein angemessenes
Sicherheitsniveau für die betriebenen IT-Systeme zu gewährleisten. In
der Regel besteht dabei kein vollständiger Zugriff auf den Quellcode
der eingesetzten Komponenten oder eine Änderung des Quellcodes ist
nicht mit angemessenem Aufwand möglich. Insofern soll das IT-Sicherheitsmanagement sicherstellen, dass potentielle Schwachstellen von IT-
Systemen nicht ausgenutzt werden können und somit das angemessene
Sicherheitsniveau aufrecht erhalten bleibt.

9.4 Zusammenfassung

Durch die immer gewichtigere und allgegenwärtige Rolle der IT-
Systeme sowie die zunehmende Vernetzung nimmt auch die Bedeutung
des IT-Sicherheitsmanagements zu, da nur so eine effektive und effiziente Organisation der notwendigen Sicherheitsmaßnahmen sichergestellt
werden kann. Dabei ist eine ausschließliche Betrachtung von Technologien nicht zielführend, vielmehr müssen die involvierten Menschen berücksichtigt und Prozesse definiert werden. Im Rahmen dieses Kapitels
wurden die elementaren Ziele verdeutlicht. Die folgenden Kapitel ver-
tiefen einzelne Aspekte, wobei diese Kapitel aufgrund der Komplexität
jeweils nur als Einstiegspunkte in die Thematik dienen können.

IT-Sicherheitsprozess – BSI-Grundschutz

Mitautor: Adrian Wiedemann

10.1 Einleitung

Die Etablierung von IT-Sicherheitsprozessen in Unternehmen ist in vielen Fällen eine große Herausforderung, welche oft unterschätzt wird. Diese Fehleinschätzung des Aufwandes basiert in den meisten Fällen darauf, dass sich einerseits die verantwortlichen Manager der Komplexität der zu sichernden technischen Strukturen gar nicht bewusst sind, andererseits sind neben technischen Maßnahmen noch viele organisatorische Dinge zu regeln, die gerne übersehen werden.

Für ein strukturiertes Vorgehen beim Aufbau und Betrieb eines *IT-Sicherheitsmanagement-Systems (ISMS)* hat in Deutschland das *Bundesamt für Sicherheit in der Informationstechnik (BSI)* 1993 erstmals ein Grundschutzhandbuch herausgegeben. Bei einem ISMS handelt es sich nicht – anders als der Name vermuten lässt – um ein Softwaresystem, welches eine Plattform zum Management von technischen Komponenten darstellt. Ein ISMS ist vielmehr eine Sammlung von Vorgehensweisen und Vorschriften, um einen IT-Sicherheitsprozess zu etablieren und aufrechtzuerhalten. Die erste Auflage des Grundschutzhandbuches war ein Leitfaden zur Umsetzung von IT-Sicherheit mit vielen technischen Vorgaben. Das BSI hat über die Jahre hinweg dieses Grundschutzhandbuch erweitert und auf den aktuellen Stand der Technik gebracht. Es erscheint zirka alle zwei Jahre und umfasst in der aktuellen Auflage mehr als 3600 Seiten. Auch der Name ist in der aktuellen Auflage neu: Das Handbuch wird nun als *IT-Grundschutz-Kataloge* bezeichnet. Aber nicht nur innerhalb Deutschlands haben sich Organisationen um das Management der IT-Sicherheit Gedanken gemacht. Auf internationaler Ebene hat die ISO im Jahr 2001 erstmals die Standardisierungsreihe ISO 2700x auf den Weg gebracht. Dies wurde notwendig, weil zu diesem Zeitpunkt viele nationale Standards geschaffen worden sind, die aber zueinander nicht kompatibel waren. Durch die Schaffung der ISO 2700x Reihe ist es möglich, auch auf internationaler Ebene IT-Sicherheit zu standardisieren.

Bei der Vorgehensweise zum Etablieren eines ISMS ist nicht vorgeschrieben, welcher Methodik man sich bedienen soll. Grundsätzlich muss aber systematisch geplant werden, damit eine vollständige, kontrollierbare und nachhaltige IT-Sicherheit realisiert werden kann. Nachfolgend werden drei grundsätzliche Modelle zur systematischen Vorgehensweise vorgestellt, die auch in der Softwaretechnik [Balzert 1998] Anwendung finden:

10.1.1 Wasserfallmodell

Das Wasserfallmodell (vgl. Abb. 10.1) sieht eine schrittweise Abarbeitung der verschiedenen Prozessstufen vor. Dieses Modell ist für eine statische Modellierung ausgelegt, bei signifikanten Änderungen von Randbedingungen stößt das Modell schnell an seine Grenzen, da durch die lineare Abarbeitung der Prozessschritte eine Anpassung der IT-Sicherheit sehr langwierig sein kann.

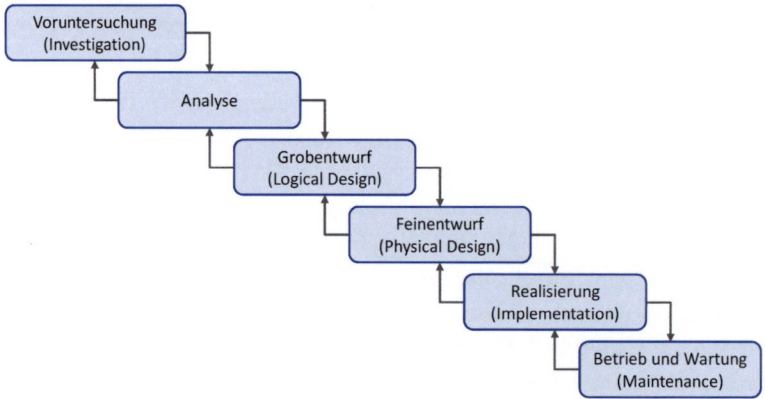

Abb. 10.1. Wasserfallmodell [Balzert 1998, S. 54 ff]

10.1.2 Inkrementelles Modell

Das inkrementelle Modell (vgl. Abb. 10.2) ist im Bereich der IT-Sicherheit ein weitverbreitetes Modell, es wird auch in den IT-Grundschutz-Katalogen als Basismodell verwendet. Vorteilhaft wirkt sich bei diesem Modell die Möglichkeit der zeitnahen Reaktion bei Veränderungen aus, da direkt aus dem operationellen Betrieb in die Phase der Planung gesprungen werden kann.

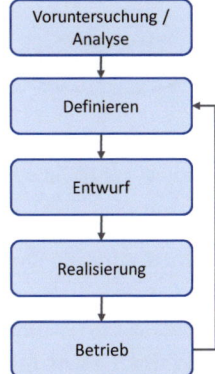

Abb. 10.2. Inkrementelles Modell [Balzert 1998, S. 120 ff]

10.1.3 Spiralmodell

Das Spiralmodell (vgl. Abb. 10.3) unterscheidet sich von den anderen Modellen derart, dass es nicht direkt für die Entwicklung von bestimmten Zielen verwendet wird. Das Spiralmodell ist eine Veranschaulichung für die fortwährende Verbesserung der IT-Sicherheitsprozesse und greift bei der Entwicklung neuer Komponenten auf die beiden vorher genannten Modelle zurück. Aus diesem Grund wird das Spiralmodell als *Metamodell* bezeichnet.

10.2 IT-Grundschutz-Kataloge des BSI

Das Bundesamt für Sicherheit in der Informationstechnik wurde im Jahr 1990 gegründet. Organisatorisch ist das BSI als Behörde dem Bundesministerium des Innern unterstellt und stellt als solche die oberste

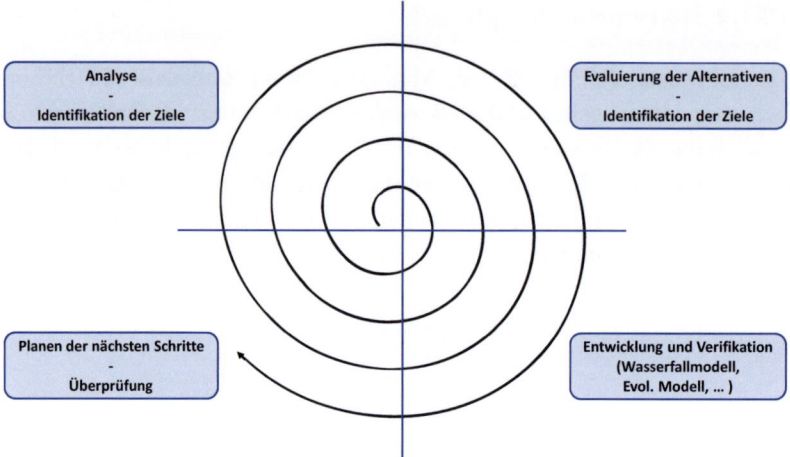

Abb. 10.3. Spiralmodell [Balzert 1998, S. 129 ff]

technische Behörde der Bundesrepublik Deutschland für den Bereich Informationssicherheit dar.

Die vom BSI herausgegebenen IT-Grundschutz-Kataloge sollen helfen, bei der Umsetzung von IT-Sicherheit möglichst strukturiert vorzugehen. Dabei gibt das BSI in den Katalogen Standardempfehlungen für typische IT-Systeme. Diese Empfehlungen umfassen die Teilgebiete:

- Organisation
- Personal
- IT-Infrastruktur
- IT-Technik

Durch die Anwendung von Empfehlungen aus den IT-Grundschutz-Katalogen soll ein Sicherheitsniveau erreicht werden, was für den normalen Schutzbedarf ausreichend und angemessen ist. Um dieses Sicherheitsniveau schrittweise zu erreichen, sind die IT-Grundschutz-Kataloge nach einem Baukastensystem organisiert. Die einzelnen Bausteine können umgesetzt werden, ohne dass auf bestimmte andere Bausteine Rücksicht genommen werden muss. Diese Bausteine sind in den sogenannten Gefährdungs- und Maßnahmenkatalogen verzeichnet. Wie diese Kataloge miteinander in Verbindung gebracht werden, wird in Abschnitt 10.4.3 erläutert.

10.3 IT-Sicherheitsprozess

Um einen Sicherheitsprozess zu etablieren, ist eine abstrakte Gliederung in verschiedene Ebenen notwendig. Diese Notwendigkeit beruht auf der Komplexität der IT-Systeme und die Integration der Systeme in das operative Geschäft eines Unternehmens. Abb. 10.4 skizziert dabei die einzelnen Ebenen, die durchlaufen werden müssen. Bei Betrachtung der Abbildung wird klar, dass der IT-Sicherheitsprozess alle Ebenen eines Unternehmens durchlaufen muss, um erfolgreich zu sein. Durch diese Gliederung wird implizit eine Aufgabentrennung und Zuweisung für die Hierarchiestufen eines Unternehmens deutlich.

⌨ Allgemeiner IT-Sicherheits-prozess

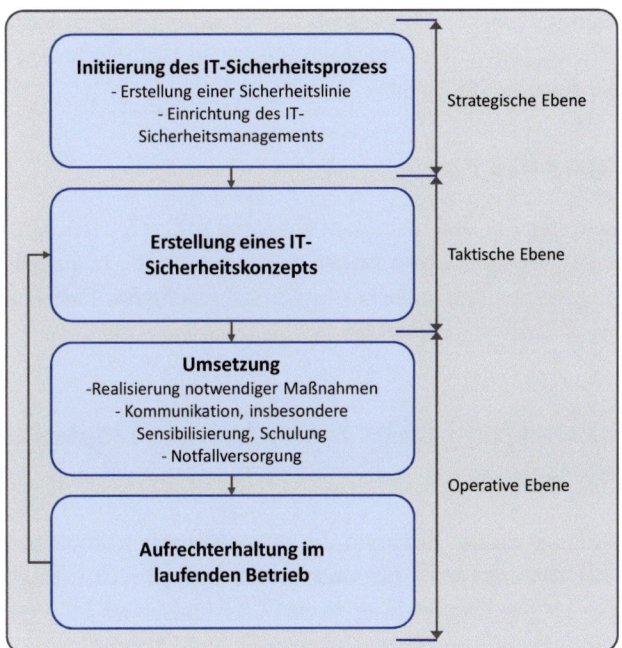

Abb. 10.4. Allgemeiner IT-Sicherheitsprozess [BSI Gshb, S. 22 ff]

10.3.1 Strategische Ebene

Ein Sicherheitsprozess muss auf der strategischen Ebene initiiert werden. Die Unternehmensleitung sollte sich dabei zum Thema IT-Sicherheit bekennen und dies auch dokumentieren. Dieses Bekenntnis wird durch Veröffentlichung einer *Sicherheitsleitlinie* (vgl. Abschnitt 9.2.2) klar unterstrichen. Es muss jedoch auch die Einrichtung eines IT-Sicherheitsmanagements innerhalb der strategischen Ebene festgelegt werden. Diese Festlegung gibt einem IT-Sicherheitsmanagement die nötige Legitimierung, die es für die Durchführung seiner täglichen Arbeit braucht.

10.3.2 Taktische Ebene

Kern des IT-Sicherheitsmanagements ist es insbesondere ein IT-Sicherheitskonzept zu erstellen. Ein *IT-Sicherheitskonzept* ist eine Dokumentation der durchzuführenden und durchgeführten Maßnahmen zur Verbesserung der IT-Sicherheit innerhalb eines Unternehmens. In einem Sicherheitskonzept werden aber nicht nur technische Maßnahmen aufgeführt, sondern auch Maßnahmen zur Schulung und Sensibilisierung der Mitarbeiter, sowie Handlungsanweisungen zum Verhalten bei Notfällen oder Systemeinbrüchen.

10.3.3 Operative Ebene

Die Umsetzung der im Sicherheitskonzept aufgeführten Maßnahmen geschieht auf der operativen Ebene. Hier werden die technischen Maßnahmen implementiert, und die Aufrechterhaltung des Betriebes sichergestellt.

10.4 Entwicklung eines Sicherheitskonzeptes nach IT-Grundschutz

K Sicherheits-
konzept

Im Folgenden wird die Entwicklung eines Sicherheitskonzeptes gemäß des vom BSI definierten IT-Grundschutzes (vgl. [BSI Std. 100-2]) erläutert. Dabei ist die Entwicklung nach IT-Grundschutz im Vergleich zu anderen Standards bzw. Vorgehensweisen (vgl. Abschnitt 10.5) relativ technisch geprägt, was beispielsweise durch die teilweise sehr konkreten Maßnahmenkataloge deutlich wird.

10.4.1 Strukturanalyse

Als ersten durchzuführenden Schritt bei der Erstellung eines Sicherheitskonzeptes nennt das BSI eine *Strukturanalyse* des IT-Verbundes. Dabei umfasst ein IT-Verbund nach Definition des BSI alle infrastrukturellen, organisatorischen, personellen und technischen Komponenten, die an der Informationsverarbeitung beteiligt sind.

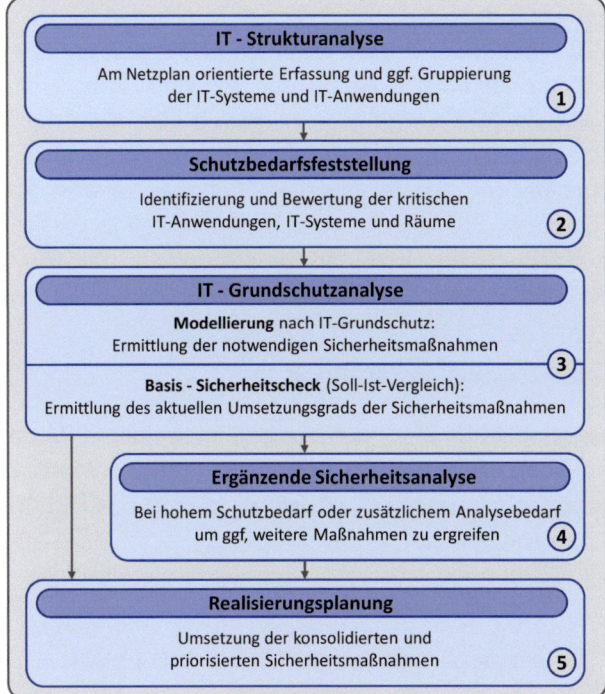

Abb. 10.5. Vorgehensweise nach IT-Grundschutz [BSI Std. 100-2, S. 30]

Die Strukturanalyse fußt dabei auf einem Netzplan, der auf Basis der physikalischen Vernetzung der Rechnersysteme aufgestellt wird, stellt also die physikalische Topologie des zu untersuchenden Rechnernetzwerks dar. Dieser Netzplan kann – je nach Größe und Verteilung und Vermaschung des zu untersuchenden IT-Verbundes – sehr komplex werden. Die Leitlinien für die Aufstellung des Netzplans sehen keine Berücksichtigung einer möglichen logischen Vernetzung, wie zum Beispiel VLANs bei Ethernet, vor, obwohl sich logische Vernetzungspläne oft signifikant von den physikalischen Vernetzungsplänen unterscheiden.

Zur Strukturanalyse gehört neben dem Netzplan auch noch die Erhebung weiterer Informationen eines IT-Verbundes. Dazu gehören zunächst alle Rechnersysteme samt den darauf verwendeten Plattformen und Anwendungen. Wenn diese Daten erhoben worden sind, erfolgt eine Analyse der Abhängigkeit der Rechnersysteme und der darauf laufenden Anwendungen. Ein klassisches Beispiel für die Abhängigkeit von Diensten ist die Verfügbarkeit des Domain Name Systems, welches zum Beispiel für den Betrieb von E-Mail-Servern notwendig ist.

Als weiterer Aufgabenpunkt in der Strukturanalyse ist außerdem die Erhebung der baulichen Infrastruktur, in denen sich die einzelnen informationsverarbeitenden Komponenten befinden, notwendig. Es wird auch bei kleinen IT-Verbünden sehr schnell klar, dass die Strukturanalyse einen erheblichen Aufwand darstellt, der in den meisten Fällen eine Datenmenge erzeugt, die schnell unüberschaubar wird. Aus diesem Grund schlägt das BSI eine Komplexitätsreduktion durch Gruppenbildung vor. Nach welchen Kriterien die Gruppen zu bilden sind, muss jedoch der Anwender der IT-Grundschutz-Kataloge selbst entscheiden.

10.4.2 Schutzbedarfsfeststellung

Die Schutzbedarfsfeststellung der Komponenten eines IT-Verbundes geschieht auf Basis der Daten der Strukturanalyse. Da Metriken für die Bestimmung des Schutzbedarfs oft fehlen, gliedert das BSI den *Schutzbedarf* in drei Kategorien:

|V| Schutzbedarfs-
kategorien

- *normal*: Die Schadensauswirkungen sind begrenzt und überschaubar.
- *hoch*: Die Schadensauswirkungen können beträchtlich sein.
- *sehr hoch*: Die Schadensauswirkungen können ein existentiell bedrohliches, katastrophales Ausmaß erreichen.

Die Schutzbedarfsfeststellung orientiert sich dabei an der Stärke der Ausprägung der einzelnen Schadensszenarien bei einem Ausfall einer Komponente. Das BSI hat dabei schon eine Liste von möglichen Schadensszenarien erarbeitet. Die Schadensszenarien, die vom BSI definiert wurden, sind folgende:

|V|F| Schadens-
szenarien

- Verstoß gegen Gesetze/Vorschriften/Verträge
- Beeinträchtigung des informationellen Selbstbestimmungsrechts
- Beeinträchtigung der persönlichen Unversehrtheit
- Beeinträchtigung der Aufgabenerfüllung
- negative Innen- oder Außenwirkung
- finanzielle Auswirkungen

Für jede der drei Schutzbedarfskategorien (normal, hoch und sehr hoch) ist dabei eine Tabelle erstellt worden, durch die eine bestimmte Ausprägung eines Schadensszenarios auf eine der drei Schutzklassen abgebildet wird. In [BSI Std. 100-2, S. 41 ff] werden hierzu auch eingängige Beispiele dargelegt.

Die möglichen Auswirkungen sind dabei je nach Größe oder Art des Unternehmens verschieden. Aus diesem Grund finden sich in den IT-

Grundschutz-Katalogen auch keine konkreten Zahlen für zum Beispiel die finanziellen Auswirkungen. Es ist also auch hier Aufgabe des Anwenders die möglichen Szenarien für seine Anwendung zu quantifizieren. Auch die Abgrenzung der Schutzbedarfskategorien gegeneinander sollte nicht einfach von den IT-Grundschutz-Katalogen übernommen werden, sondern dient lediglich als Anleitung.

10.4.3 IT-Grundschutzanalyse – Modellierung

Nachdem die beiden grundlegenden Aufgaben der Strukturanalyse und der Schutzbedarfsfeststellung durchgeführt worden sind, muss mit den Ergebnissen dieser der IT-Verbund modelliert werden. Für die Modellierung werden die Bausteine der IT-Grundschutz-Kataloge verwendet. Diese Bausteine sind nicht an eine bestimmte Art von System für Informationsverarbeitung gebunden, Bausteine können also beispielsweise eine Netzkomponente (z.B. Router), ein Server (z.B. Windows 2000 Server) aber auch abstrakte Dienste wie E-Mail darstellen.

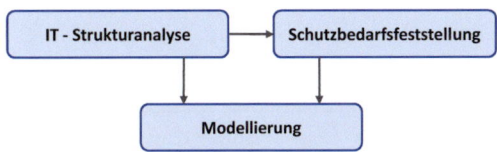

Abb. 10.6. Modellierung nach IT-Grundschutz

Neben den Bausteinen sind innerhalb der IT-Grundschutz-Kataloge auch noch zwei weitere Sammlungen von Informationen vorhanden, die für die Modellierung notwendig sind. Diese sind der Gefährdungskatalog und der Maßnahmenkatalog. Im **Gefährdungskatalog** sind alle möglichen Gefährdungen für die Komponenten eines IT-Verbundes gesammelt. Die Gefährdungen gliedern sich dabei in die Abschnitte: *Höhere Gewalt, Organisatorische Mängel, Menschliche Fehlhandlungen, Technisches Versagen* und *Vorsätzliche Handlungen*. Die zweite Sammlung an Informationen – der **Maßnahmenkatalog** – stellt dabei das Gegenstück zu den Gefährdungskatalogen dar. Analog zu den Gefährdungskatalogen sind auch die Maßnahmenkataloge in verschiedene Teilbereiche gegliedert: *Infrastruktur, Organisation, Personal, Hardware und Software, Kommunikation* und *Notfallvorsorge*. Dabei ist zu beachten, dass nicht für jede Gefährdung eine entsprechende Maßnahme vorhanden ist. Manche Gefährdungen können nur durch die Anwendung mehrerer unterschiedlicher Maßnahmen eingedämmt werden.

▼ Gefährdungs- und Maßnahmenkatalog

Ein Baustein besteht also aus der Beschreibung des zu modellieren-
den IT-Systems, sowie einer Auflistung von möglichen Gefährdungen
und den dazu korrespondierenden Maßnahmen.

10.4.4 IT-Grundschutzanalyse – Basischeck

In den IT-Grundschutz-Katalogen wird der Basischeck als eine erste
Ⓚ Audit   Prüfung der Vorgehensweise nach IT-Grundschutz bezeichnet. Dabei
wird vorausgesetzt, dass die Vorarbeiten bis zur Modellierung durchgeführt worden sind. Der Basischeck wird in drei Abschnitte unterteilt. Im
ersten Teilarbeitsgebiet werden die Vorbereitungen getroffen, es werden
die entsprechenden Ansprechpartner für die Prüfung aus den Unternehmen ausgewählt. Es ist auch hilfreich, alle sicherheitsrelevanten Unter-
lagen zu sammeln und zu sichten, sodass sich der Auditor hinreichend
auf den Sicherheitscheck vorbereiten kann. Bei dieser Vorbereitung sollte auch überlegt werden, inwieweit Unterstützung durch externe Audi-
toren oder Outsourcing möglich ist, denn oftmals übersteigt die Größe
eines Audits die personellen Möglichkeiten des Auditors.

Der eigentliche Basischeck besteht aus einer stichprobenartigen
Überprüfung der Maßnahmen, die der Auditor anhand des Modell-
plans und der darin vorgeschriebenen Maßnahmen überprüft (Soll-Ist-
Vergleich). Dabei kann die Überprüfung durch Interviews mit den ent-
sprechenden Verantwortlichen geschehen, bei technischen Maßnahmen,
die als solche erkennbar sind, sollte dies aber vor Ort geschehen. Der
Basischeck wird in der Regel nicht am Stück durchgeführt. Aus diesem
Grund können die Ergebnisse eines Interviews den verantwortlichen
Personen gleich mitgeteilt werden.

Ⓕ GSTool   Als abschließender Arbeitsschritt eines Basischecks steht die lücken-
lose Dokumentation der Ergebnisse eines Audits. Diese Dokumentation
wird als Grundlage für die Umsetzung fehlender Maßnahmen verwendet, sofern noch nicht alle Maßnahmen umgesetzt worden sind. Es ist
aber auch im späteren Verlauf die Basis für die erfolgreiche Zertifizierung nach IT-Grundschutz. Das BSI bietet für die Dokumentation zwei
verschiedenen Hilfsmittel: Das elektronische System GSTool [WWW
GSTool] oder vorgefertigte Formulare [WWW BSI Form].

10.4.5 Ergänzende Sicherheitsanalyse

Die Sicherheitsmaßnahmen der IT-Grundschutz-Kataloge sind für die
gängigen IT-Systeme mit normalem Schutzbedarf ausgelegt. In vielen

Unternehmen sind aber IT-Systeme vorhanden, für die eine Absicherung nach IT-Grundschutz nicht ausreicht. Da diese erhöhten Sicherheitsanforderungen in diesem Falle auch nicht durch IT-Grundschutz modelliert und auditiert werden können, müssen hier Sicherheitsanalysen außerhalb des IT-Grundschutzes durchgeführt werden. Die IT-Grundschutz-Kataloge haben diese Art der Auditierung auch vorgesehen, Abb. 10.7 skizziert, wie dies in den Prozess integriert werden kann.

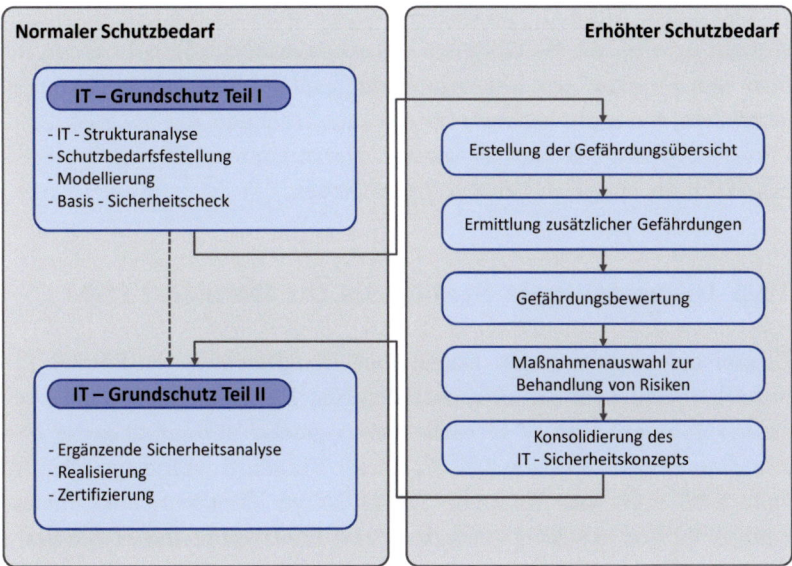

Abb. 10.7. Erweitere Sicherheitsanalysen in IT-Grundschutz [BSI Std. 100-2, S. 66 ff]

Für weiterführende Sicherheitsanalysen kommen meistens folgende Methoden zur Anwendung: *Risikoanalyse*, *Penetrationstests* oder *Differenz-Sicherheitsanalyse*. Bei einer Risikoanalyse werden die Gefährdung eines Systems analysiert und mögliche Gegenmaßnahmen evaluiert, die eine Gefährdung des Systems verringern. Dabei ist insbesondere der mögliche Schaden in Kombination mit der Eintrittswahrscheinlichkeit zu beachten. Das Ergebnis einer Risikoanalyse muss nicht immer die Implementierung von möglichen Maßnahmen für Gefährdungen sein. Denkbar wäre auch eine Verringerung der Angriffsfläche durch eine veränderte Positionierung eines System innerhalb des IT-Verbundes, oder die Trennung von Diensten, sodass mögliche Abhängigkeiten innerhalb dieser Systeme reduziert werden.

Bei Penetrationstests wird eine Analyse eines IT-Systems aus Sicht eines Angreifers durchgeführt. In den meisten Fällen wird diese Analyse von Unternehmen eingekauft, da nur wenige Personen in der Lage sind, diese Art der Analyse durchzuführen. Im Gegensatz zu Audits, die auch als Whitebox-Testing bezeichnet werden (da alle relevanten Informationen zur Prüfung vorliegen), wird diese Methode Blackbox-Testing genannt.

Die dritte Methode, welche für eine erweiterte Sicherheitsanalyse verwendet wird, ist die Differenz-Sicherheitsanalyse. Dabei werden die über den Grundschutz hinausgehenden Maßnahmen mit Maßnahmen verglichen, die typischerweise für die entsprechende Art hochschutzbedürftiger Systeme eingesetzt werden. Dabei können „Muster-Systeme" des BSI zum Vergleich herangezogen werden.

10.5 Internationale Standards im Bereich ITSM

Es gibt auf internationaler Ebene auch Bemühungen, den Bereich IT-Sicherheitsmanagement zu standardisieren. Der erste international bekannte Standard zum IT-Sicherheitsmanagement stammt vom der *British Standards Institution (BSI)*[1]. Dieser Standard wurde zunächst im Jahr 1995 unter der Nummer *7799:1995* veröffentlicht, eine überarbeitete Version erschien 1998. Im Jahr 1999 wurde dieser Standard geteilt, was eine Zertifizierung dann erstmals ermöglichte. Zu diesem Zeitpunkt hatte die ISO auch die Notwendigkeit der Standardisierung in diesem Bereich erkannt, und veröffentlichte ein Jahr später den Standard *ISO 17799:2000*. Diesem Standard lag der erste Teil des *BSI 7799* zugrunde. Weitere zwei Jahre später veröffentlichte das englische BSI eine neue Auflage des zweiten Teils als *BS 7799-2:2002*. Die Weiterentwicklung der Standardisierung auf internationaler Ebene wurde danach von der ISO mit der Reihe 2700x weitergeführt.

10.5.1 ISO 2700x Standards

Die Standardreihe der ISO mit der Nummer *2700x* spezifiziert die Anforderungen für die Implementierung und dauerhaften Betrieb eines ISMS. Dabei ist der Standard so ausgelegt, dass alle Formen von

---

[1] nicht zu verwechseln mit dem deutschen BSI

Unternehmen diesen adaptieren können. Die meisten Standards der *ISO 2700x*-Reihe sind noch in der Entwicklung, *ISO 27001* und *27006* sind die einzigen, die zurzeit veröffentlicht sind. Die 2700x-Reihe beinhaltet folgende Standards:

- *ISO 27000*: Information security management systems – Overview and vocabulary
- *ISO 27001*: Information security management systems – Requirements
- *ISO 27002*: Code of practice for information security management
- *ISO 27003*: Information security management system implementation guidance
- *ISO 27004*: Information security management measurements
- *ISO 27005*: Information security risk management
- *ISO 27006*: Requirements for bodies providing audit and certification of information security management systems
- *ISO 27007*: Guidelines for Information security management systems auditing

⑤ ISO 2700x

Die Zertifizierung nach ISO 27001 hat durch den internationalen Charakter eine deutlich höhere Attraktivität als eine Zertifizierung nach IT-Grundschutz. Das BSI hat versucht, mit der neuesten Auflage der IT-Grundschutz-Kataloge die Zertifizierung mit ISO 27001 gleichzusetzen. Die verabschiedeten Standards des BSI, die eine Zertifizierung nach ISO 27001 erlauben, sind gleichzeitig mit der neuen Auflage der IT-Grundschutz-Kataloge erschienen. Dabei ersetzt aber eine Zertifizierung nach Grundschutz keine Zertifizierung nach ISO 27001.

10.5.2 The Standard of Good Practice for Information Security

Neben den bisher vorgestellten Standardisierungen und Gremien im Bereich des IT-Sicherheitsmanagements existieren noch weitere, so zum Beispiel ein unabhängiger Zusammenschluss von Firmen, der sich *Information Security Forum (ISF)* nennt. Die Arbeit dieses Forums im Bereich Informationssicherheit ist durch die klassischen Randbedingungen von Industriefirmen geprägt. Das vom ISF veröffentlichte Dokument, *The Standard of Good Practice for Information Security* spiegelt schon im Titel wider, dass es sich nicht um ein Dokument handelt, nach dem eine Zertifizierung geschehen kann, es ist eher als Handbuch für die tägliche Arbeit eines „Sicherheitsingenieurs" gedacht [ISF Standard, S. 5 ff].

Ⓥ ISF-Handbuch

Anders als die Vorgehensweise der IT-Grundschutz-Kataloge werden in diesem „Standard" fünf Anwendungsbereiche für Informationssicherheit definiert:

- Security Management
- Critical Business Applications
- Computer Installations
- Networks
- Systems Development

Einige Anwendungsbereiche behandeln dieselben Thematiken, wie es auch im Schichtenmodell der IT-Grundschutz-Kataloge der Fall ist. Es gibt aber Bereiche, die nicht in den IT-Grundschutz-Katalogen enthalten sind. Dies wären die Punkte *Critical Business Applications* und *Systems Development*. Dies unterstreicht noch einmal die industrielle Ausrichtung dieses Handbuchs für IT-Sicherheit.

10.6 Zusammenfassung

Der IT-Sicherheitsprozess stellt für ein strukturiertes Vorgehen beim Aufbau und Betrieb des IT-Sicherheitsmanagements ein zentrales Element dar. Dabei kommt insbesondere der Erstellung des IT-Sicherheitskonzepts eine besondere Bedeutung zu. Eine Ausprägung eines solchen IT-Sicherheitskonzepts kann anhand IT-Grundschutz-Vorgehensweise des BSI nachvollzogen werden. Neben den IT-Grundschutz-Katalogen des deutschen BSI sind auf internationaler Ebene insbesondere die Arbeiten der ISO und des britischen BSI zu beachten.

11

Zugangs- und Zugriffskontrolle

Mitautoren: Thorsten Höllrigl, Frank Schell

11.1 Einleitung

Die Durchsetzung der Schutzziele Authentizität, Integrität, Vertraulichkeit, Verfügbarkeit und Verbindlichkeit (siehe Abschnitt 9.2.3) bedingt die Kontrolle des Zugangs zu IT-Systemen und des Zugriffs auf
schützenswerte Ressourcen. Zugangs- und Zugriffskontrolle bildet somit eine Grundlage für das IT-Sicherheitsmanagement. Die Vielfalt der
Systeme, die einer Kontrolle bedürfen, hat sich in den letzten Jahren
vervielfacht.

Zunächst werden die für die Zugangs- und Zugriffskontrolle wichtigsten Begriffe und Prozesse erläutert. Dies ist in diesem Kontext
unumgänglich, da es zum Teil unterschiedliche Definitionen selbst für
grundlegende Begriffe wie Identität gibt und es daher aus Gründen der
Verständlichkeit der nachfolgenden Abschnitte unabdingbar ist, diese
Begriffe für unseren Zweck eindeutig zu definieren. Danach werden die
grundlegenden Mechanismen zunächst der Zugangskontrolle und darauf
folgend der Zugriffskontrolle erläutert.

11.2 Grundlagen

11.2.1 Terminologie

Auf der einen Seite liegen dem Sicherheitsmanagement *Entitäten* zugrunde, die reale und juristische Personen, aber auch jedwede Objekte,

K Entität

die durch Attribute beschrieben werden können, umfassen (vgl. [WWW Modinis]). Das schließt auch Sachdinge wie Computer, Maschinen und Programme mit ein. Beispiele für Attribute sind bei Personen Name, Geburtsdatum, Adresse, Augenfarbe, Fingerabdruck, Größe oder Gewicht, und bei Rechnern Prozessorleistung, MAC-Adresse oder IP-Adresse.

K Digitale
Identität

Jedes IT-System benötigt zur Durchführung einer Zugangs- und Zugriffskontrolle eine einer Entität zugeordnete *digitale Identität* als ihre spezifische, digitale Repräsentation in einem konkreten System. Eine digitale Identität besteht aus einem *Identifikator*, welcher sie im Kontext eines Systems eindeutig identifiziert, und einer Menge zugehöriger Attribute. Die Matrikelnummer ist bspw. ein Identifikator für Studenten oder die Personalausweisnummer Identifikator für Bürger in Deutschland. Ein Identifikator kann auch ein nicht abgeleitetes Konstrukt wie ein weltweit eindeutiger sogenannter *Universally Unique Identifier (UUID)*[1] sein (vgl. [RFC 4122] bzw. [ITU X.667]). So reicht es für Foren oftmals aus, einen nicht abgeleiteten Identifikator zu besitzen. Für Online-Banking ist es jedoch zwingend erforderlich, personalisierte Angaben zu machen, wodurch es hierbei möglich wäre, den Identifikator aus persönlichen Informationen zu bilden, bspw. die Kombination aus Vornamen, Nachnamen, Geburtsdatum und Geburtsort. Da es für jedes System notwendig ist, für eine Entität eine digitale Identität zu führen und diese meist unabhängig voneinander erstellt und administriert werden, kann eine Entität eine Vielzahl digitaler Identitäten besitzen.

Im Gegensatz zur digitalen Identität stellt die *Virtuelle Identität* ein völlig anderes Konzept dar, das bspw. in Massively Multiplayer Online Role-Playing Games zum Einsatz kommt. Hierbei handelt es sich um eine Repräsentation einer Entität in einer virtuellen Umgebung als sogenannter Avatar und stellt somit etwas grundsätzlich anderes als eine digitale Identität dar.

K Nutzerkonto

Mit einer digitalen Identität ist in einem System ein *Nutzerkonto* (engl. Account) verknüpft, für das ein oder mehrere Authentifikationsnachweise wie Passwörter oder Zertifikate sowie Berechtigungen hinterlegt sind. Um Zugriff auf sein Nutzerkonto erhalten zu können, wird der

K Benutzer-
kennung

Entität eine *Benutzerkennung* zugewiesen. Diese wird vom System bei der Anmeldung auf den Identifikator abgebildet, wobei die Benutzerkennung und der Identifikator auch identisch sein können. Nutzerkonten sind somit die Basis für die Zugangs- und die Zugriffskontrolle.

---

[1] Teilweise werden *Universally Unique Identifier* auch als *Globally Unique Identifier (GUID)* bezeichnet.

Zugangskontrolle

Wenn eine Entität auf einen gesicherten Dienst eines IT-Systems zu-greifen will, muss auf Basis beobachteter oder behaupteter Attribute oder einer Benutzerkennung herausgefunden werden, um wen es sich bei dieser Entität handelt. Die *Identifikation* ist der Prozess, in dem Klar-heit über die Eindeutigkeit einer Entität in einem bestimmten Kontext geschaffen wird. Ein Student kann bspw. anhand der Matrikelnummer identifiziert werden oder anhand der Kombination Vorname, Nachname und Geburtsort, wobei die Eindeutigkeit im letzteren Fall nicht gewähr-leistet werden kann. Nach der Identifikation muss verifiziert werden, ob es sich wirklich um die behauptete digitale Identität handelt, oder ob eine falsche Identität angegeben wurde. Der nachfolgende Prozess, in dem Sicherheit über diese Identitätsbehauptung gewonnen wird, wird als *Authentifikation* bezeichnet. Aus Entitätssicht wird dieser Vorgang Authentisierung genannt.

K Identifikation

K Authentifikation

Zugriffskontrolle

Nach der Durchführung der Zugangskontrolle, in welcher der Nachweis erbracht wurde, dass der Nutzer tatsächlich derjenige ist, für den er sich ausgibt, muss vor dem letztendlichen Zugriff auf eine geschützte Ressource überprüft werden, ob der authentifizierte Nutzer zur Aus-führung der gewünschten Operation berechtigt ist. Hierfür werden der Entität zunächst Zugriffsrechte zugewiesen. Dieser Vorgang wird als *Autorisierung* bezeichnet. Basierend auf diesen zugeordneten Zugriffs-rechten wird einer Identität Zugriff auf eine Ressource gewährt oder verweigert. Die Zugriffskontrolle ist je nach System durch ein bestimm-tes Sicherheitsmodell festgelegt (siehe Abschnitt 11.4.3).

K Autorisierung

11.2.2 Kryptographie

Zur Sicherung der Vertraulichkeit werden Verschlüsselungsverfahren eingesetzt. Grundsätzlich wird bei der Verschlüsselung von Daten zwi-schen den zwei Arten symmetrische und asymmetrische Verschlüsselung unterschieden. Die *symmetrische Verschlüsselung* zeichnet sich dadurch aus, dass Sender und Empfänger beide den gleichen Schlüssel besitzen, den sie zur Ver- und Entschlüsselung verwenden. Bekannte Vertreter von symmetrischen Verschlüsselungsalgorithmen sind der Data Encryp-tion Standard (DES) und der neuere Advanced Encryption Standard

K Symmetrische Verschlüsselung

(AES) [Eckert 2006, S. 313 ff]. Der Vorteil dieser Art von Verschlüsselung ist die Implementierung effizienter Algorithmen, wodurch diese sich auch zur Verschlüsselung größerer Datenmengen eignet. Nachteilig ist die Problematik der vorherigen Schlüsselverteilung.

K Asymmetrische Verschlüsselung

Die *asymmetrische Verschlüsselung* basiert zum einen auf dem *öffentlichen Schlüssel (engl. Public Key)*, der beliebig verteilt werden darf, und zum anderen auf dem *privaten Schlüssel (engl. Private Key)*, der hingegen vom Benutzer geheim gehalten wird. Die beiden Schlüssel stehen in Beziehung zueinander, ohne dass es in einer angemessenen Zeitdauer möglich ist, auf der Basis des öffentlichen Schlüssels den privaten Schlüssel zu ermitteln. Eine Nachricht, die nun mit dem öffentlichen Schlüssel verschlüsselt wird, kann nur mit dem zugehörigen privaten Schlüssel entschlüsselt werden. Dieses Verfahren kann demnach auch implizit zur Authentifikation dienen, da nur der Inhaber des privaten Schlüssels Zugriff auf die mit dem zugehörigen öffentlichen Schlüssel verschlüsselte Nachricht hat. Der Vorteil dieses Verfahrens liegt darin, dass vor der Kommunikation zwischen Sender und Empfänger kein geheimer Schlüssel ausgetauscht werden muss, was den Hauptnachteil der symmetrischen Verschlüsselung darstellt. Es ist lediglich der öffentliche Schlüssel des Benutzers notwendig. Der Nachteil dieser Art von Verschlüsselung ist der höhere Rechenaufwand, der für dieses Verfahren benötigt wird. Dieses System kann auch in umgekehrter Reihenfolge, d.h. zuerst die Verschlüsselung mittels des privaten Schlüssels und dann die Entschlüsselung mittels des öffentlichen Schlüssels, eingesetzt werden und dient hierbei als eindeutiger Nachweis dafür, dass nur der Besitzer des privaten Schlüssels die Nachricht erzeugt haben kann und die Nachricht nicht verändert wurde. Dieser Nachweis wird als *digitale Signatur* bezeichnet. Insofern kann durch Signaturen die Integrität von Daten bei der Speicherung oder Übertragung sichergestellt werden.

Digitale Signatur

K Kryptographische Hashfunktion

Zur Erstellung einer *digitalen Signatur* dient eine *kryptographische Hashfunktion* als Grundlage, welche es ermöglicht, eine Zeichenkette beliebiger Länge auf eine Zeichenkette mit fester Länge abzubilden. Die resultierende Zeichenkette wird hierbei auch als *Message Digest* oder digitaler *Fingerprint* bezeichnet. Ähnlich wie ein Fingerabdruck, welcher einen Menschen eindeutig identifizieren soll, besteht die wesentliche Eigenschaft einer kryptographisch starken Hashfunktion darin, dass es sehr aufwendig ist, zwei Zeichenketten zu finden, die das gleiche

Message Digest ergeben. Die beiden am häufigsten eingesetzten Hashverfahren sind hierbei der *Message Digest Algorithm 5 (MD5)* [RFC 1321] und *Secure Hash Algorithm 1 (SHA-1)* [RFC 3174], wobei in beiden bereits Sicherheitsdefizite entdeckt wurden. Aktuellere und weitaus sicherere Algorithmen sind bspw. *SHA-256* oder *SHA-512*, wobei die Zahl am Ende für die Zeichenlänge des resultierenden Message Digest steht.

Um eine digitale Signatur zu erzeugen, wird eine Nachricht beliebiger Länge mittels einer kryptographischen Hashfunktion auf ein Message Digest abgebildet. Dieses wiederum wird mittels des privaten Schlüssels des Unterzeichners verschlüsselt und dient dann als digitale Signatur. Es ist für die Performanz der Verschlüsselung von Vorteil, ein kurzes Message Digest zu wählen. Der Empfänger berechnet seinerseits zum einen den Hashwert aus der empfangenen Nachricht, und zum anderen entschlüsselt er den Hashwert aus der digitalen Signatur mit dem öffentlichen Schlüssel des Senders und prüft beide Hashwerte auf Gleichheit. Somit kann die Authentizität und gegebenenfalls die Verbindlichkeit sichergestellt werden, da nur der Inhaber des passenden privaten Schlüssels diese digitale Signatur erstellt haben kann. Hierdurch wird auch die Integrität der Nachricht sichergestellt, da die Signatur ungültig wird, falls an der Nachricht nach der Signierung etwas geändert wurde.

11.2.3 Public Key Infrastructure (PKI)

Eine Herausforderung, die es beim Einsatz von asymmetrischer Verschlüsselung aus Managementsicht zu bewältigen gilt, ist die Zuordnung des öffentlichen Schlüssels zu einer bestimmten Person. Um diese Assoziation herstellen zu können, bedarf es eines *digitalen Zertifikats*, das es ermöglicht, einen öffentlichen Schlüssel mit zusätzlichen identifizierenden Informationen, wie dem Namen und der Anschrift des Besitzers, zu verknüpfen und somit den Bezug zu einer Person herzustellen. Diese Aufgabe übernimmt die *Registration Authority (RA)* als Komponente einer *Public Key Infrastructure (PKI)*, welche alle notwendigen Komponenten, die zur Erzeugung, Bereitstellung, Verwaltung und zum Widerruf von digitalen Zertifikaten zusammenfasst [Eckert 2006, S. 395 ff]. Die Entität, bei der es sich bspw. um eine Person, einen Web Server oder auch einen SMTP-Server handeln kann, auf welche das Zertifikat ausgestellt ist, bezeichnet man als *Certificate Subject*. Die *Zertifizierungsstelle (Certification Authority, CA)*, welche Zertifikate ausgibt

🄺 Certification Authority (CA)

und gegebenenfalls widerruft, sichert als Teil einer PKI das ausgestellte Zertifikat durch ihre eigene Signatur ab. Somit stellt eine PKI zum einen die Integrität des Zertifikats sicher, zum anderen gewährleistet sie hierdurch, dass der im Zertifikat vorhandene öffentliche Schlüssel und die Informationen über den Zertifikatseigentümer zusammengehören. Aus Managementsicht bietet eine PKI einen entscheidenden Vorteil, da durch das Vertrauen in die CA alle von ihr ausgestellten Zertifikate validiert werden können. Um die Skalierbarkeit zu gewährleisten, kann auch eine Hierarchie von CAs gebildet werden, sodass es möglich wird, auch Zertifikate anderer CAs zu validieren. Dabei ergibt sich aus der Hierarchie der sogenannte *Zertifizierungspfad*. Weitere Details zu PKIs finden sich unter anderem in [Eckert 2006, S. 395 ff].

Um die Verknüpfung zwischen Informationen des Zertifikatseigentümers und Zertifikat sicherstellen zu können, muss der Eigentümer zuvor authentifiziert werden. Dies geschieht bspw. an der Universität Karlsruhe (TH) durch eine „harte" Authentifikation, d.h. derjenige der ein Zertifikat beantragen möchte, muss sich durch Vorzeigen seines Personalausweises authentisieren. Die Registration Authority ist hierbei die ausführende Instanz. Die RA und CA, welche meist in einem *Trust Center* zusammengefasst werden, versorgen demnach Entitäten mit Zertifikaten und stellen hierbei sicher, dass nur authentifizierte Entitäten ein Zertifikat erhalten und dass alle im Zertifikat zusätzlich angegebenen Informationen korrekt sind. Eine PKI baut darüber hinaus ein Verzeichnis auf, welches Informationen über die ausgestellten Zertifikate und die dazugehörigen Entitäten speichert. Eine PKI muss den vollständigen Lebenszyklus von der Zertifizierung, der Verteilung und der Speicherung bis hin zum Widerruf von öffentlichen Schlüsseln abdecken bzw. sicherstellen.

X.509

F X.509
Zertifikat

Einen Standard für Zertifikate bildet der X.509-Standard der ITU-T (vgl. Abschnitt 3.3.1). X.509 wurde hierbei initial als ein Teil des X.500-Standards, ein Standard für Verzeichnisdienste, die im Abschnitt 12.3.2 genauer betrachtet werden, definiert. Mittlerweile ist X.509 als eigenständiger Standard anzusehen [ITU X.509]. Der X.509-Standard definiert unter anderem das Format eines *Public Key*-Zertifikats und den Zertifizierungspfad-Validierungs-Algorithmus. Abb. 11.1 zeigt das Format eines X.509-Zertifikats. Jedes Zertifikat enthält die Information, ab wann und bis wann es gültig ist, wodurch die Lebenszeit eines Zertifikats genau festgelegt ist. Die Spezifikation erlaubt die Erweiterung eines Zertifikats um weitere Informationen. Diese *Extensions* haben ein assoziiertes *Criticality Flag*, welches dem Empfänger des Zertifikats signalisieren soll, ob die Information, falls diese nicht vom Client erwartet wird, ignoriert werden kann.

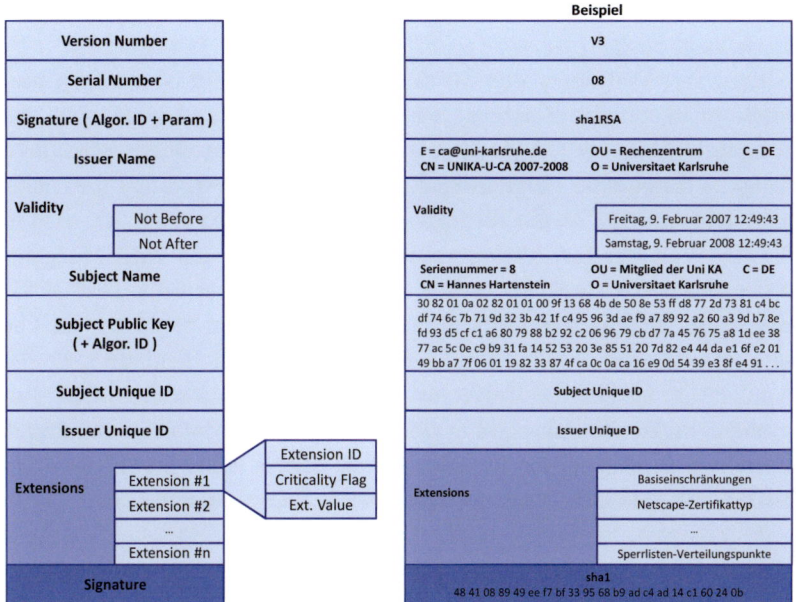

Abb. 11.1. X.509v3-Format

Zertifikatswiderruf

Eines der Probleme beim Umgang mit Zertifikaten ist das Widerrufen von Zertifikaten (engl. *Certificate Revocation*). Wie aus Abb. 11.1 ersichtlich wird, enthält ein Zertifikat eine Gültigkeitsdauer. Jedoch können Ereignisse auftreten, die die Gültigkeit eines Zertifikats vor dem Ablauf dieser Dauer aufheben. Der zugehörige private Schlüssel eines Zertifikats kann bspw. kompromittiert worden sein oder es können sich die Daten innerhalb des Zertifikats verändert haben. In einem solchen Fall muss das Zertifikat ähnlich wie bei Kreditkarten oder SIM-Karten bei der zuständigen CA widerrufen werden. Diese setzt das widerrufene Zertifikat daraufhin auf eine *Certificate Revocation List (CRL)*. Das Problem hierbei ist, dass der Aufwand für Applikationen, vor dem Gebrauch eines Zertifikats jedes Mal die CRL der zuständigen CA ab-

☑ Certificate Revocation List

zufragen, zu groß ist. Bei aktuellen Browsern kann bspw. vor der Nutzung eines Zertifikats die zugehörige CRL überprüft werden, dieses Feature ist jedoch meist standardmäßig deaktiviert. Bei Aktivierung dieser Funktion wird schnell klar, warum dies der Fall ist. Der Browser kann offensichtlich nicht bei allen Webseiten auf die CRL zugreifen und liefert dann eine Fehlermeldung. Eine Ergänzung zu CRLs ist das *Online Certificate Status Protocol (OCSP)* [RFC 2560]. Es ermöglicht OCSP-fähigen Applikationen, den Zustand eines Zertifikats zu erfragen und somit auch, ob das Zertifikat widerrufen wurde, und zwar ohne die komplette CRL der CA zu überprüfen. Im Falle des OCSP wird diese Aufgabe durch eine Validierungsinstanz *(OCSP Responder)* übernommen. Die Anfrage, ob ein vorliegendes Zertifikat noch gültig ist, wird in der Regel an den Zertifikatsaussteller oder eine spezielle Validierungsinstanz dieser CA geschickt, welche das Zertifikat überprüft. Der OCSP Responder schickt daraufhin eine mit dem privaten Schlüssel der CA signierte Antwort, welche den Status des Zertifikats beinhaltet, an die Applikation zurück. Die Information über die Lokation des OCSP Responder findet die Anwendung über die *Authority Information Access Extension* innerhalb des Zertifikats. Der Status eines Zertifikats kann hierbei die Zustände *good, revoked* oder *unknown* einnehmen.

⬛ OCSP

11.3 Zugangskontrolle

Vor der eigentlichen Zugriffskontrolle erfolgt eine Identifikation und Authentifikation der zugreifenden Entität. Die Art der Authentifikation kann in drei Kategorien eingeteilt werden [Eckert 2006, S. 437 ff].

- *Wissensbasierte Authentifikation* (Etwas, was man weiß): Die am häufigsten eingesetzte Authentifikationsmethode ist die wissensbasierte Authentifikation mit der Abfrage des zu einer Benutzerkennung zugehörigen Geheimnisses, bspw. eines Passworts.
- *Besitzbasierte Authentifikation* (Etwas, was man besitzt): Bei der besitzbasierten Authentifikation wird der Benutzer nicht anhand seines Wissens authentifiziert, sondern zum Beispiel auf der Basis eines ausgestellten Ausweises oder eines auf einem speziellen Medium, wie zum Beispiel einer Smartcard, gespeicherten Zertifikats.
- *Eigenschaftsbasierte (biometrische) Authentifikation* (Etwas, was man ist oder erzeugt): Unter die Kategorie der biometrischen Verfahren fallen Systeme, die Benutzer bspw. anhand ihres Fingerabdrucks oder durch einen Irisscan authentifizieren. Weitere Systeme

basieren auf der Analyse des Tippverhaltens oder auf einer Spracherkennung.

Für kritische Anwendungen ist eine Mehrfaktoren-Authentifikation, die mehrere Authentifikationsmechanismen miteinander kombiniert, üblich. Für den Zugriff auf eine sicherheitskritische Anwendung kann der Benutzer bspw. nach der Angabe eines Passworts zur Durchführung eines Irisscans oder Fingerabdruckscans aufgefordert werden. Ein bekanntes Beispiel aus dem alltäglich Leben stellen Geldautomaten dar, die zum einen eine wissensbasierte Authentifikation (PIN) und zum anderen eine besitzbasierte Authentifikation (Bankkarte) erfordern. Nicht nur der Nutzer muss vor der Durchführung kritischer Transaktionen authentifiziert werden, sondern auch sein Gegenüber. Man spricht hierbei von gegenseitiger Authentifikation. Bei heute üblichen Kommunikationsprotokollen wie Secure Sockets Layer (SSL) und dessen Nachfolger Transport Layer Security (TLS) wird die Server-Authentifikation mittels Zertifikat durchgeführt [Eckert 2006, S. 736 ff]. Der Nutzer authentifiziert sich typischerweise daraufhin mittels Benutzerkennung und Passwort, wobei die Kommunikation geschützt ist. Darüber hinaus erlaubt TLS auch die Authentifikation mittels Client-Zertifikaten.

Meist erfolgt die Identifikation und Authentifikation von Nutzern durch die Abfrage einer Benutzerkennung und eines Passworts durch den Dienst selbst, auf den der Zugriff erfolgen soll. Diese Form der Authentifikation hat allerdings sowohl aus Nutzersicht als auch aus Managementsicht entscheidende Nachteile:

- *Mangelhafte Passwortqualität*: Ein Nutzer muss sich für jede Ressource ein eigenes Passwort merken. Dies führt zu meist einfachen und dadurch unsicheren Passwörtern, da man sich lange und komplexe Passwörter oftmals nicht merken kann. Durch die Forcierung entsprechender Passwortrichtlinien kann dieses Sicherheitsrisiko gemindert werden. Passwortrichtlinien bestimmen, wie lang ein Passwort mindestens bzw. maximal sein sollte, wie häufig der Benutzer sein Passwort ändern muss oder wie viele Eingabeversuche ein Benutzer haben darf, bevor sein Nutzerkonto gesperrt wird.
- *Wiederverwendung von Passwörtern*: Ein Nutzer wählt bei verschiedenen Diensten das gleiche Passwort, was bei der Kompromittierung eines einzigen Dienstes bereits problematisch wird.
- *Speicherung der Passwörter im Klartext*: Ein Dienstanbieter sollte die Passwörter der Benutzer nicht im Klartext speichern. Auf ein Passwort kann eine kryptographische Hashfunktion angewendet

werden, sodass an Stelle von Passwörtern nur die Hashwerte abgelegt werden.

- *Viele Nutzerkonten*: Jeder Dienstanbieter muss für alle seine Nutzer ein eigenes Konto pflegen.

K Challenge-Response

Eine Möglichkeit, wie ein Geheimnis überprüft werden kann, ohne das Geheimnis bei der Authentifikation zu übermitteln, stellen **Challenge-Response-Verfahren** dar [Eckert 2006, S. 457 ff]. Hier wird zunächst vom Server für einen anfragenden Client eine Zufallszahl generiert, die sogenannte *Challenge*. Der Anfragende muss daraufhin diese Zufallszahl nach einem zuvor vereinbarten Algorithmus mit dem Geheimnis als weitere Eingabe verändern und an den Server als sogenannte *Response* zurückschicken. Der Server kann nun den gleichen Algorithmus anwenden und das Ergebnis vergleichen. Der Vorteil dieses Verfahrens gegenüber reinen Passwort-basierten Systemen ist, dass zum einen das Geheimnis, das Passwort, nicht übertragen werden muss und zum anderen Replay-Attacken vermieden werden können.

Zusätzlich kann das Challenge-Response-Verfahren auch in Verbindung mit asymmetrischer Verschlüsselung genutzt werden. Hierzu schickt der Server, nachdem der Client sich mit der Benutzerkennung gemeldet hat, eine Zufallszahl an den Client. Der Client signiert die Zufallszahl mit seinem privaten Schlüssel und schickt das Resultat an den Server. Dieser entschlüsselt mit dem öffentlichen Schlüssel des Client die Nachricht und ist dadurch sicher, dass der Client derjenige ist, für den er sich ausgibt.

Damit ist jedoch das Problem für den Nutzer noch nicht gelöst, sich viele verschiedene Passwörter merken zu müssen. Zudem muss immer noch jeder einzelne Dienstanbieter für jeden Nutzer eine Nutzerkennung und ein zugehöriges Passwort bzw. Geheimnis pflegen. Durch einen zentralen Authentifikationsdienst (vgl. Abschnitt 11.3.1) oder durch *Single-Sign-On (SSO)* Mechanismen (vgl. Abschnitt 11.3.2) kann hier Abhilfe geschaffen werden. Dies bietet mehrere Vorteile, denn hierdurch wird vermieden, dass Passwörter aufgeschrieben und an den Monitor geklebt werden oder dass Nutzer leicht zu erratende Passwörter verwenden. Insgesamt ergibt sich hierdurch eine Verbesserung der Passwortqualität.

11.3.1 RADIUS

Ein Verfahren, welches die Problematik der verschiedenen Passwörter in einer verteilten Umgebung durch einen zentralen Authentifikationsdienst zu lösen versucht, ist der *Remote Authentication Dial In*

User Service (RADIUS) [RFC 2865]. Hierbei greifen Dienstanbieter, bei denen sich Benutzer einloggen möchten, auf einen zentralen Server zurück, der dediziert für die Authentifikation zuständig ist und als RADIUS-Server bezeichnet wird. Somit ist es für den Dienstanbieter selbst nicht notwendig, eine eigene Benutzerdatenbank zu führen. Dabei ist der Dienstanbieter für den Authentifikationsvorgang und die verwendeten Authentifikationsprotokolle zwischen dem Dienstzugangspunkt und Nutzer nach wie vor selbst verantwortlich. Nur für die Abfrage der Benutzerdaten vom RADIUS-Server benutzt der Dienstanbieter, welcher dann als RADIUS-Client fungiert, das RADIUS-Protokoll. Darüber hinaus kann sich der Benutzer an allen Diensten, die den zentralen RADIUS-Server verwenden, mit dem gleichen Passwort anmelden. Der RADIUS-Server wird des Weiteren als AAA-Server [RFC 2903] bezeichnet, denn er kann zusätzlich sowohl zur Autorisierung als auch zum Accounting (welches durch die Protokollierung, wer sich wann einloggt, ermöglicht wird) verwendet werden. Der Vorteil dieses Verfahrens liegt zum einen in der zentralen Speicherung der Nutzerdaten, wodurch diese überall im Netzwerk jederzeit aktuell verfügbar sind, und zum anderen in der einfachen, zentralen Pflege der Nutzerdaten. Nachteilig ist die Abhängigkeit vom zentralen AAA-Server, die organisatorische Einigung der Dienstanbieter auf einen einzigen Authentifikationsdienst und die zentrale Vereinigung aller Zugriffsrechte. Typisches Einsatzfeld für RADIUS ist die „Einwahl" in WLAN-Netze (vgl. Abschnitt 7.4.2).

🅥 AAA

11.3.2 Kerberos

Kerberos ist ein auf dem *Key Distribution Center (KDC)* Prinzip [Needham & Schroeder 1978] basierendes Protokoll, das es ermöglicht, einen Benutzer nur einmalig zu Beginn einer Session zu authentifizieren und ihm danach für die Dauer einer Session Zugang auf verschiedene Ressourcen zu erlauben, d.h. Kerberos bietet Single-Sign-On [RFC 4120]. Das Protokoll wurde Ende der 80er Jahre am MIT entwickelt [WWW Kerberos] und ist zur Authentifikation an Workstations in Netzwerkumgebungen konzipiert. Es wird heute in vielen Betriebssystemen, unter anderem Windows ab Version 2000 und Mac OS X, eingesetzt. Da Kerberos Version 4 und Version 5 sich konzeptionell sehr ähnlich sind und Kerberos Version 5 hauptsächlich Erweiterungen einführt, werden in diesem Abschnitt nur die Konzepte der Version 4 präsentiert. Die Unterschiede zwischen Version 4 und 5 werden unter anderem in [Eckert 2006, S. 503 ff] dargelegt.

🅚 Key
Distribution
Center

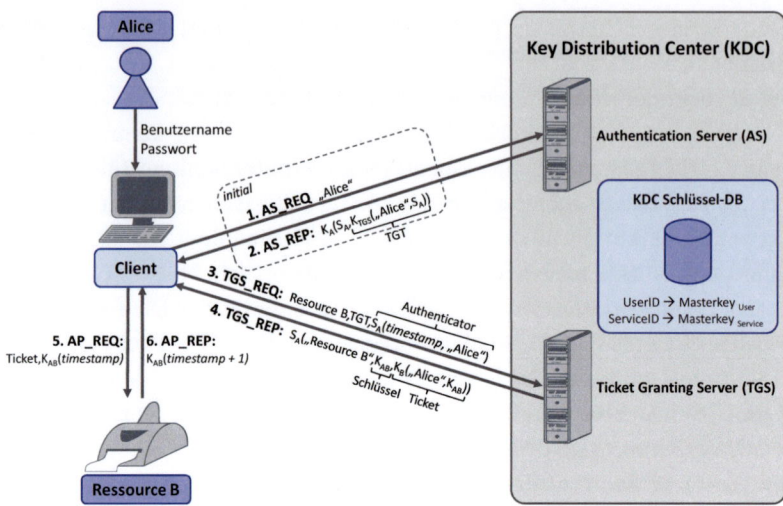

Abb. 11.2. Kerberos Version 4 – Prinzipieller Ablauf

Die zentralen Kerberos-Komponenten sind zum einen der *Authentication Server (AS)* und zum anderen der *Ticket Granting Server (TGS)*. Der AS hat hierbei die Aufgabe, den Benutzer zu authentifizieren und ihm ein sogenanntes *Ticket Granting Ticket (TGT)* auszustellen. Dieses TGT, welches eine Lebensdauer von mehreren Stunden haben kann, dient als Berechtigungsnachweis und erlaubt dem Benutzer den Zugriff auf den TGS. Der TGS ist der Server, der dem Benutzer letztendlich den Zugang zu den Ressourcen ermöglicht. Durch das TGT, anhand welchem der Benutzer gegenüber dem TGS authentifiziert und autorisiert wird, erhält der Nutzer durch den TGS eine Zugangsberechtigung, ein sogenanntes *Ticket*, auf eine Ressource. Der AS und der TGS bilden gemeinsam das KDC. Da Kerberos auf dem symmetrischen Verschlüsselungsverfahren DES basiert und alle Nachrichten bis auf die initiale Nachricht verschlüsselt werden müssen, benötigt der KDC eine Schlüsseldatenbank, die sowohl sämtliche Schlüssel der Benutzer als auch die Schlüssel der Ressourcen enthält.

Ablauf

Nachfolgend wird der prinzipielle Ablauf des Kerberos-Protokolls V4 erläutert so wie er in Abb. 11.2 dargestellt ist [Garman 2003, S. 30 ff].

1. Ein Nutzer gibt seinen Nutzernamen und sein Passwort auf einem Client, der als lokale Kerberos-Anwendung auf einer Workstation

läuft, ein, woraufhin der Client aus dem Passwort mittels MD5 einen Hashwert generiert, der den Master Key für Alice K_A darstellt. Daraufhin sendet der Client eine Nachricht mit dem Nutzeridentifikator „Alice" im Klartext zum Authentication Server. Es werden hierbei weder der Master Key noch das Passwort übertragen.

2. Der AS überprüft, ob sich der Nutzer in der KDC-Schlüsseldatenbank befindet. Im positiven Fall erzeugt der AS einen Sitzungsschlüssel S_A und sendet eine Nachricht, die mit dem Master Key von Alice verschlüsselt wird, an den Client zurück. Dieser Schritt wird während einer Session nur einmalig initial ausgeführt, damit der Nutzer das TGT, welches mit K_{TGS} verschlüsselt ist, erhält, ☑ Ticket Granting mit dem er sich Tickets für den eigentlichen Ressourcenzugriff beim Ticket TGS besorgen kann. Der AS speichert den Sitzungsschlüssel S_A selbst nicht, d.h. der AS wird nicht mit der Verwaltung der Sitzungsschlüssel belastet. Die an den Client gesendete Nachricht enthält die folgenden Teile:

   • Der Sitzungsschlüssel S_A für den Client, der für die Dauer einer Session sowohl dem Client als auch dem TGS als gemeinsames Geheimnis dient.

   • Das Ticket Granting Ticket (TGT) verschlüsselt mit dem Schlüssel des TGS. Das TGT enthält den Nutzeridentifikator „Alice" und den erzeugten Sitzungsschlüssel S_A.

3. Der Client empfängt die Nachricht des AS, entschlüsselt diese mit dem Master Key von Alice und erhält damit den Sitzungsschlüssel S_A. Der zweite Teil der Nachricht, das TGT, ist für den Client nicht lesbar, da es mit dem Schlüssel des TGS verschlüsselt ist. Der Sitzungsschlüssel und das TGT dienen zur Authentifikation des Client gegenüber dem TGS und ermöglicht im weiteren Verlauf die sichere Kommunikation zwischen Client und TGS. Der Client schickt nun dem TGS folgende zweiteilige Nachricht:

   • Das TGT zusammen mit dem Identifikator der Ressource.

   • Der *Authenticator*, bestehend aus Nutzeridentifikator „Alice" und Zeitstempel, verschlüsselt mit dem Sitzungsschlüssel S_A. Wie der Name bereits verrät, dient der Authenticator der Authentifikation des Client gegenüber dem TGS. Darüber hinaus ist die Integrität der Nachricht gewährleistet, da nur der Client den Sitzungsschlüssel S_A besitzt und somit nur er den Authenticator erzeugt haben kann.

4. Der TGS empfängt die Nachricht des Client und entschlüsselt zunächst das TGT, um den Sitzungsschlüssel S_A zu erhalten. Erst nach diesem Schritt ist es dem TGS möglich, den Authenticator zu entschlüsseln, da der TGS erst jetzt im Besitz des Sitzungsschlüssels ist. Da der Authenticator mit dem gemeinsamen Sitzungsschlüssel verschlüsselt war, muss der Client im Besitz desselben sein, womit sichergestellt ist, dass der Client tatsächlich derjenige ist, für den er sich ausgibt. Darüber hinaus verifiziert der TGS den Zeitstempel und verhindert hierdurch eine mögliche Replay-Attacke. Der TGS erzeugt nun den Ressourcen-Sitzungsschlüssel K_{AB} und sendet dem Client eine zweiteilige Nachricht, die wiederum mit dem Sitzungsschlüssel S_A verschlüsselt ist:

   - Der Schlüssel K_{AB} verschlüsselt mit dem Sitzungsschlüssel S_A.

☑ Ticket
   - Das sogenannte *Ticket* verschlüsselt mit dem Schlüssel der Ressource. Das Ticket enthält den Nutzeridentifikator „Alice" und den erzeugten Schlüssel K_{AB}.

5. Der Client empfängt die Nachricht und entschlüsselt sie mit dem Sitzungsschlüssel S_A. Er kann nun den eigentlichen Ressourcenaufruf durchführen. Hierzu schickt der Client eine zweiteilige Nachricht an die Ressource.

   - Das Ticket verschlüsselt mit dem Schlüssel der Ressource. Das Ticket enthält den Nutzeridentifikator „Alice" und den erzeugten Schlüssel K_{AB}.

   - Ein neuer Authenticator, bestehend aus Nutzeridentifikator „Alice" und Zeitstempel, verschlüsselt mit dem Ressourcen-Sitzungsschlüssel K_{AB}.

6. Die Ressource entschlüsselt zunächst das Ticket. Mittels des im Ticket enthaltenen Schlüssels K_{AB} kann diese nun den Authenticator entschlüsseln und den Zeitstempel auslesen. Um Alice zu versichern, dass sie mit der richtigen Ressource kommuniziert, sendet nun die Ressource eine weitere Nachricht, die den um eins inkrementierten Zeitstempel enthält. Diese Nachricht verschlüsselt die Ressource mittels des Schlüssels K_{AB}, der dem Client bekannt ist. Hierdurch ist eine gegenseitige Authentifikation sichergestellt.

Stärken und Schwächen von Kerberos

Der Benutzer muss sich nach der initialen Authentifikation und dem Zugriff auf eine Ressource beim Zugriff auf eine weitere Ressource nicht erneut authentisieren. Es werden völlig automatisch die Schritte 3 bis 6 wiederholt, ohne dass der Benutzer sein Passwort erneut eingeben muss, und zwar so lange, bis der Benutzer sich abmeldet bzw. das TGT seine Gültigkeit verliert. Dies bietet zwei Vorteile. Zum einen kann vom Nutzer verlangt werden, dass er ein stärkeres Passwort benutzt, als wenn er das Passwort öfters eingeben müsste. Zum anderen wird das Nutzerpasswort nur selten benutzt und ist daher weniger angreifbar. Weiterhin kann eine Ressource durch die Integration in eine Kerberos-fähige Umgebung schnell produktiv eingesetzt werden. Darüber hinaus ist eine teilweise Analyse der Ressourcennutzung, bspw. für Accounting-Zwecke, möglich, da der KDC sämtliche initiale Zugriffe mitprotokolliert. Bedeutend ist auch das zentrale Management der Zugangskontrolle, da durch Kerberos zentral beim KDC der Zugang zu allen angeschlossenen Ressourcen verwaltet werden kann.

Einer der Nachteile von Kerberos liegt darin, dass bei Ausfall des KDC zwar die bereits vorhandenen Tickets weitergenutzt, aber keine neuen Tickets zum Zugriff auf weitere Ressourcen ausgestellt werden können. Des Weiteren legt eine Kompromittierung des KDC alle Master Keys sowohl der Nutzer als auch der Ressourcen offen. Weiterhin müssen alle Systeme in einer Kerberos-Umgebung Kerberos-Tickets verstehen und dementsprechend angepasst werden. Damit ein Dienst als Ressource mit Kerberos benutzt werden kann, muss ein Schlüssel beim KDC hinterlegt werden. Ein weiterer Nachteil liegt in der notwendigen Synchronisation der Uhren aller beteiligter Server, denn zum Teil enthalten Nachrichten Zeitstempel und sind nur für eine fest definierte Zeitspanne gültig.

11.4 Zugriffskontrolle

Bei der Zugriffskontrolle werden Entitäten daraufhin kontrolliert, ob sie die nötigen Rechte haben, um eine Operation wie Lesen, Schreiben, Ausführen, Erzeugen, Verändern, Löschen oder Umbenennen auf einer Ressource auszuführen [Eckert 2006, S. 241 ff].

11.4.1 Zugriffskontrollstrategien

Die grundlegenden Zugriffskontrollstrategien sind nachfolgend aufgeführt.

- *Benutzerbestimmbare Zugriffskontrolle (engl. Discretionary Access Control, DAC)*: DAC basiert auf dem Prinzip, dass die Vergabe von Zugriffsrechten auf einzelne Ressourcen durch den jeweiligen Eigentümer der Ressource erfolgt.

- *Systembestimmte Zugriffskontrolle (engl. Mandatory Access Control, MAC)*: Im Gegensatz zur benutzerbestimmbaren Zugriffskontrolle liegt die Vergabe von Zugriffsrechten bei MAC nicht im Ermessen seines Besitzers, sondern es erfolgt eine regelbasierte Kontrolle des Informationsflusses durch systemweite Mechanismen.
- *Rollenbasierte Zugriffskontrolle (engl. Role Based Access Control, RBAC)*: Bei RBAC stehen nicht die Entitäten im Vordergrund, sondern die Rollen, die diese einnehmen können. Dies erlaubt eine Komplexitätsreduktion aus Managementsicht, da nicht einzelnen Entitäten, sondern den Rollen Berechtigungen zugeordnet werden.

11.4.2 Zugriffskontrollstrukturen

Eine der einfachsten Möglichkeiten, Zugriffsrechte zu verwalten, ist diese in einer Zugriffskontrollmatrix zu halten. In Abb. 11.3 ist eine Zugriffskontrollmatrix dargestellt, die auf der einen Achse die Entitäten und auf der anderen Achse die Ressourcen führt. Die Autorisierung von Entitäten hat einen Eintrag in der Zugriffskontrollmatrix zur Folge, der die Zugriffsrechte dieser Entität auf eine Ressource festlegt.

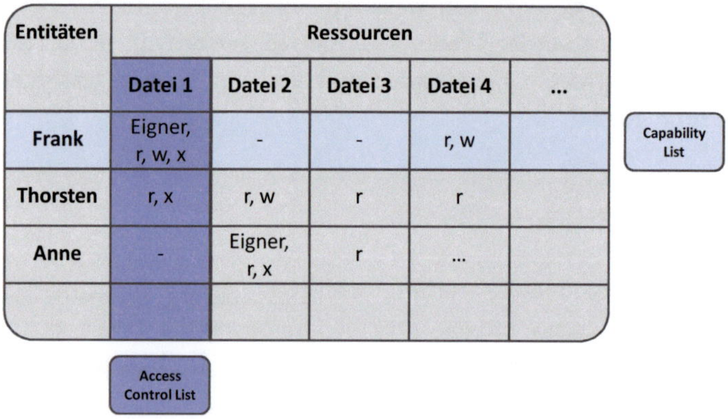

Entitäten	Ressourcen				
	Datei 1	**Datei 2**	**Datei 3**	**Datei 4**	**...**
Frank	Eigner, r, w, x	-	-	r, w	
Thorsten	r, x	r, w	r	r	
Anne	-	Eigner, r, x	r	...	

Capability List

Access Control List

Abb. 11.3. Zugriffskontrollmatrix

Nachteilig an einer Zugriffskontrollmatrix ist die dünne Besetzung der Matrix, da eine Entität in der Regel nur auf einen Bruchteil der innerhalb eines Systems geführten Ressourcen Zugriff hat. Durch eine hohe Anzahl von zu verwaltenden Entitäten oder Ressourcen oder häufige Änderungen dieser ist der Einsatz einer Zugriffskontrollmatrix ungeeignet. Daher wird in der Regel keine Zugriffskontrollmatrix imple-

mentiert, sondern es wird meist eine der beiden folgenden Möglichkeiten
umgesetzt.

Berechtigungslisten (engl. Capability List) stellen eine Zeile einer
Zugriffskontrollmatrix dar. Eine Berechtigungsliste enthält somit die
Zugriffsrechte einer Entität auf alle für diese zugänglichen Ressourcen.
Dies löst die Problematik der dünnen Besetzung der Zugriffskontrollmatrix, da in der Berechtigungsliste nur die Ressourcen gespeichert werden
müssen, auf die eine Entität Zugriffsrechte besitzt. Die Zugriffsrechte werden daher aus Sicht einer Entität verwaltet und im System bei
den Entitäten gehalten. Problematisch ist hierbei, einen Überblick aller
Nutzer, die Zugriff auf eine bestimmte Ressource haben, zu erstellen.
Darüber hinaus ist der Entzug von Berechtigungen auf eine Ressource
von Nachteil, da alle Nutzer durchsucht werden müssen und überprüft
werden muss, ob diese Zugriffsrechte auf diese Ressource haben.

🄺 Capability List

Daher werden in den meisten Systemen *Zugriffskontrolllisten (engl.
Access Control List)* eingesetzt, welche eine Spalte einer Zugriffskontrollmatrix darstellen. Diese Zugriffskontrolllisten, die definieren, welche Entität auf eine Ressource Zugriff hat, werden mit den Ressourcen
selbst gespeichert. Von Nachteil bei Zugriffskontrolllisten ist der Entzug aller Zugriffsrechte einer Entität, denn hierfür müssen alle Ressourcen durchsucht und die Zugriffsrechte dieser Entität entzogen werden.
Durch RBAC findet eine Komplexitätsreduktion dahingehend statt,
dass nicht einzelne Entitäten Zugriffsrechte erhalten, sondern Rollen.
Hierdurch kann bspw. die Anzahl der Einträge in einer Zugriffskontroll-
liste stark reduziert werden.

🄺 Access Control List

11.4.3 Zugriffskontrollmodelle

Nachfolgend werden zwei Sicherheitsmodelle dargestellt, die auf einer
systembestimmten Zugriffskontrollstrategie basieren.

Bell-LaPadula Modell

Ein bekannter Vertreter eines Zugriffskontrollmodells, das für den Einsatz im militärischen Bereich entwickelt wurde, ist das *Bell-LaPadula
Modell* [Eckert 2006, S. 268 ff]. Hier werden die Entitäten und Ressourcen in die Sicherheitsklassen *Unclassified, Confidential, Secret* und *Top
Secret* eingeteilt, und der Informationsfluss zwischen den Sicherheitsklassen ist reglementiert. Es gibt zwei wichtige Regeln, die ein Abfließen
von Informationen verhindern sollen: Zum einen dürfen Nutzer nicht auf
Ressourcen lesend zugreifen, die höher klassifiziert sind als sie selbst,

und zum anderen darf ein Nutzer nicht auf Ressourcen schreibend zugreifen, die niedriger klassifiziert sind als er selbst. Hierdurch kann ein
Nutzer keine Informationen aus einer höheren Sicherheitsklasse in eine
niedrigere Klasse kopieren und damit die Zugriffskontrolle unterlau-
fen. Eine theoretische Absurdität dieses Modells ist das Anlegen einer
Ressource, die in einer höheren Sicherheitsklasse als der des Nutzers
eingeordnet ist und dem Nutzer somit keinen lesenden Zugriff mehr auf
die von ihm selbst erstellte Ressource erlaubt. Weiterhin ignoriert das
Modell das Problem, wie Sicherheitsklassifizierungen zu verwalten sind.

Chinese Wall-Modell

Das *Chinese Wall*-Modell, das auch als Brewer Nash-Modell bezeichnet wird, wurde konstruiert, um eine dynamische Zugriffskontrolle zu
ermöglichen [Eckert 2006, S. 263 ff]. Die Hauptidee besteht darin bereits erfolgte Zugriffe auf Ressourcen in die (Zugriffs-)Entscheidung mit
einzubeziehen. Dieses Modell wurde ursprünglich zur Vermeidung des
Transfers von Insiderwissen in Banken- und Börsentransaktionen und
bei Beratungsunternehmen entwickelt, indem es Informationsflüsse, die
Interessenkonflikte auslösen können, unterbindet. Hierfür werden die in
Konflikt stehenden Parteien in Interessenskonfliktklassen zusammengefasst, und ein Nutzer erhält nur Zugriff auf eine Ressource einer einzigen
Partei jeweils einer Interessenkonfliktklasse. Um indirekte Informationsflüsse zu verhindern, wird einem Nutzer der schreibende Zugriff auf
eine Ressource einer Partei verwehrt, falls für zwei Parteien einer anderen Interessenkonfliktklasse lesender Zugriff auf diese Ressource erlaubt
ist und der Nutzer Zugriff auf eine Ressource dieser Parteien besitzt.

11.5 Zusammenfassung

Die in diesem Kapitel vorgestellte Zugangs- und Zugriffskontrolle spielt
in der IT-Sicherheit eine zentrale Rolle. Durch die Zugangskontrolle
wird gewährleistet, dass der Nutzer tatsächlich derjenige ist, für den
er sich ausgibt. Aus Managementsicht sind insbesondere Verfahren wie
Kerberos interessant, da hierdurch eine effiziente Verwaltung der Nut-
zerkennungen und Berechtigung erfolgt. Die anschließende Zugriffskontrolle dient der Autorisation von Nutzern oder Diensten, sodass nur berechtigte Zugriffe stattfinden können. Die Zugriffskontrolle kann durch
die Umsetzung unterschiedlichster Zugriffskontrollstrategien wie MAC,
DAC und RBAC erfolgen.

12

Identitätsmanagement

Mitautoren: Thorsten Höllrigl, Frank Schell

12.1 Einleitung

Identitätsmanagement liefert die notwendigen Grundlagen zu jedweder
Form von personalisiertem und berechtigtem Zugriff auf schützenswerte
Ressourcen, Dienste und Systeme und bildet somit einen elementaren
Baustein des IT-Sicherheitsmanagements. Für den Begriff des **Identi-
tätsmanagements (IDM)** lassen sich viele Definitionen finden. Eine
in unseren Augen zutreffende Definition ist folgende:

> *„Identity management is the set of processes, tools and social
> contracts surrounding the creation, maintenance and termina-
> tion of a digital Identity for people or, more generally, for sys-
> tems and services to enable secure access to an expanding set
> of systems and applications.“*
> gemäß [Pato & Rouault 2007].

K Identitäts-
management

Identitätsmanagement spielt demnach eine sicherheitsrelevante Rolle
und ist mehr als nur die reine Verwaltung digitaler Identitäten. Dieses
bringt viele Herausforderungen mit sich, denn alle Prozesse, die zur Belieferung, Verifikation, Synchronisation, Berechtigungsprüfung digitaler
Identitäten oder auch Zuordnung von Zuständigkeiten und Klärung von
Verantwortlichkeiten benötigt werden, müssen durch Identitätsmanagement unterstützt werden. Beim Aufbau eines Identitätsmanagements
ist daher ein wesentlicher Anteil die vorherige Klärung und das Verstehen organisatorischer Abläufe, was nicht nur initial von Bedeutung
ist, sondern fortwährend auftretenden Änderungen und Anpassungen

unterliegt. Anhand eines Beispiels im universitären Umfeld soll kurz ein erster Eindruck davon vermittelt werden, was heutiges Identitätsmanagement leisten sollte.

F IDM an einer Universität

Während der Immatrikulation eines Studenten werden dessen persönliche Daten (Vorname, Nachname, Adresse, usw.) aufgenommen und meist in einem zentralen System der Universitätsverwaltung gespeichert. Durch einen Nachweis seiner Identität, bspw. durch einen Personalausweis, wird sichergestellt, dass sich der Student nicht unter einer falschen Identität immatrikuliert. Im Zuge dieses Vorgangs wird jedem Studenten ein universitätsweit eindeutiger Bezeichner als Identifikator zugewiesen (z.B. Matrikelnummer). Diese Daten können darüber hinaus von einer Reihe weiterer Systeme zur Durchführung von Diensten und zur Zugriffskontrolle benötigt werden. Die Weitergabe der personenbezogenen Daten unterliegt dabei dem Datenschutz und darf somit nur an berechtigte Institutionen erfolgen. Ohne Identitätsmanagement wäre die automatisierte Weitergabe der Daten nur unzureichend unterstützt und die Daten müssten oftmals erneut erfasst werden, was dann sowohl zu einem erhöhten administrativen Aufwand als auch zu Fehlern und Inkonsistenzen führen kann. Hingegen unterstützt Identitätsmanagement die automatisierte Bereitstellung dieser Daten ausreichend, wodurch die Daten auf allen Systemen konsistent vorliegen. Auf der Basis dieser Identitätsdaten können für den Studenten Nutzerkonten angelegt werden. Hierdurch wird wiederum der Aufwand sowohl auf Verwaltungsseite als auch auf Seite des Studenten reduziert. Während des Studiums können durch Heirat, Wohnortwechsel oder Wechsel des Studiengangs Änderungen der Identitätsdaten bei Personen auftreten, aber auch Zugriffsberechtigungsänderungen, bspw. durch Antreten einer HiWi-Stelle. Diese Daten sollten durch das Identitätsmanagement in allen nötigen Systemen synchron gehalten werden, was im Idealfall zu universitätsweit konsistenten und fehlerfreien Datenbeständen führt. Daneben bietet das IDM auch eine Unterstützung des Studenten im alltäglichen Umgang mit den zu bewältigenden Aufgaben während des Studiums durch eine verbesserte Nutzerfreundlichkeit in Form der Personalisierung von Diensten und der Beseitigung des lästigen mehrfachen Anmeldens an unterschiedlichen Systemen. Dieser als *Single-Sign-On (SSO)* bezeichnete Mechanismus erlaubt es einem Studenten, sich nur an einem System anzumelden mit anschließender Nutzung weiterer Systeme, ohne dass jedes Mal erneut ein Passwort eingegeben werden muss. Um Studenten Dienste von anderen Universitäten, Einrichtungen oder Unternehmen zugänglich zu machen, ohne dass diese dort ein Benutzerkonto haben müssen, kann SSO mit fortgeschrittenen Mechanismen über Universitätsgrenzen hinaus nutzbar gemacht werden. Beispielsweise ist dadurch der Zugriff auf Bibliotheksdienste anderer Universitäten einfacher. Nach der Exmatrikulation ist es das Ziel des Identitätsmanagements, alle personenbezogenen Daten zu entfernen bzw. sperren und dem Benutzer dessen Zugriffsrechte automatisiert zu entziehen. Dies verhindert den unberechtigten Zugriff auf Ressourcen und den möglicherweise daraus resultierenden Schaden.

Im Folgenden werden die Herausforderungen und Ziele des Identitätsmanagements erläutert, worauf eine Betrachtung der grundlegenden Bausteine des Identitätsmanagements folgt. Anschließend werden aktuelle Entwicklungen des Identitätsmanagements dargelegt. Abschließend wird das an der Universität Karlsruhe (TH) durchgeführte Projekt *Karlsruhe Integriertes InformationsManagement*, in dessen Rahmen ein Identitätsmanagement an der Universität Karlsruhe (TH) etabliert wird, vorgestellt.

12.2 Herausforderungen und Ziele des Identitätsmanagements

Um ein Verständnis für das Aufgabengebiet des Identitätsmanagements zu erhalten, werden die Herausforderungen und Ziele zunächst aus Betreibersicht und nachfolgend aus Nutzersicht dargelegt.

12.2.1 Betreibersicht

Die Einführung eines Identitätsmanagements bietet für Betreiber viele Möglichkeiten. Einige Herausforderungen und Ziele sind nachfolgend aufgeführt.

- *Verwaltung von Nutzerkonten.* Das IDM soll durch automatisiertes Anlegen, Pflegen und Entfernen von Benutzerkonten auf den unterschiedlichen Systemen eine fehlerfreie und konsistente Verwaltung von Nutzerkonten ermöglichen.
- *Aktualität von Zugriffsberechtigungen.* Auf schützenswerte Ressourcen dürfen nur hierzu berechtige Nutzer zugreifen, was durch die Wahrung der Aktualität von Zugriffsberechtigungen sichergestellt werden soll. Dies betrifft die Vergabe, Anpassung und den Entzug von Zugriffsrechten durch konsistente Rechtevergabe.

- *Bündnis.* Für die Benutzer soll ein Bündnis verschiedener Einrichtungen den einfachen Zugang zu Anwendungen bei den einzelnen Bündnispartnern via Single-Sign-On ermöglichen, wobei keine zwingende Notwendigkeit besteht, personenbezogene Daten zwischen diesen zu transferieren. Solange kein lokaler Account zum personalisierten Zugang vorhanden sein muss, kann die Administration der einzelnen Bündnispartner durch das Überlassen der Benutzerverwaltung an eine einzige verwaltende Einrichtung effizienter werden.

- *Kostenreduktion.* Das Identitätsmanagement soll Mitarbeiter bei der Eingabe und Pflege von Daten unterstützen und den administrativen Aufwand reduzieren. Die Verringerung der Anzahl der Systeme, an denen die Daten gepflegt werden müssen und die automatische Belieferung führt zu einer möglichen Kostenersparnis durch Reduktion von spezialisiertem Personal, das für die vormals unterschiedlichen Systeme benötigt wurde. Darüber hinaus können Benutzer nach der Einstellung oder nach dem Wechsel einer Stelle ohne ein Identitätsmanagement oft mehrere Tage lang nicht voll arbeiten, weil sie auf die Zuweisung bzw. Anpassung ihrer Berechtigungen warten müssen, was unnötige Kosten verursacht. Eine weitere Möglichkeit der Kostenreduktion besteht in der Entlastung des Helpdesk. Durch SSO und die Möglichkeit für den Benutzer, sein Passwort selbst neu zu setzen, kann die Nutzerfreundlichkeit erhöht und sowohl der Supportaufwand als auch die Ausfallzeit für den Benutzer, falls er beispielsweise sein Passwort vergessen hat, reduziert werden.

- *Vermeidung von Redundanz und Erhöhung der Datenqualität.* Typischerweise werden in einem Unternehmen an vielen Stellen Personen bzw. Benutzerverzeichnisse geführt. Namen, Räume, Telefonnummern, etc. sind laufend in einer Vielzahl von Systemen konsistent zu halten. Durch die redundante Pflege entstehen in der Regel höhere Kosten und die Qualität der Daten leidet. Durch Konsolidierung dieser Benutzerverwaltungen sollen Mehraufwand, Inkonsistenzen und Kosten reduziert werden. Dies führt auch zu weniger Fehlern bei der Dateneingabe, da Identitätsinformationen nur initial aufgenommen werden müssen und danach an alle autorisierten Institutionen weitergegeben werden können. Bei Änderungen werden die Daten automatisiert in allen Systemen aktualisiert, was wiederum zur Vermeidung von fehlerhaften Datenbeständen führt.

- *Schutz vor Missbrauch.* Durch die automatisierte Einrichtung von Rechten und die regelmäßige Überprüfung der korrekten Rechtevergabe kann es zur Reduktion von inkonsistenten, zu hohen oder veralteten Zugriffsberechtigungen kommen. Das Prinzip des „Least Privilege", bei dem ein Nutzer nur auf Informationen und Ressourcen Zugriff erhält, für die eine legitime Notwendigkeit besteht, kann hierbei durch eine automatisierte Richtlinienkontrolle sichergestellt werden. Darüber hinaus soll beim Verlassen eines Unternehmens das Identitätsmanagement dafür Sorge tragen, dass alle Nutzerkonten und die damit verbundenen Zugriffsrechte schnellstmöglich entzogen werden.

- *IT-Compliance und Audit.* Der Nachweis, dass gesetzliche Anforderungen eingehalten werden, wird unter dem Begriff *IT-Compliance* verstanden. Identitätsmanagement liefert die Grundlage zur Auditierung von Zugriffen und bildet somit eine Grundlage, um IT-Compliance sicherzustellen.

12.2.2 Nutzersicht

Der Umgang mit sensiblen Daten, wie es personenbezogene Informationen darstellen, bedarf der Einhaltung von Richtlinien. Von der *Liberty Alliance* (vgl. Abschnitt 12.4.1) wurden hierzu folgende Punkte festgelegt, welche im Wesentlichen den Schutz der Identitätsinformationen eines Benutzers fokussieren, wobei viele Aspekte, die in anderen Ländern nicht zwingend eingehalten werden müssen, in Deutschland verpflichtend sind (vgl. Kapitel 16).

- *Benachrichtigung.* Der Benutzer muss darüber aufgeklärt werden, wer die personenbezogenen Daten erhält und speichert, welche Daten gespeichert werden, wie diese gespeichert werden und ob die Daten an andere weitergegeben werden oder nicht.
- *Wahlmöglichkeit.* Der Benutzer muss die Wahl haben, selbst zu entscheiden, für welchen Zweck und an wen seine Daten weitergegeben werden. Darüber hinaus muss der Benutzer jederzeit die Möglichkeit haben, Zustimmungen, welche zuvor gegeben oder verweigert wurden, zu überprüfen, zu berichtigen und gegebenenfalls anzupassen.
- *Benutzerzugang zu Identitätsinformationen.* Dem Benutzer muss ein Zugang bereitgestellt werden, über welchen der Benutzer die Möglichkeit hat, sämtliche über ihn gespeicherte Daten einzusehen.
- *Beschwerdemöglichkeit.* Der Benutzer muss die Möglichkeit haben, bei Verdacht auf Missbrauch seiner personenbezogenen Daten Beschwerde einzureichen.

- *Zweckbindung.* Personenbezogene Daten dürfen grundsätzlich nur für den Zweck eingesetzt werden, für welchen sie ursprünglich vorgesehen wurden, bzw. zu welchem der Benutzer seine Zustimmung gegeben hat.
- *Qualität.* Der Benutzer muss eine angemessene Möglichkeit haben, seine Daten jederzeit zu korrigieren.
- *Zeitbeschränkungen.* Identitätsinformationen dürfen nur so lange gehalten werden, wie sie benötigt werden bzw. wie der Benutzer in einer entsprechenden Erklärung der Nutzung zugestimmt hat.
- *Sicherheit.* Die Speicherung und Übertragung von Identitätsinformationen muss durch entsprechende Maßnahmen vor unberechtigtem Zugriff oder Verlust geschützt werden.

12.3 Bausteine des Identitätsmanagements

Das Identitätsmanagement mit seinen vielfältigen Aufgabenbereichen kann in vier Bausteine unterteilt werden.

- *Digitale Identitäten.* Auf unterster Ebene finden sich die Repräsentationen der Entitäten als digitale Identitäten, welche die Basis für die weiteren Bausteine bilden.
- *Identitätsspeicher.* Darauf aufbauend dienen Identitätsspeicher der Verwaltung dieser Identitäten in Form von Datenbanken oder Verzeichnisdiensten. Die Identitätsspeicher dienen als zentrale Instanz zur weiteren Nutzung der Identitäten.
- *Integration von Identitätsspeichern.* In vielen Umgebungen ist es notwendig, Benutzern und Applikationen eine aggregierte Sicht auf verteilte Identitätsinformationen zu liefern. Durch die Konsolidierung unterschiedlicher Identitätsspeicher kann dies erreicht werden. Die Verzeichnisintegration bildet demnach in vielen Szenarien die Grundlage zur Erbringung von Identitätsmanagementdiensten und dient der Unterstützung von Geschäftsprozessen.
- *Identitätsmanagement-Prozesse.* Zur Durchführung von Aufgaben des Identitätsmanagements nutzt dieses Prozesse, die sowohl lesend als auch schreibend auf Identitätsdaten zugreifen.

12.3.1 Digitale Identitäten

Jede digitale Identität (vgl. Abschnitt 11.2.1) besitzt einen Lebenszyklus, unabhängig von der Komplexität des zugrunde liegenden Identitätsmanagements. Die Phasen des Lebenszyklus lassen sich wie folgt unterteilen.

- *Initiale Provisionierungsphase.* In dieser Phase werden die Daten eines Nutzers erfasst und automatisiert in die verschiedenen Systeme, die er zur Durchführung seiner Arbeit benötigt, propagiert. Die *Provisionierung* bezieht sich auf die Automation aller hierfür durchzuführenden Prozesse zur Erfassung und Verteilung von digitalen Identitäten, deren Attribute und Berechtigungen. Es können hierbei Prozesse, die die unterschiedlichsten Personen einbinden, auftreten. So kann die Zuteilung bestimmter Rechte erst nach der Zustimmung bestimmter Personen, zum Beispiel einem Abteilungsleiter, durchgeführt werden. Ziel der Provisionierung ist die Vermeidung von sonst weiteren (möglicherweise fehlerbehafteten) Erfassungen der Identitätsdaten und manuellen Zuweisungen von Zugriffsrechten auf den einzelnen Systemen durch die automatische Verteilung dieser Daten und Automation aller hierfür notwendigen Vorgänge.
- *Pflege- und Reprovisionierungsphase.* Nach der initialen Provisionierung können an der digitalen Identität Änderungen auftreten, die in die verschiedenen Systeme propagiert werden müssen. Diese Änderungen können sowohl die Identitätsdaten selbst als auch die Rechte, die ein Nutzer auf den verschiedenen Systemen hat, betreffen. Auch können Änderungen der Zugriffsrechte auf bestehenden Systemen bzw. die Zuweisung von Zugriffsrechten auf neuen Systemen durch den Wechsel zu einer anderen Abteilung oder zur Durchführung eines Projekts, das spezielle Rechte benötigt, notwendig sein.
- *Deprovisionierungsphase.* Nach dem Ausscheiden aus einer Organisation müssen dem Nutzer die Rechte auf den einzelnen Systemen entzogen und die Nutzerkonten gesperrt und gegebenenfalls personenbezogene Daten entfernt werden. Durch die Automation dieses Vorgangs wird sichergestellt, dass keine „Accountleichen" auf den Systemen zurückbleiben, wodurch Sicherheitsrisiken aufgrund fälschlicherweise authentifiziertem und autorisiertem Zugriff vermieden werden.

12.3.2 Identitätsspeicher

Zur Speicherung der digitalen Identitäten dienen Identitätsspeicher. Dabei kann es sich um einfache Dateien über Datenbanken bis hinzu für diesen Zweck konzipierten **Verzeichnisdiensten** handeln. Im Gegensatz zu relationalen Datenbanken, die sich vor allem durch Transaktionsfähigkeit und Wahrung der referenziellen Integrität auszeichnen, liegt der Fokus von Verzeichnisdiensten auf der hierarchischen Strukturierung der Daten in einer baumartigen Struktur und vor allem der Effizienz lesender Zugriffe. Hierdurch sind Verzeichnisdienste für den Einsatz als Identitätsspeicher ideal, denn Identitätsdaten werden häufig gelesen und unterliegen seltener Änderungen. Ein Verzeichnisdienst verwaltet eine Liste von in diesem Baum geordneten Einträgen, denen Eigenschaften zugewiesen werden können. Bei diesen Einträgen kann es sich um Repräsentationen beliebiger Objekte handeln, wie etwa Benutzer, Zertifikate, Computer, Drucker oder auch Domain-Namen. Somit sind Verzeichnisdienste in der Lage, die unterschiedlichsten Nutzungsszenarien auch über die Speicherung personenbezogener Daten hinaus abzudecken. Diese reichen von der Benutzerverwaltung über Netzwerk- und Ressourcenmanagement bis hin zum Domain Name System des Internets (vgl. Abschnitt 6.3). Ein weiteres Beispiel ist die Verwendung eines Verzeichnisdienstes zur Bereitstellung von öffentlichen Schlüsseln in Form von Zertifikaten als Teil einer PKI (vgl. Abschnitt 11.2.3). Ein Verzeichnisdienst, der meist von der CA selbst betrieben wird, erfüllt hierbei die Aufgabe, Zertifikate vorzuhalten, auf die Anwendungen wie PGP oder E-Mail-Programme zugreifen können. Ohne einen Partner direkt nach seinem öffentlichen Schlüssel fragen zu müssen, kann nun seine digitale Signatur überprüft werden oder ihm ein verschlüsseltes Dokument zugeschickt werden.

F Public Key
Infrastructure

X.500 und LDAP

S X.500   Von der ITU wurde 1988, nach Jahrzehnten der Erfahrungssammlung in der Erstellung und Verwaltung von Telefonverzeichnissen, die X.500-Spezifikation veröffentlicht [Howes et al. 2003, S. 38 ff]. Der Standard wurde so allgemein und erweiterbar spezifiziert, dass sich damit beliebige Verzeichnisdienste realisieren lassen. X.500 definiert unter anderem eine Reihe von umfangreichen Protokollen wie das *Directory Access Protocol (DAP)*, das dem Zugriff auf die gespeicherten Informationen dient, und das *Directory Service Protocol (DSP)*, mit dem die Kommunikation zwischen den Servern durchgeführt wird. Eine vollständige Implementierung des X.500-Standards ist nur mit beträchtlichem Aufwand möglich, da dieser zum einen sehr umfangreich ist und zum anderen auf einem vollständigen OSI-Protokollstapel aufbaut.

Das *Lightweight Directory Access Protocol (LDAP)* war ursprünglich nur als leichtgewichtige Alternative zum Zugriff auf X.500-Verzeichnisdienste gedacht. Dies wird zum einen durch die Begrenzung auf ein einziges Protokoll, mit einer Auswahl der DAP-Funktionen und Datentypen und zum anderen durch die Nutzung des einfacheren TCP/IP-Protokollstapels erreicht. Auf X.500-Server, die den Zugriff über DAP und LDAP erlaubten, folgten reine auf LDAP-basierende Verzeichnisdienstsysteme. Aufgrund des Erfolgs wurde und wird das Protokoll von der IETF weiterentwickelt, wodurch LDAP ein Internetstandard geworden ist. Tiefergehende Informationen zur aktuellen dritten Version von LDAP sind den RFCs zu entnehmen, auf die in [RFC 4510] verwiesen wird. Bekannte Vertreter von LDAP-Verzeichnisdiensten sind von vielen Herstellern zu finden. So hat Microsoft ab Windows 2000 das *Active Directory* als zentrale Verwaltung aller in einem Netzwerk benötigten Daten in seine Server-Betriebssysteme als festen Bestandteil integriert. Auch von anderen namhaften Herstellern, wie Sun [WWW Sun Sds] oder Novell [WWW Novell eDir], gibt es Verzeichnisdienstimplementierungen, die aber meist als Einzelprodukt vermarktet werden. Im Bereich quelloffener Software ist hier der Vertreter *OpenLDAP* [WWW oLdap] zu nennen, der eine weite Verbreitung gefunden hat und bspw. auch im Rechenzentrum der Universität Karlsruhe (TH) eingesetzt wird. Im Folgenden werden die grundlegenden Konzepte von LDAP entsprechend [Voglmaier 2004, S. 49 ff] dargelegt.

⑤ LDAP

Strukturierung

Die gesamte Menge an Informationen, die in einem Verzeichnis gespeichert ist, wird *Directory Information Base (DIB)* genannt. Die DIB besteht aus hierarchisch angeordneten Einträgen. Jeder Eintrag beschreibt im objektorientierten Sinn ein Objekt, das eine konkrete Instanz einer oder mehrerer Objektklassen darstellt. Eine Objektklasse muss hierbei einem der drei Typen *abstrakt, strukturell* oder *unterstützend* zugeordnet sein. Eine *abstrakte Objektklasse* wird dazu verwendet, andere Objektklassen aus ihr abzuleiten, ohne dass sie selbst instanziiert werden kann. Die *strukturellen Objektklassen* leiten sich aus anderen abstrakten oder strukturellen Objektklassen ab, wobei sie alle deren Attribute erben. Die *unterstützenden Objektklassen* sind Hilfsklassen zur Definition von Attributen, die mehreren strukturellen Objektklassen zugewiesen werden können. Damit kann unterschiedlichen strukturellen Objektklassen die gleiche Attributmenge hinzugefügt werden, indem ihnen entsprechend die gleiche unterstützende Objektklasse zugewiesen wird. Eine unterstützende Objektklasse ist wie eine abstrakte Objektklasse nicht einzeln instanziierbar. Eine Objektinstanz darf nur einer einzigen strukturellen Objektklasse zugerechnet werden,

Ⓚ⑤ Directory Information Base

kann aber um beliebig viele unterstützende Objektklassen angereichert werden.

Eine einzelne Objektklasse beschreibt über Attribute die Charakteristika eines Eintrags. Diese Attribute werden in zwei Klassen unterteilt, die zwingend verbindlichen und die optionalen Attributen. Ein einzelnes Attribut, das einen Wert oder mehrere Werte enthalten kann, ist definiert durch einen Typ, wie etwa Text. Darüber hinaus kann über *Matching Rules* für jeden Attributtyp festgelegt werden, wie Suchanfragen mit Attributwerten umgehen sollen, ob bspw. Leerzeichen in einem String ignoriert werden. Die Typenbezeichnungen eines Attributs sind meist einfach zu merkende Kürzel wie `cn` für `common name`, `ou` für `organizational unit` oder `mail` für `e-mail address`. Die Gesamtheit aller Definitionen eines konkreten Verzeichnisdienstes ist im Schema zusammengefasst, wodurch festgelegt wird, welche Objektinstanzen in diesem Verzeichnis erlaubt sind. Beispiele für relevante Objektklassen bei Personeneinträgen sind nachfolgend aufgelistet.

F LDAP:
Objektklassen

- *organizationalPerson* (Strukturelle Objektklasse): Definition von grundlegenden Attributen, wie Vorname, Nachname, Postanschrift
- *inetOrgPerson* (Unterstützende Objektklasse): Festlegung von Handynummer, E-Mail-Adresse, Raumnummer
- *eduPerson* (Unterstützende Objektklasse): Definition von Matrikelnummer und weiterer universitätsrelevanter Attribute
- *strongAuthUser* (Unterstützende Objektklasse): Speicherung von Zertifikaten

Identifizierung und Adressierung

K S Directory Information Tree

Die hierarchische Baumstruktur, der die Einträge eines Verzeichnisdienstes zugeordnet sind, wird als *Directory Information Tree (DIT)* bezeichnet und bildet einen eigenen, abgeschlossenen Namensraum. Alle Knoten besitzen einen *Relative Distinguished Name (RDN)*, welcher sie auf ihrer jeweiligen Hierarchieebene eindeutig identifiziert. Um einen Knoten im DIT zu spezifizieren, werden alle RDNs auf dem Weg von der Wurzel des DIT bis zu dem spezifischen Knoten einschließlich des RDN des Knotens selbst zu einem *Distinguished Name (DN)* konkateniert. Ein Beispiel für einen DN ist `ou=students,o=uka,c=de`, wobei bspw. `ou=students` einen RDN darstellt. Ein weiteres Beispiel ist in Abb. 12.1 zu sehen. Weiterhin erlaubt der DIT eine verteilte Administration, aber vor allem auch eine verteile Datenhaltung. Hierfür wird ab einem bestimmten Knoten ein Teilbereich eines DIT, eine sogenannte *Partition*, auf einem eigenen Server gespeichert und verwaltet.

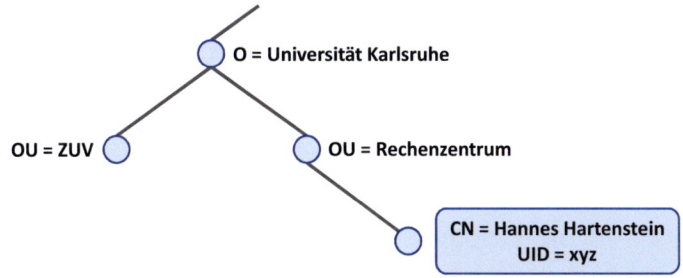

Abb. 12.1. Exemplarischer LDAP-Namensraum

Operationen

LDAP definiert folgende Operationen, die den Zugriff auf ein Verzeichnis ermöglichen.

- **Bind:** Beginn einer Sitzung.
- **Unbind:** Beenden einer Sitzung.
- **Search:** Suche nach Einträgen ab einer übergebenen Stelle, dem *Base DN*, im DIT.
- **Modify:** Änderung eines Eintrags.
- **Add:** Hinzufügen eines Eintrags an einer beliebigen Stelle im DIT.
- **Delete:** Löschen eines Eintrags.
- **Compare:** Vergleich eines Attributwertes mit einem spezifizierten Wert.

Schutz vor nicht autorisiertem Zugriff

In einem Verzeichnisdienst werden nicht nur allgemein zugängliche Informationen über ein Netzwerk, Drucker oder Anwendungskonfigurationen gespeichert, sondern oft auch personenbezogene Informationen, die einen geschützten, ausschließlich autorisierten Zugriff erfordern. Das von LDAP verwendete Sicherheitsmodell nutzt mehrere Mechanismen, um den Schutz dieser Daten zu gewährleisten. Die Zugriffskontrolle wird zum einen über verschieden starke und für unterschiedliche Einsatzzwecke gedachte Authentifikationsmechanismen realisiert und zum anderen über eine Access Control List sichergestellt, die einen dedizierten nutzerspezifischen und operationsspezifischen Zugriff auf Einträge ermöglicht. Die Kommunikation selbst kann hierbei über SSL bzw. TLS gesichert werden.

Bei den Authentifikationsmechanismen werden grundsätzlich drei Varianten unterschieden. Ein *Anonymous Bind* erlaubt den einfachen

Lesezugriff auf bestimmte Attribute ohne vorherige Authentifikation. Hiermit können öffentliche Verzeichnisdienste, wie bspw. Verzeichnisse zur Speicherung von Zertifikaten mit den öffentlichen Schlüsseln, die für alle Nutzer lesend zugänglich sein müssen, realisiert werden. Ein Bind mit *Simple Authentication* hingegen ermöglicht durch die Übermittlung von Berechtigungsnachweisen, meist die Kombination DN des Benutzers und dem zugehörigen Passwort, eine Authentifikation und dedizierte Zugriffskontrolle. Der dritte Authentifikationsmechanismus besteht in der Nutzung des *Simple Authentication and Security Layer (SASL)* Frameworks [RFC 4422]. Hierfür definiert SASL ein Challenge-Response Protokoll (vgl. Abschnitt 11.3) zur Durchführung der Authentifikation und erlaubt die Nutzung verschiedener Mechanismen, wie zum Beispiel Kerberos. SASL ist dabei keine ausschließlich auf LDAP festgelegte Spezifikation, sondern kann zusammen mit unterschiedlichen Protokollen wie SMTP genutzt werden, indem es eine Sicherheitsschicht zwischen Protokoll und Verbindung einfügt. Diese Authentifikationsmechanismen, die dazu gedacht sind, einen Nutzer zu authentifizieren, um ihm den Zugriff auf einen Verzeichnisdienst zu ermöglichen, werden von Anwendungen oft als reine Authentifikationsmöglichkeit verwendet. Es erfolgt nach der Authentifikation kein Zugriff auf die Verzeichnisdaten.

Replikation von Verzeichnisdiensten

Durch die Unterteilung des DIT in Partitionen können einzelne Teilbäume auf weitere Server verlagert werden, um zum einen Redundanz für einen möglichen Ausfall zu schaffen, zum anderen aber auch die Leistungsfähigkeit des gesamten Systems zu erhöhen. Es gibt zwei Mechanismen, um diese Replikation bei einer Anfrage an einen LDAP-Server aufzulösen. Eine Möglichkeit sieht die Rückgabe von sogenannten *Referrals* auf den Server vor, der den Teilbaum der Anfrage verwaltet. Hierfür muss ein LDAP-Client in der Lage sein, Referrals aufzulösen und eine weitere Suchanfrage an diesen Server zu schicken. Im Gegensatz hierzu kann ein auf *Chaining* ausgerichteter LDAP-Server die Anfrage auflösen und einem Client die Antwort auf seine Anfrage selbst übermitteln.

Replikation bringt auch immer die Frage nach Schreibrechten auf die einzelnen Verzeichnisdienste mit sich. Hierfür bietet LDAP die *Multi-Master-Replikation* und die *Single-Master-Replikation*. Die Multi-Master-Replikation, bei der schreibende Zugriffe auf alle gleichberechtigten Server zulässig sind, bedarf komplexer Mechanismen, um einen Datenabgleich zwischen den Servern durchführen zu können. So führt eine zeitgleiche Änderung an demselben Datensatz oder ein automatischer Abgleich nach einem Ausfall der Verbindung zwischen Master-Servern zu Problemen. Daher wird in der Regel die Single-Master-Replikation eingesetzt. Diese erlaubt nur eine Änderung an einem ausgewiesenen Server, dem Master, der dann alle Änderungen an die Slaves, die nur lesenden Zugriff erlauben, konsistent übermittelt.

12.3.3 Integration von Identitätsspeichern

Zunächst stellt sich hier die Frage, warum überhaupt Identitätsspeicher integriert werden müssen. Ein einzelnes Verzeichnis, das alle für ein Unternehmen relevante Daten hält, würde Redundanz von Daten vermeiden und eine Synchronisation zwischen Identitätsspeichern überflüssig machen. Dieses zentrale Verzeichnis würde dann einheitlich für alle Applikationen zur Authentifikation oder Datenhaltung dienen. Dieses Konzept eines zentralen Verzeichnisdienstes hat jedoch einige entscheidende Nachteile. Die bisher eingesetzten Systeme und Programme nehmen in der Regel eine lokale Datenhaltung vor, bei der es sich nicht um einen (LDAP-) Verzeichnisdienst handeln muss. Insofern müssten diese Systeme, soweit dies überhaupt möglich ist, an den zentralen Verzeichnisdienst angepasst werden. Weiter verlören alle organisatorischen Einheiten ihre Autarkie und wären von einem zentralen System abhängig. Darüber hinaus muss vor der Zusammenführung der Daten zunächst geklärt werden, wer welche Berechtigungen auf die zentralen Daten erhält. Hierfür wird ein komplexes, zentrales Berechtigungsmanagement benötigt, das alle lokalen Berechtigungen zusammenführt. Letztlich stellt eine solche Zentralität einen Single-Point-of-Failure dar. Die Lösung besteht nun darin, entgegen der Überführung von lokal etablierten Identitätsspeichern in ein einzelnes, zentrales Verzeichnis, die Identitätsspeicher weiterhin in ihrer Dezentralität zu belassen, aber deren redundante Datenhaltung durch eine Datensynchronisation von Inkonsistenzen zu befreien. Die Schwierigkeit liegt hier in der Zusammenführung verschiedenster Informationsmodelle und Datenkodierungen. Bei der Integration von Verzeichnissen sind zwei Konzepte vorherrschend, das Meta Directory und das Virtual Directory, die nachfolgend erläutert werden, wobei natürlich auch Mischformen dieser beiden klassischen Konzepte möglich sind.

Ein Ansatz, um alle Verzeichnisse und andere Informationssysteme zusammenzuführen, stellt ein *Meta Directory* dar. Hierbei werden alle Datensätze, die eine Entität betreffen, zu einem einzigen Eintrag im Meta Directory aggregiert. Dieser einzelne Eintrag enthält die gesamten,

ⓥ Meta Directory

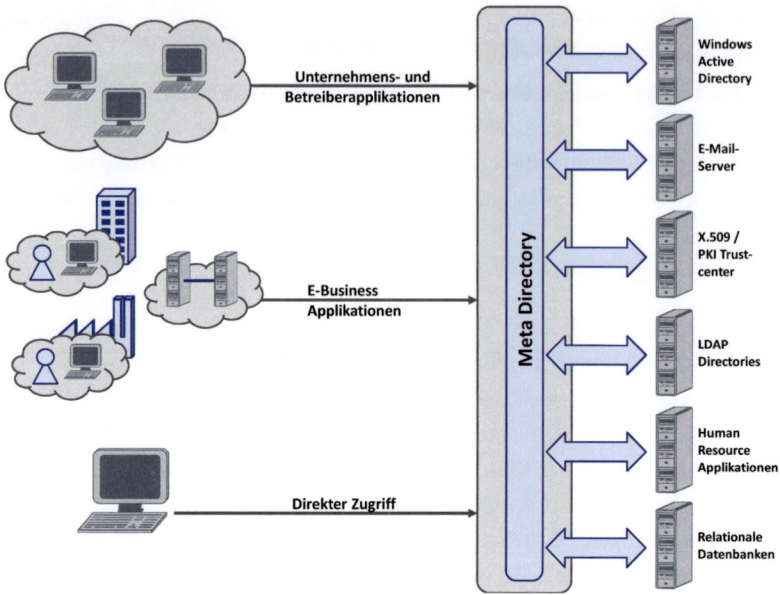

Abb. 12.2. Beispielhafte Darstellung eines Meta Directory

aggregierten Attribute der Entität. Anwendungen wird nun der Zugriff auf den aggregierten Datensatz im Meta Directory über Schnittstellen, wie LDAP, gewährt. Da die Daten auch im zentralen Meta Directory direkt vorgehalten werden, sind Suchoperationen nach Daten performant. Werden Änderungen an Einträgen zu einer Person im zentralen Meta Directory oder einem der angeschlossen Systeme festgestellt, dann wird eine Synchronisation basierend auf vordefinierten Regeln durchgeführt, um immer eine einheitliche Sicht auf die Daten zu gewährleisten und um Inkonsistenzen zu vermeiden. Ein Meta Directory mit mehreren Datenquellen, wie Verzeichnisdiensten, Human Resource Applikationen, sowie auf das Meta Directory zugreifende Applikationen sind in Abb. 12.2 dargestellt.

Problematisch an dieser Art der Aggregation von Identitätsdaten sind Synchronisationsverzögerungen, die vor allem dann kritisch sind, falls Anwendungen auf aktuelle Daten eines Nutzers in Echtzeit angewiesen sind. Der aktuelle Kontostand ist hierfür ein Beispiel. Auch besteht eine Problematik im initialen Aufwand, der beim Aufbau eines Meta Directory geleistet werden muss. Zum einen müssen die teilweise komplexen Datenflüsse zwischen den angeschlossenen Datenquellen modelliert und umgesetzt werden. Zum anderen besteht genau wie bei einem einzigen zentralen Verzeichnisdienst die Problematik der Zusammenführung aller lokalen Berechtigungen in einem zentralen Berechtigungsmanagement.

Im Gegensatz zur zentralen Datenhaltung in einem Meta Directory, werden in einem *Virtual Directory* nur die Referenzen auf die lokalen Datensätze der Datenquellen zu einer Entität verwaltet, ohne die eigentlichen Daten als Kopie zentral zu halten. Beim Zugriff einer Anwendung auf das Virtual Directory werden die Daten dynamisch geholt, zusammengeführt und an die Anwendung ausgeliefert. In einem klassischen Virtual Directory gibt es immer nur eine einzige Datenquelle für jedes Attribut einer Identität, wodurch eine Synchronisation überflüssig ist. Da somit keine redundante Datenhaltung stattfindet und keine Synchronisationsfunktionalität benötigt wird, werden komplexere Datenflüsse, wie sie in einem Meta Directory auftreten können, vermieden. Problematisch an diesem Ansatz sind zwei Punkte. Die im klassischen Virtual Directory nicht vorhandene Synchronisationsfunktionalität verhindert einen Abgleich von gleichartigen Informationen und erlaubt damit keine Konsistenzwahrung mehrerer Datenquellen. Weiterhin ist die Verfügbarkeit der Datensätze zur Laufzeit nicht garantiert, wodurch die Möglichkeit besteht, dass eine Anfrage an das Virtual Directory nicht durchgeführt werden kann oder nur unvollständige Informationen zurückgeliefert werden.

Ⅴ Virtual Directory

Nicht immer ist eine Verzeichnisintegration basierend auf einem Meta Directory oder Virtual Directory möglich, da die Verzeichnisdienste bei unterschiedlichen, organisatorisch getrennten Einrichtungen betrieben werden. Die Notwendigkeit der Datenaggregation und des Austauschs von Identitätsinformationen für bspw. einrichtungsübergreifende Geschäftsprozesse kann dennoch durch föderatives Identitätsmanagement (vgl. Abschnitt 12.4.1) gewährleistet werden.

12.3.4 Identitätsmanagement-Prozesse

Der vierte Baustein befasst sich mit Prozessen des Identitätsmanagements. Diese spielen eine wichtige Rolle im Lebenszyklus von digitalen Identitäten. Nachfolgend sind einige Prozesse, die das Identitätsmanagement betreffen, aufgeführt.

- *Anlegen von Nutzerkonten.* Hier werden alle autorisierten Dienste, welche Identitätsinformationen benötigen, mit den entsprechenden Informationen versorgt, um der neuen Identität die Nutzung dieser Dienste zu ermöglichen. Bereits bei der Erzeugung einer digitalen Identität kann es notwendig sein, Vorgänge, die über das reine Anlegen von Datensätzen in Verzeichnisdiensten hinausgehen, durch

Identitätsmanagement zu unterstützen. Dies betrifft die Benachrichtigung bestimmter Personen oder die Bestätigung durch Verantwortliche, denn eventuell muss ein IT-Beauftragter der Vergabe eines Nutzerkontos erst zustimmen, bevor dieses angelegt werden darf. Prozesse dieser Art können je nach Umgebung des Identitätsmanagements beliebig komplex werden.

- *Generierung von Daten.* Bei der Provisionierung müssen des Weiteren Prozesse, die der Generierung von Daten aus den Identitätsinformationen dienen, Beachtung finden. So kann das Anlegen von bspw. E-Mail-Adressen oder internen Personalnummern nach umfangreichen Richtlinien erfolgen.

- *Anstoßen realweltlicher Vorgänge.* Während des Provisionierungsvorgangs werden verschiedene Prozesse benötigt, die realweltliche Aktionen nach sich ziehen. So kann bspw. nach dem Anlegen eines Nutzerkontos dem Mitarbeiter oder Studenten per Brief sein Benutzername und Passwort mitgeteilt werden, wobei der Nutzer sich innerhalb einer bestimmten Frist anmelden muss, damit sein Account nicht gesperrt oder gelöscht wird.

- *Konsistenzüberprüfung.* Trotz des automatisierten Anlegens, Aktualisierens und Löschens von Nutzerkonten durch das Identitätsmanagement können in den einzelnen, angebunden Systemen Inkonsistenzen durch manuelle Änderungen oder fehlgeschlagene Aktualisierungsprozesse auftreten. Dies macht es notwendig, regelmäßige Konsistenzüberprüfungen mit eventuellem Anstoßen von weiteren Prozessen, die eine Bereinigung vornehmen oder eine Benachrichtigung nach sich ziehen, durchzuführen.

- *Zurücksetzen von Kennwörtern.* Die Unterstützung von Passwortrücksetzprozessen ist für ein Identitätsmanagement essentiell. Hier ist eine Automatisierung dieser Prozesse, die zum einen die Richtlinienüberprüfung des neuen Passworts und zum anderen Bestätigungen und Benachrichtigungen nach sich ziehen, für die Entlastung des Helpdesks wichtig. Dies stellt in vielen Firmen einen großen Kostenfaktor dar.

- *Sperren von Nutzerkonten.* Bei Feststellung von Missbrauch durch einen Account muss dieser gesperrt werden und eine Benachrichtigung sowohl an den Eigner als auch an seinen Verantwortlichen übermittelt werden.

12.4 Aktuelle Entwicklungen

12.4.1 Föderatives Identitätsmanagement

Zu den aktuellen Entwicklungen gehört zweifellos das organisations-
übergreifende *föderative Identitätsmanagement (engl. Federated Identity Management)*. Hier wird unter dem Begriff *Föderation* ein Zusammenschluss unabhängiger organisatorischer Einheiten, die eine Vertrau-
ensbeziehung zueinander haben, verstanden. Diese sowohl von staatlichen Einrichtungen als auch von der Industrie getriebene Entwicklung
sieht einen gemeinsamen und vereinfachten Zugriff auf Ressourcen von
Föderationspartnern vor. Dies soll vor allem komplexere Geschäftsab-
läufe zwischen diesen Teilnehmern einer Föderation erlauben. Ohne
diese neuen Entwicklungen sind solche Abläufe meist auf Grund un-
ternehmensabschottender Maßnahmen nicht möglich. Mit föderativem
Identitätsmanagement kann eine Harmonisierung dieser Geschäftsprozesse, die meist bisher durch Medienbrüche geprägt sind, stattfinden,
wodurch eine Kosteneinsparung bezüglich der Administration und Ressourcennutzung erzielt werden soll.

〔K〕 Föderatives
Identitäts-
management

Mit die ersten Schritte zu einem föderativen Identitätsmanagement hat Microsoft bereits 1999 mit *Passport* [WWW MS Passport]
unternommen. Dies sah ein zentrales, einheitliches System vor, an
dem sich alle Nutzer zunächst authentisieren mussten, um über SSO-
Mechanismen weitere Dienste, wie MSN oder Hotmail, nutzen zu können. Das System wurde durch diesen zentralistischen Charakter stark
kritisiert [Kormann & Rubin 2000], da es bspw. durch seine Architektur die zentrale Erfassung von Profildaten erlaubte. Auch der Nachfolger *Windows Live ID* [WWW MS WinLive] basiert auf dem gleichen
Prinzip und lässt dem Nutzer keine Wahl, wo er die Authentifikation
durchführen will. Als Gegenreaktion wurde im September 2001 unter
der Führung von Sun Microsystems die *Liberty Alliance*, das als In-
dustriekonsortium Standards im Bereich Föderatives Identitätsmanagement und Föderative Web Service Kommunikationsprotokolle entwickelt, gegründet. Die *Liberty Alliance* hat mittlerweile über 160 Mitglieder, unter anderem *Intel*, *HP*, *Oracle*, *IBM*, *Novell* und *Nokia* [WWW
LibertyA].

〔S〕 Liberty Alliance

Das Konzept der Liberty Alliance basiert auf der Etablierung einer
föderativen digitalen Identität, wobei im Gegensatz zu Passport eine
dezentrale, sichere Authentifikation ohne die Überwachung durch eine
zentrale Instanz erfolgt. Liberty Alliance sieht hierfür die Bildung eines
sogenannten *Circle of Trust (CoT)* zwischen *Identitätsanbieter (Iden-*

〔K〕 Circle of Trust,
Identity Provider

tity Provider) und *Dienstanbieter (Service Provider)* vor. Ein Identity Provider ist hierbei eine Systementität, die Identitätsinformationen im Namen eines Nutzers verwaltet und Dienstanbietern zur Verfügung stellt. Ein Service Provider ist typischerweise eine Webseite, die Dienste oder Ressourcen anbietet. Ein Circle of Trust stellt nun eine Föderation von Service Providern und Identity Providern dar, die Geschäftsbeziehungen und Vereinbarungen basierend auf der Liberty Alliance-Architektur miteinander verbindet. Darauf aufbauend können Nutzer nach der Authentifikation bei einem Identity Provider der Föderation via Single-Sign-On auf Ressourcen der verschiedenen Service Provider zugreifen. Das Konzept der Liberty Alliance ist auf Nutzerzustimmung ausgelegt, wobei ein Nutzer selbst bestimmen kann, welchen Teilnehmern der Föderation er vertraut. Dies geschieht initial nur ein einziges Mal bei jedem neuen Dienstanbieter, indem der Nutzer sich bei dem neuen Dienstanbieter und bei einem bestehenden Identity Provider authentisiert und diese durch ein definiertes Protokoll eine gemeinsame Kennung für diesen Nutzer ausmachen, ohne die eigentliche Identität des Nutzers bei dem gegenüber zu kennen und auszutauschen. Damit kann ein Nutzer in Zukunft Dienste dieses Dienstanbieters über SSO verwenden.

⑤ ID-FF und ID-WSF   Liberty Alliance geht mit ihren umfangreichen Spezifikationen weit über einfaches Browser-basiertes Single-Sign-On, das unter *Liberty Alliance Identity Federation Framework (ID-FF)* bekannt ist, hinaus. Neben ID-FF beschäftigt sich die Liberty Alliance auch mit Anwendungsfällen, die Web Services einschließen. Innerhalb einer Föderation werden durch das *Liberty Alliance Identity Web Service Framework (ID-WSF)* mittels identitätsbasierter Web Services personenbezogene Daten von Benutzern sowie deren personalisierte Einstellungen und Vorlieben in Form von Identitäten und Attributen ausgetauscht.

⑤ SAML   Noch vor kurzem bestand bei organisationsübergreifenden Zugriffen die Schwierigkeit, standardisiert Identitätsinformationen auszutauschen. Diesem Problem nimmt sich der von der OASIS spezifizierte Standard *Security Assertion Markup Language (SAML)* [WWW Saml] an. SAML ist ein XML-Standard, der auf folgenden vier Komponenten basiert.

- *Assertions* stellen Aussagen über einen Authentifikationsstatus, ein Attribut oder eine Autorisationsentscheidung dar.
- *Protocols* sind eine Reihe von Anfrage-Antwort-Protokollen.
- *Bindings* definieren die Abbildung von SAML-Nachrichten auf Kommunikationsprotokolle, wie SOAP oder HTTP.

- *Profiles* beschreiben die Randbedingungen zum Einsatz von SAML und führen Assertions, Protocols und Bindings in einem bestimmten Anwendungsfall zusammen.

Den Kern von SAML stellten in der Version 1.1 die Assertions dar. Diese Version des Standards hat sich als De Facto-Standard zum Austausch von Identitätsinformationen entwickelt und bildet die Basis für weitere Entwicklungen in verschiedenen Projekten. Es wurden in der Version 1.1 nur einfache SAML Protocols definiert, die von weiteren Spezifikationen wie ID-FF für ihre Zwecke erweitert wurden und damit außerhalb des SAML 1.1 Standards angesiedelt waren. Es zeichnet sich im Bereich des föderativen Identitätsmanagements eine zunehmende Einigung auf einen gemeinsamen Standard ab, denn im Jahr 2005 wurden die verbreitetsten Ansätze in den SAML 2.0 Standard integriert. Hierzu zählt neben SAML 1.1 das im universitären Umfeld entwickelte Shibboleth [WWW Shibboleth], das ein Browser-basiertes Single-Sign-On unter der Beachtung der Privatsphäre der Nutzer zum Ziel hat. Kern der neuen SAML 2.0 Spezifikation stellt aber die in ihrer Gesamtheit integrierte Liberty Alliance ID-FF Spezifikation dar. Damit floss die umfangreiche Erfahrung, die in der Entwicklung von ID-FF gemacht wurde, in SAML 2.0 ein. Diese Konvergenz von SAML 2.0 umfasst nicht die von Microsoft entwickelte Spezifikation WS-Federation [WWW WS-Fed]. Diese spezifiziert Lösungsansätze sowohl für Browser-basierte als auch für Web Service-basierte föderative Szenarien. Diese Spezifikation wurde zwar in der Zwischenzeit bei der OASIS eingereicht, aber bisher noch nicht als Standard ratifiziert. Es ist aktuell noch nicht abzusehen, ob WS-Federation und SAML 2.0 zu einem Standard verschmelzen werden und dies damit zu einem einzigen Standard in diesem auch kommerziell immer wichtiger werdenden Bereich des Identitätsmanagements führt.

12.4.2 Nutzerzentriertes Identitätsmanagement

Die neueste Entwicklung im Identitätsmanagement stellt den Nutzer in den Mittelpunkt aller personenbezogenen Transaktionen und wird auch unter dem Begriff *Identity 2.0* oder *User Centricity* verstanden. Dies wird als notwendig erachtet, um aktuelle Gefahren, denen Nutzer im Netz ausgesetzt sind, wie Phishing und Pharming, zu begegnen. Problematisch sind hierbei nicht die bisher eingesetzten Technologien, um diese Probleme aus der Welt zu schaffen, sondern der unkundige Nutzer, der diese Technologien durch ungenügende Benutzerfreundlichkeit nicht korrekt einzusetzen weiß. Daher sind Bestrebungen im Gange, durch eine nutzerfreundliche Art und Weise den Umgang mit Identitäten zu erleichtern.

Ein vielversprechender Ansatz stellt im nutzerzentrierten Identitätsmanagement das von Microsoft entwickelte *Cardspace* [WWW MS Cardspace] dar, das vor allem die Idee verfolgt, von konkreten Identitäten zu abstrahieren und diese mit einfachen Karten, analog zu aus der realen Welt bekannten Kredit- oder Kundenkarten, zu assoziieren. In Zusammenarbeit mit verschiedensten Identitätsmanagement-Experten hat Kim Cameron seinen Blog [WWW Cameron] als Plattform benutzt, um gemeinsam die sogenannten *Laws of Identity* [Cameron 2005] aufzustellen, die deren Meinung nach als fundamentale Prinzipien bei der Architektur einer Identitätsschicht für das Internet (vgl. Identity Metasystem in [Jones 2006]) zu beachten sind. Diese vom Identitätsmanagement zu beachtenden Prinzipien, welche in Deutschland teilweise durch Datenschutzgesetze bzw. -regelungen verlangt werden (vgl. Kapitel 16), beziehen sich auf wichtige und fundamentale Aspekte wie Datensparsamkeit, Privatsphäre oder Pluralismus der Betreiber. Nachfolgend sind die sogenannten sieben „Laws of Identity" aufgeführt.

- *Kontrolle und Zustimmung des Benutzers.* Nur mit der Zustimmung eines Nutzers dürfen identifizierende Informationen an Identitätssysteme preisgegeben werden, denn nur so kann Vertrauen in ein System aufgebaut werden. Der Nutzer muss entscheiden können, welche digitale Identität er benutzt und welche Daten er damit weiter gibt.
- *Minimale Bekanntmachung bei eingeschränkter Nutzung.* Ein Identitätssystem darf nur die geringstmögliche Informationsmenge weitergegeben, die eine Partei zwingend benötigt. Der Informationsgehalt ist so gering wie möglich zu wählen, bspw. kann die Bestätigung der Volljährigkeit ausreichen, ohne dass ein Geburtsdatum weitergeben werden muss.
- *Berechtigte Parteien.* Ein Nutzer muss über die Interaktionspartner informiert werden, um bestimmen zu können, welche Informationen an hierzu berechtigte Parteien weitergegeben werden dürfen.
- *Gerichtete Identitäten.* Auf der einen Seite müssen öffentliche Identitäten, wie bspw. ein Zertifikat einer Webseite, von allen Seiten zugänglich sein. Auf der anderen Seite ist zum Schutz der Privatsphäre die Weitergabe von Identitätsinformationen eines Benutzers zu unterbinden.

- *Pluralismus von Betreibern und Technologien.* Ein universelles Metasystem muss unterschiedlichste Technologien, die von den Identitätsprovidern benutzt werden können, unterstützen.

- *Menschliche Integration.* Das universelle Identity Metasystem muss den Menschen als Teil des Systems begreifen und eine unmissverständliche Kommunikation zwischen dem Nutzer und dem System ermöglichen.

- *Konsistente Erfahrungen unabhängig vom Kontext.* Die einfache und einheitliche Handhabbarkeit des Systems unabhängig vom Kontext der verschiedenen Betreiber und Technologien wird durch eine Vergegenständlichung der digitalen Identitäten gewährleistet. Damit kann ein Nutzer digitale Identitäten auf einfache Art und Weise verwenden, indem digitale Identitäten angeschaut, neu hinzugefügt oder bereits bestehende gelöscht werden können.

Das von Microsoft entwickelte Cardspace [WWW MS Cardspace] nutzt zahlreiche *Web Services*-Spezifikationen, die auch als WS-* bezeichnet werden. Die grundlegendste ist WS-Security (vgl. u.a. [Rosenberg & Remy 2004, S. 255 ff]), welche die Möglichkeit der Integration von sicherheitsrelevanten Informationen in SOAP bietet. Zum einen spezifiziert WS-Security, wie zur Gewährleistung von Vertraulichkeit und Integrität von SOAP-Nachrichten einzelne Elemente einer SOAP-Nachricht mittels XML-Encryption und XML-Signature verschlüsselt bzw. signiert werden. Zum anderen spezifiziert WS-Security die Verwendung von sogenannten *Security Tokens*, die zum sicheren Austausch von Identitätsdaten, Authentifikations- und Autorisationsinformationen, wie zum Beispiel SAML Assertions, in SOAP-Nachrichten dienen. Durch den Einsatz von dieser und weiterer Spezifikationen, wie *WS-Metadataexchange* [WS-Mex], *WS-SecurityPolicy* [OASIS WS-SecPol] und *WS-Trust* [OASIS WS-Trust], kann eine sichere Authentifikation und teilweise Autorisation gewährleistet werden.

F Microsoft Cardspace

Benutzerfreundlichkeit war eines der Kernziele von Cardspace bei der Entwicklung der Benutzerschnittstelle, um einen möglichst unkomplizierten Umgang der Nutzer mit ihren digitalen Identitäten zu erreichen. In Abb. 12.3 ist ein möglicher Ablauf von Cardspace dargestellt. Zunächst verwendet ein Nutzer einen Browser, um auf einer Website eine Ressource aufzurufen. Diese übermittelt dem Browser die Anforderungen zum Zugriff auf die Ressource. Die Anforderungen beinhalten unter anderem zulässige Formate für Security Tokens und von der Ressource geforderte Attribute. Diese Anforderungen werden dem sogenannten *Identity Selector*, der die Interaktion mit dem Nutzer durch-

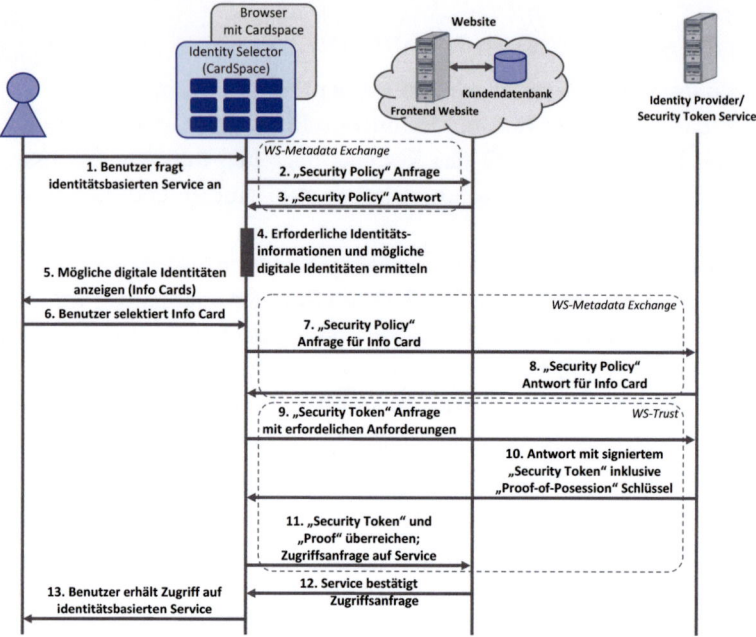

Abb. 12.3. Ablauf von Cardspace

führt, übergeben. Dem Nutzer werden hierzu passende digitale Identitäten mittels sogenannter *Identity Cards* angezeigt und dieser kann nun eine Auswahl unter diesen „Karten" treffen. Der Nutzer kann die Daten, die eine Karte repräsentiert, einsehen und damit sicherstellen, dass keine unnötigen Informationen preisgegeben werden. Nach der Auswahl fordert Cardspace nun bei dem zugehörigen *Identity Provider* bzw. *Security Token Service* ein Security Token an, durch welches der Nutzer letztlich Zugriff auf die Ressource erhält. *Identity Provider* bzw. *Security Token Service* sind dabei vergleichbar dem Key Distribution Center bei Kerberos (vgl. Abschnitt 11.3.2). Durch die Verwendung offener Web Services basierter Spezifikationen soll dabei die Interoperabilität gewährleistet werden. So gibt es bspw. den alternativen Identity Selector Higgins [WWW Higgins].

12.5 Karlsruhe Integriertes InformationsManagement

Aktuelle Entwicklungen, etwa durch den Bologna-Prozess [WWW Bologna], drängen Universitäten immer mehr dazu, ihre Geschäftsprozesse durch IT-Dienste zu unterstützen. Um die hierfür notwendige Grundlage zu schaffen, wurde an der Universität Karlsruhe (TH) das Projekt *Karlsruher Integriertes InformationsManagement (KIM)* initiiert. Hierbei sollen durch ein integriertes Informationsmanagement, auf der Basis einer integrierten Service-orientierten Architektur, Dienstleistungen von Systemen und Einrichtungen im gesamtuniversitären Kontext ermöglicht werden. Im Gegensatz zu dem Ansatz, die Redundanz von Diensten und Informationssystemen zu reduzieren, indem man verstärkt Dienste zentralisiert, wird im KIM-Projekt eine organisationsweite, integrative Herangehensweise verfolgt. Diese erlaubt die Herstellung einer einheitlichen Sicht auf die Dienstleistungen der Universität, ohne die teilweise sehr effizienten lokalen Prozesse einzelner Einrichtungen und deren bestehende IT-Systeme und Verfahren durch ein zentralistisches System abzulösen [Juling & Maurer 2005]. Durch die Bereitstellung einheitlicher Schnittstellen und ein hierauf aufbauendes Informations- und Dienstleistungsportal können Anwendungen und Nutzer Informationen und Dienstleistungen beziehen.

Bei der Realisierung der im KIM-Projekt verfolgten Ziele wurde schnell klar, dass die Sicherstellung der Datenintegrität, -vertraulichkeit und -verfügbarkeit eine große Herausforderung darstellt. Da viele zu unterstützende Geschäftsprozesse innerhalb der Universität mit sensitiven Daten arbeiten, muss der Zugang und Zugriff auf die Dienste und Daten ausschließlich authentifiziert und autorisiert erfolgen. Dies soll durch ein einrichtungsübergreifendes, integriertes Identitätsmanagement gewährleistet werden. Zur Konzeption und Realisierung eines hierfür geeigneten Systems wurde das Projekt KIM-Identitätsmanagement (KIM-IDM) [Höllrigl et al. 2007] ins Leben gerufen.

Eine vom Projekt KIM-IDM vorgeschlagene Architektur, welche die Universität als föderativen Verbund ihrer organisatorischen Einheiten (Satelliten) betrachtet, soll den Anforderungen der Universität Karlsruhe (TH) gerecht werden. Als Satelliten werden hierbei beispielsweise die Zentrale Universitätsverwaltung, das Rechenzentrum und das Forschungszentrum sowie die Fakultäten und Institute betrachtet. Abb. 12.4 zeigt die Verwaltung, das Rechenzentrum und das Forschungszentrum als Satelliten. Diese werden mittels des KIM-IDMs zu einer Föderation verbunden. Aus Abb. 12.4 wird ersichtlich, dass die Datenhaltung, im Gegensatz zu dem weit verbreiteten Ansatz, ein Identitätsmanagement auf der Basis eines zentralen Meta Directory aufzubauen, ebenfalls ausschließlich dezentral erfolgt. Durch diesen Ansatz entfällt die schwierige Aufgabe, eine Harmonisierung der Datenformate durchführen zu müssen (vgl. Abschnitt 12.3.3). Dies wäre bei einem zentralen Ansatz notwendig, da die organisatorischen Einheiten in der Universität im Laufe der Jahre unabhängig voneinander evolutionär gewachsenen sind. Im Gegensatz zu dem zentralistischen Ansatz, bei welchem universitätsweite Anwendungen prozessbezogene Daten aus dem Meta Directory beziehen, erhalten Anwendungen bei der durch das KIM-IDM vorgeschlagenen Architektur die Daten über standardisierte Dienstschnittstellen. Hierdurch entfällt die Notwendigkeit einer zentralen Datenreplikation. Die Satelliten, welche die Daten weiterhin lokal vorhalten und somit unabhängig von einem zentralen System sind, behalten darüber hinaus die Datenhoheit und die Kontrolle über sämtliche Zugriffsrechte. Dies ist ein weiterer Vorteil dieses Ansatzes, da bei einem zentralen Meta Directory die Zusammenführung der einzelnen lokalen Zugriffsberechtigungen notwendig wäre. Ein entscheidender Vorteil des dezentralen Ansatzes liegt darin, dass Bestandssysteme, welche nicht über die Möglichkeit verfügen, auf ein zentrales System zuzugreifen, ihre Daten weiterhin aus lokalen Datenquellen beziehen. Durch den Einsatz von Web Service-Schnittstellen, welche die Bestandssysteme kapseln und anderen Systemen einen plattformunabhängigen Dienst- und Datenzugriff ermöglichen, ist eine Integration ohne weitreichende Anpassungen umsetzbar.

Das integrierte IDM dient als Grundlage für alle angebotenen Dienste des KIM-Projektes und bietet selbst eigene Dienste an, welche zum einen in die Dienstelandschaft des Gesamtvorhabens eingebunden sind und zum anderen dem Nutzer über ein Portal zur Verfügung stehen. Durch die Bereitstellung stabiler und standardisierter Dienstschnittstellen bei gleichzeitig flexibler Funktionalität, wird durch Wiederverwendung ermöglicht, die Effizienz zu steigern, ohne bestehende Verzeichnisstrukturen anpassen zu müssen.

Abb. 12.4 zeigt eine Übersicht der Systemkomponenten, welche bei der Realisierung des Informations- und Dienstleistungsportals eingesetzt werden. Auf oberster Ebene ist das Portal angesiedelt. Dieses wurde mittels des Microsoft Office Sharepoint Servers 2007 [WWW MS Moss] umgesetzt. Es bietet unter anderem die Möglichkeit, den Nutzer gegenüber einem Active Directory zu authentifizieren, und verhindert hierdurch unbefugten Dienstzugang. Um dem Nutzer die Authentifikation zu ermöglichen, mussten zuvor die Daten aus dem Datenbestand der *Hochschule Information System*-Datenbank provisioniert werden. Dies wurde automatisiert mit Hilfe des *Sun Java System Identity Manager* [WWW Sun Idm] synchronisiert. Die Generierung des Benutzer-

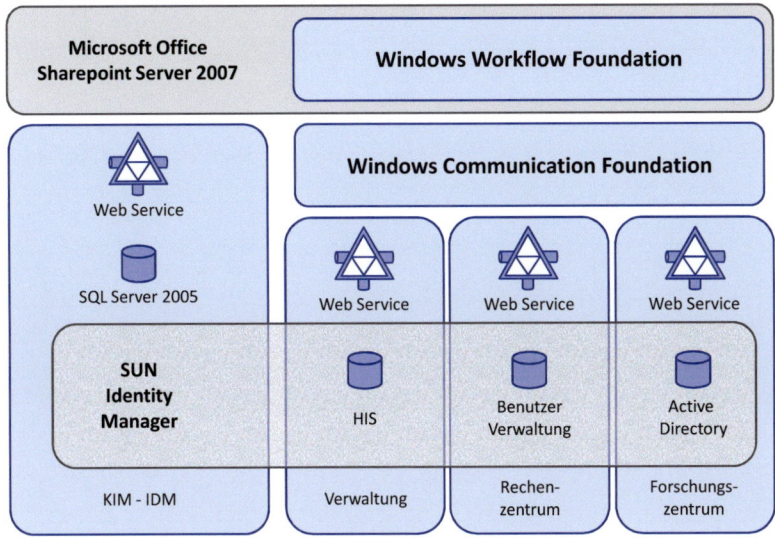

Abb. 12.4. KIM-IDM-Komponenten

namens, Passworts und einer neuen E-Mail-Adresse erfolgt im Zuge der Provisionierung durch Anpassung des Sun Identity Managers.

12.6 Zusammenfassung

In diesem Kapitel wurden zunächst die Herausforderungen und Ziele des Identitätsmanagements vorgestellt. Für das Identitätsmanagement bietet sich eine Betrachtungsweise an, die das Identitätsmanagement in die Bausteine *digitale Identität*, *Identitätsspeicher*, *Verzeichnisintegration* und *Identitätsmanagement-Prozesse* unterteilt. Aktuelle Entwicklungen des Identitätsmanagements zielen darauf ab, den Austausch von Identitätsdaten über Organisationsgrenzen hinaus zu ermöglichen, um auch dort Single-Sign-On-Funktionalitäten anzubieten oder übergreifende Geschäftsprozesse zu unterstützen. Darüber hinaus sollen Nutzer besser und nutzerfreundlicher in Transaktionen, die ihre Identitätsdaten erfordern, eingebunden werden. Es wurde das KIM-Projekt vorgestellt, das an der Universität Karlsruhe (TH) ein Identitätsmanagement basierend auf föderativen und dienstorientierten Ansätzen umsetzt, um eine mögliche Realisierung der vorgestellten Konzepte zu veranschaulichen.

13

Sicherheitspatch-Management

13.1 Einleitung

Die Gefahr durch sicherheitskritische Schwachstellen in Systemen und Anwendungen hervorgerufen durch fehlerhafte Programmierung bzw. ungenügende Prüfung von Eingabeparametern stellt eine massive Bedrohung dar. Mangelnde Prüfung von Parametern kann bspw. zu einem Pufferüberlauf führen. Von solchen Sicherheitslücken sind neben Betriebssystemen, Anwendungen und Treibern der Endsysteme auch Infrastruktur-Komponenten wie Router betroffen. Das Problem verschärft sich durch automatisierte Werkzeuge, die auch unerfahrenen Nutzern, im Englischen häufig als *Script Kiddies* bezeichnet, die Ausnutzung der Lücken sehr einfach machen.

Die Anzahl der bekannten Sicherheitslücken hat in den letzten Jahren immer mehr zugenommen, wie anhand der katalogisierten Lücken des CERT in Abb. 13.1 ersichtlich ist [WWW Cert]. Dabei ist zu berücksichtigen, dass es sich um entdeckte Sicherheitslücken handelt und diese teilweise schon sehr lange in den Systemen vorhanden waren. Eine nähere Betrachtung zeigt zudem, dass die Lücken nicht auf einzelne Systeme beschränkt sind. Insofern besteht ein sehr hohes Gefährdungspotential durch Sicherheitslücken auf jedwedem System.

Um ein angemessenes Schutzniveau sicherzustellen, ist im Vorfeld daher ein **Sicherheitspatch-Managementprozess** zu etablieren, sodass notwendige Patches[1] möglichst schnell auf den betroffenen Systemen eingespielt werden oder anderweitige Schutzmaßnahmen getroffen

---

[1] Im Rahmen dieses Kapitels werden die Ausdrücke *Patch* und *Softwareaktualisierung* synonym verwendet. Eine Differenzierung nach HotFix, Sicherheitspatch, Update etc. wird nicht vorgenommen.

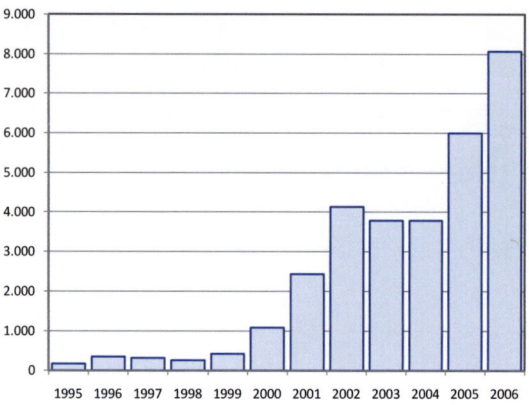

Abb. 13.1. Anzahl der Sicherheitslücken auf Basis der Katalogisierung des CERT [WWW Cert]

werden können. Beim Einspielen von Patches sollten auch die Aus- und Nebenwirkungen bedacht werden. Dabei sind unter anderem die folgenden Punkte zu berücksichtigen:

- *Kompatibilität*: Ist der potentielle Patch kompatibel zu der Systemkonfiguration?
- *Systemausfall*: Wie lange ist die Systemausfallzeit beim Einspielen des Patches?
- *Dienstverfügbarkeit*: Ist nach Einspielen des Patches die Verfügbarkeit des Dienstes eingeschränkt?

s v BSI-Maßnahmen
Auch das BSI beschreibt in seinen Maßnahmenkatalogen [BSI Gshb] (vgl. auch Abschnitt 9.2) die Notwendigkeit eines koordinierten Sicherheitspatch-Managements, um die Sicherheit von Systemen zu gewährleisten. Dabei sind insbesondere die folgenden Maßnahmen zu beachten:

- M 2.35 Informationsbeschaffung über Sicherheitslücken des Systems
- M 2.273 Zeitnahes Einspielen sicherheitsrelevanter Patches und Updates
- M 2.34 Dokumentation der Veränderungen an einem bestehenden System
- M 4.152 Sicherer Betrieb von Internet-PCs
- M 4.177 Sicherstellung der Integrität und Authentizität von Softwarepaketen

Patch-Management umfasst im Allgemeinen mehr als reine Sicherheitspatches. Die Verwaltung und Bereitstellung von anderweitigen Softwareaktualisierungen oder Patches soll im Rahmen dieses Kapitels jedoch nicht näher betrachtet werden, sondern soweit möglich auf den Bereich Sicherheitspatch-Management beschränkt bleiben.

13.2 Patch-Managementprozess

Die folgenden Ausführungen basieren auf dem Patch-Managementprozess der Firma Microsoft [MS Patch 2004]. Bei der Darstellung werden die organisatorischen Maßnahmen in den Vordergrund gestellt, sodass die Darstellung unabhängig von speziellen Softwareprodukten ist. Der Prozess ist in vier Phasen untergliedert:

1. Beurteilungsphase (engl. Assess)
2. Bestimmungsphase (engl. Identify)
3. Evaluierungs- und Planungsphase (engl. Evaluate and Plan)
4. Bereitstellungsphase (engl. Deploy)

☑ Patch-
Management-
prozess

13.2.1 Beurteilungsphase

Ziel dieser Phase ist die Beurteilung der aktuellen Situation hinsichtlich Sicherheitsrisiken und -lücken, welche durch fehlerhafte Software bedingt sind.

Hierzu ist zunächst eine Analyse bzw. *Inventarisierung* der eingesetzten Systeme und Software einschließlich deren Version notwendig. Dabei kann unter Umständen auf bestehende Datenbestände wie die CMDB (*Configuration Management Database*) (vgl. auch Abschnitt 7.2.2) zurückgegriffen werden. Wie bei Netzmanagementplattformen, so ist auch hier eine Auto Discovery durch entsprechende Scan-Werkzeuge sehr hilfreich. Daneben schlägt Microsoft zur Überprüfung der Vollständigkeit der Inventarisierung den Abgleich mit anderen Datenbeständen wie bspw. den Daten des DNS vor.

Neben der rein technischen Analyse ist auch eine *Bewertung der Rolle und des Wertes* eines Systems bzw. Dienstes notwendig. So kann bspw. der Ausfall eines Testsystems für einen gewissen Zeitraum toleriert werden, während der Web-Server eines Online-Shops als geschäftskritisch einzustufen sein wird. Um die Komplexität zu reduzieren, werden die Systeme meist in Kategorien eingeteilt. Für die Kategorien werden dann meist standardisierte Konfigurationen, auch als „Baseline" bezeichnet, ausgearbeitet, welchen die Systeme der Kategorie entsprechen müssen.

Im nächsten Schritt erfolgt die Beurteilung der tatsächlichen Sicherheitsrisiken auf Basis der zuvor gewonnenen Informationen über die eingesetzten Systeme und Software. Im Rahmen dieser Beurteilung müssen auch die *Informationsquellen* wie Hersteller und CERTs (vgl. Abschnitt 15.2.1) ermittelt und festgelegt werden. Dabei sind Informationskanäle wie Mailinglisten oder RSS-Feeds sehr nützlich. Insbesondere die Beurteilung der Sicherheitslage muss als immer wiederkehrender Prozessschritt verstanden werden, da sich sowohl Gefahren als auch die Systemlandschaft ständig ändert.

Außerdem muss beurteilt werden, welche Mittel und Wege zum Verteilen und Einspielen von Sicherheitspatches zur Verfügung stehen. Dabei sind neben der softwaretechnischen Unterstützung durch Managementsoftware auch die operativen Faktoren wie Anzahl und Qualifikation des zur Verfügung stehenden Personals oder Größe und Anzahl vorgesehener Wartungsfenster zu berücksichtigen.

Der Übergang zur zweiten Phase erfolgt, wenn eine konkrete Sicherheitslücke festgestellt wurde und ein Patch einzuspielen ist.

13.2.2 Bestimmungsphase

Auslöser für den Übergang in die Bestimmungsphase stellt eine gemeldete Sicherheitslücke dar. Zu Beginn der Bestimmungsphase muss zunächst die Vertrauenswürdigkeit der Nachricht geprüft werden. Ansonsten könnten Falschmeldungen unnötige Arbeit verursachen oder im schlimmsten Fall gar zur Installation von Schadsoftware führen. Nachdem eine Meldung als vertrauenswürdig eingestuft wurde, muss deren Relevanz bestimmt werden. Hierbei muss ermittelt werden, welche Systeme bzw. Systemkategorien die betroffene Software einsetzen.

Relevante Patches müssen von einer entsprechenden Quelle wie zum Beispiel der Website des Herstellers bezogen und auch deren Authentizität überprüft werden. Die *Authentizitätsprüfung* ist notwendig, da immer wieder Fälle bekannt werden, in denen Software ausgetauscht wurde, um Schadsoftware beizufügen. So zum Beispiel im August 2002, als die ursprüngliche OpenSSH Distribution gegen eine Version ausgetauscht wurde, die einen Trojaner enthielt.

Ein Patch sollte nicht ohne eingehende Prüfung in Produktivsysteme eingespielt werden. Die Installation und die Auswirkungen des Patches sollten zuvor in einer *Test-Umgebung* untersucht werden. Um für etwaige Probleme im späteren Verlauf bei oder nach der Installation des Patches gewappnet zu sein, sollten in dieser Phase auch Möglichkeiten zur Deinstallation des Patches geprüft werden.

Abschließend erfolgt eine Kategorisierung des Patches, indem dessen Priorität festgelegt und ein entsprechender Änderungsvorschlag, auch

*Request for Change (RFC)*² genannt, erstellt wird. Der Übergang in die nächste Phase erfolgt, wenn festgestellt wurde, dass der Patch für die eigenen Systeme relevant ist und ein RFC formuliert wurde.

13.2.3 Evaluierungs- und Planungsphase

Handelt es sich um einen relevanten Patch, muss die angemessene Reaktion bestimmt werden. Dabei ist zunächst die *Priorität* und der *Zeitrahmen* zu bestimmen, in welchem das Einspielen erfolgen soll. Im Fall eines Internet-Wurms sind in der Regel sofort entsprechende Maßnahmen zu treffen, während ansonsten Tage bis hinzu Monaten bis zum Einspielen hingenommen werden können. Hierbei handelt es sich insbesondere um eine Abwägungsentscheidung zwischen dem potentiellen Risiko durch die Sicherheitslücke, dem Schutzbedarf des Systems, den Beeinträchtigungen durch Einspielen des Patches und dem Aufwand der Änderung. Dabei ist insbesondere zu evaluieren, ob und inwieweit geschäftskritische Dienste davon betroffen sind. Patches niedriger Priorität können unter Umständen auch zusammengefasst werden und in Form einer kumulierten Aktualisierung bspw. als Service Pack eingespielt werden, um den Aufwand zu verringern. In dieser Evaluierungsphase sind auch die betroffenen Systeme und deren Anzahl zu bestimmen sowie die Auswirkungen auf andere Anwendungen bzw. Dienste zu untersuchen. Hierbei ist auch zu prüfen, ob die Angriffspunkte durch andere Maßnahmen verringert werden können. Schließlich sollten die betroffenen Personen mit einbezogen werden. Ferner müssen auch *Genehmigungen* für die Bereitstellung des Patches von den entsprechenden Verantwortlichen wie IT-Leiter, Produktionsleiter etc. eingeholt werden.

Nachfolgend findet die *Planung der Veröffentlichung* des Patches statt. Dazu müssen die betroffenen Systeme bestimmt werden, auf denen der Patch eingespielt werden soll und mögliche Probleme bedacht werden. Mögliche Probleme und Einschränkungen können bspw. aufgrund von fehlenden Rechten oder aufgrund eines erforderlichen Neustarts entstehen. Außerdem muss ein Zeitplan aufgestellt werden, wobei die Aktualisierung, wenn möglich im Rahmen der vorgesehenen Wartungsfenster, wie sie in der ersten Phase bestimmt wurden, stattfinden sollte. Gegebenenfalls ist nach der detaillierten Planung der Veröffentlichung noch mal eine Genehmigung einzuholen.

---

² Der Begriff *Request for Change* wird häufig im Zusammenhang mit der ITIL und dem Change Management verwendet und hat nichts mit dem Request for Comments gemein.

Abschließend erfolgt die *Zusammenstellung der Veröffentlichung*, die unter Umständen auch mehrere Patches enthält und deren Funktionsprüfung. Wurde die Veröffentlichung zusammengestellt und der entsprechende Veröffentlichungsplan genehmigt, erfolgt der Übergang in die vierte Phase.

13.2.4 Bereitstellungsphase

In der letzten Phase findet die eigentliche *Bereitstellung bzw. das Einspielen des Patches* statt. Vorbereitend ist dabei zunächst die Veröffentlichung und insbesondere der Zeitplan bspw. durch Versenden einer E-Mail bekannt zu geben. Diese Information kann bspw. wichtig sein, um Mitarbeiter darauf hinzuweisen, dass nachts Patches eingespielt werden und somit Arbeitsplatzrechner nach Dienstschluss nicht heruntergefahren werden sollten. Ferner sind etwaige Managementsysteme für die Verteilung des bzw. der Patches entsprechend zu konfigurieren.

Nach der Bereitstellung bzw. dem Einspielen muss abschließend geprüft werden, ob zum einen alle vorgesehenen Systeme erreicht wurden und zum anderen, ob ungewollte Auswirkungen aufgetreten sind, die unter Umständen eine Rückgängigmachung (engl. *Rollback*) notwendig machen.

13.3 Zusammenfassung

Die Bedeutung des Sicherheitspatch-Managements muss in der heutigen Zeit kaum noch motiviert werden, da täglich neue Sicherheitslücken und entsprechende Schadsoftware bekannt werden. Der beschriebene Patch-Managementprozess stammt von der Firma Microsoft, wobei die Kernelemente nicht auf Produkte aus Redmond beschränkt sind, sondern vielmehr organisatorische Maßnahmen beschrieben werden. Dabei wird darauf hingewiesen, dass auch die Auswirkungen der Patches insbesondere für geschäftkritische Dienste bedacht werden müssen und entsprechende Genehmigungen einzuholen sind.

Aufgrund der Marktdurchdringung war Microsoft früher als andere Hersteller gezwungen, ein effizientes Patch-Management auch softwaretechnisch zu unterstützen. Mittlerweile integrieren aber auch andere Softwarehersteller Funktionen zur Aktualisierung in ihre Produkte, sodass Administratoren beim Einspielen von Patches entlastet werden.

14

Firewalls, Intrusion Detection und Prevention

Mitautor: Adrian Wiedemann

14.1 Einleitung

Der Begriff der *Firewall* ist heute ein gängiger im Bereich der IT-Sicherheit. Dabei werden viele Hard- und Softwarekomponenten mittlerweile als Firewall bezeichnet, sodass eine genaue Begriffsdefinition durch subjektiven Ausdruck ersetzt worden ist, der in vielen Fällen nur noch wenig mit der ursprünglichen Bedeutung zu tun hat. Ein aktuelles Beispiel ist der Begriff der Desktop-Firewall. Dahinter verbirgt sich in den meisten Fällen eine Vielzahl von Softwarekomponenten, die die Sicherheit von Endsystemen erhöhen sollen.

Der Begriff Firewall stammt ursprünglich aus dem Baugewerbe. Dort werden Firewalls verbaut, um beim Ausbruch von Feuer ein Übergreifen auf andere Gebäudeteile zu verhindern. Wenn dieser Begriff auf die Welt der Computernetzwerke übertragen werden soll, hat eine Firewall also die Aufgabe, unterschiedliche Segmente innerhalb der verbundenen Computernetzwerke gegeneinander abzuschotten.

14.2 Firewalls

Die Kommunikation in Netzen wird in der Regel in unterschiedliche Schichten unterteilt. Durch diese zusätzliche Gliederung gibt es verschiedene Ausprägungen der verschiedenen Firewall-Techniken.

14.2.1 Paketfilter

Ⓚ Paketfilter

Ein weitverbreiteter Typ der Firewalls ist der sogenannte **Paketfilter**. Diese einfach Art der Filterung arbeitet auf Schicht drei und vier des OSI-Referenzmodells, was bei Verwendung der TCP/IP-Protokollfamilie den Schichten entspricht, in denen die Informationen des IP- und des TCP- bzw. UDP-Protokolls verarbeitet werden. Diese Schichten sind für die Vermittlung der Datenpakete über Zwischenstationen sowie die logische Verbindung von Endsystemen zuständig. Die Vermittlung wird innerhalb eines Netzwerks durch Router durchgeführt. Router treffen dabei anhand einer Tabelle die Entscheidung, welches Datenpaket für ein Netzwerksegment bestimmt ist, und können dies entsprechend weiterleiten. Wenn als Firewall ein Paketfilter eingesetzt wird, werden alle Pakete, die ein Netzwerksegment erreichen oder verlassen, durch diesen Filter geleitet. Dieser Filter entscheidet, ob das Paket aufgrund der Information im IP- und gegebenenfalls im TCP- bzw. UDP-Protokollkopf weitergeleitet oder zurückgewiesen wird. So wird beispielsweise durch solche Filter der Zugriff auf die „SNMP-Ports" 161 und 162 in der Regel an den Netzgrenzen einer Organisation blockiert.

Ⓚ ACL

Als Plattform kommen für diese Paketfilter entweder Softwarekomponenten zum Einsatz oder bei entsprechend ausgestatteten Routern gibt es auch die Möglichkeit, die Paketfilter auf die Router zu verlagern (vgl. Abschnitt 2.4.2). Die Filterlisten werden auch als **Access Control List (ACL)** bezeichnet.

Die Access Control Lists definieren, auf welche Dienste zugegriffen werden kann, wobei die ACLs aber nicht notwendigerweise die Filtertabelle eines Routers darstellen. Bei zustandsbehafteten Paketfiltern wird die Filtertabelle dynamisch, um die Parameter einer aufgebauten Verbindung derart erweitert, dass nur die Datenpakete, die zu einer bestehenden Verbindung gehören, den Paketfilter passieren dürfen. Dies ist notwendig, um den Transfer von Daten über etablierte (und damit erlaubte) Verbindungen gegen unberechtigten Zugriff abzusichern. Dabei ist es in der Regel Systemen erlaubt, aus einem Netz heraus eine Verbindung aufzubauen, während von außerhalb kein Verbindungsaufbau erfolgen kann. In Abb. 14.1 ist die Arbeitsweise des dynamischen Paketfilters kurz umrissen: Es dürfen nur Pakete mit den Verbindungsparametern, die der Filterliste entsprechen, den Paketfilter passieren. Andere Versuche, den Paketfilter zu passieren, schlagen fehl: In diesem Beispiel ist dem Rechnersystem mit der IP-Adresse 12.110.110.204 nicht erlaubt, eine Verbindung zum Rechnersystem 141.3.10.1 zum Port 4455 aufzubauen.

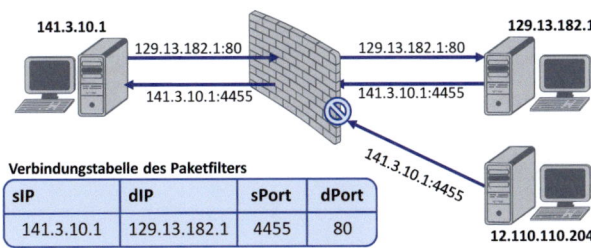

Verbindungstabelle des Paketfilters

sIP	dIP	sPort	dPort
141.3.10.1	129.13.182.1	4455	80

Abb. 14.1. Dynamische Paketfilter

Für das Erstellen von Access Control Lists gibt es verschiedene Leitlinien, es sollten jedoch folgende Punkte unbedingt beachtet werden:

- Default Policy: Alle Verbindungen verbieten, die nicht explizit erlaubt sind.   ☑ ACL
- Reihenfolge: ACLs werden typischerweise sequentiell abgearbeitet. Nach Anwendung der ersten passenden Regel terminiert die Abarbeitung, daher muss auf die Reihenfolge geachtet werden.
- Anti-Spoofing: Es sollten Anti-Spoofing-Filter etabliert werden, die Verwendung von Adressen, die nicht zu dem entsprechenden Netzsegment gehören, verhindern sollen (vgl. [RFC 2827; RFC 3704]).
- Source-Routing sollte unterbunden werden.
- Unnötige Filterregeln sollten entfernt werden.

14.2.2 Proxyfilter

Eine andere Klasse von Firewalls sind die **Proxyfilter**. Diese Firewalls   ☒ Proxyfilter
kommen häufig zum Einsatz, da reine Paketfilter die sicherheitstechnischen Anforderungen oftmals nicht mehr erfüllen. Proxyfilter grenzen sich gegenüber Paketfiltern in der Weise ab, dass keine direkte Kommunikation zwischen den Endsystemen mehr geschehen kann. Eine Verbindung zwischen zwei Endsystemen ist an einem Punkt im Netz also nicht mehr als solche zu erkennen. Dieses Stellvertreterprinzip wird teilweise bis zur Anwendungsschicht durchgeführt.

Proxyfilter auf Schicht drei und vier werden durch einen Mechanis-   ☒☑ NAT
mus realisiert, der als **Network Address Translation (NAT)** (vgl. [RFC 2663]) bezeichnet wird. Dieser Mechanismus greift in die Kommunikation zwischen zwei Endgeräten derart ein, dass die Daten in den Protokollköpfen verändert werden, sodass eine durchgängige Verbindung auf Schicht vier nicht mehr vorhanden ist. Abb. 14.2 zeigt die topologische Konfiguration eines NAT-Rechnersystems. Der Mechanismus des NAT ist grundsätzlich so ausgelegt, dass eine Umsetzung von

n externen Adressen zu m internen Adressen geschehen kann. Oft wird aber nur die Umsetzung zwischen genau *einer* externen Adresse und mehreren internen Adressen verwendet. Dieser Spezialfall wird auch als *IP-Masquerading* oder *Port Address Translation* bezeichnet. Es werden also alle Verbindungsdaten des Quellrechners mit denen des Proxyfilters ersetzt.

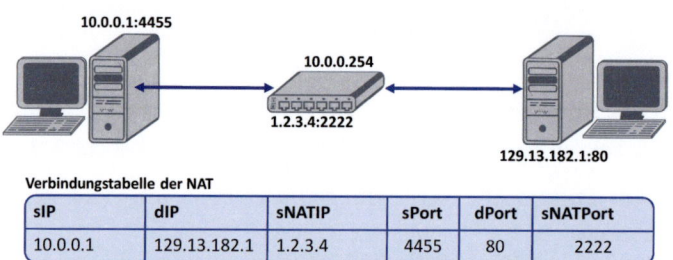

Verbindungstabelle der NAT

sIP	dIP	sNATIP	sPort	dPort	sNATPort
10.0.0.1	129.13.182.1	1.2.3.4	4455	80	2222

Abb. 14.2. Network Address Translation

   Durch die Verwendung eines Proxyfilters auf Netzwerkschicht ergeben sich für den Betrieb einige Herausforderungen. Es müssen beispielsweise zusätzliche Softwaremodule auf den NAT-Rechnern betrieben werden. Dies mag zunächst wunderlich erscheinen, da durch die hierarchische Schichtung der Kommunikation in Netzwerken diese Änderung für die höherliegenden Schichten unerheblich sein sollte. Verschiedene ältere Protokolle auf Applikationsschicht (z.B. FTP) schicken jedoch die Verbindungsdaten der Vermittlungs- und Transportschicht auch auf Anwendungsschicht mit und würden ohne diese zusätzlichen Softwaremodule nicht mehr korrekt funktionieren.

   Durch den Einsatz eines Netzwerkproxys eröffnet sich die Möglichkeit, die Struktur des dahinterliegenden Netzes zu verschleiern. Dies erschwert zunächst für einen Angreifer den Prozess der Informationsbeschaffung, ist letztendlich jedoch keine vollständige Absicherung, da mittlerweile verschiedene Methoden existieren, die Anzahl sowie die Art der eingesetzten Systeme hinter einem NAT zu bestimmen. Dennoch bietet ein NAT einen gewissen Schutz, da dahinterliegende Systeme ohne vorherige Verbindung von Außen nicht direkt adressiert werden können.

14.2.3 Applikationsfilter

Ⓚ Applikations-
filter

Applikationsfilter sind spezielle Firewalls die ausschließlich auf Anwendungsschicht arbeiten. Diese Filter arbeiten aber nicht generisch, sondern müssen die Spezifikation der zu untersuchenden Protokolle, wie zum Beispiel http, kennen. Mit diesem Wissen ist es möglich, Angriffe zu filtern, die sich innerhalb der Anwendungsschicht abspielen. Da die Implementierung sehr aufwändig ist, sind reine Applikationsfilter auf wenige, oft verwendete Protokolle beschränkt.

14.2.4 Architekturen

Als Architektur einer oder mehrerer Firewalls wird hier die Konfiguration innerhalb des Netzwerks bezeichnet. Die hier vorgestellten Architekturen sind nur exemplarisch für die grundsätzlichen Ansätze, und werden im realen Betrieb kombiniert oder entsprechend den Anforderungen angepasst. Die grundlegenden Architekturen sind: *Dual-Homed-Architektur* und *DMZ-Architektur*.

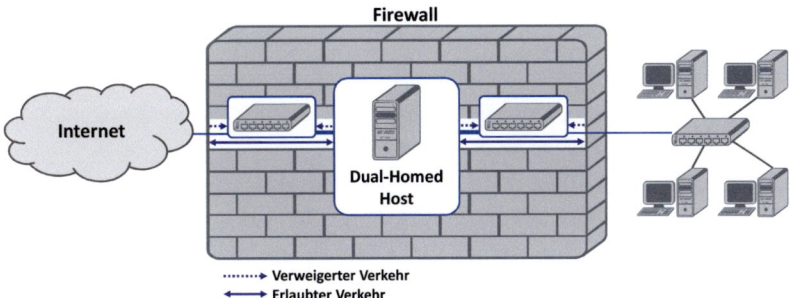

Abb. 14.3. Dual-Homed Firewall-Architektur

Bei der Dual-Homed Architektur ist die Firewall mit zwei Netzen verbunden. Dabei ist zu beachten, dass sich hier die Firewall als solches aus mehreren Instanzen von Paketfiltern oder Proxyfiltern zusammensetzen kann. Abb. 14.3 zeigt die typische Topologie einer solchen Architektur. Dieser Typ der Architektur wird häufig für die Absicherung von Netzen verwendet, die typischerweise Client-Rechnersysteme, wie Büroarbeitsplätze, Laborsysteme, etc. beinhalten. Der Vorteil dieser Architektur ist die klare Definition von Diensten an einer Stelle, die in diesen Netzabschnitt genutzt werden können. Auch die Umsetzung einer Regulierung des Netzwerkzugriffs wird hierdurch relativ einfach ermöglicht.   ☑ Dual-Homed

Eine weitere Architektur, welche hier betrachtet wird, ist die Konfiguration einer Firewall mit einer *demilitarisierten Zone (DMZ)*. Eine DMZ ist dabei ein besonderer Netzabschnitt neben einem internen   ☑ DMZ

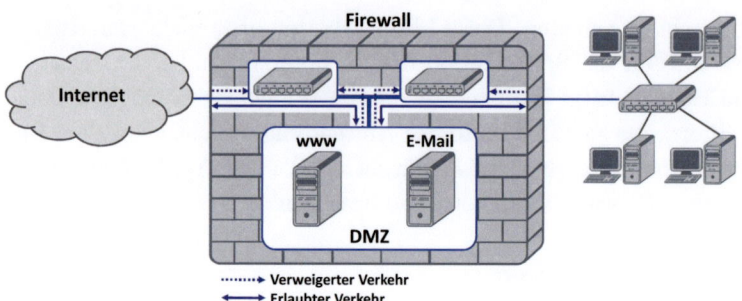

Abb. 14.4. DMZ-Firewall-Architektur

Netz, in dem öffentlich zugängliche Rechnersysteme stehen. Abb. 14.4 veranschaulicht dabei den Aufbau. Zugriffe von außen sind grundsätzlich nur in die DMZ zulässig, nicht ins interne Netz. Auch der Zugriff von der DMZ ins interne Netz ist nicht zulässig. Der Vorteil einer DMZ-Architektur ist die Trennung von Systemen, die verschiedene Rollen einnehmen. Eine Trennung in drei Zonen ermöglicht die Realisierung dieser Architektur mit nur einem Firewall-System. Die Vorteile eines einzigen zentralen Dokumentations- und Konfigurationspunktes sind in dieser Konfiguration auch hier gegeben.

Grundsätzlich stellt bei der DMZ-Architektur die Trennung in drei unterschiedliche Bereiche nur ein Beispiel dar, bei größeren Netzwerken sind oftmals deutlich mehr als diese drei Zonen realisiert.

14.2.5 Managementaspekte

Das Management von Firewall-Systemen unterscheidet sich von den Aufgabenstellungen nicht grundsätzlich von dem Management der Netzwerkinfrastruktur. Es gibt aber einen grundlegenden Unterschied, der das Management anspruchsvoller macht. Beim Netzwerkmanagement werden für Entscheidungen unterschiedliche Messgrößen wie zum Beispiel die verwendete Bandbreite eines Netzabschnitts oder die maximale Latenzzeit zwischen zwei Endsystemen verwendet. Diese Größen lassen sich je nach Anwendungsfall konkret spezifizieren und auch sehr genau messen. Das Problem bei Firewalls ist, dass es keine Messgröße für die Sicherheit eines Netzes gibt, nach der eine Firewall konfiguriert werden kann. Es muss für eine gute Absicherung in jedem Fall eine Vielzahl von Abhängigkeiten zwischen Anwendungen, Plattformen und Netzdiensten berücksichtigt werden. Dieses Wissen kann typischerweise nur durch langjährige Erfahrung gewonnen werden und unterliegt einer ständigen Veränderung. Diese ständige Veränderung der System-landschaft ist auch der Grund, wieso die Konfiguration einer Firewall nie als abgeschlossen betrachtet werde kann und immer neu angepasst werden muss.

In großen Netzen werden hierzu in der Regel Richtlinien definiert, wovon ein Teil zentral für die gesamte Organisation festgelegt wird und unter Umständen ein weiterer Teil dezentral von Abteilungen je nach Schutzbedarf bestimmt wird. Die Richtlinien werden dann in spezifische ACLs umgesetzt, welche letztlich in Systeme wie Router eingespielt werden. Insofern wird hierbei häufig ein Policy-basierter Managementansatz verfolgt (vgl. Abschnitt 8.4.1). Die Konfiguration der zentralen Richtlinien erfolgt dabei durch eine zentrale Stelle, für die zusätzlichen abteilungsspezifischen Richtlinien ist eine dezentrale Administration von Vorteil. An der Universität Karlsruhe (TH) wurde ein solches Verfahren etabliert (vgl. [Müller et al. 2006]). Dabei werden die Netze in vier unterschiedliche Stufen unterteilt, und die Administratoren der Abteilungen, auch als IT-Beauftragte bezeichnet, können ein Teil der Konfiguration per Web-Schnittstelle vornehmen [UKA Fw].

In den letzten Jahren ist neben den genannten Schwierigkeiten eine besondere Schwierigkeit hinzugekommen: Das Verschwinden der Netzgrenzen (engl. Disappearing Perimeter). Neuartige Netzwerktechniken wie Virtuelle Private Netzwerke (VPN) oder Overlay-Netzwerke verwischen die echte Abgrenzung von Netzsegmenten durch Firewalls, da die Vermittlung der Datenpakete innerhalb dieser Netzwerke in der Anwendungsschicht gekapselt ist. Dieses Verschwinden des Perimeters stellt das Management von Firewall-Systemen vor eine große Herausforderung, da die Absicherung mit „klassischen" Systemen kaum mehr möglich ist.

14.3 Intrusion Detection Systems

Im ersten Abschnitt dieses Kapitels sind Sicherungsmaßnahmen für Netzwerke vorgestellt worden, die einen präventiven Ansatz verfolgen. Trotz dieser Maßnahmen kommt es immer wieder vor, dass sich Sicherheitsvorfälle ereignen. Für die Entdeckung dieser Sicherheitsvorfälle und um anschließend entsprechende Maßnahmen einleiten zu können, gibt es **Intrusion Detection Systems (IDS)**. Diese Systeme sind mit einer Alarmanlage bei Einbrüchen gleichzusetzen, verfolgen also einen reaktiven Ansatz der Systemsicherung.

Ein IDS gibt es in verschiedenen Ausprägungen. Ein Hauptmerk- ⓚ NIDS und HIDS mal, an dem die Ausprägungen der IDS zu erkennen sind, ist die Platzierung im Netzwerk. Ein IDS kann innerhalb des Netzes verwendet werden; dies ist dann ein *Network Intrusion Detection System (NIDS)*. Die andere mögliche Platzierung im Rechnernetzwerk ist die Platzierung innerhalb der Endgeräte. Dies wird dann als *Host Intrusion Detection System (HIDS)* bezeichnet.

Ein anderes, signifikantes Unterscheidungsmerkmal ist die Art und Weise, wie Sicherheitsvorfälle detektiert werden. Dabei werden zwei unterschiedliche Ansätze verfolgt: *signaturbasierte* oder *anomaliebasierte* Erkennung. Seit neuester Zeit gibt es noch eine weitere Methode, um Systemeinbrüche zu erkennen. Diese Methode bedient sich der Idee des elektronischen Köders, mit dem ein Angreifer angelockt werden soll. Diese Systeme sind als *Honeypots* bekannt.

K IPS   Eine Erweiterung von Intrusion Detection Systems sind die *Intrusion Prevention Systems (IPS)*. Bei diesen Systemen soll durch das sofortige Einleiten von Gegenmaßnahmen die Auswirkungen des Sicherheitsvorfalls verhindert oder zumindest eingedämmt werden. Die Art der Gegenmaßnahme hängt dabei davon ab, ob das System Netz- oder Host-basiert arbeitet. Dabei reichen die Gegenmaßnahmen von der Blockierung von Datenpaketen oder Systemaufrufen bis zu der aktiven Einleitung von Gegenangriffen (was nur in speziellen Ausnahmefällen geschehen sollte).

14.3.1 Signaturbasierte Erkenner

Die ersten Systeme, die eine Signaturerkennung für die Systemsicherung verwendet haben, sind Virenscanner. Dabei machte man sich die Tatsache zu Nutze, dass Viren im Programmcode derartige Änderungen vornehmen, dass ein Muster erkennbar ist. An diesem Prinzip hat sich bis heute nichts geändert. Applikationsfilter in Netzwerken bedienen sich in den meisten Implementierungen auch eines Erkennungsverfahrens auf Signaturbasis.

Dieses Verfahren hat den Vorteil, dass auch große Datenmengen sehr effizient verarbeitet werden können. Es ist heute ohne größere Geschwindigkeitseinbußen möglich, Datenströme bis 5 Gbit/s in Echtzeit zu untersuchen. Der Nachteil dieses Erkennungsverfahrens liegt darin, dass neuartige Vorfälle, für die noch keine Signatur vorhanden ist, nicht detektiert werden können.

14.3.2 Anomaliebasierte Erkenner

Einen grundsätzlich anderen Ansatz verfolgen Erkenner, die anomaliebasiert arbeiten. Dabei ist – anders als bei signaturbasierten Erkennern
– nicht definiert, nach welchem Algorithmus eine Anomalie zu detektieren ist. Diese Erkenner können unterschiedliche Methoden verwenden;
dabei sind Modelle auf Basis der mathematischen Stochastik oder des
Maschinellen Lernens (künstliche Neuronale Netze, Fuzzy-Logic, etc.)
des Öfteren anzutreffen.

Trotz der unterschiedlichen Ansätze der anomaliebasierten Erkennung haben diese Methoden eines gemeinsam: Es muss spezifiziert werden, welches Systemverhalten als „normal" zu betrachten ist. Anhand
dieser Trainingsmengen sollen die Erkenner dann in der Lage sein, Systemeinbrüche zu erkennen. Zurzeit verwenden viele anomaliebasieren-
den Erkenner nur einen Bruchteil der zur Verfügung stehenden Informationen, um eine Entscheidung zu treffen. Darüber hinaus ändert sich das
„normale" Verhalten auch, sodass regelmäßig eine Anpassung stattfinden muss. Die Forschung hinsichtlich anomaliebasierender Erkennung
von Systemeinbrüchen steht noch am Anfang und findet außerhalb des
akademischen Umfeldes zurzeit kaum Verwendung.

14.3.3 Elektronische Köder

Ein neuartiger Weg, um Systemeinbrüche zu erkennen, ist der Einsatz   Ⓚ Honeypot
von elektronischen Ködern. Diese elektronischen Köder sind auch unter
den Schlagworten *Honeypots* oder *Honeynets* bekannt. Grundidee bei
dieser Erkennungsmethode ist das Vorgaukeln einer Verwundbarkeit
eines Rechnersystems. Da die meisten Angreifer den Weg des geringsten
Widerstandes gehen, werden einige auch auf diese Systeme hereinfallen.
Die Honeypot-Systeme selbst enthalten weder wertvolle Daten, noch
lassen sie sich missbrauchen.

Wenn ein Angreifer einen Honeypot attackiert, kann das Verhalten
des Angreifers beobachtet werden, um zu erkennen, ob er unbekannte
Schwachstellen ausnutzt. Honeypots, die diese Beobachtungen zulassen,
werden als „High-Interaction Honeypots" bezeichnet. Ferner existieren
auch sogenannte „Low-Interaction Honeypots". Diese Honeypots werden eingesetzt, um die Ausbreitung von Schadsoftware innerhalb eines
Netzwerks zu detektieren. Der bekannteste Vertreter dieser Familie von
Honeypots ist die Software *nepenthes* [WWW Nepenthes]. Die einfache
Emulation einer Schwachstelle reicht aus, um der Schadsoftware ein

System zu präsentieren, das infiziert werden kann. Da sich die Schad-software auf den Honeypots verteilen kann, ist die Analyse des Binärco-des und die Auswertung mittels Virenscannern eine Möglichkeit, sehr schnell und gezielt zu reagieren. Das Rechenzentrum der Universität Karlsruhe (TH) hat eine solche Lösung am Campus im Einsatz.

14.3.4 Managementaspekte

Um den Betrieb von signaturbasierten Intrusion Detection Systems si-cherzustellen, muss das Management Maßnahmen vorsehen, sodass die Signaturen regelmäßig aktualisiert werden. Entsprechend sind auch bei Honeypots Anpassungen notwendig. Bei anomaliebasierten Verfahren ist regelmäßig zu überprüfen, ob sich der „Normal-Zustand" verändert hat.

Darüber hinaus ist es eine wesentliche Anforderung an das IT-Sicherheitsmanagement, im Vorfeld schon organisatorische Maßnahmen zu treffen, um auf einen Sicherheitsvorfall angemessen reagieren zu kön-nen. Insofern wird im folgenden Kapitel 15 ein Prozess zur Vorfallsbe-handlung erläutert.

14.4 Zusammenfassung

Zur präventiven Absicherung von Netzen werden Firewalls eingesetzt. Je nach Einsatzzweck und Schutzbedarf der Netze werden dabei un-terschiedliche Systeme wie Paketfilter oder Applikationsfilter genutzt. Neben dieser präventiven Maßnahme werden heutzutage meist noch Intrusion Detection Systems betrieben, mittels derer ein Einbruch er-kannt werden kann, wobei die Systeme entweder signaturbasiert oder anomaliebasiert arbeiten. Ferner werden teilweise auch sogenannte Ho-neypots genutzt, anhand derer das Verhalten von Angreifern analysiert werden kann.

15

Vorfallsbehandlung

Mitautor: Adrian Wiedemann

15.1 Einleitung

Zu den Aufgaben des IT-Sicherheitsmanagements gehört auch die Behandlung von Sicherheitsvorfällen. Bei Vorfällen handelt es sich um
Sachverhalte wie Rechnereinbrüche, der Missbrauch von Ressourcen innerhalb einer Organisation oder Aktivitäten, die gegen Gesetze versto-
ßen, wie zum Beispiel Verbreitung von illegalen Inhalten über Daten-
netze. Für die Behandlung von Sicherheitsvorfällen ist typischerweise
ein Team zuständig, das die Bezeichnung **CSIRT** *(Computer Security
Incident Response Team)* oder **CERT** *(Computer Emergency Response
Team)* trägt.

    Das erste CERT wurde von der DARPA gegründet und an der Car-
negie Mellon University angesiedelt. Es trägt den Namen *CERT/CC*
(CERT / Coordination Center). Der Auslöser für die Gründung eines
CERT war der erste Internet-Wurm im Jahr 1988, von welchem ein
großer Teil der damals mit dem Internet verbundenen Systeme betroffen war. Mittlerweile entstanden zahlreiche weitere CERTs, welche für
bestimmte Bereiche bzw. Zielgruppen zuständig sind. In Deutschland
gibt es beispielsweise das für Bundesbehörden zuständige CERT-Bund
und das DFN-CERT. Die CERTs arbeiten teilweise wiederum in einem
Verbund wie dem internationalen *Forum of Incident Response and Security Teams (FIRST)* oder dem nationalen *CERT-Verbund* zusammen.

    Die Aufgaben eines CERTs waren zu Beginn auf die Reaktion auf
Sicherheitsvorfälle begrenzt. In der Zwischenzeit kamen jedoch weite-

K CERT
CSIRT

re Aufgabenbereiche im Bereich der *Vorfallsbehandlung (engl. Incident Handling)* hinzu, welche im folgenden Abschnitt 15.2 kurz erläutert werden. Danach erfolgt in Abschnitt 15.3 eine Darstellung eines Prozesses zur Vorfallsbehandlung. Den folgenden Ausführungen liegt dabei das CSIRT-Handbuch [West-Brown et al. 2003] zugrunde.

15.2 Aufgaben und Dienste eines CERT/CSIRT

Im CSIRT-Handbuch sind die Aufgaben eines CERT bzw. CSIRT in folgende Teilgebiete gegliedert [West-Brown et al. 2003, S. 23 ff]:

- Reaktive Dienstleistungen
- Proaktive Dienstleistungen
- Qualitätsmanagement für Sicherheitsdienstleistungen

Im Folgenden werden die Dienste anhand dieser Teilgebiete näher erläutert. Dabei ist zu berücksichtigen, dass nicht jedes CERT alle Dienste anbietet. Bei der Auswahl der angebotenen Dienste sind insbesondere die vorhandenen personellen und finanziellen Ressourcen sowie die fachliche Expertise zu berücksichtigen. Ansonsten kann die Qualität der angebotenen Dienste nicht sichergestellt werden, was letztlich das gesamte CERT in Frage stellen würde.

15.2.1 Reaktive Dienstleistungen

Reaktive Dienstleistungen sind diejenigen, die nach dem Eintreten eines Sicherheitsvorfalls oder Bekanntwerden einer Verwundbarkeit erbracht werden. Auslöser können zum Beispiel durch ein IDS erkannte Sicherheitsvorfälle oder Meldungen von Dritten sein. Zu diesen Diensten zählen typischerweise:

- *Warnmeldungen* – Ein CERT gibt innerhalb seines Zuständigkeitsbereiches Warnmeldungen heraus. Zu diesen Meldungen zählen beispielsweise Informationen bezüglich Viren, Würmer oder Sicherheitslücken von Softwarekomponenten. Dabei entscheidet das CERT, welche Informationen für die Zielgruppe relevant sind. Die Warnungen des CERT können von diesem selbst erstellt werden oder aus einer übergeordneten Quelle wie zum Beispiel dem DFN-CERT übernommen werden. Insofern dienen diese Warnmeldungen neben den Herstellerinformationen in der Regel als Grundlage für die Informationsbeschaffung des Sicherheitspatch-Managements (vgl. Abschnitt 13.2).

- *Vorfallsbehandlung* – Für die Behandlung von Sicherheitsvorfällen wie zum Beispiel einem Virenbefall wird vom CSIRT ein Prozess spezifiziert, wie mit diesem Vorfall verfahren wird, d.h. welche Schritte ausgeführt werden müssen. Der Prozess gliedert sich dabei meist in die Phasen: Analyse, Reaktion, Reaktionsunterstützung und Reaktionskoordination. In der Analysephase werden Informationen zum Ausmaß des entstandenen Schadens wie zum Beispiel die Art und Anzahl der betroffenen Systeme ermittelt. Darüber hinaus werden die „Einbruchsspuren" auch für etwaige nachfolgende Analysen oder aber auch für Gerichtsverfahren gesichert. Im Anschluss wird der Grund des Vorfalls ermittelt und mögliche Reaktionsstrategien erarbeitet. Neben der Untersuchung von Sicherheitsvorfällen kann das CERT den betroffenen Personen bzw. Organisationen Hilfestellung leisten, um Informationen zu dem Zwischenfall zu gewinnen (z.B. forensische Analyse) und mögliche Reaktionsstrategien umzusetzen. Darüber hinaus kann das CERT auch eine koordinierende Rolle übernehmen und beispielsweise Statistiken hinsichtlich betroffener Systeme etc. anfertigen sowie Betroffene bzw. Involvierte informieren. Im folgenden Abschnitt 15.3 wird ein Prozess zur Vorfallsbehandlung näher ausgeführt.
- *Behandlung von Schwachstellen* – Wenn Schwachstellen (engl. *Vulnerabilities*) einem CERT bekannt werden, muss in angemessener Weise auf diese Schwachstellen reagiert und diese so schnell wie möglich beseitigt werden. Dabei können Schwachstellen sowohl hard- als auch softwareseitig auftreten. Das CERT analysiert die Schwachstelle und entwickelt Strategien, um diese Schwachstelle zu beseitigen. Beispielsweise kann das CERT für eine Softwareschwachstelle einen Patch selbst entwickeln oder Maßnahmen implementieren, die ein Ausnutzen dieser Schwachstelle unmöglich machen. Ferner informiert das CERT die Betroffenen und überwacht bzw. koordiniert die Abwehrreaktion. Dabei ist insbesondere zu untersuchen, ob die entwickelte Abwehrstrategie Erfolg hat.
- *Behandlung von Artefakten* – Artefakte sind im Sprachgebrauch eines CERT Objekte, die mit einem Sicherheitszwischenfall eventuell in Beziehung stehen. Innerhalb von Rechnersystemen sind Artefakte als Dateien repräsentiert. Bekannte Artefakte sind beispielsweise Schadsoftware wie Viren oder Würmer, sind aber nicht auf diese beschränkt. Die Behandlung von Artefakten bezieht sich dabei meistens auf die Analyse des Objekts. Darüber hinaus muss aber auch sichergestellt sein, dass die Artefakte so gelagert (gespeichert)

werden, dass eine weitere Gefährdung auszuschließen ist. So können bspw. isolierte Systeme, welche über keinen Netzanschluss verfügen, zum Einsatz kommen.

15.2.2 Proaktive Dienstleistungen

Proaktive Dienstleistungen eines CERT haben das Ziel, die Sicherheit der IT-Infrastruktur zu festigen, sodass keine bzw. weniger Sicherheitsvorfälle auftreten. Sollte sich dennoch ein Sicherheitsvorfall ereignen, tragen proaktive Maßnahmen dazu bei, dessen Auswirkung so gut wie möglich einzudämmen.

- *Sicherheitsmeldungen* – Sicherheitsmeldungen sollen die Systembetreuer informieren, wenn sich die Gefährdungslage ihrer Systeme zum Negativen verändert. Dies kann durch die Weiterleitung von Warnungen externer CERTs geschehen, bei denen ein Sicherheitsvorfall aufgetreten ist. Es kann aber auch die Warnung über neue Mutationen von Viren sein, die von einem Hersteller für Antivirus-Software herausgegeben werden.

- *Technologiebeobachtung* – Das CERT hat auch die Aufgabe, die Technologie im Bereich IT-Sicherheit zu beobachten. Darüber hinaus gehört auch die Beobachtung von neuen Angriffs- bzw. Detektionsmethoden in diesen Aufgabenbereich. Im Rahmen der Technologiebeobachtung dienen insbesondere einschlägige Konferenzen wie Black-Hat oder wissenschaftliche Zeitschriften sowie entsprechende Web-Sites bzw. Mailing-Listen als Informationsquelle. Darüber hinaus sind auch gesellschaftliche Gefahren (vgl. bspw. Phishing) bzw. die Gesetzgebung (vgl. z.B. TKÜV in Abschnitt 16.5) sowie aufkommende neue Technologien zu beobachten. Basierend auf der Technologiebeobachtung kann ein CERT letztlich Empfehlungen, Richtlinien etc. herausgeben.

- *Sicherheitsaudits* – Im Zuge einer sicheren Infrastruktur werden von einem CERT Sicherheitsaudits durchgeführt. Dabei werden getroffene Sicherheitsmaßnahmen und deren Wirksamkeit untersucht. Diese Audits umfassen den Aufgabenbereich von einer einfachen Überprüfung von Sicherheitsmechanismen oder Systemkomponenten anhand der vorhandenen Dokumentation bis zum speziellen Testen auf Schwachstellen wie zum Beispiel durch Penetrationstests. Im Rahmen eines Sicherheitsaudits werden in der Regel auch die getroffenen organisatorischen Maßnahmen analysiert (vgl. Abschnitt 10.4.4).

- *Konfigurationsmanagement von Sicherheitskomponenten* – Oftmals ist es nützlich, wenn ein CERT die Konfiguration von Sicherheitskomponenten wie Firewalls übernimmt. Dies kann den Grund haben, dass eine entsprechende Fachabteilung nicht das notwendige Wissen hat, dies in geeigneter Weise zu tun, oder dies aufgrund der Sensitivität der Daten nicht getan werden darf. Dabei liegen beim CERT die klassischen Aufgaben des Konfigurationsmanagements.

- *Entwicklung von Sicherheitswerkzeugen* – Gelegentlich kommt es vor, dass ein CERT Software für die Überprüfung der Systemsicherheit selbst entwickelt. Dies wird dann notwendig, wenn sich die vorhandenen Tools nicht geeignet anpassen lassen oder gar nicht existieren.

- *Vorfallserkennung* – Die Erkennung von Sicherheitsvorfällen ist eine Kernaufgabe eines CERT. Dabei wird in der Regel auf Basis von Log-Daten eine Analyse vorgenommen. Diese Log-Daten können bspw. von einem IDS (vgl. Abschnitt 14.3) stammen. Der Betrieb von IDS wird in vielen Unternehmen von einzelnen Fachabteilungen gemacht. Das CERT weist aber in der Regel eine besondere Expertise in der Analyse von Log-Daten und somit auch Erkennung von Vorfällen auf.

- *Verteilung von sicherheitsrelevanten Informationen* – Als abschließende proaktive Aufgabe eines CERT steht hier die Weitergabe von sicherheitsrelevanter Information. Diese Informationen werden dabei vom CERT zusammengestellt und können auch externe Quellen beinhalten. Ein Beispiel wäre ein wöchentlicher Lagebericht, der für die Leitungsebene einer Organisation zusammengestellt wird. Darüber hinaus sollte das CERT auch eine Archivierung der Meldungen und erkannten Vorfälle vornehmen.

15.2.3 Qualitätsmanagement für Sicherheitsdienstleistungen

Die unter der Überschrift „Qualitätsmanagement für Sicherheitsdienstleistungen" zusammengefassten Dienste eines CERT haben keinen direkten Bezug zu einzelnen Sicherheitsvorfällen. Vielmehr soll hierdurch sichergestellt werden, dass die IT-Sicherheit einer Organisation im Ganzen verbessert wird. Die Dienste sollen dem CERT helfen, die Qualität der Vorfallsdienstleistungen (proaktiv oder reaktiv) aufrecht zu erhalten und zu verbessern. Die folgenden Dienste sind nicht CERT-spezifisch, sondern das CERT unterstützt diese Dienste. Insofern erfolgt keine vollständige Darstellung der Dienste, sondern es wird der mögliche Beitrag eines CERT erläutert.

- *Risikoanalyse* – Ein CERT kann Organisationen bei Risikoanalysen (vgl. u.a. [BSI Std. 100-3]) unterstützen und Erfahrung hinsichtlich von typischen Angriffen etc. weitergeben. Durch die koordinierende Stellung eines CERT liegen meist auch detaillierte bzw. realitätsnähere Abschätzungen hinsichtlich möglicher Schäden und Eintrittswahrscheinlichkeiten vor.

- *Notfallplanung* – Aufgrund der Erfahrung eines CERTs mit Sicherheitsvorfällen sollte für Planung hinsichtlich der *Notfallwiederherstellung* (engl. *Disaster Recovery*) das CERT in beratender Weise hinzugezogen werden. Maßnahmen zur Wiederherstellung der Betriebsfähigkeit werden unter anderem vom BSI im Rahmen der IT-Grundschutz-Kataloge beschrieben (vgl. [BSI B 1.3]).

- *Sicherheitsberatung* – Generell kann ein CERT Organisationen bei der Umsetzung eines IT-Sicherheitsmanagements unterstützen, indem beispielsweise technische Hilfestellungen zur Konfiguration von Firewalls oder IDS gegeben werden. Ferner kann auch die Leitungsebene einer Organisation hinsichtlich organisatorischer oder personeller Maßnahmen beraten werden.

- *Schulungen und Schaffung von Sicherheitsbewusstsein* – Die Sicherheitsberatung sollte Hand in Hand mit der Durchführung von Schulungen für die Mitarbeiter einer Organisation gehen. Dabei werden die Mitarbeiter optimalerweise in regelmäßigen Abständen geschult, und das Schulungsmaterial ständig weiterentwickelt, sodass die Mitarbeiter frühzeitig mit neuen potentiellen Gefahren vertraut werden. Diese Weiterentwicklung ist notwendig, um einen „Abstumpfungseffekt" bei den Mitarbeitern zu verhindern und die Basis für ein Sicherheitsbewusstsein zu schaffen. So kann bspw. das Problem des „Social Engineering" (vgl. Abschnitt 9.3.1) aufgezeigt und somit ein entsprechendes Bewusstsein geschaffen werden. Die Möglichkeiten in diesem Bereich sind vielfältig und reichen von einfachen Informationsbroschüren bis hinzu interaktiven Seminaren.

15.3 Prozess der Vorfallsbehandlung

Die Behandlung eines Sicherheitsvorfalls erfolgt in mehreren Schritten, wobei regelmäßig auch einige Phasen mehrfach durchlaufen werden müssen. Abb. 15.1 zeigt den Prozess bzw. Lebenszyklus eines Sicherheitsvorfalls gemäß [West-Brown et al. 2003, S. 77 ff].

Der Prozess gliedert sich, wie in Abb. 15.1 ersichtlich, in mehrere Schritte. Zunächst werden eingehende Meldungen mittels der sogenann-

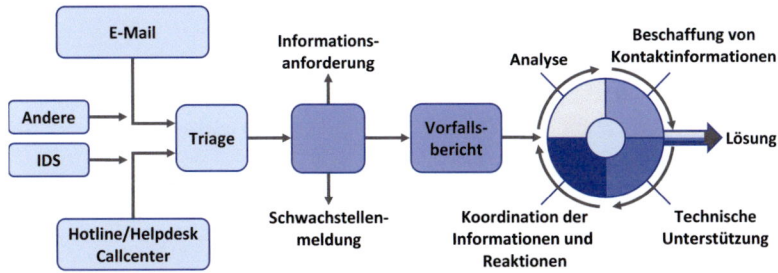

Abb. 15.1. Prozess der Vorfallsbehandlung [West-Brown et al. 2003, S. 77 ff]

ten *Triage*-Funktion aufgenommen und klassifiziert. Dabei wird auch eine Priorisierung vorgenommen. Ziel der Triage-Funktion ist die Zentralisierung aller Informationen. Dabei ist es unerheblich, über welchen Weg, ob per E-Mail, Telefon oder Fax, die Informationen das CERT erreichen. Gegebenenfalls ist hierbei durch digitale Signaturen etc. sicherzustellen, dass die Information authentisch sind und die Nachricht nicht verändert wurde. Im nächsten Schritt muss entschieden werden, ob es sich um einen neuen Sicherheitsvorfall handelt oder die Information einem bestehenden Vorfall zugeordnet werden kann. Dazu werden in der Regel Nummern zur Verfolgung (engl. *Tracking Numbers*) vergeben. Bei der Vergabe von solchen Nummern insbesondere bei der Zusammenarbeit von mehreren CERT ist darauf zu achten, dass die Eindeutigkeit gewährleistet ist und gleiche Vorfälle nicht unter unterschiedlichen Nummern erfasst werden.

⊙ Triage

Nachdem ein Vorfall erfasst wurde, wird zum einen ein Vorfallsbericht verfasst und gegebenenfalls eine Schwachstellenmeldung veröffentlicht. Zum anderen werden häufig noch weitere Informationen angefordert, da die initial in der Triage-Funktion erfassten Informationen nicht ausreichen.

Anschließend tritt die Vorfallsbehandlung in eine zyklische Phase ein. Dabei wird der Vorfall zunächst analysiert. Hierzu werden insbesondere die Log-Daten, Artefakte, die Software-Umgebung sowie der Zusammenhang zu anderen Vorfällen untersucht (vgl. [West-Brown et al. 2003, S. 79 ff]). Darüber hinaus werden auch mögliche Abwehrstrategien wie Software-Patches oder spezielle Firewall-Konfigurationen entwickelt, sodass die Schwachstellen nicht mehr ausgenutzt werden können.

Im nächsten Schritt werden Kontaktinformationen wie Telefonnummern oder E-Mail-Adressen von Zuständigen ermittelt. Danach erfolgt unter Umständen noch eine technische Unterstützung, um die entwickelte Abwehrstrategie umzusetzen. Letztlich werden etwaige neuere Informationen und Reaktionen auf den Sicherheitsvorfall wieder aufgenommen und durch das CERT koordiniert. Gegebenenfalls ist der Zyklus mehrfach zu durchlaufen, bis die Vorfallsbehandlung vollständig abgeschlossen ist.

15.4 Zusammenfassung

Trotz aller präventiven Maßnahmen wie Firewalls und Virenscannern lassen sich Sicherheitsvorfälle nicht vollständig vermeiden. Die sogenannten Computer Emergency Response Teams koordinieren Maßnahmen zur Vorfallsbehandlung wie bspw. den Versand von Warnmeldungen und Entwicklung von Abwehrstrategien. Darüber hinaus bietet ein CERT teilweise auch proaktive Dienstleistungen wie Sicherheitsaudits mittels derer zum einen die Eintrittswahrscheinlichkeit von Sicherheitsvorfällen verringert und zum anderen der mögliche Schaden eingedämmt wird. Hinsichtlich der Vorfallsbehandlung wird von einem CERT ein Prozess etabliert, sodass die Bearbeitung von Sicherheitsvorfällen von der Erfassung bis zur Entwicklung von Abwehrstrategien möglichst effizient stattfinden kann.

16

Rechtliche Aspekte

Mitautor: Dr. iur. Oliver Raabe

16.1 Einleitung

Ziel dieses Kapitels ist es, rechtliche Aspekte im Rahmen des Netzwerk-
und IT-Sicherheitsmanagements zu verdeutlichen. Es kann dabei nicht
der Anspruch erhoben werden, vollständig alle relevanten Fälle und Lösungen abzubilden. Vielmehr soll exemplarisch das Spektrum einschlä-
giger Rechtsgrundlagen beleuchtet und das Grundverständnis für dieses
ausgesprochen komplexe Rechtsgebiet geweckt werden. Dazu sind zunächst Grundbegriffe des Datenschutzes und ihre Verwendung im juristischen Kontext zu klären. Der Schwerpunkt liegt dabei naturgemäß auf
Fragen des Datenschutzes in technischen Systemen und des Telekom-
munikationsrechts. Steht beispielsweise die Frage nach der zulässigen
Verwendung von Log-Dateien in einem Serversystem im Mittelpunkt,
sind unterschiedliche Gesetze zu beachten. Deshalb ist das Auffinden
des richtigen Gesetzes und der entscheidenden gesetzlichen Regel als
Hauptschwierigkeit der Beantwortung solcher Fragen zu sehen. Aufgrund des schnellen technologischen Wandels ist der Gesetzgeber im
Technikrecht gefordert, in hohem Maße prognostische Vorabentschei-
dungen zu treffen. Dies gelingt zum Teil nur unzureichend, weshalb
immer neue Gesetze entstehen. Deshalb ist es für den Systemverant-
wortlichen unabdingbar, insbesondere das historische Herkommen und
die immer gleiche Systematik der gesetzlichen Regelungen zu verstehen.
Damit lassen sich eigene Bewertungen und Interpretationen auch im
Hinblick auf zukünftige Gesetzesentwicklungen vornehmen. Wie wichtig
die Einhaltung der gesetzlichen Vorschriften für die Verantwortlichen

einer DV-Anlage ist, illustriert § 43 Bundesdatenschutzgesetz (BDSG). Selbst bei Fahrlässigkeit können Verstöße gegen Vorschriften des Gesetzes mit Geldbußen bis zu 250.000 EUR geahndet werden.

16.2 Wesentliche Begriffsabgrenzungen

16.2.1 Datenschutz und Datensicherheit

K Datenschutz vs. Datensicherheit

Im Rahmen rechtlicher Bewertungen ist ein gemeinsames Verständnis der Grundbegriffe unabdingbar. Im technischen Kontext werden dabei oftmals die Begriffe *Datenschutz* und *Datensicherheit* synonym verwendet. Der Unterschied zwischen Datenschutz und Datensicherheit besteht nunmehr darin, dass es bei Datensicherheit um den technischen Schutz jedweder Daten vor unautorisiertem Zugriff geht. Dies wird durch Mittel der Authentifizierung und Autorisierung, der Verschlüsselung und Signierung sowie der sicheren Datenspeicherung erreicht. Der Datenschutz im juristischen Sprachgebrauch hingegen ist, wie noch darzulegen ist, deutlich komplexer und bezieht sich auf den umfassenden *Schutz personenbezogener Daten*. Allerdings bedient sich das Datenschutzrecht, wie die ausdrückliche Regelung des § 9 BDSG zu „Technischen und organisatorischen Maßnahmen" zeigt, der Mittel der Datensicherheit zur Verwirklichung der Schutzziele des Datenschutzes.

16.2.2 Datenschutz und Privacy

K Datenschutz vs. Privacy

Insbesondere in technischen Fachbeiträgen wird häufig der Begriff *Datenschutz* durch *Privacy* ersetzt. Dabei gilt es zu beachten, dass das historische Herkommen der Begrifflichkeiten auch einen unterschiedlichen inhaltlichen Gehalt zu Folge hat. Der Begriff Privacy stammt aus dem angloamerikanischen Rechtskreis und wird tradiert mit dem „... *right to be let alone* ..." belegt. Dies äußert sich insbesondere in der Ausgestaltung des gesetzlichen Datenschutzes in den USA, der mehr als ein individuelles Abwehrrecht gegen die Verletzung des „Eigentums" an personenbezogenen Informationen ausgestaltet ist. Der Grundgedanke des Datenschutzes kontinentaleuropäischer Prägung verneint hingegen die zentrale Stellung eines privatistischen Eigentumsmodells und versteht Datenschutz auch als Grundbedingung der Entwicklung des demokratischen Gemeinwesens. Hieraus erwächst an den Staat die Aufgabe, einen die Kommunikationsfähigkeit der Bürger sichernden Rahmen zu gewährleisten [Simitis 2003, S. 119], woraus, wie sich noch zeigen wird, ein vielfältiges Schutzprogramm entsteht. Es sollte nachvollziehbar sein, dass eine Rechtsordnung, die beispielsweise auch das Selbstbestimmungsrecht über die Darstellung der eigenen Persönlichkeit in der Öffentlichkeit in den Fokus nimmt, andere Spielregeln aufstellen muss als eine Gesellschaftsordnung, die eher eine marktliche Perspektive hierzu anlegt.

Die Unterscheidung bei der Herleitung und Zielstellung des Datenschutzes kann sich im vorliegenden Themenfeld in zweierlei Hinsicht besonders auswirken. Da sich jede zum Beispiel durch Gerichte vorgenommene Auslegung von gesetzlichen Regelungen im Wesentlichen am Ziel der Normierung orientiert, kann ein unterschiedliches Verständnis der Zielstellung wesentliche Auswirkungen haben. Zum anderen zeigen auch Beispiele von Softwareprojekten zum technischen Datenschutz, dass das Herkommen aus dem einen oder anderen Rechtskreis die Verwendbarkeit der Implementierung unter der Ägide der jeweils anderen Rechtsordnung nachhaltig einschränken kann. Dies zeigt sich bspw. bei dem *Platform for Privacy Preferences Project (P3P)* [WWW P3P], welches keine nutzerbezogenen Einwilligungen ermöglicht [Möller 2003].

16.3 Grundelemente des Datenschutzes in Deutschland

Bei den nun zu betrachtenden Grundelementen des Datenschutzes handelt es sich um Kerninhalte eines jeden datenschutzrechtlichen Regelungskomplexes in Deutschland. Bevor man sich den einzelnen relevanten Gesetzen zuwendet, ist es sinnvoll, zunächst ihr historisches Herkommen zu betrachten, um das Gewicht und den Sinn einer später bei der Falllösung anzuwendenden Vorschrift zu verstehen und einen Blick für das Gesetz als Ganzes zu bekommen.

16.3.1 Folgerungen aus dem Grundrecht auf informationelle Selbstbestimmung

Grundrechte sind zum einen Abwehrrechte des Einzelnen gegen den Staat, können aber auch einen Auftrag für die Ausgestaltung von Gesetzen enthalten. Anders als die bislang noch nicht verbindliche europäische Charta der Grundrechte [EU Charta 2004, Art. I-51] beinhaltet das Grundgesetz (GG) keinen speziellen Grundrechtsartikel zum Datenschutz. Vielmehr hat sich dieser Grundrechtsschutz in der Rechtsprechung aus dem „allgemeinen Persönlichkeitsrecht" hergeleitet, welches in dem „Recht auf freie Entfaltung der Persönlichkeit" in Art. 2 Abs. 1 GG i.V.m. dem „unantastbaren Schutz der Menschenwürde" aus Art. 1 Abs. 1 GG grundrechtlich verankert ist.

K Personen-
bezogene Daten

In der Entwicklung der diesbezüglichen Rechtsprechung des Bundesgerichtshof (BGH) und des Bundesverfassungsgericht (BVerfG) lag der Fokus zunächst auf der Abwehr von ehrverletzenden Darstellungen in der Öffentlichkeit[1]. Es entwickelte sich zunächst über verschiedene gestufte Schutzsphären zu einem umfassenden Selbstbestimmungsrecht über die Handhabe von personenbezogenen Daten durch den Staat und private Dritte. D.h. es sind nicht nur besonders sensible Daten oder der innere Kern der privaten Welt geschützt, sondern es gibt im Hinblick auf die technische Entwicklung keine belanglosen Daten mehr, sofern sie nur einer natürlichen Person zugeordnet werden können (vgl. deshalb die Definition *Personenbezogene Daten* in § 3 BDSG). Richtigerweise ist dies vom Bundesverfassungsgericht in seiner Entscheidung zum *Volkszählungsurteil* auch betont worden.

In dieser Entscheidung, die ein grundlegendes *Grundrecht auf informationelle Selbstbestimmung* konstituiert, wird konkretisiert, welche Gefahren für die Entscheidungsfreiheit des Einzelnen und das demokratische Gemeinwesen bei der Verwendung von personenbezogenen Daten erwachsen können und wie dem zu begegnen ist:

K F Zitate aus dem
Volkszählungsurteil

*„Unter den Bedingungen der modernen Datenverarbeitung wird der Schutz des Einzelnen gegen unbegrenzte Erhebung, Speicherung, Verwendung und Weitergabe seiner persönlichen Daten von dem allgemeinen Persönlichkeitsrecht des Art. 2 Abs. 1 GG in Verbindung mit Art. 1 Abs. 1 GG umfasst. **Das Grundrecht gewährleistet insoweit die Befugnis des Einzelnen, grundsätzlich selbst über die Preisgabe und Verwendung seiner persönlichen Daten zu bestimmen.**"* aus Volkszählungsurteil des BVerfG (BVerfGE 65, S. 1, 42).

„Wer nicht mit hinreichender Sicherheit überschauen kann, welche ihn betreffende Informationen [...] bekannt sind [...], und wer das Wissen möglicher Kommunikationspartner nicht einigermaßen abzuschätzen vermag, kann in seiner Freiheit wesentlich gehemmt sein, aus eigener Selbstbestimmung zu planen oder zu entscheiden." aus Volkszählungsurteil des BVerfG (BVerfGE 65, S. 1, 43).

---

[1] Vgl. nur „Herrenreiter Fall": BGHZ 26, 349.

„Mit dem Recht auf informationelle Selbstbestimmung wären eine Gesellschaftsordnung und eine diese ermöglichende Rechtsordnung nicht vereinbar, in der Bürger nicht mehr wissen können, wer was wann und bei welcher Gelegenheit über sie weiß." aus Volkszählungsurteil des BVerfG (BVerfGE 65, S. 1, 43).

Diese Urteilszitate zeigen, dass durch das **Recht auf informationelle Selbstbestimmung** nicht mehr nur ein spezifischer Schutz der Selbstdarstellung oder nur der Schutz besonders sensibler Daten der Privatsphäre erreicht werden soll, sondern dass ein umfassendes Bestimmungsrecht hinsichtlich der Datenverwendung besteht. Im Volkszählungsurteil hat das Bundesverfassungsgericht aber auch gleichzeitig einen das Grundrecht flankierenden Kanon von verfahrensrechtlichen Absicherungen der Grundrechtsausübung bestimmt [Tinnefeld et al. 2005, S. 138 ff]. So setzt zum Beispiel die Verwirklichung der Befugnis über die Verwendung von persönlichen Daten voraus, dass überhaupt eine Kenntnis von einer möglichen Datenerhebung bei Betroffenen besteht. Dieser Ausgestaltungsauftrag hat nun in der Statuierung von *Informationspflichten* auch einen gesetzlichen Niederschlag gefunden. Zusammenfassend hat der Gesetzgeber im Bundesdatenschutzgesetz (BDSG) und in den Fachgesetzen die folgenden aus dem Urteil entspringenden Mechanismen gefolgert:

K S Recht auf informationelle Selbstbestimmung

- Abwägung von Interessen der beteiligten Parteien (z.B. Kontrollrechte des Arbeitgebers vs. Datenschutz)
- Herstellung von Transparenz für die Betroffenen (z.B. Informations- und Auskunftsrechte in §§ 33 ff. BDSG)
- Einrichtung von Kontrollinstanzen und Meldepflichten (z.B. Anforderungen an Aufsichtsbehörden in § 38 BDSG)
- Betroffenenrechte wie der Anspruch auf Berichtigung, Sperrung oder Löschung (vgl. §§ 33 ff. BDSG)
- Grundsatz der Direkterhebung beim Betroffenen (vgl. § 4 Abs. 2 BDSG)
- Verwendung nur für gesetzlich ausdrücklich bestimmte Zwecke (z.B. für eigene Geschäftszwecke wie Vertragsabwicklung in § 28 BDSG)
- Ansonsten nur unter informierter und freiwilliger Einwilligung des Betroffenen (vgl. § 4a BDSG)

Dies ist der Grundbestand an Elementen einer jeden datenschutzrechtlichen Regelung. Von allentscheidendem Gewicht für die nachfolgenden Ausführungen sind insbesondere die beiden letztgenannten Punkte der Entscheidung. Zur Sicherstellung dieser Anforderungen enthält jedes

Datenschutzgesetz ein sogenanntes *präventives Verbot mit Erlaubnis-vorbehalt*. Das bedeutet, dass eine Datenverwendung **grundsätzlich verboten** ist. Nur sofern das Gesetz selbst oder eine andere Rechts-vorschrift die Verwendung ausdrücklich erlaubt oder der Betroffene ein-gewilligt hat, kann von einer Erlaubnis ausgegangen werden (vgl. bspw. § 4 Abs. 1 BDSG).

16.3.2 Folgerungen aus der europäischen Datenschutzrichtlinie 95/46/EG

S DSRL
95/46/EG

Eine weitere wesentliche Einflussgröße beim Entstehen der modernen Datenschutzgesetze stellen die Innovationen durch die europäische har-monisierende *Richtlinie 95/46/EG (DSRL)* dar. Neben den vorgenann-ten Elementen erweitert sie den Umsetzungsauftrag für die nationalen Gesetzgeber um einige weitere wesentliche Aspekte, die wiederum ihren Niederschlag im bundesrepublikanischen Recht gefunden haben. Dies sind für den hier interessierenden Kontext insbesondere:

- Reglungen zum Datenexport in sogenannte Drittstaaten in Art. 25 DSRL (z.B. Übermittlung von Daten an einen Server in den USA)
- Verarbeitungsverbot für sensitive Daten in Art. 8 DSRL (z.B. ge-hören hierzu Gesundheitsdaten oder Daten zur Religionszugehörig-keit)
- Haftungsklausel bei rechtswidriger Datenverarbeitung in Art. 23 DSRL
- Öffentliche Interessen begründen Einschränkungen und Ausnahmen in Art. 3 Abs. 2 DSRL (z.B. die Regelungen zur Vorratsdatenspei-cherung und TK-Überwachung)

Der Vollständigkeit halber muss noch erwähnt werden, dass es noch eine Reihe weiterer europäischer Regelungen zum Datenschutz und „Netzwerkrecht" gibt. Dabei ist insbesondere im Rahmen des Richt-linienpaketes zur elektronischen Kommunikation die *Datenschutzricht-linie für elektronische Kommunikation (2002/58/EG)* zu nennen (vgl. u.a. [WWW eCom]). Allerdings sind ihre Regelungen keine abstrakten Grundelemente, sondern sehr spezifischer Natur. Hier reicht späterhin ein Blick in das einschlägige nationale Fachgesetz. Ebenso verhält es sich mit den neueren europäischen Reglungen zur sogenannten Vorrats-datenspeicherung, die im novellierten Telekommunikationsrecht und in einer entsprechenden Verordnung ihren Niederschlag gefunden haben (vgl. Abschnitt 16.5).

16.3.3 Folgerungen aus dem Fernmeldegeheimnis Art. 10 GG bzw. § 88 TKG

Für den in der Netzwerktechnik besonders relevanten Bereich der elektronischen Kommunikation ergeben sich aus grundrechtlicher Sicht zudem noch Anforderungen und Einschränkungen aus dem Fernemeldegeheimnis des Art. 10 GG. Nach der einschlägigen verfassungsgerichtlichen Rechtsprechung sind hier insbesondere verbürgt:

K S Fernmelde-
geheimnis

- Schutz der Inhalte der (elektronischen) Kommunikation,
- welcher sich auch auf die nähere Umstände (z.B. Verbindungsdaten) bezieht
- und personal neben natürlichen Personen auch juristische Personen umfasst.
- Als Abwehrrecht gegen staatliche Überwachung muss zudem eine Reihe von Verfahrensvorschriften eingehalten werden und eine Einschränkung explizit geregelt sein.

Da sich das grundrechtliche Fernmeldegeheimnis allein gegen Eingriffe durch den Staat richtet, hat es ein auch von nicht öffentlichen Anbietern zu beachtendes Pendant in § 88 Telekommunikationsgesetz (TKG) erhalten.

16.4 Datenschutzgesetze

In der vorgenannten Entscheidung des Bundesverfassungsgerichtes zur Volkszählung wurde als Vorgabe an den Gesetzgeber gleichzeitig statuiert, dass bei Zwang zur Datenabgabe der „Gesetzgeber den *Verwendungszweck* bereichsspezifisch und präzise" bestimmen müsse. Dies hat zu einer Flut von Einzelregelungen in einer Vielzahl von Gesetzen und über 1000 Einzelregelungen zum Datenschutz geführt, die selbst dem Experten gelegentlich die Übersicht verwehren. Die Hauptschwierigkeit bei der Bestimmung der datenschutzrechtlichen Rechte und Pflichten besteht dann auch zumeist im Auffinden der gerade anwendbaren gesetzlichen Regelung. Dabei wird im Folgenden davon ausgegangen, dass eine Person oder Stelle (*Verantwortliche Stelle* i.S.v. § 3 Abs. 7 BDSG) ein bestimmtes datenschutzrelevantes Handeln auf Rechtskonformität überprüfen will. Das Prüfschema für das auffinden des „richtigen" Gesetzes ergibt sich dabei aus § 1 Abs. 2 BDSG:

S Verantwort-
liche Stelle

- Ist das Gesetz für die *Verantwortliche Stelle* in **persönlicher** Hinsicht anwendbar?

- Ist das Gesetz für die *Verantwortliche Stelle* in **sachlicher** Hinsicht anwendbar?

16.4.1 Persönlicher Anwendungsbereich eines Gesetzes

Aufgrund der föderalen Ordnung der Bundesrepublik ist vereinfacht zunächst grundsätzlich zu differenzieren:

- Ist die *Verantwortliche Stelle* eine **öffentliche Stelle des Bundes** oder **nicht öffentliche Stelle**, ist grundsätzlich Bundesrecht anwendbar (§ 2 Abs. 1, 4 BDSG).
- Ist die *Verantwortliche Stelle* eine **öffentliche Stelle des Landes**, ist grundsätzlich, soweit vorhanden, vorrangig Landesrecht anwendbar (§ 1 Abs. 2 Nr. 2 BDSG). Dabei muss die verantwortliche Stelle jeweils die rangniedrigste Norm anwenden.

Beispiele:

F Bundes- und Landesrecht

- Die X GmbH ist eine nicht öffentliche Stelle. ↦ Bundesrecht ist anwendbar.
- Das Rechenzentrum der Universität Karlsruhe (TH) ist eine Einrichtung der Universität. Diese ist eine (Landes-) Körperschaft des öffentlichen Rechts. ↦ Landesrecht ist anwendbar. Als rangniedrigste Norm muss sie, soweit für den spezifischen Sachbereich vorhanden, eine universitäre Satzung (z.B. Benutzungsordnung) anwenden. Ansonsten ergibt sich der Prüfumfang aus der nächst höheren oder spezielleren Landesnorm (Landeshochschulgesetz, Landesdatenschutzgesetz).
- Aber: Sofern ein Rechenzentrum einer Universität seine Server zur Speicherung von Dokumenten auch Dritten außerhalb der Universität anbietet, handelt es privatwirtschaftlich. ↦ Bundesrecht ist anwendbar.

16.4.2 Sachlicher Anwendungsbereich eines Gesetzes

K S Subsidiarität

Der sachliche Anwendungsbereich eines Datenschutzgesetzes hängt hingegen von der Regelungsmaterie ab. Dabei ist nach der ausdrücklichen Anordnung des § 1 Abs. 3 BDSG das sogenannte *Subsidiaritätsprinzip* zu beachten. Soweit es für den Sachbereich eine speziellere Vorschrift gibt, ist hiernach diese speziellere Vorschrift anzuwenden. Für den hier fraglichen Bereich der elektronischen Kommunikationsnetze und -dienste ist zur Erleichterung der Zuordnung ein sogenanntes Drei-Schichten-Modell des Datenschutzes entwickelt worden (vgl. auch zur alten Rechtslage [Schaar 2002, S. 84]). Allerdings sind hier viele Details der Abgrenzung in der Rechtswissenschaft noch streitig. Abb. 16.1 zeigt die drei Ebenen einschließlich Beispielen und entsprechenden Gesetzen bzw. rechtlichen Regelungen.

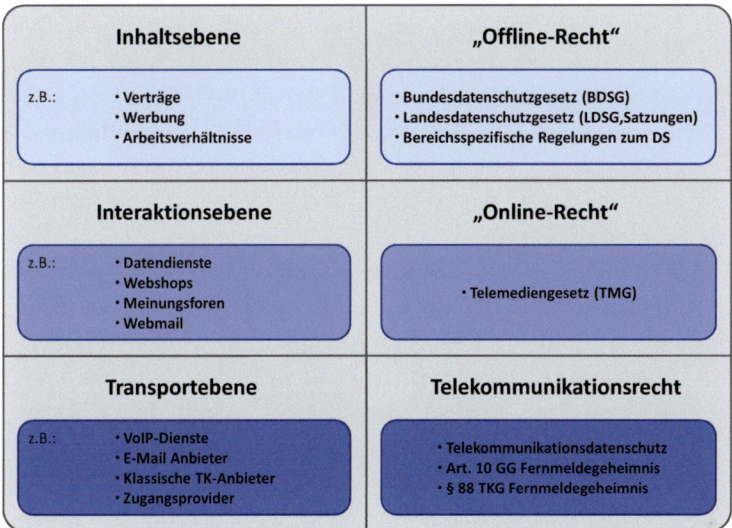

Abb. 16.1. Drei-Schichten-Modell zur Einordnung von Datenschutzvorschriften im Telekommunikationsbereich

Inhaltsbezogene Gesetze

Auf der sogenannten Inhaltsebene, also bei der Verwendung personenbezogener Daten im Rahmen von Sachverhalten, die auch in der sogenannten „Offline-Welt" beheimatet sind, finden regelmäßig in Abhängigkeit vom personalen Anwendungsbereich die Regelungen des Landes- bzw. Bundesdatenschutzgesetzes Anwendung. Für einzelne öffentlich-rechtlich zu beurteilende Sachverhalte finden sich außerdem in den jeweiligen Fachgesetzen auch spezielle angepasste Einzelregelungen zum Datenschutz. Es ist also zu beachten, dass sich auch im technischen Datenschutzrecht gesetzliche Regelungen, die Auswirkungen auf das Netzwerkmanagement und die IT-Sicherheit haben, bei „privaten" Gesellschaften nicht nur im BDSG finden können.

Beispiele:

- *Bereichsspezifische Einzelregelung im öffentlichen „Offline-Recht":* Krankenkassen betreiben regelmäßig auch eigene Rechenzentren, wo Kundendaten gespeichert werden. Weil die Krankenkassen, auch wenn sie in privatrechtlicher Gesellschaftsform betrieben werden, daseinsvorsorgend tätig sind, enthält das *5. Buch des Sozialgesetzbuches (SGB-V)* Regelungen, die auch von den unternehmenseigenen Rechenzentren zu beachten sind. Für den Bereich der bei den Krankenkassen (persönlicher Anwendungsbereich) verwendeten sogenannte Sozialdaten (sachlicher Anwendungsbereich) ist in § 284 SGB-V bereichsspezifisch und abschließend bestimmt, für welche Zwecke diese Daten verwendet werden dürfen.

- *Bereichsspezifische Einzelregelung im Hochschulbereich:* Die Rechtmäßigkeit und der Umfang der Verwendung von Chipkarten zur Identitätskontrolle an den Hochschulen in Baden-Württemberg bestimmen sich in sachlicher Hinsicht nach der dazu erforderlichen universitären Satzung. Diese beruht auf der Regelung des § 12 Abs. 4 des Landeshochschulgesetzes. Danach kann die Karte insbesondere zur Identitätsfeststellung, Zutrittskontrolle, Zeiterfassung und bei Bezahlvorgängen eingesetzt werden. Sofern die Karte und die Daten zu anderen als den ausdrücklich gesetzlich genannten Zwecken verwendet werden, beurteilt sich der Sachverhalt nach dem Landesdatenschutzgesetz (LDSG-BW). Es kommt also auch eine Einwilligung nach § 4 Abs. 2 Nr. 2 LDSG in Betracht.

Das letztgenannte Beispiel zeigt, dass zum Auffinden der anzuwendenden Regelungen im Hinblick auf einen bestimmten Lebenssachverhalt zunächst einzugrenzen ist, ob eine sachlich einschlägige Regelung in einem speziellen, gerade diesen Sachverhalt regelnden Gesetz oder Satzung zu finden ist. Das ranghöhere Recht, in diesem Fall das LDSG, wird aber regelmäßig für den speziellen Sachverhalt keine explizite gesetzliche Erlaubnis anordnen. Allerdings kann sodann zumeist über eine als Auffangtatbestand ausgestaltete, gesetzlich vorgesehene *(informierte) Einwilligung*, welche das informationelle Selbstbestimmungsrecht des Betroffenen sichert, gleichwohl eine Erlaubnis für die spezifische Datenverwendung erlangt werden.

Die Suche nach der richtigen Rechtsgrundlage für eine bestimmte Datenverwendung wird dabei bei den meisten Gesetzen dadurch erleichtert, dass aufgrund der im Volkszählungsurteil getroffenen Vorgaben sich der systematische Aufbau der Gesetze regelmäßig am Schema des BDSG orientiert. So finden sich regelmäßig allgemeine Regelungen wie materielle und formale Bestimmungen zur Einwilligung, „vor die Klammer gezogen", im ersten Teil des Gesetzes.

Nach diesem Exkurs in die in persönlicher Hinsicht öffentlich-rechtlich zu beurteilenden Sachverhalte ist in Bezug auf die Inhaltsebene der Datenverwendung insbesondere das BDSG zu beachten. Dieses Gesetz nimmt im privaten (nicht-öffentlichen) Bereich eine Schlüsselstellung ein. Es gliedert sich grob in einen einleitenden „Allgemeinen Teil", in dem sich neben der Bestimmung des persönlichen und sachlichen Anwendungsbereiches (§§ 1, 2 BDSG) die wichtigsten Begriffsdefinitionen finden (§ 3 BDSG). Diese Begriffsdefinitionen gelten regelmäßig auch für bereichsspezifische Regelungen wie zum Beispiel den Datenschutzteil des Telemediengesetzes (TMG).

⑤ Struktur des Bundesdatenschutzgesetzes (BDSG)

Daneben wird in § 4 BDSG das grundlegende sogenannte *präventive Verbot mit Erlaubnisvorbehalt* des Datenschutzrechts statuiert. Dies bedeutet, dass grundsätzlich jede Verwendung von personenbezogenen Daten verboten ist, wenn nicht eine ausdrückliche gesetzliche Erlaubnis vorliegt oder der Betroffene seine (informierte) Einwilligung (§ 4a BDSG) erteilt hat. An dieser Stelle ist als problematisch für die Gestaltung von IT-Netzen anzumerken, dass der Gesetzgeber bei der Einwilligungsregelung des BDSG noch nicht das Internet vor Augen hatte. So ist eine Einwilligung regelmäßig schriftlich zu erteilen. Dies setzt aber, sofern die Handschriftlichkeit elektronisch substituiert werden soll, nach § 126a BGB den Einsatz einer *qualifizierten elektronischen Signatur* voraus [Schaar 2002, S. 182]. Diese Signatur hat bislang keine Verbreitung gefunden, weshalb eine medienbruchfreie Nutzerkommunikation erschwert wird, sofern die Inhaltsebene des BDSG bei der geplanten Datenverwendung betroffen ist (vgl. aber TMG-Regelung im folgenden Abschnitt).

Auf der anderen Seite sind aber im BDSG eine Reihe von allgemeinen Anforderungen enthalten (z.B. *Meldepflichten* in §§ 4d f. BDSG, *Datengeheimnis* in § 5 BDSG, *Betroffenenrechte* in § 6 BDSG und insbesondere auch *technische und organisatorische Maßnahmen* in § 9 BDSG und Anlage), die aufgrund ausdrücklicher Verweisung in den bereichsspezifischen Spezialgesetzen auch bei deren Prüfung zu berücksichtigen sind.

Während sich der zweite Abschnitt des BDSG (§§ 12 ff. BDSG) mit der Datenverarbeitung durch öffentliche Stellen befasst, bezieht sich der dritte Abschnitt (§§ 27 ff. BDSG) auf die Datenverwendung durch „Private". So finden sich hier grundlegende gesetzliche Regelungen zur Zulässigkeit der Datenverwendung bei Vertragsschlüssen und bei außervertraglichen Rechtsbeziehungen (§§ 28 ff. BDSG).

Zwei Beispiele aus dem Anwendungsbereich der allgemeinen Regelungen des BDSG:

F Anwendungs-
bereich des
BDSG

- Sollen Mitarbeiterdaten von privatwirtschaftlichen Unternehmen im Internet veröffentlicht werden, bestimmt sich die Zulässigkeit nach § 4 Abs. 1 i.V.m. § 28 BDSG. Zwar gibt es für Sachverhalte im Zusammenhang mit dem Internet grundsätzlich das speziellere Telemediengesetz (TMG), die dort geregelten Datenkategorien und Sachverhalte greifen hier aber nicht. Bei den Mitarbeiterdaten handelt es sich nämlich weder um Bestandsdaten der Nutzer eines Telemediendienstes i.S.v. § 14 TMG noch um Nutzungsdaten i.S.v. § 15 TMG. Vielmehr handelt es sich hier um Daten, die dem vertraglich begründeten Arbeitsverhältnis entspringen. Deshalb ist sachlich das BDSG anwendbar. Mitarbeiterdaten sind personenbezogene Daten i.S.d. Legaldefinition des § 3 Abs. 1 BDSG. Bei der Bereitstellung im Internet kann es sich um eine Übermittlung personenbezogener Daten handeln. Als nach § 4 BDSG notwendige gesetzliche Erlaubnis kommt hier § 28 Abs. 1 Nr. 2 BDSG in Betracht. Jedenfalls bei Mitarbeitern, die dienstlich im Außenkontakt stehen, kann eine Veröffentlichung der Kontaktdaten im berechtigten Interesse des Unternehmens liegen. Dies ist mit den Interessen der Beschäftigten am Schutz ihrer personenbezogenen Daten abzuwägen.

- Bei der Auftragsdatenverarbeitung in privaten Rechenzentren (z.B. zentrales Bankrechenzentrum) stellt § 11 BDSG spezifische Anforderungen an die Aufsicht, technische und organisatorische Maßnahmen sowie Hinweispflichten. Neben Erleichterungen für die Datenübermittlung zwischen Auftraggeber und Auftragnehmer (nach § 3 Nr. 8 BDSG) werden Auftragsdatenverarbeiter der *Verantwortlichen Stelle* zugerechnet. Der Betroffene muss bei einer Übertragung der Daten zwischen diesen Stellen nicht informiert werden, gleichwohl müssen aber gegebenenfalls auch von diesen Stellen die Bestimmungen bei der geschäftsmäßigen Datenerhebung und -speicherung zum Zwecke der Übermittlung (§ 29 BDSG) beachtet werden.

Regelungen für die Interaktionsebene

Ab 1997 wurde vom Gesetzgeber anerkannt, dass die Rechtsprobleme, die bei der Nutzung des Internet auftraten, einer besonderen gesetzlichen Regelung bedurften. Zum einen stellte sich zunehmend die Frage nach der Haftung von Serverbetreibern, die fremde Inhalte (zwischen-) speicherten, aber nicht als Anbieter von Telekommunikationsdiensten von einer Haftung befreit waren. Bspw. wurde den Betreibern von „Proxy-Caches", welche der Interaktionsebene zugerechnet werden, aber wie ein Anbieter von klassischen Telekommunikationsdiensten regelmäßig keinen Einblick in die zwischengespeicherten Inhalte nehmen, im Teledienstgesetz (TDG) eine entsprechende Haftungsfreistellung ermöglicht. Daneben musste wegen des Aufkommens neuer personenbezogener Datenbestände wie Informationen aus Log-Daten und der Einsatz von Cookies, die eine Profilbildung des Nutzerverhaltens bei der Inanspruchnahme von Webdiensten ermöglichen, ein gesetzlicher Ausgleich der Interessen im Anbieter-Nutzerverhältnis geschaffen werden (etwas unscharf wegen „multimedialer Techniken" nach [Gola & Klug 2003, S. 9]). Dies geschah 1997 erstmal mit dem TDG und dem Teledienstdatenschutzgesetz (TDDSG). Daneben bestand für den Bereich der Mediendienste mit dem MDStV (Mediendienste Staatsvertrag) noch eine weitere Regelung zu diesem Sachbereich. Aus der Vielzahl von Gesetzen ergaben sich erhebliche Abgrenzungsschwierigkeiten. Diese Regelungen sind mit der Novelle eines **Telemediengesetzes (TMG)** vom 18.01.2007 vereinheitlicht und zusammengefasst worden.

⑤ Telemediengesetz (TMG)

Der sachliche Anwendungsbereich des TMG bedingt, dass es sich bei dem Angebot um einen *Telemediendienst* handelt. Das neue Gesetz enthält allerdings im Gegensatz zu seinen Vorgängerregelungen keine Liste von Regelbeispielen für die erfassten Dienstkategorien. Vielmehr wird der Anwendungsbereich lediglich in Richtung auf „Rundfunk" und Telekommunikationsdienste negativ abgegrenzt. Nach der Gesetzesbegründung und im Hinblick auf die zugrunde liegende europäische E-Commerce-Richtline lassen sich gleichwohl die Normadressaten bestimmen:

- Online-Angebot von Waren und Dienstleistungen mit unmittelbarer Bestellmöglichkeit

- Datendienste
- Elektronische Presse
- Video-on-Demand
- Newsgroups und Meinungsforen
- Webmail
- DNS *(umstritten)*

S Bestands- und Nutzungsdaten

Die Regelungen zur Haftungsfreistellung bei der Durchleitung von Informationen sind nunmehr in den §§ 7 ff. TMG geregelt. Die datenschutzrechtlichen Regelungen finden sich in den §§ 11 ff. TMG. Hinsichtlich der Datenkategorien nimmt das Gesetz ausschließlich sogenannte *Bestands- und Nutzungsdaten* in den Fokus (§§ 14, 15 TMG). Die *Bestandsdaten* sind dabei die Vertragsdaten zur Nutzung des Dienstes, wohingegen die *Nutzungsdaten* insbesondere zu Abrechnungszwecken Verwendung finden. Zu letztgenannten gehören insbesondere Merkmale wie Benutzernamen und Angaben wie Log-Daten zur zeitlichen Inanspruchnahme eines Dienstes. Hinsichtlich der Verwendung dieser Daten ergeben sich aus dem Gesetz eine Reihe von Privilegierungen wie die pseudonyme Nutzung zum Zwecke der Werbung. Im Vergleich zum BDSG (§ 4 Abs. 2 BDSG) kann zudem die Einwilligung in eine nicht ausdrücklich erlaubte Datenverwendung auch *ohne* Einsatz einer qualifizierten elektronischen Signatur unter erleichterten Voraussetzungen erteilt werden (§ 13 Abs. 2 TMG).

Für das IT-Sicherheits- und Netzwerkmanagement ergeben sich hingegen aus § 14 Abs. 4 TMG eine Reihe von spezifischen Anforderungen zum technisch-organisatorischen Datenschutz:

- Jederzeitige Beendigung des Dienstes möglich
- Lösch- und Sperrpflichten nach Nutzungsende
- Inanspruchnahme des Dienstes vor Kenntnisnahme Dritter geschützt
- Schutz vor Zusammenführung von Nutzungsdaten mit Bestandsdaten (nur für Abrechnungszwecke erlaubt)
- Keine Zusammenführung von Nutzerprofilen mit Angaben, die die Identifikation eines Nutzers unter Pseudonym erlaubt

Beispiel:

F Nutzungsdaten

- Sofern Daten zur Ermöglichung eines Online-Services erhoben werden, müssen sie grundsätzlich nach Beendigung der Dienstinanspruchnahme gelöscht werden (§ 14 Abs. 4 Nr. 2 TMG). Sofern es sich um Daten zur zeitlichen Inanspruchnahme des Dienstes handelt und diese Daten zu Abrechnungszwecken Verwendung finden (Nutzungsdaten § 15 Abs. 1 TMG), dürfen sie nach § 15 Abs. 5 TMG bis zur Abrechnung verwendet werden. Hernach sind die Daten zu löschen.

Regelungen für die Transportebene

Bereichsspezifische Regelungen zum Datenschutz auf Transportebene finden sich im 7. Abschnitt des **Telekommunikationsgesetzes (TKG)**. Die für die Beurteilung von telekommunikationsrechtlichen Sachverhalten notwendigen Begriffsbestimmungen sind in § 3 TKG legaldefiniert.

⑤ Telekommunikationsgesetz (TKG)

In persönlicher und sachlicher Hinsicht setzen die materiellen Regelungen des TKG regelmäßig voraus, dass es sich bei der verantwortlichen Stelle um den Betreiber eines Telekommunikationsdienstes i.S.v. § 3 Nr. 24 TKG handelt. Die Bestimmung, welche Dienste als Telekommunikationsdienste anzusehen sind, ist insbesondere im Hinblick auf Dienstformen wie VoIP, E-Mail oder auch DNS-Server in der Literatur und Rechtsprechung ausgesprochen umstritten (vgl. u.a. [Raabe et al. 2007]). Allerdings wird man zukünftig im Hinblick auf die weite Bestimmung der europäischen Rahmenrichtlinie davon ausgehen können, dass auch Dienste in „virtuellen" Netzen neben den „klassischen" Telekommunikationsdiensten des PSTN in den Anwendungsbereich des TKG fallen.

Neben den, das informationelle Selbstbestimmungsrecht konkretisierenden, Datenschutzvorschriften besteht im Rahmen des TKG die Besonderheit, dass dort auch noch in §§ 88 ff. TKG das *einfachrechtliche Fernmeldegeheimnis* normiert ist. Im Unterschied zu den datenschutzrechtlichen Regelungen der §§ 91 ff. TKG werden hierdurch auch die Inhalte oder die näheren Umstände der Telekommunikation von juristischen Personen geschützt. Konkret ist es den Dienstanbietern insbesondere untersagt, sich oder andere über das für die geschäftsmäßige Erbringung der Telekommunikationsdienste einschließlich des Schutzes ihrer technischen Systeme erforderliche Maß hinaus Kenntnis vom Inhalt oder den näheren Umständen der Telekommunikation zu verschaffen.

ⓕ Fernmeldegeheimnis im TKG

Beispiele:

- Es darf kein Einblick in die Inhalte von E-Mails genommen werden (Problem: Spamschutz).

- Log-Daten, die IP-Adressen beinhalten, dürfen nur zu Zwecken des Systemschutzes verwendet werden.
- Die Pflicht zur Protokollierung von Verkehrsdaten bedarf einer gesonderten gesetzlichen Grundlage.

In sachlicher Hinsicht trifft das TKG in seinem datenschutzrechtlichen Teil (§§ 91 ff.) insbesondere Regelungen zur Verwendung von Bestands- und Verkehrsdaten. Als Bestandsdaten sind alle relevanten Vertragsdaten zu fassen, die regelmäßig nur zu Abrechnungszwecken erhoben und verwendet werden dürfen. Die Verkehrsdaten sind im Wesentlichen die Nummern bzw. die Kennungen der beteiligten Parteien, aber auch die Nutzungsdauer oder die Bezeichnung des betroffenen Dienstes. Sie dürfen nach der derzeitigen Rechtslage einerseits nur insofern erhoben und verwendet werden, als es zu Abrechnungszwecken erforderlich ist. Dabei gilt es, die Löschpflichten des § 97 TKG zu beachten. Bei den weiteren materiellen Regelungen ist dabei für den Bereich des Netzwerkmanagements außerdem die Regelung des § 100 Abs. 3 TKG von Interesse. Nach dieser Regelung darf der Diensteanbieter bei Vorliegen zu dokumentierender tatsächlicher Anhaltspunkte für Leistungserschleichung und sonstiger rechtswidriger Inanspruchnahme von Telekommunikationsnetzen und -diensten die Bestandsdaten und Verkehrsdaten erheben und verwenden, die zum Aufdecken sowie Unterbinden dieser missbräuchlichen Handlungen erforderlich sind. Weitergehende Verwendungen sind nur mit Einwilligung des Nutzers (auch elektronisch § 94 TKG) zulässig.

Beispiele:

F Datenschutz im TKG
- Sofern ein Server für Attacken auf Dritte verwendet wird, dürfen die Daten verwendet werden.
- Das Betreiben einer Musiktauschbörse stellt keine rechtswidrige Inanspruchnahme von TK-Infrastruktur oder eine Leistungserschleichung gegenüber dem TK-Anbieter dar. Eine diesbezügliche Datenverwendung durch die *Verantwortliche Stelle* ist nicht durch § 100 Abs. 3 TKG legitimiert.

16.4.3 Rechtsfolgenbestimmung und Zielvorgaben

Sofern der Anwendungsbereich des einschlägigen Gesetzes ermittelt ist, stellt sich die Frage, ob ein bestimmtes Tun oder Unterlassen geboten ist. Der Gesetzgeber hat in den Gesetzen insofern eine Reihe von Regelungen erlassen, die die gegenläufigen Interessen von Betroffenen und Verantwortlicher Stelle zu einem verhältnismäßigen Ausgleich bringen sollen. So findet sich häufig (z.B. in § 28 BDSG) die Formulierung, dass eine spezifische Datenverwendung *erforderlich* sein müsse. Dies erfordert vom Anwender eine *Abwägung der widerstreitenden Interessen*. Dabei gilt es grundsätzlich zu beachten, dass das in § 1 BDSG formulierte Ziel der Regelungen ist, den Einzelnen davor zu schützen, dass er durch den Umgang mit seinen personenbezogenen Daten in seinem Persönlichkeitsrecht beeinträchtigt wird. Dies spricht grundsätzlich für eine Bevorzugung jener Auslegung, welche den Persönlichkeitsschutz bestmöglich zur Entfaltung gelangen lässt.

Neben Regelungen, die sich mit der Frage der Zulässigkeit eines bestimmten Handelns befassen, enthält das Gesetz auch noch Programmsätze, die insbesondere bei der Systemgestaltung und Betreuung den Rahmen abstecken und auf bestmögliche Zielerreichung gerichtet sind. Regelmäßig ist eine Nichtbefolgung nicht unmittelbar als ordnungswidrig mit Geldbußen sanktioniert. Gleichwohl sind sie unbedingt zu berücksichtigen. Hierzu gehört zum einen der Grundsatz der *Datensparsamkeit* (§ 3a BDSG). Die erste Zielvorgabe verpflichtet unter dem Aspekt des Systemdatenschutzes zur *Datenvermeidung*. Für die Systemgestaltung folgt hieraus der Grundsatz, dass die Erhebung und Verwendung von personenbezogenen Daten schon systemseitig vermieden werden bzw. erforderlich sein muss [Gola & Schomerus 2002, S. 134]. Dies gilt es beispielsweise bei der Protokollierung von Systemereignissen mit Personenbezug zu berücksichtigen. Regelmäßig wird hier ein Personenbezug der verwendeten Daten für die Überwachung, zum Beispiel der Systemstabilität, nicht erforderlich sein. Dann greift die zweite Zielvorgabe des § 3a BDSG, soweit möglich eine *Anonymisierung* oder jedenfalls *Pseudonymisierung* der Daten vorzunehmen und damit den unmittelbaren Personenbezug zu verhindern.

Als weiter für das Netzwerkmanagement wichtige Zielvorgabe bestimmt das BDSG, dass von der Verantwortlichen Stelle *technische und organisatorische Maßnahmen* vorzusehen sind, die die Ausführungen der materiellen Regelungen des BDSG gewährleisten (§ 9 BDSG). Die einzelnen Maßnahmen (vgl. auch Abschnitt 11.2.1) werden in der *Anlage 1 zu § 9 BDSG* aufgeführt:

- Zutrittskontrolle
- Zugangskontrolle
- Zugriffskontrolle

ⓚ Datensparsamkeit

ⓚ Anonymisierung und Pseudonymisierung

ⓚ Technische und organisatorische Schutzmaßnahmen

- Weitergabekontrolle
- Eingabekontrolle
- Auftragskontrolle
- Verfügbarkeitskontrolle

Auch wenn die Anlage 1 in ihrem beschreibenden Teil weitestgehend Beispiele aus der „Offline-Welt" beinhaltet, müssen soweit technisch möglich, diese Prinzipien auch in technischen Systemen substituiert werden. So kann beispielsweise durch Einführung des „Vier-Augen-Prinzips" beim Zugriff auf elektronisch gespeicherte personenbezogene Daten das Instrument der Zugriffskontrolle auch in die „Online-Welt" übertragen werden.

Schließlich entspringen auch noch aus § 109 TKG für solche Netzwerkdienste, welche als TK-Dienste einzuordnen sind, weitere Anforderungen: Jeder Dienstanbieter hat danach angemessene technische Vorkehrungen oder sonstige Maßnahmen zum Schutze des Fernmeldegeheimnisses, personenbezogener Daten sowie der Telekommunikations- und Datenverarbeitungssysteme gegen unerlaubte Zugriffe zu treffen. Zudem ist bei diesen Anbietern nach § 109 Abs. 2 TKG ein *Sicherheitskonzept* unter Einbeziehung einer Gefährdungsanalyse zu erstellen und der Bundesnetzagentur vorzulegen.

16.4.4 Zusammenfassendes Beispiel

Ein Internet-Buchhändler verkauft Bücher über einen Webshop. Zum Zwecke der Bestellabwicklung speichert er zunächst Namen, Adresse, Kontonummer und Geburtsdatum. Zum Zwecke der zielgruppengerechten werblichen Ansprache speichert er zudem Daten zum Suchverhalten seiner Kunden zusammen mit den Daten zur Bestellabwicklung. Daneben erhebt und speichert er auch die IP-Adressen der Nutzer, um bei Zahlungsverzug ein Beweismittel über die Inanspruchnahme des Dienstes in der Hand zu haben. Ist das alles zulässig?

Lösung:

Vorliegend ist in personaler Hinsicht der Datenschutz im nicht-öffentlichen Bereich betroffen. Landesgesetze zum Datenschutz scheiden aus. Da es für die Datenverwendung beim Buchverkauf keine speziellere Regelung gibt, richtet sich die Beurteilung sachlich nach dem BDSG. Nach § 4 BDSG wäre die Erhebung unzulässig, wenn es nicht einen expliziten gesetzlichen Erlaubnistatbestand oder eine Einwilligung des Kunden gäbe. Hinsichtlich des Namens, der Adresse und der Kundenummer folgt die Erlaubnis aus § 28 Abs. 1 BDSG. Das Geburtsdatum dürfte hingegen zum erstrebten Zweck der Bestellabwicklung nicht notwendig sein. Ohne eine ausdrückliche Einwilligung nach § 4a BDSG (Schriftform) wäre die Erhebung daher unzulässig. Etwas anderes könnte allenfalls dann gelten, wenn es sich um den Verkauf von jugendgefährdenden Schriften handelt.

Die Zulässigkeit der Bildung des Online-Profils der Kunden bezieht sich sachlich hingegen auf den Webshop als Telemediendienst. Bei den zur Bildung des Profils notwendigen Verlaufsdaten handelt es sich um Nutzungsdaten i.S.v. § 15 TMG. Entgegen § 15 Abs. 3 TMG wird aber vorliegend das Verlaufsprofil nicht unter Pseudonym erstellt, weshalb diese Gestaltung unzulässig wäre.

Die Speicherung der IP-Adressen der Nutzer betrifft zum einen das einfachrechtliche Fernmeldegeheimnis des § 88 TKG. Auf der anderen Seite handelt es sich bei der IP auch um ein Verkehrsdatum i.S.v. § 96 TKG. Mangels eines gesetzlichen Erlaubnistatbestandes (§ 100 TKG legitimiert gerade nicht jeden Grund aus der Sphäre des Dienstanbieters) ist die Verwendung der IP-Adresse zu diesem Zweck unzulässig.

16.5 Vorratsdatenspeicherung und TK-Überwachung

Steht bei den vorgenannten Fragen der Schutz der informationellen Selbstbestimmung des Nutzers im Mittelpunkt, so finden sich Einschränkungen aus Gründen der staatlichen Sicherheit insbesondere in den Regelungen des TKG.

Da die staatliche Anordnung einer Überwachung der Telekommunikation einen Eingriff in das grundrechtliche Fernmeldegeheimnis des Art. 10 GG darstellt, sind hier besondere verfahrensrechtliche Vorkehrungen getroffen worden. Die Voraussetzungen auf Seiten der Strafverfolgungsbehörden werden in engen Grenzen in der StPO (§§ 100a ff. StPO) geregelt. Nach § 100b Abs. 3 S. 1 StPO trifft die Pflicht, eine Überwachung zu ermöglichen, jene Anbieter, die geschäftsmäßig TK-Dienstleistungen erbringen.

Für die Dienstanbieter kann aber auch schon im Vorfeld einer konkreten Überwachungsmaßnahme eine Reihe von Pflichten erwachsen. Dies bezieht sich zum einen auf die Bereitstellung der Infrastruktur und Schnittstellen für die Überwachung (§ 110 TKG i.V.m. TKÜV), zum anderen mit dem Inkrafttreten des „Gesetzes zur Neuregelung der Telekommunikationsüberwachung und anderer verdeckter Ermittlungsmaßnahmen" im Jahr 2008 auch auf die Pflicht zur langfristigen Speicherung bestimmter Bestands- und Verkehrsdaten aller Teilnehmer der betroffenen Dienste. Die Kostentragungspflicht für die notwendigen Infrastrukturmaßnahmen in der Folge der Abhör- und Speicherpflichten liegt dabei bei den Diensteanbietern.

Die auf Grundlage der Verordnungsermächtigung § 110 TKG erlassene *Telekommunikations-Überwachungsverordnung (TKÜV)* regelt Einzelheiten zu den zu erfassenden Daten und den technischen Schnittstellen für die Überwachung. Gleichzeitig wird in § 3 Abs. 1 TKÜV der Kreis der verpflichteten Diensteanbieter eingegrenzt. Insbesondere geschlossene Benutzergruppen sind von der Pflicht zur Bereitstellung der Übergabepunkte und sonstigen vorbereitenden Maßnahmen befreit (vgl. hierzu auch [Holznagel 2003, S. 158 ff]). Neue Speicherpflichten erwachsen in diesem Zusammenhang aus dem geänderten TKG. Der neugefasste § 111 TKG verlangt die Erhebung von bestimmten Bestandsdaten wie Kennungen, Namen und Anschriften und Geburtsdatum auch dann, wenn sie für betriebliche Zwecke nicht notwendig sind. Zum Adressatenkreis gehören dabei neben klassischen TK-Anbietern auch E-Mail- und VoIP-Diensteanbieter. Hinsichtlich der Verkehrsdaten, die im neuen § 113a TKG für einzelne Dienste spezifisch aufgezählt werden, besteht eine Mindestspeicherpflicht von sechs Monaten.

16.6 Kontrolle und Aufsicht

Über die Einhaltung der Vorschriften wacht neben den *Landesbeauftragten* (bzw. den bei den Innenministerien angesiedelten Aufsichtsbehörden) der *Bundesbeauftragte für den Datenschutz.* Dies gilt es insbesondere wegen der Meldepflichten bei der Aufnahme einer automatisierten Datenverarbeitung aus § 4d BDSG zu beachten. Die Aufsichtsbehörden haben insbesondere im Falle eines Verstoßes gegen die Erfüllung technisch-organisatorischer Vorkehrungen entsprechend § 9 BDSG die Möglichkeit gemäß § 38 Abs. 5 BDSG konkrete diesbezügliche Anordnungen zu treffen. Unter bestimmten Voraussetzungen besteht zudem die Pflicht, einen betrieblichen Beauftragten für den Datenschutz zu bestellen (siehe zu den Einzelheiten etwa [Kramer & Herrmann 2005, S. 219]). Durch die Bestellung wird aber zugleich eine Privilegierung erreicht, da in der Folge der Bestellung die Meldepflicht aus § 4d BDSG

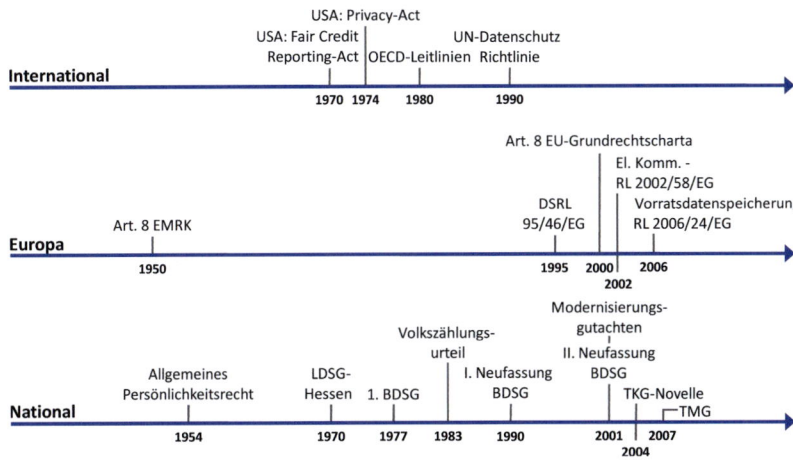

Abb. 16.2. Datenschutz-relevante Gesetze im zeitlichen Überblick

entfällt. Gleichwohl sollte im Bereich des IT-Sicherheits- und Netzwerkmanagements die nach § 4d BDSG erforderliche Vorabkontrolle auch als Chance begriffen werden, das eigene Datenschutzkonzept einer externen fachlichen Überprüfung zu unterziehen.

16.7 Zusammenfassung

Insbesondere aufgrund der grundrechtlichen Verankerung, aber auch, weil sich die Beachtung des Datenschutzes als positiver Wettbewerbsfaktor darstellen kann, gilt es die Vorgaben der Gesetze schon bei der Gestaltung von IT-Systemen zu beachten. Das Hauptproblem in der Rechtsanwendung liegt dabei aufgrund der Vielzahl von Gesetzen im Auffinden der richtigen Rechtsgrundlage für eine konkrete Fragestellung. Deshalb ist die entscheidende Vorfrage, den richtigen Normkomplex über die Frage nach dem persönlichen und sachlichen Anwendungsbereich eines Gesetzes systematisch einzukreisen. Außerdem gilt es, sich für den Themenkreis immer zu vergegenwärtigen, dass jede Datenverwendung verboten ist, wenn sie nicht ausdrücklich erlaubt ist oder der Betroffene informiert eingewilligt hat.

Bei der Verwendung der einschlägigen Literatur ist darauf zu achten, dass dort die aktuellen Gesetzesänderungen im TK-Bereich regelmäßig noch nicht eingearbeitet sind. Abschließend zeigt Abb. 16.2 noch historisch markante Daten bezüglich des deutschen, europäischen und internationalen Datenschutzrechts.

Abkürzungsverzeichnis

AAA	Authentication, Authorization, Accounting	CERT	Computer Emergency Response Team
ACL	Access Control List	CI	Configuration Item
AES	Advanced Encryption Standard	CIDR	Classless Inter-Domain Routing
AJAX	Asynchronous Javascript and XML	CIM	Common Information Model
ANSI	American National Standards Institute	CMDB	Configuration Management Database
ARP	Address Resolution Protocol	CMIP	Common Management Information Protocol
ARPA	Advanced Research Projects Agency	CMIS	Common Management Information Service
AS	Authentication Server (bei Kerberos)	CMOT	CMIP over TCP/IP
AS	Autonomous System	CORBA	Common Object Request Broker Architecture
ASN.1	Abstract Syntax Notation One	CRL	Certificate Revocation List
ASO	Address Supporting Organization	CSIRT	Computer Security Incident Response Team
ATM	Asynchronous Transfer Mode	DAC	Discretionary Access Control
BDSG	Bundesdatenschutzgesetz	DAP	Directory Access Protocol (bei X.500)
BER	Basic Encoding Rules	DES	Data Encryption Standard
BGH	Bundesgerichtshof	DFN	Deutsches Forschungsnetz
BSI	British Standards Institution	DHCP	Dynamic Host Configuration Protocol
BSI	Bundesamt für Sicherheit in der Informationstechnik	DIB	Directory Information Base
BVerfG	Bundesverfassungsgericht	DIN	Deutsches Institut für Normung e.V.
BVerfGE	Entscheidungssammlung des Bundesverfassungsgerichts	DIT	Directory Information Tree
CA	Certification Authority	DMI	Desktop Management Interface
CCITT	Comité Consultatif International Télégraphique et Téléphonique (jetzt ITU-T)	DMTF	Distributed Management Task Force
		DN	Distinguished Names

DNS	Domain Name System	JTC 1	Joint Technical Committee 1
DSN	Drahtlose Sensornetzwerke		(von ISO und IEC)
DSN	Forschungsgruppe Dezentrale	KDC	Key Distribution Center
	Systeme und Netzdienste	KIT	Karlsruher Institut für
DSP	Directory Service Protocol		Technologie
	(bei X.500)	LAN	Local Area Network
DSRL	(Europäische)	LDAP	Lightweight Directory Access
	Datenschutzrichtlinie		Protocol
EIA	Electronic Industries Alliance	LDSG	Landesdatenschutzgesetz
ETSI	European	LIR	Local Internet Registry
	Telecommunications	LWL	Lichtwellenleiter
	Standards Institute	MAC	Mandatory Access Control
FCAPS	Fault, Configuration,	MAC	Medium Access Control
	Accounting, Performance und	MAC	Message Authentication Code
	Security Management	MAN	Metropolitan Area Network
FQDN	Fully Qualified Domain Name	MD5	Message-Digest Algorithm 5
GG	Grundgesetz für die	MDStV	Mediendienste Staatsvertrag
	Bundesrepublik Deutschland	MIB	Management Information
GSHB	Grundschutzhandbuch		Base
GUID	Globally Unique Identifier	MIT	Massachusetts Institute of
HMAC	Keyed-Hashing for Message		Technology
	Authentication	MO	Managed Object
HTTP	Hyper Text Transfer Protocol	MOF	Managed Object Format (bei
i.S.d.	im Sinne des		CIM)
i.S.v.	im Sinne von	MOWS	Management Of Web Services
i.V.m.	in Verbindung mit	MPLS	Multiprotocol Label
IAB	Internet Architecture Board		Switching
IANA	Internet Assigned Numbers	MTBF	Mean Time Between Failure
	Authority	MTTR	Mean Time To Repair
ICANN	Internet Corporation for	MUWS	Management Using Web
	Assigned Names and		Services
	Numbers	NAT	Network Address Translation
ICMP	Internet Control Message	NE	Network Element
	Protocol	NMS	Network Management
ID	Internet Draft		Station
IDM	Identitätsmanagement	NOC	Network Operations Center
IEC	International Electrotechnical	NRO	Number Resource
	Commission		Organization
IEEE	Institute of Electrical and	NTP	Network Time Protocol
	Electronics Engineers	OASIS	Organization for the
IESG	Internet Engineering Steering		Advancement of Structured
	Group		Information Standards
IETF	Internet Engineering Task	OCSP	Online Certificate Status
	Force		Protocol
IPFIX	IP Flow Information Export	OMG	Object Management Group
IRTF	Internet Research Task Force	OO	objektorientiert
ISF	Information Security Forum	OSI	Open System Interconnection
ISMS	IT-Sicherheitsmanagement-	OSPF	Open Shortest Path First
	system	P2P	Peer-to-Peer
ISO	International Standards	PDU	Protocol Data Unit
	Organization	PKI	Public Key Infrstructure
ISOC	Internet Society	QoS	Quality of Service
ISP	Internet Service Provider	RA	Registration Authority
ITIL	IT Infrastructure Library	RADIUS	Remote Authentication Dial
ITU	International		In User Service
	Telecommunication Union	RBAC	Role-based Access Control
ITU-D	ITU Telecom Development	RDN	Relative Distinguished
ITU-R	ITU Radiocommunication		Names
	Sector	RFC	Request for Change
ITU-T	ITU Telecommunication	RFC	Request for Comments
	Standardization Sector		

RIPE NCC	Réseaux IP Européens Network Coordination Centre	TDDSG	Teledienstdatenschutzgesetz
RIR	Regional Internet Registry	TDG	Teledienstgesetz
RMON	Remote Network Monitoring Management Information Base	TDM	Time Division Multiplexing
		TE	Traffic Engineering
		TGS	Ticket Granting Server (bei Kerberos)
SASL	Simple Authentication and Security Layer	TGT	Ticket Granting Ticket (bei Kerberos)
SDH	Synchronous Digital Hierarchy	TIA	Telecommunication Industry Association
SGMP	Simple Gateway Management Protocol	TK	Telekommunikation
		TKG	Telekommunikationsgesetz
SHA-1	Secure Hash Algorithm 1	TKÜV	Telekommunikations-
SLA	Service Level Agreement		Überwachungsverordnung
SMF	OSI Systems Management Function	TMG	Telemediengesetz
		TMN	Telecommunication Management Network
SMFA	OSI Systems Management Functional Areas (FCAPS)	TP	Twisted Pair
SMI	Structure of Management Information	TTL	Time-To-Life
		TTS	Trouble-Ticket-Systems
SMIng	SMI Next Generation	UML	Unified Modeling Language
SMON	Remote Network Monitoring MIB Extensions for Switched Networks	USM	User-based Security Model
		UUID	Universally Unique Identifier
		VLAN	Virtual Local Area Network
SNMP	Simple Network Management Protocol	VoIP	Voice over IP
		VPN	Virtual Private Network
SNR	Signal-Rausch-Abstand	W3C	World Wide Web Consortium
SOHO	Small Office, Home Office	WAN	Wide Area Network
SONET	Synchronous Optical Network	WBEM	Web-Based Enterprise Management
SPPI	Structure of Policy Provisioning Information	WLAN	Wireless Local Area Network
SSL	Secure Sockets Layer	WS	Web Services
SSO	Single-Sign-On	WSDL	Web Services Description Language
StPO	Strafprozeßordnung		
TCAM	Ternary Content Addressable Memory		

Literaturverzeichnis

Alaettinoglu 2007

ALAETTINOGLU, C.: Tutorial: Netflow, IPFIX, and Beyond: Integrated Routing, Traffic Analysis, and Modeling for Highly Accurate Network Engineering. In: *Integrated Network Management, 2007. IM '07. 10th IFIP/IEEE International Symposium on*, 2007

Aweya 2001

AWEYA, J.: IP router architectures: an overview. In: *International Journal of Communication Systems* vol. 14, no. 5 (2001), S. 447–475

Balzert 1998

BALZERT, H.: *Lehrbuch der Software-Technik, Bd. 2*. Spektrum Akademischer Verlag, 1998. – ISBN 3–8274–0065–1

Bon et al. 2005

BON, J. ; VEEN, A. ; PIEPER, M.: *IT Service Management, basierend auf ITIL. Eine Einführung*. Van Haren Publishing, 2005. – ISBN 90–77212–39–6

Boulis & Jha 2005

BOULIS, A. ; JHA, S.: Network management in new realms: wireless sensor networks. In: *International Journal of Network Management* vol. 15 (2005), S. 219–221

Brockh 1991

Brockhaus Enzyklopädie in 24 Bänden. Band 14, 1991, 19. Auflage, 1991

BSI B 1.0

Bundesamt für Sicherheit in der Informationstechnik (BSI): *B 1.0 IT-Sicherheitsmanagement*, 2006.
http://www.bsi.bund.de/gshb/deutsch/baust/b01000.htm

BSI B 1.3

Bundesamt für Sicherheit in der Informationstechnik (BSI): *B 1.3 Notfallvorsorge-Konzept*, 2006.
http://www.bsi.de/gshb/deutsch/baust/b01003.htm

BSI Gshb

Bundesamt für Sicherheit in der Informationstechnik (BSI):
IT-Grundschutz – die Basis für IT-Sicherheit, 2005.
http://www.bsi.de/gshb/

BSI Lage 2007

Bundesamt für Sicherheit in der Informationstechnik (BSI): *Die Lage
der IT-Sicherheit in Deutschland 2007*. 2007
http://www.bsi.bund.de/literat/lagebericht/

BSI Std. 100-1

Bundesamt für Sicherheit in der Informationstechnik (BSI):
*BSI-Standard 100-1: Managementsysteme für Informationssicherheit
(ISMS) : Version 1.0*, 2005.
http://www.bsi.bund.de/literat/bsi_standard/index.htm

BSI Std. 100-2

Bundesamt für Sicherheit in der Informationstechnik (BSI):
BSI-Standard 100-2: IT-Grundschutz-Vorgehensweise : Version 1.0,
2005. http://www.bsi.bund.de/literat/bsi_standard/index.htm

BSI Std. 100-3

Bundesamt für Sicherheit in der Informationstechnik (BSI):
*BSI-Standard 100-3: Risikoanalyse auf der Basis von IT-Grundschutz :
Version 2.0*, 2005.
http://www.bsi.bund.de/literat/bsi_standard/index.htm

Cameron 2005

CAMERON, K.: *The Laws of Identity*. (WWW-Veröffentlichung). 2005
http://www.identityblog.com/

CIM

DMTF: *CIM Concepts White Paper (DSP 110)*, 2003.
http://www.dmtf.org/standards/documents/CIM/DSP0110.pdf

CIM Schema

DMTF: *CIM Schema: Version 2.15*, 2007.
http://www.dmtf.org/standards/cim/cim_schema_v215

CIM Spec

DMTF: *Common Information Model (CIM) Infrastructure
Specification (DSP 004, Version 2.3)*, 2005. http://www.dmtf.org/
standards/published_documents/DSP0004V2.3_final.pdf

Clemm 2006

CLEMM, A.: *Network Management Fundamentals*. 1st edition. Cisco
Press, 2006. – ISBN 1–58720–137–2

De et al. 2005

DE, P. ; RANIWALA, A. ; SHARMA, S. ; CHIUEH, T.: Design
considerations for a multihop wireless network testbed. In:
Communications Magazine, IEEE vol. 43, no. 10 (2005), S. 102–109

Delin et al. 2005

DELIN, K. ; JACKSON, S. ; JOHNSON, D. ; BURLEIGH, S. ; WOODROW, R. ; MCAULEY, J. ; DOHM, J.: Environmental Studies with the Sensor Web: Principles and Practice. In: *Sensors* vol. 5 (2005), 103–117. http://www.mdpi.net/sensors

Dittrich & von Thienen 1998

DITTRICH, J. ; THIENEN, U. von: *Moderne Datenverkabelung : eine Lösung für alle Protokolle ; zukunftssichere Netze ; hochverfügbare Strukturen.* 1. Aufl. International Thomson Publishing (ITP), 1998. – ISBN 3–8266–4009–8

Dubuisson 2000

DUBUISSON, O.: *ASN.1 Communication between Heterogeneous Systems.* Morgan Kaufmann, 2000 http://www.oss.com/asn1/dubuisson.html. – ISBN 0–12–6333361–0

Duffield et al. 2004

DUFFIELD, N. ; LUND, C. ; THORUP, M.: Flow sampling under hard resource constraints. In: *SIGMETRICS '04/Performance '04: Proceedings of the joint international conference on Measurement and modeling of computer systems*, ACM Press, 2004, S. 85–96

Eckert 2006

ECKERT, C.: *IT-Sicherheit : Konzepte - Verfahren - Protokolle.* Oldenbourg, 2006. – ISBN 3–486–57851–0

EU Charta 2004

Europäische Union (EU): *Vertrag über eine Verfassung für Europa.* Amtsblatt der Europäischen Union, Abl.2004/C 310/01 v.16.12.2004, 2004

Garman 2003

GARMAN, J.: *Kerberos - the definitive guide.* 1st edition. O'Reilly, 2003. – ISBN 0–596–00403–6

Gola & Klug 2003

GOLA, P. ; KLUG, C.: *Grundzüge des Datenschutzrechts.* C.H. Beck, 2003. – ISBN 3–406–50197–4

Gola & Schomerus 2002

GOLA, P. ; SCHOMERUS, R.: *BDSG. Bundesdatenschutzgesetz. Kommentar.* 7., völlig neu bearb. Aufl. C.H. Beck, 2002. – ISBN 3–406–48126–4

Granville et al. 2005

GRANVILLE, L. ; ROSA, D. da ; PANISSON, A. ; MELCHIORS, C. ; ALMEIDA, M. ; TAROUCO, L.: Managing computer networks using peer-to-peer technologies. In: *Communications Magazine, IEEE* vol. 43, no. 10 (2005), S. 62–68

Halsall 2005

HALSALL, F.: *Computer Networking and the Internet.* 5th edition. Addison Wesley, 2005. – ISBN 0–321–26358–8

Hegering et al. 1999

HEGERING, H.-G. ; ABECK, S. ; NEUMAIR, B.: *Integriertes Management vernetzter Systeme.* dpunkt, 1999. – ISBN 3–932588–16–9

Höllrigl et al. 2007

HÖLLRIGL, T. ; SCHELL, F. ; WENSKE, H. ; HARTENSTEIN, H.: Föderatives und dienstorientiertes Identitätsmanagement: Konzept und Erfahrungen. In: *Praxis der Informationsverarbeitung und Kommunikation (PIK)* Jg. 30, Nr. 3 (2007), S. 156–162

Holznagel 2003

HOLZNAGEL, B.: *Recht der IT-Sicherheit.* Schmidt (Erich), 2003. – ISBN 3–406–49545–1

Howes et al. 2003

HOWES, T. ; GOOD, G. ; SMITH, M.: *Understanding and deploying LDAP directory services.* 2nd edition. Addison-Wesley, 2003. – ISBN 0–672–32316–8

IBM WS Man 2007

International Business Machines Corp.: *WSDM/WS-Man Reconciliation: An Overview and Migration Guide, Version 2.0.* (WWW-Veröffentlichung). 2007 http://download.boulder.ibm.com/ ibmdl/pub/software/dw/specs/ws-wsdmmgmt/wsdmmgmt_v2.pdf

IEEE 1990

IEEE: *IEEE Std. 610.12-1990 : IEEE standard glossary of software engineering terminology.* 1990

ISF Standard

Information Security Forum (ISF): *The Standard of Good Practice for Information Security.* (WWW-Veröffentlichung), 2007. https://www.isfsecuritystandard.com

ISO/IEC 10040-1

ISO/IEC: *10040: 1998 – Information technology – Open Systems Interconnection – Systems management overview,* 1998

ISO/IEC 10164-1

ISO/IEC: *10164-1: 1993 – Information technology – Open Systems Interconnection – Systems Management: Object Management Function,* 1993

ISO/IEC 10164-22

ISO/IEC: *10164-22:2000 – Information technology – Open Systems Interconnection – Systems Management: Response time monitoring function,* 2000

ISO/IEC 10733

ISO/IEC: *10733: 1998 – Information technology – Elements of management information related to the OSI Network Layer,* 1998

ISO/IEC 7498-1

ISO/IEC: *7498-1: 1994 – Information processing systems – Open Systems Interconnection – Basic Reference Model: The Basic Model,* 1994

ISO/IEC 7498-4

ISO/IEC: *7498-4: 1989 – Information processing systems – Open Systems Interconnection – Basic Reference Model – Part 4: Management Framework,* 1989

ISO/IEC 8824-1

ISO/IEC: *8824-1: 2002 – Information technology – Abstract Syntax Notation One (ASN.1): Specification of basic notation,* 2002

ISO/IEC 9834-1

ISO/IEC: *9834-1: 2005 – Information technology – Open Systems Interconnection – Procedures for the operation of OSI Registration Authorities: General procedures and top arcs of the ASN.1 Object Identifier tree,* 2005

ITU E.164

ITU-T: *E.164: The international public telecommunication numbering plan,* 2002. http://www.itu.int/rec/T-REC-E.164

ITU M.3000

ITU-T: *M.3000: Overview of TMN Recommendations,* 2000. http://www.itu.int/rec/T-REC-M.3000

ITU X.200

ITU-T: *X.200: Information technology – Open Systems Interconnection – Basic Reference Model: The basic model,* 1994. http://www.itu.int/rec/T-REC-X.200

ITU X.213

ITU-T: *X.213: Information technology – Open Systems Interconnection – Network service definition,* 2001. http://www.itu.int/rec/T-REC-X.213

ITU X.509

ITU-T: *X.509: Information technology - Open Systems Interconnection - The Directory: Public-key and attribute certificate frameworks,* 2005. http://www.itu.int/rec/T-REC-X.509

ITU X.660

ITU-T: *X.660: Information technology – Open systems interconnection – Procedures for the operation of OSI registration authorities: General procedures and top arcs of the ASN.1 object identifier tree,* 2004. http://www.itu.int/rec/T-REC-X.660

ITU X.667

ITU-T: *X.667: OSI networking and system aspects – Naming, Addressing and Registration,* 2004. http://www.itu.int/ITU-T/asn1/uuid.html

ITU X.680

ITU-T: *X.680: Information technology – Abstract Syntax Notation One (ASN.1): Specification of basic notation,* 2002. http://www.itu.int/rec/T-REC-X.680

ITU X.700

ITU-T: *X.700: Management framework for Open Systems Interconnection (OSI) for CCITT applications*, 1992.
`http://www.itu.int/rec/T-REC-X.700`

ITU X.701

ITU-T: *X.701: Information technology - Open Systems Interconnection - Systems management overview*, 1997.
`http://www.itu.int/rec/T-REC-X.701`

ITU X.710

ITU-T: *X.710: Information technology - Open Systems Interconnection - Common Management Information service*, 1997.
`http://www.itu.int/rec/T-REC-X.710`

ITU X.720

ITU-T: *X.720: Information technology - Open Systems Interconnection - Structure of management information: Management information model*, 1992. `http://www.itu.int/rec/T-REC-X.720`

ITU X.722

ITU-T: *X.722: Information technology - Open Systems Interconnection - Structure of management information: Guidelines for the definition of managed objects*, 1992. `http://www.itu.int/rec/T-REC-X.722`

Johnson et al. 2007

JOHNSON, M. ; HATELY, A. ; MILLER, B. ; ORR, R.: Evolving standards for IT service management. In: *IBM Systems Journal* vol. 46, no. 3 (2007), S. 1–15

Jones 2006

JONES, M.: *The Identity Metasystem: A User-Centric, Inclusive Web Authentication Solution.* W3C Workshop on Transparency and Usability of Web Authentication (WWW-Veröffentlichung). 2006 `http://www.w3.org/2005/Security/usability-ws/papers/`

Juling & Maurer 2005

JULING, W. ; MAURER, A.: Karlsruher Integriertes Informationsmanagement KIM. In: *Praxis der Informationsverarbeitung und Kommunikation (PIK)* Jg. 28, Nr. 3 (2005), S. 169–175

Keller & Ludwig 2004

KELLER, A. ; LUDWIG, H.: Policy-basiertes Management: State-of-the-Art und zukünftige Fragestellungen. In: *Praxis der Informationsverarbeitung und Kommunikation (PIK)* Jg. 27, Nr. 2 (2004), S. 1–15

Keller & Martin-Flatin 2006

KELLER, A. (Hrsg.) ; MARTIN-FLATIN, J.-P. (Hrsg.): *Self-Managed Networks, Systems, and Services (LNCS 3996)*. Springer, 2006. – ISBN 978–3–540–34739–2

Kormann & Rubin 2000

KORMANN, D. ; RUBIN, A.: Risks of the Passport Single Signon Protocol. In: *Computer Networks, Elsevier Science Press* vol. 33 (2000), 51–58. http://avirubin.com/passport.html

Kramer & Herrmann 2005

KRAMER, P. ; HERRMANN, M.: *Datenschutz und E-Commerce.* Schmidt (Erich), 2005. – ISBN 3–503–08720–6

Kurose & Ross 2004

KUROSE, J. ; ROSS, K.: *Computer Networking: A Top-Down Approach Featuring the Internet.* 3rd edition. Addison Wesley, 2004. – ISBN 0–321–26976–4

Larmouth 2006

LARMOUTH, J.: *ASN.1 Complete.* Morgan Kaufmann, 2006 http://www.oss.com/asn1/larmouth.html. – ISBN 0–12233–435–3

Leiner et al. 2003

LEINER, B. ; CERF, V. ; CLARK, D. ; KAHN, R. ; KLEINROCK, L. ; LYNCH, D. ; POSTEL, J. ; ROBERTS, L. ; WOLFF, S.: *A Brief History of the Internet.* (WWW-Veröffentlichung). 2003 http://www.isoc.org/internet/history/brief.shtml

Marron et al. 2005

MARRON, P. ; LACHENMANN, A. ; MINDER, D. ; GAUGER, M. ; SAUKH, O. ; ROTHERMEL, K.: Management and configuration issues for sensor networks. In: *International Journal of Network Management* vol. 15, no. 4 (2005), S. 235–253

Milojicic 2007a

MILOJICIC, Dejan: Service Management: An Interview with Alan Ganek. In: *IEEE Distributed Systems Online* vol. 8, no. 5 (2007), S. 5

Milojicic 2007b

MILOJICIC, Dejan: Service Management: An Interview with Mark Potts. In: *IEEE Distributed Systems Online* vol. 8, no. 5 (2007), S. 6

Möller 2003

MÖLLER, J.: *Stellungnahme zu juristischen Aspekten des P3P-Einsatzes in mobilen Endgeräten.* Rechtsgutachten für das Department for Computer Science, Karlstad University, 2003

Müller et al. 2006

MÜLLER, M. ; FRIES, W. ; STREBLER, R. ; HARTENSTEIN, H.: Policy-basiertes Management für Netzsicherheit mit Flexibilität. In: *20. DFN-Jahrestagung DFN2006*, 2006, S. 195–205

MS Patch 2004

Microsoft Corporation: *Security Guidance for Patch Management: The Patch Management Process.* (WWW-Veröffentlichung). 2004 http://www.microsoft.com/technet/security/guidance/ patchmanagement.mspx

Needham & Schroeder 1978

NEEDHAM, R. ; SCHROEDER, M.: Using encryption for authentication in large networks of computers. In: *Communications of the ACM* vol. 21, no. 12 (1978), S. 993–999

OASIS WS-SecPol

OASIS: *WS-SecurityPolicy 1.2 (OASIS Standard)*, 2007.
http://docs.oasis-open.org/ws-sx/ws-securitypolicy/v1.2/

OASIS WS-Trust

OASIS: *WS-Trust 1.3 (OASIS Standard)*, 2007.
http://docs.oasis-open.org/ws-sx/ws-trust/v1.3/

Oppenheimer 2004

OPPENHEIMER, P.: *Top-Down Network Design.* 2nd edition. Cisco Press, 2004. – ISBN 1–58705–152–4

Packet Design 2007

PACKET DESIGN, Inc.: *IP Route Analytics: A New Foundation for Modern Network Operations (White Paper).* 2007, (Cp. Tutorial at the 10th IFIP/IEEE International Symposium on Integrated Network Management 2007 (IM07)), 2007. http://packetdesign.com/documents/IP%20Route%20Analytics%20White%20Paper.pdf

Pato & Rouault 2007

PATO, J. ; ROUAULT, J.: *HP Whitepaper: Identity Management - The drive to federation.* 2007

Pavlou et al. 2004

PAVLOU, G. ; FLEGKAS, P. ; GOUVERIS, S. ; LIOTTA, A.: On management technologies and the potential of web services. In: *Communications Magazine, IEEE* vol. 42, no. 7 (2004), S. 58–66

Peterson & Davie 2003

PETERSON, L. ; DAVIE, B.: *Computer Networks: A System Approach.* 3rd edition. Morgan Kaufmann, 2003. – ISBN 1–55860–833–8

Pras 1995

PRAS, A.: *Network Management Architectures (PhD Thesis).* University of Twente, Enschede, The Netherlands, 1995 http://asna.ewi.utwente.nl/research/Ph.D.%20Theses/pras-thesis.pdf. – ISBN 90–365–0728–6

Pras et al. 1999

PRAS, A. ; BEIJNUM, B. van ; SPRENKELS, R.: Introduction to TMN. 1999. http://eprints.eemcs.utwente.nl/5969/. University of Twente, Enschede, The Netherlands, 1999 (Technical Report TR-CTIT-99-09 Centre for Telematics and Information Technology). – Forschungsbericht. – ISSN 1381–3625

Raabe et al. 2007

RAABE, O. ; DINGER, J. ; HARTENSTEIN, H.: Telekommunikationsdienste in Next-Generation-Networks am Beispiel von Peer-to-Peer-Overlay-Systemen. In: *Kommunikation & Recht (K&R), Beihefter 1/2007* (2007)

RFC 1034

MOCKAPETRIS, P.V.: *Domain names - concepts and facilities*. RFC
1034 (Standard) (Request for Comments), 1987.
http://www.ietf.org/rfc/rfc1034.txt

RFC 1035

MOCKAPETRIS, P.V.: *Domain names - implementation and
specification*. RFC 1035 (Standard) (Request for Comments), 1987.
http://www.ietf.org/rfc/rfc1035.txt

RFC 1052

CERF, V.G.: *IAB recommendations for the development of Internet
network management standards*. RFC 1052 (Request for Comments),
1988. http://www.ietf.org/rfc/rfc1052.txt

RFC 1065

MCCLOGHRIE, K. ; ROSE, M.T.: *Structure and identification of
management information for TCP/IP-based internets*. RFC 1065
(Standard) (Request for Comments), 1988.
http://www.ietf.org/rfc/rfc1065.txt

RFC 1155

ROSE, M.T. ; MCCLOGHRIE, K.: *Structure and identification of
management information for TCP/IP-based internets*. RFC 1155
(Standard) (Request for Comments), 1990.
http://www.ietf.org/rfc/rfc1155.txt

RFC 1156

MCCLOGHRIE, K. ; ROSE, M.T.: *Management Information Base for
network management of TCP/IP-based internets*. RFC 1156 (Historic)
(Request for Comments), 1990.
http://www.ietf.org/rfc/rfc1156.txt

RFC 1157

CASE, J.D. ; FEDOR, M. ; SCHOFFSTALL, M.L. ; DAVIN, J.: *Simple
Network Management Protocol (SNMP)*. RFC 1157 (Historic) (Request
for Comments), 1990. http://www.ietf.org/rfc/rfc1157.txt

RFC 1212

ROSE, M.T. ; MCCLOGHRIE, K.: *Concise MIB definitions*. RFC 1212
(Standard) (Request for Comments), 1991.
http://www.ietf.org/rfc/rfc1212.txt

RFC 1213

MCCLOGHRIE, K. ; ROSE, M.: *Management Information Base for
Network Management of TCP/IP-based internets:MIB-II*. RFC 1213
(Standard) (Request for Comments), 1991.
http://www.ietf.org/rfc/rfc1213.txt

RFC 1271

WALDBUSSER, S.: *Remote Network Monitoring Management
Information Base*. RFC 1271 (Proposed Standard) (Request for
Comments), 1991. http://www.ietf.org/rfc/rfc1271.txt

RFC 1321

RIVEST, R.: *The MD5 Message-Digest Algorithm.* RFC 1321 (Informational) (Request for Comments), 1992. http://www.ietf.org/rfc/rfc1321.txt

RFC 1441

CASE, J. ; MCCLOGHRIE, K. ; ROSE, M. ; WALDBUSSER, S.: *Introduction to version 2 of the Internet-standard Network Management Framework.* RFC 1441 (Historic) (Request for Comments), 1993. http://www.ietf.org/rfc/rfc1441.txt

RFC 1445

GALVIN, J. ; MCCLOGHRIE, K.: *Administrative Model for version 2 of the Simple Network Management Protocol (SNMPv2).* RFC 1445 (Historic) (Request for Comments), 1993. http://www.ietf.org/rfc/rfc1445.txt

RFC 1452

CASE, J. ; MCCLOGHRIE, K. ; ROSE, M. ; WALDBUSSER, S.: *Coexistence between version 1 and version 2 of the Internet-standard Network Management Framework.* RFC 1452 (Proposed Standard) (Request for Comments), 1993. http://www.ietf.org/rfc/rfc1452.txt

RFC 1470

ENGER, R. ; REYNOLDS, J.: *FYI on a Network Management Tool Catalog: Tools for Monitoring and Debugging TCP/IP Internets and Interconnected Devices.* RFC 1470 (Informational) (Request for Comments), 1993. http://www.ietf.org/rfc/rfc1470.txt

RFC 1519

FULLER, V. ; LI, T. ; YU, J. ; VARADHAN, K.: *Classless Inter-Domain Routing (CIDR): an Address Assignment and Aggregation Strategy.* RFC 1519 (Proposed Standard) (Request for Comments), 1993. http://www.ietf.org/rfc/rfc1519.txt

RFC 1901

CASE, J. ; MCCLOGHRIE, K. ; ROSE, M. ; WALDBUSSER, S.: *Introduction to Community-based SNMPv2.* RFC 1901 (Historic) (Request for Comments), 1996. http://www.ietf.org/rfc/rfc1901.txt

RFC 1909

CASE, J. ; MCCLOGHRIE, K. ; ROSE, M. ; WALDBUSSER, S.: *Coexistence between Version 1 and Version 2 of the Internet-standard Network Management Framework.* RFC 1908 (Draft Standard) (Request for Comments), 1996. http://www.ietf.org/rfc/rfc1908.txt

RFC 2021

WALDBUSSER, S.: *Remote Network Monitoring Management Information Base Version 2 using SMIv2.* RFC 2021 (Proposed

Standard) (Request for Comments), 1997.
http://www.ietf.org/rfc/rfc2021.txt

RFC 2271

HARRINGTON, D. ; PRESUHN, R. ; WIJNEN, B.: *An Architecture for Describing SNMP Management Frameworks.* RFC 2271 (Proposed Standard) (Request for Comments), 1998.
http://www.ietf.org/rfc/rfc2271.txt

RFC 2275

WIJNEN, B. ; PRESUHN, R. ; MCCLOGHRIE, K.: *View-based Access Control Model (VACM) for the Simple Network Management Protocol (SNMP).* RFC 2275 (Proposed Standard) (Request for Comments), 1998. http://www.ietf.org/rfc/rfc2275.txt

RFC 2468

CERF, V.: *I REMEMBER IANA.* RFC 2468 (Informational) (Request for Comments), 1998. http://www.ietf.org/rfc/rfc2468.txt

RFC 2560

MYERS, M. ; ANKNEY, R. ; MALPANI, A. ; GALPERIN, S. ; ADAMS, C.: *X.509 Internet Public Key Infrastructure Online Certificate Status Protocol - OCSP.* RFC 2560 (Proposed Standard) (Request for Comments), 2005. http://www.ietf.org/rfc/rfc2560.txt

RFC 2578

MCCLOGHRIE, K. ; PERKINS, D. ; SCHOENWAELDER, J.: *Structure of Management Information Version 2 (SMIv2).* RFC 2578 (Standard) (Request for Comments), 1999.
http://www.ietf.org/rfc/rfc2578.txt

RFC 2613

WATERMAN, R. ; LAHAYE, B. ; ROMASCANU, D. ; WALDBUSSER, S.: *Remote Network Monitoring MIB Extensions for Switched Networks Version 1.0.* RFC 2613 (Proposed Standard) (Request for Comments), 1999. http://www.ietf.org/rfc/rfc2613.txt

RFC 2663

SRISURESH, P. ; HOLDREGE, M.: *IP Network Address Translator (NAT) Terminology and Considerations.* RFC 2663 (Informational) (Request for Comments), 1999.
http://www.ietf.org/rfc/rfc2663.txt

RFC 2702

AWDUCHE, D. ; MALCOLM, J. ; AGOGBUA, J. ; O'DELL, M. ; MCMANUS, J.: *Requirements for Traffic Engineering Over MPLS.* RFC 2702 (Informational) (Request for Comments), 1999.
http://www.ietf.org/rfc/rfc2702.txt

RFC 2748

DURHAM, D. ; BOYLE, J. ; COHEN, R. ; HERZOG, S. ; RAJAN, R. ; SASTRY, A.: *The COPS (Common Open Policy Service) Protocol.*

RFC 2748 (Proposed Standard) (Request for Comments), 2000.
http://www.ietf.org/rfc/rfc2748.txt

RFC 2753

YAVATKAR, R. ; PENDARAKIS, D. ; GUERIN, R.: *A Framework for Policy-based Admission Control.* RFC 2753 (Informational) (Request for Comments), 2000. http://www.ietf.org/rfc/rfc2753.txt

RFC 2819

WALDBUSSER, S.: *Remote Network Monitoring Management Information Base.* RFC 2819 (Standard) (Request for Comments), 2000. http://www.ietf.org/rfc/rfc2819.txt

RFC 2827

FERGUSON, P. ; SENIE, D.: *Network Ingress Filtering: Defeating Denial of Service Attacks which employ IP Source Address Spoofing.* RFC 2827 (Best Current Practice) (Request for Comments), 2000. http://www.ietf.org/rfc/rfc2827.txt

RFC 2865

RIGNEY, C. ; WILLENS, S. ; RUBENS, A. ; SIMPSON, W.: *Remote Authentication Dial In User Service (RADIUS).* RFC 2865 (Draft Standard) (Request for Comments), 2000. http://www.ietf.org/rfc/rfc2865.txt

RFC 2903

LAAT, C. de ; GROSS, G. ; GOMMANS, L. ; VOLLBRECHT, J. ; SPENCE, D.: *Generic AAA Architecture.* RFC 2903 (Experimental) (Request for Comments), 2000. http://www.ietf.org/rfc/rfc2903.txt

RFC 3022

CHAN, K. ; SELIGSON, J. ; DURHAM, D. ; GAI, S. ; MCCLOGHRIE, K. ; HERZOG, S. ; REICHMEYER, F. ; YAVATKAR, R. ; SMITH, A.: *COPS Usage for Policy Provisioning (COPS-PR).* RFC 3084 (Proposed Standard) (Request for Comments), 2001. http://www.ietf.org/rfc/rfc3084.txt

RFC 3159

MCCLOGHRIE, K. ; FINE, M. ; SELIGSON, J. ; CHAN, K. ; HAHN, S. ; SAHITA, R. ; SMITH, A. ; REICHMEYER, F.: *Structure of Policy Provisioning Information (SPPI).* RFC 3159 (Proposed Standard) (Request for Comments), 2001. http://www.ietf.org/rfc/rfc3159.txt

RFC 3164

LONVICK, C.: *The BSD Syslog Protocol.* RFC 3164 (Informational) (Request for Comments), 2001. http://www.ietf.org/rfc/rfc3164.txt

RFC 3174

FORCE, Internet Engineering T.: *US Secure Hash Algorithm 1 (SHA1).* RFC 3174 (Informational) (Request for Comments), 2001. http://www.ietf.org/rfc/rfc3174.txt

RFC 3330

> IANA: *Special-Use IPv4 Addresses.* RFC 3330 (Informational) (Request for Comments), 2002. http://www.ietf.org/rfc/rfc3330.txt

RFC 3410

> CASE, J. ; MUNDY, R. ; PARTAIN, D. ; STEWART, B.: *Introduction and Applicability Statements for Internet-Standard Management Framework.* RFC 3410 (Informational) (Request for Comments), 2002. http://www.ietf.org/rfc/rfc3410.txt

RFC 3411

> HARRINGTON, D. ; PRESUHN, R. ; WIJNEN, B.: *An Architecture for Describing Simple Network Management Protocol (SNMP) Management Frameworks.* RFC 3411 (Standard) (Request for Comments), 2002. http://www.ietf.org/rfc/rfc3411.txt

RFC 3414

> BLUMENTHAL, U. ; WIJNEN, B.: *User-based Security Model (USM) for version 3 of the Simple Network Management Protocol (SNMPv3).* RFC 3414 (Standard) (Request for Comments), 2002. http://www.ietf.org/rfc/rfc3414.txt

RFC 3415

> WIJNEN, B. ; PRESUHN, R. ; McCLOGHRIE, K.: *View-based Access Control Model (VACM) for the Simple Network Management Protocol (SNMP).* RFC 3415 (Standard) (Request for Comments), 2002. http://www.ietf.org/rfc/rfc3415.txt

RFC 3418

> PRESUHN, R.: *Management Information Base (MIB) for the Simple Network Management Protocol (SNMP).* RFC 3418 (Standard) (Request for Comments), 2002. http://www.ietf.org/rfc/rfc3418.txt

RFC 3430

> SCHOENWAELDER, J.: *Simple Network Management Protocol Over Transmission Control Protocol Transport Mapping.* RFC 3430 (Experimental) (Request for Comments), 2002. http://www.ietf.org/rfc/rfc3430.txt

RFC 3444

> PRAS, A. ; SCHOENWAELDER, J.: *On the Difference between Information Models and Data Models.* RFC 3444 (Informational) (Request for Comments), 2003. http://www.ietf.org/rfc/rfc3444.txt

RFC 3460

> MOORE, B.: *Policy Core Information Model (PCIM) Extensions.* RFC 3460 (Proposed Standard) (Request for Comments), 2003. http://www.ietf.org/rfc/rfc3460.txt

RFC 3635

FLICK, J.: *Definitions of Managed Objects for the Ethernet-like Interface Types.* RFC 3635 (Proposed Standard) (Request for Comments), 2003. `http://www.ietf.org/rfc/rfc3635.txt`

RFC 3704

BAKER, F. ; SAVOLA, P.: *Ingress Filtering for Multihomed Networks.* RFC 3704 (Best Current Practice) (Request for Comments), 2004. `http://www.ietf.org/rfc/rfc3704.txt`

RFC 3780

STRAUSS, F. ; SCHOENWAELDER, J.: *SMIng - Next Generation Structure of Management Information.* RFC 3780 (Experimental) (Request for Comments), 2004. `http://www.ietf.org/rfc/rfc3780.txt`

RFC 3781

STRAUSS, F. ; SCHOENWAELDER, J.: *Next Generation Structure of Management Information (SMIng) Mappings to the Simple Network Management Protocol (SNMP).* RFC 3781 (Experimental) (Request for Comments), 2004. `http://www.ietf.org/rfc/rfc3781.txt`

RFC 3826

BLUMENTHAL, U. ; MAINO, F. ; McCLOGHRIE, K.: *The Advanced Encryption Standard (AES) Cipher Algorithm in the SNMP User-based Security Model.* RFC 3826 (Proposed Standard) (Request for Comments), 2004. `http://www.ietf.org/rfc/rfc3826.txt`

RFC 3917

QUITTEK, J. ; ZSEBY, T. ; CLAISE, B. ; ZANDER, S.: *Requirements for IP Flow Information Export (IPFIX).* RFC 3917 (Informational) (Request for Comments), 2004. `http://www.ietf.org/rfc/rfc3917.txt`

RFC 3954

CLAISE, B.: *Cisco Systems NetFlow Services Export Version 9.* RFC 3954 (Informational) (Request for Comments), 2004. `http://www.ietf.org/rfc/rfc3954.txt`

RFC 3955

LEINEN, S.: *Evaluation of Candidate Protocols for IP Flow Information Export (IPFIX).* RFC 3955 (Informational) (Request for Comments), 2004. `http://www.ietf.org/rfc/rfc3955.txt`

RFC 3978

BRADNER, S.: *IETF Rights in Contributions.* RFC 3978 (Best Current Practice) (Request for Comments), 2005. `http://www.ietf.org/rfc/rfc3978.txt`

RFC 4001

DANIELE, M. ; HABERMAN, B. ; ROUTHIER, S. ; SCHOENWAELDER, J.: *Textual Conventions for Internet Network Addresses.* RFC 4001 (Proposed Standard) (Request for Comments), 2005. `http://www.ietf.org/rfc/rfc4001.txt`

RFC 4120

NEUMAN, C. ; YU, T. ; HARTMAN, S. ; RAEBURN, K.: *The Kerberos Network Authentication Service (V5)*. RFC 4120 (Proposed Standard) (Request for Comments), 2005.
http://www.ietf.org/rfc/rfc4120.txt

RFC 4122

LEACH, P. ; MEALLING, M. ; SALZ, R.: *A Universally Unique IDentifier (UUID) URN Namespace*. RFC 4122 (Proposed Standard) (Request for Comments), 2005. http://www.ietf.org/rfc/rfc4122.txt

RFC 4422

MELNIKOV, A. ; ZEILENGA, K.: *Simple Authentication and Security Layer (SASL)*. RFC 4422 (Proposed Standard) (Request for Comments), 2006. http://www.ietf.org/rfc/rfc4422.txt

RFC 4510

ZEILENGA, K.: *Lightweight Directory Access Protocol (LDAP): Technical Specification Road Map*. RFC 4510 (Proposed Standard) (Request for Comments), 2006.
http://www.ietf.org/rfc/rfc4510.txt

RFC 4677

HOFFMAN, P. ; HARRIS, S.: *The Tao of IETF - A Novice's Guide to the Internet Engineering Task Force*. RFC 4677 (Informational) (Request for Comments), 2006. http://www.ietf.org/rfc/rfc4677.txt

RFC 4741

ENNS, R.: *NETCONF Configuration Protocol*. RFC 4741 (Proposed Standard) (Request for Comments), 2006.
http://www.ietf.org/rfc/rfc4741.txt

RFC 4742

WASSERMAN, M. ; GODDARD, T.: *Using the NETCONF Configuration Protocol over Secure SHell (SSH)*. RFC 4742 (Proposed Standard) (Request for Comments), 2006.
http://www.ietf.org/rfc/rfc4742.txt

RFC 4743

GODDARD, T.: *Using NETCONF over the Simple Object Access Protocol (SOAP)*. RFC 4743 (Proposed Standard) (Request for Comments), 2006. http://www.ietf.org/rfc/rfc4743.txt

RFC 4744

LEAR, E. ; CROZIER, K.: *Using the NETCONF Protocol over the Blocks Extensible Exchange Protocol (BEEP)*. RFC 4744 (Proposed Standard) (Request for Comments), 2006.
http://www.ietf.org/rfc/rfc4744.txt

RFC 791

POSTEL, J.: *Internet Protocol*. RFC 791 (Standard) (Request for Comments), 1981. http://www.ietf.org/rfc/rfc791.txt

RFC 792

POSTEL, J.: *Internet Control Message Protocol.* RFC 792 (Standard)
(Request for Comments), 1981.
http://www.ietf.org/rfc/rfc792.txt

RFC 796

POSTEL, J.: *Address mappings.* RFC 796 (Request for Comments),
1981. http://www.ietf.org/rfc/rfc796.txt

RFC 950

MOGUL, J.C. ; POSTEL, J.: *Internet Standard Subnetting Procedure.*
RFC 950 (Standard) (Request for Comments), 1985.
http://www.ietf.org/rfc/rfc950.txt

Rosenberg & Remy 2004

ROSENBERG, J. ; REMY, D.: *Securing Web services with WS-Security :
Demystifying WS-Security, WS-Policy, SAML, XML Signature, and
XML Encryption.* SAMS, 2004. – ISBN 0–672–32651–5

RRZK Sec

*Regionales Rechen-Zentrum der Universität zu Köln (RRZK),
IT-Sicherheitsleitlinie.* (WWW-Veröffentlichung), 2007. http:
//www.uni-koeln.de/rrzk/sicherheit/sicherheitsleitlinie.html

Russell 2006

RUSSELL, A.: Rough Consensus and Running Code and the
Internet-OSI Standards War. In: *IEEE Annals of the History of
Computing* vol. 28, no. 3 (2006), S. 48–61

Saydam & Magedanz 1996

SAYDAM, T. ; MAGEDANZ, T.: From networks and network
management into service and service management. In: *Journal of
Networks and System Management* vol. 4, no. 4 (1996), S. 345 – 348

Schaar 2002

SCHAAR, P.: *Datenschutz im Internet : Die Grundlagen.* C.H. Beck,
2002. – ISBN 3–406–48658–4

Schneier 2004

SCHNEIER, B.: *Secrets and Lies : digital security in a networked world.*
Wiley & Sons, 2004. – ISBN 0–471–45380–3

Schönwälder 2005

SCHÖNWÄLDER, J.: Characterization of SNMP MIB modules. In:
*Integrated Network Management, 2005. IM 2005. 2005 9th IFIP/IEEE
International Symposium on*, 2005, S. 615–628

Schönwälder et al. 2003

SCHÖNWÄLDER, J. ; PRAS, A. ; MARTIN-FLATIN, J.-P.: On the future
of Internet management technologies. In: *Communications Magazine,
IEEE* vol. 41, no. 10 (2003), S. 90–97

Simitis 2003

SIMITIS, S.: *Kommentar zum Bundesdatenschutzgesetz.* 5., völlig neu
bearb. Aufl. Baden-Baden : Nomos-Verl.-Ges., 2003. – ISBN
3–7890–7520–5

Sloman 1994

SLOMAN, M.: Policy driven management for distributed systems. In: *Journal of Network and Systems Management* vol. 2, no. 4 (1994), S. 333–360

Stallings 1993

STALLINGS, W.: *SNMP, SNMPv2 and CMIP: The Practical Guide to Network Management Standards.* Addison-Wesley, 1993. – ISBN 0–201–63331–0

Stallings 1998

STALLINGS, W.: SNMPv3: A security enhancement for SNMP. In: *Communications Surveys & Tutorials, IEEE* vol. 1, no. 1 (1998), S. 2–17

Stallings 1999

STALLINGS, W.: *SNMP, SNMPv2, SNMPv3, and RMON 1 and 2.* 3rd edition. Addison-Wesley, 1999. – ISBN 0–201–48534–6

Steinmetz & Wehrle 2004

STEINMETZ, R. ; WEHRLE, K.: Peer-to-Peer Networking & -Computing. In: *Informatik-Spektrum* vol. 27, no. 1 (2004), S. 51–54

Steinmetz & Wehrle 2005

STEINMETZ, R. (Hrsg.) ; WEHRLE, K. (Hrsg.): *Peer-to-Peer Systems and Applications, (LNCS 3485).* 2005. – ISBN 3–540–29192–X

Strassner 2003

STRASSNER, J.: *Policy-Based Network Management: Solutions for the Next Generation.* Morgan Kaufmann, 2003. – ISBN 1–55860–859–1

Symantec 2007

Symantec Corp.: *Symantec Internet Security Threat Report : Trends for January–June 07: Volume XII.* 2007
http://www.symantec.com/threatreport/

Tanenbaum 2003

TANENBAUM, A.: *Computer Networks.* 4th edition. Pearson Education Inc., Prentice Hall PTR, 2003. – ISBN 0–13–038488–7

Tinnefeld et al. 2005

TINNEFELD, M.-T. ; EHMANN, E. ; GERLING, R.: *Einführung in das Datenschutzrecht.* 4. Aufl. Oldenbourg, 2005. – ISBN 3–486–27303–5

Tolle & Culler 2005

TOLLE, G. ; CULLER, D.: Design of an application-cooperative management system for wireless sensor networks, 2005, S. 121–132

UCB Redwood

UC Berkeley: *Redwoods go high tech: Researchers use wireless sensors to study California's state tree.* (WWW-Veröffentlichung), 2003.
http://www.berkeley.edu/news/media/releases/2003/07/28_redwood.shtml

UKA Dns 2005

Universität Karlsruhe (TH): *Regelung zur Vergabe von DNS-Domainnamen an der Universität Karlsruhe (TH) vom 12. Mai 2005*. (WWW-Veröffentlichung). 2005
`http://www-net.rz.uni-karlsruhe.de/~netadmin/dnsvs/`
`dns-domainvergabe-regeln-20050512.pdf`

UKA Fw

Universität Karlsruhe (TH): *Firewallkonzepte.*
(WWW-Veröffentlichung), 2007.
`http://www.rz.uni-karlsruhe.de/dienste/firewallkonzepte.php`

UKA Pw

Universität Karlsruhe (TH): *Passwortrichtlinie des Rechenzentrums.*
(WWW-Veröffentlichung), 2007. `http:`
`//www.rz.uni-karlsruhe.de/dienste/passwortrichtlinie.php`

Verma 2000

VERMA, D. (Hrsg.): *Policy-Based Networking: Architecture and Algorithms.* Sams, 2000. – ISBN 1–578–70226–7

Verma 2002

VERMA, D.: Simplifying network administration using policy-based management. In: *Network, IEEE* vol. 16, no. 2 (2002), S. 20–26

Voglmaier 2004

VOGLMAIER, R.: *The ABCs of LDAP - how to install, run, and administer LDAP services.* Auerbach Publications, 2004. – ISBN 0–8493–1346–5

W3C Soap

World Wide Web Consortium (W3C): *XML Protocol Working Group – SOAP*, 2007. `http://www.w3.org/2000/xp/Group/`

W3C WS-Policy

World Wide Web Consortium (W3C): *Web Services Policy Working Group – WS-Policy*, 2007. `http://www.w3.org/2002/ws/policy/`

W3C Wsdl

World Wide Web Consortium (W3C): *Web Services Description Working Group – WSDL*, 2007. `http://www.w3.org/2002/ws/desc/`

Waterman et al. 1982

WATERMAN, R. J. ; PETERS, T. ; PETERS, T. ; WATERMAN, R.: *In search of excellence : lessons from America's best-run companies.* Grand Central Publishing, 1982. – ISBN 0–44–638507–7

Wenz 2007

WENZ, C.: *JavaScript und AJAX : Das umfassende Handbuch.* Galileo Computing, 2007
`http://www.galileocomputing.de/openbook/javascript_ajax.` – ISBN 3–89842–859–1

West-Brown et al. 2003

WEST-BROWN, M. ; STIKVOORT, D. ; KOSSAKOWSKI, K. ; KILLCRECE, G. ; RUEFLE, R. ; ZAJICEK, M.: *Handbook for Computer Security*

Incident Reponse Teams (CSIRTs). 2nd edition, 2003
www.cert.org/archive/pdf/csirt-handbook.pdf

Whitman & Mattord 2004

WHITMAN, M. ; MATTORD, H.: *Management of Information Security*.
Thompson Course Technology, 2004. – ISBN 0–619–21515–1

WS-Mex

IBM, BEA Systems, Microsoft, SAP AG, Computer Associates, Sun
Microsystems, webMethods: *Web Services Metadata Exchange
(WS-MetadataExchange)*. (WWW-Veröffentlichung), 2006. http:
//www.ibm.com/developerworks/library/specification/ws-mex/

WWW Belwue

*Das Landeshochschulnetz in Baden-Württemberg – Baden-
Württembergs extended LAN (BelWü)*, 2007. http://www.belwue.de

WWW Bologna

Bundesministerium für Bildung und Forschung (BMBF): *Der
Bologna-Prozess*. (WWW-Veröffentlichung), 2007.
http://www.bmbf.de/de/3336.php

WWW BSI Form

Bundesamt für Sicherheit in der Informationstechnik (BSI): *Hilfsmittel
für IT-Grundschutz-Vorgehensweise*, 2007.
http://www.bsi.de/gshb/deutsch/hilfmi/hilfmi.htm

WWW Cameron

Kim Cameron's Identity Weblog, 2007. http://www.identityblog.com

WWW Cert

CERT Statistics, 2007. http://www.cert.org/stats/

WWW Cim

Distributed Management Task Force (DMTF): *Common Information
Model (CIM) Standards*, 2007. http://www.dmtf.org/standards/cim/

WWW Cisco

Cisco Systems, Inc.: *Network Management : Products and Services*,
2007.
http://www.cisco.com/en/US/products/sw/netmgtsw/index.html

WWW Denic

DENIC eG: *Whois Dienst des DENIC*, 2007.
http://www.denic.de/de/whois/

WWW Dfn

Das Deutsche Forschungsnetz (DFN), 2007. http://www.dfn.de

WWW Dukath

Das drahtlose Netzwerk der Universität Karlsruhe (TH) – DUKATH,
2007. http://www.rz.uni-karlsruhe.de/dienste/dukath.php

WWW eCom

European Union: eCommunications Networks and Services, 2007.
http:
//ec.europa.eu/information_society/policy/ecomm/index_en.htm

WWW Elibel
  OID Repository, 2007. http://asn1.elibel.tm.fr/
WWW GSTool
  Bundesamt für Sicherheit in der Informationstechnik (BSI): *GSTOOL
  – Das BSI Tool zum IT-Grundschutz*, 2007.
  http://www.bsi.bund.de/gstool/
WWW Higgins
  Higgins Trust Framework Project Home, 2007.
  http://www.eclipse.org/higgins/index.php
WWW HP Openv
  Hewlett-Packard, Inc.: *Management Software: HP OpenView*, 2007.
  http://openview.hp.com/
WWW Iana a
  IANA: *Domain Name System Parameters*, 2007.
  http://www.iana.org/assignments/dns-parameters
WWW Iana b
  IANA: *Matrix for Protocol Parameter Assignment/Registration
  Procedures*, 2007. http://www.iana.org/numbers.html
WWW Iana c
  IANA: *Network Management Parameters – SMI Numbers*, 2007.
  http://www.iana.org/assignments/smi-numbers
WWW Iana d
  IANA: *SMI: Private Enterprise Codes*, 2007.
  http://www.iana.org/assignments/enterprise-numbers
WWW Iperf
  Iperf, 2007. http://dast.nlanr.net/projects/Iperf/
WWW iReasoning mibBrowser
  iReasoning, Inc.: *MIB browser*, 2007.
  http://www.ireasoning.com/mibbrowser.shtml
WWW Iso cc
  ISO: *ISO 3166 country code lists*, 2007. http://www.iso.org/iso/en/
  prods-services/iso3166ma/02iso-3166-code-lists/index.html
WWW Iso free
  ISO: *Freely Available Standards*, 2007.
  http://standards.iso.org/ittf/PubliclyAvailableStandards/
WWW Itu-t rec
  ITU: *Series of ITU-T Recommendations*, 2007.
  http://www.itu.int/ITU-T/publications/recs.html
WWW k-Root
  K Root-Server, 2007. http://k.root-servers.org/
WWW Kerberos
  MIT Kerberos Homepage, 2007. http://web.mit.edu/Kerberos/
WWW Klick

Das Universitätsnetz KLICK (Karlsruher Lichtwellenleiter Kommunikationsnetz), 2007.
http://www.rz.uni-karlsruhe.de/dienste/3348.php

WWW LibertyA
Liberty Alliance Project, 2007. http://www.projectliberty.org/

WWW Mib
MIB Depot, 2007. http://www.mibdepot.com

WWW Modinis
Modinis-IDM, 2007. https://www.cosic.esat.kuleuven.be/
modinis-idm/twiki/bin/view.cgi/Main/GlossaryDoc

WWW Mrtg
Tobi Oetiker: *The Multi Router Traffic Grapher (MRTG)*, 2007.
http://oss.oetiker.ch/mrtg/

WWW MS Cardspace
Microsoft Corp.: *Windows Cardspace*, 2007.
http://cardspace.netfx3.com/

WWW MS Moss
Microsoft Corp.: *Office Sharepoint Server 2007*, 2007.
http://office.microsoft.com/de-de/sharepointserver/

WWW MS Passport
Microsoft Corp.: *Passport-Netzwerk*, 2007.
https://accountservices.passport.net/ppnetworkhome.srf

WWW MS WinLive
Microsoft Corp.: *Windows Live*, 2007. http://www.getlive.com/

WWW MS Wmi
Microsoft Corp.: *Windows Management Instrumentation*, 2007.
http://www.microsoft.com/whdc/system/pnppwr/wmi/default.mspx

WWW Nepenthes
Nepenthes, 2007. http://nepenthes.mwcollect.org/

WWW Nmrg
Network Management Research Group (NMRG), 2007.
http://www.ibr.cs.tu-bs.de/projects/nmrg/

WWW Novell eDir
Novell, Inc.: *eDirectory*, 2007.
http://www.novell.com/products/edirectory/

WWW oLdap
OpenLDAP - community developed LDAP software, 2007.
http://www.openldap.org/

WWW oNms
OpenNMS: Enterprise-grade Open-source Network Management, 2007.
http://www.opennms.org/

WWW P3P
Platform for Privacy Preferences Project (P3P), 2007.
http://www.w3.org/P3P/

WWW Ping
  The Story of the PING Program, 2007.
  http://ftp.arl.army.mil/~mike/ping.html

WWW Rfc
  RFC Editor Website, 2007. http://www.rfc-editor.org/

WWW Ripe a
  RIPE NCC: *Local Internet Registries offering service in Germany*,
  2007. http://www.ripe.net/membership/indices/DE.html

WWW Ripe b
  RIPE NCC: *RIR Statistics*, 2007. ftp://ftp.ripe.net/ripe/stats

WWW Ripe c
  RIPE NCC: *Whois Dienst von RIPE NCC*, 2007.
  http://www.ripe.net/whois

WWW Root
  Root-Server, 2007. http://www.root-servers.org

WWW Saml
  OASIS Security Assertion Markup Language (SAML), 2007.
  http://www.oasis-open.org/specs/

WWW Shibboleth
  Shibboleth, 2007. http://shibboleth.internet2.edu/

WWW Smw3
  *South East Asia Middle East Western Europe 3 Submarine Cable
  Network – Sea-Me-We 3*, 2007. http://www.smw3.com

WWW Sun Idm
  Sun Java System Identity Manager, 2007.
  http://www.sun.com/software/products/identity_mgr

WWW Sun Sds
  Sun Microsystems, Inc.: *Java System Directory Server*, 2007.
  http://www.sun.com/software/products/directory_srvr_ee/

WWW Trace
  Thomas Kernen: *traceroute.org*, 2007. http://www.traceroute.org/

WWW Wbem
  OpenWBEM Project, 2007. http://www.openwbem.org/

WWW Wgig
  United Nations: *Working Group on Internet Governance (WGIG)*,
  2007. http://www.wgig.org/

WWW Wireshark a
  Wireshark: network protocol analyzer, 2007.
  http://www.wireshark.org/

WWW Wireshark b
  Wireshark: network protocol analyzer (Liste unterstützter Protokolle),
  2007. http://www.wireshark.org/docs/dfref/

WWW WS-Fed

OASIS: *Web Services Federation (WSFED) TC*, 2007. http:
//www.oasis-open.org/committees/tc_home.php?wg_abbrev=wsfed

WWW Wsdm

OASIS: *Web Services Distributed Management (WSDM) TC*, 2007.
http://www.oasis-open.org/committees/wsdm/

WWW Wsis

World Summit on the Information Society (WSIS), 2007.
http://www.itu.int/wsis/

WWW Wsman

DMTF: *WBEM: Web Services for Management (WS Management)*,
2007. http://www.dmtf.org/standards/wbem/wsman

WWW ZebraNet

Princeton University: *The ZebraNet Wildlife Tracker*, 2007.
http://www.princeton.edu/~mrm/zebranet.html

Zimmermann 1980

ZIMMERMANN, H.: OSI Reference Model–The ISO Model of
Architecture for Open Systems Interconnection. In: *Communications,
IEEE Transactions on* vol. 28, no. 4 (1980), S. 425–432